차동엽 신부의 주일 복음 묵상 다해

우리가 고백하는 희망

(히브 10,23)

차동엽 신부의 주일 복음 묵상 다해

우리가 고백하는 희망

(히브 10,23)

우리가 고백하는 희망의 말씀

어떻게 하면 우리는 주님께 대한 사랑으로 불타오를 수 있을까요? 또 주님의 한없는 은총 속에서 행복할 수 있을까요? 저는 이 질문에 대한 해답을 故 차동엽(노르베르토) 신부님의 복음에 대한 열정에서 찾을 수 있었습니다.

미래사목연구소장직(2019년)을 맡으면서 차 신부님이 그동안 충실히 행하셨던 여러 업무들을 파악하게 되었습니다. 곧 사목과 관련된 다양한 책을 집필하고 잡지를 기획하고 출판하며, 수많은 강연 활동에 대한 업무들이었습니다.

그중에서도 오랫동안 신부님이 무척이나 열정을 가지고 행했던 작업이 있었습니다. 그것은 다름 아닌 주님의 기쁜 소식(복음)을 전하는 일이었습니다. 신부님의 모든 일에서 '복음 선포'의 사명이 뚜렷이 나타나지만, 특별히 ('사명'이라 부르고 싶은) 이 일을 통해 신부님은 '주님 말씀의 체험'을 많은 사람에게 전하고, 그것을 뜨겁게 나누고 싶었으리라 생각합니다.

그 이유는 복음을 묵상하고 선포하는 일이 무엇보다 신부님께서 매 강연과 저서에서 그토록 강조했던 '희망'의 근원이었기 때문입니다. 또한 신부님 자신이 복음을 통해 주님의 현존을 뜨겁게 체험했고, 주님을 충실히 따르는 이에게 약속하신 구원을 확신하였기 때문입니다. 그리고 말씀을 통해 주님께 받은 충만한 위로와 기쁨의 체험이 복음을 전하고자 하는 마음을 불타오르게 했을 것이기 때문입니다.

실제로 차 신부님은 2005년부터 『차동엽 신부의 '신나는' 복음 묵상』을 통해 복음 말씀을 전했고, 2019년 11월 선종하기 전까지도 원고를 집필하며 녹음까지 충실히 마쳤습니다. 신부님은 이렇게 15년간을 한 주도 빠지지 않고 오직 복음에 대한 열정으로 수많은 사람들과 소통하며, 주님 말씀을 기쁘게 전하는 데 최선을 다했습니다.

하지만 『차동엽 신부의 '신나는' 복음 묵상』은 아쉽게도 회원제로 전달되어 단행본으로는 출간되지 않았습니다. 그런데 신부님의 업무를 이어받아 『신나는 복음 묵상』의 원고를 작성하고 녹음하면서, 그동안 쌓인 신부님의 귀한 원고를 열람할 수 있었습니다. 그 원고들을 보면서 신부님이 주님을 얼마나 사랑하셨으며, 복음에 대한 열정으로 얻게 된 체험을 사람들과 얼마나 나누고 싶어 했는지를 깊이 느낄 수 있었습니다. 이런 차 신부님의 복음 사랑과 그 열정을 더 많은 사람들과 함께 나누고 싶어서 신부님의 '주일 복음 묵상집'을 엮게 되었습니다.

이번 묵상집은 첫 번째 묵상집 『눈이 열려』(루카 24,31)와 두 번째 묵상집 『마음을 여시어』(루카 24,45)에 이은 세 번째 묵상집으로, 제목은 『우리가 고백하는 희망』(히브 10,23)입니다. 이 제목은 '히브리인들에게 보낸 서간'에서 말하듯, 우리를 위해 기꺼이 당신의 목숨까지 내어놓으신 그리스도를 향한 굳은 믿음과, 구원의 약속을 고대하는 우리가 고백하는 희망에 대해 말하고 있습니다(히브 10,19-23 참조). 우리는 앞선 첫 번째와 두 번째 묵상집을 통해 예수님께서 그리스도요 우리의 주님이시라는 것을 알았고 이를 굳게 믿게 되었습니다. 그리고 이 세 번째 묵상집은 예수님을 향한 우리의 믿음을 사람들에게 선포하도록 이끌어 줄 것이며, 주님 안에서 우리가 고백하는 희망에 더욱더 확신을 갖도록 도움을 줄 것입니다.

묵상집은 각 주일의 복음 내용을 전체적으로 볼 수 있습니다. 그리고 이 묵상집은 복음의 맥을 짚는 '말씀의 숲'과 렉시오 디비나Lectio Divina를 통해 선택된 해당 주일 복음의 세 문장에 대한 깊은 묵상이 담겨 있는 '말씀 공감', 그리고 차 신부님의 특별한 '기도'로 구성되어 있습니다.

차동엽 신부님의 주일 복음 묵상집 『우리가 고백하는 희망』(히브 10,23)을 통해 많은 분들이 복음의 맛을 깊이 느끼고 주님께 대한 사랑이 불타오르길 간절히 소망합니다. 이 묵상집은 분명 복음 말씀을 통해 주님께 더 가까이 가는 데 길잡이 역할을 해 줄 것입니다. 끝으로, 주님께서 복음 말씀을 깊이 맛 들이고 그 말씀대로 충실히 살아가는 이들에게 내리시는 은총이 여러분에게 충만하길 진심으로 기도합니다.

엮은이 김상인

목차

우리가 고백하는 희망의 말씀 ················· 5

대림 제1주일_ 다가오는 징조 ················· 12
대림 제2주일_ 말씀 받은 예언자 ··············· 22
대림 제3주일_ 무엇을 해야 합니까? ············· 33
대림 제4주일_ 마니피캇 ···················· 43
주님 성탄 대축일 - 밤 미사_ 기쁘도다, 알렐루야! ······· 52
예수, 마리아, 요셉의 성가정 축일_ 아버지 집에서 ······ 64
주님 공현 대축일_ 황금보다 귀한 얼굴 ············ 75
주님 세례 축일_ 요한의 고백 ················· 88
연중 제2주일_ 새 시대를 여는 표징 ············· 98
연중 제3주일_ 듣는 데서 이루어진 말씀 ··········· 109
연중 제4주일_ 오만과 편견 ·················· 120
연중 제5주일_ 말씀을 따를 때 따라오는 선물 ········· 131
연중 제6주일_ 너희는 행복하다 ················ 142
연중 제7주일_ 원수에게 축복을 ················ 152
사순 제1주일_ 달콤한 유혹 ·················· 163
사순 제2주일_ 빛나는 영광 내던지고 ············· 174
사순 제3주일_ 예수님의 간절한 부탁 ············· 184

사순 제4주일_ 먼저 마중 나온 아버지 · 197

사순 제5주일_ 단죄받지 않는 사람 · 208

주님 수난 성지 주일 - 주님의 예루살렘 입성 기념_ 알고도 가야 하는 길 · · · · 219

주님 부활 대축일 - 파스카 성야_ 감출 수 없는 진실 · · · · · · · · · · · · · · · · · · 228

부활 제2주일 곧, 하느님의 자비 주일_ 불신을 깨뜨리시는 분 · · · · · · · · · · · 240

부활 제3주일_ 손수 차려 주신 밥상 · 248

부활 제4주일_ 목초지로 가자꾸나 · 258

부활 제5주일_ 예수 사랑학 · 268

부활 제6주일_ 너희의 보호자가 오리라 · 280

주님 승천 대축일_ 보이지 않아도 믿는 이유 · 293

성령 강림 대축일_ 생명의 들숨 · 304

지극히 거룩하신 삼위일체 대축일_ 신비로운 그 실재 · · · · · · · · · · · · · · · · 314

지극히 거룩하신 그리스도의 성체 성혈 대축일_ 구수한 빵 안에 든 생명 · · · 324

연중 제10주일_ 내 아들의 숨을 돌려주소서! · 336

연중 제11주일_ 향유 옥합 깨뜨려서 · 343

연중 제12주일_ 스승 예수의 참제자 · 353

연중 제13주일_ 예루살렘을 응시하며 · 362

연중 제14주일_ 일꾼의 자세 · 374

연중 제15주일_ 선한 이방인 · 387

연중 제16주일_ 듣는 마음과 봉사하는 마음 · 398

연중 제17주일_ 주님께서 친히 명하시니 · 409

연중 제18주일_ 공수래공수거 · 421

연중 제19주일_ 겸손한 주인의 역설 · 433

연중 제20주일_ 적대자들에 꺾이지 않는 믿음 · 445

연중 제21주일_ 좁은 문을 지나면	455
연중 제22주일_ 낮은 데로 임한 사랑	467
연중 제23주일_ 모두 내려놓는 결단	476
연중 제24주일_ 쓰레기가 아니라 하느님의 보물	488
연중 제25주일_ 하늘 나라 저축은행	498
연중 제26주일_ 이미 다 알려 주었네	507
연중 제27주일_ 묵묵히 임하면 다 받는 것	519
연중 제28주일_ 감사할수록 풍성한 은혜	529
연중 제29주일_ 고통받는 너는 내 사랑	539
민족들의 복음화를 위한 미사 - 전교 주일_ 네 손으로 내가 일하노라	549
연중 제30주일_ 고개 떨군 세리	557
연중 제31주일_ 구원을 꽉 붙든 자	567
연중 제32주일_ 그날을 믿고 기다리며	577
연중 제33주일_ 두려워 말라	586
온 누리의 임금이신 우리 주 예수 그리스도왕 대축일_ 십자가 대관식	596

대림 제1주일: 루카 21,25-28.34-36

다가오는 징조

"허리를 펴고 머리를 들어라.
너희의 속량이 가까웠기 때문이다"(루카 21,28).

1. 말씀의 숲

필자는 유학 시절 알프스산으로 등산을 간 적이 있었다. 산 정상에 도달했을 때 산장이 하나 있었는데, 산장에서 5m 떨어진 곳에 십자가가 있었다. 그 십자가에 얽힌 사연은 다음과 같다.

한 등산가가 알프스산을 오르다가 심한 눈보라를 만났다. 그는 산 정상에 가면 산장이 있다는 것을 알았기 때문에 눈보라를 뚫고 정상에 오르려 하였다. 그런데 엎친 데 덮친 격으로 해가 져서 어둠까지 내렸다. 그는 점점 심해지는 눈보라를 맞으며 어둠 속을 걸었으나 가도 가도 산장이 나오지 않았다. 1m 앞도 보이지 않는 상황에서 헤매던 그는 자신이 길을 잘못 들었다고 절망하게 되었고, 결국 그 자리에서 모든 것을 포기하고 주저앉아 버렸다.

다음 날 눈보라가 걷힌 다음, 사람들은 길가에서 얼어 죽은 등산가를 발견했다. 그런데 그가 얼어 죽은 장소는 바로 산장에서 5m밖에 떨어지지 않은 곳이었다.

만일 그가 눈보라와 어둠의 고난 속에서도 5m만 더 갔더라면 살아날 수 있었을 것을 그는 절망에 빠져 그 자리에 주저앉고 말았던 것이다.

그 이야기를 들은 필자는 고난이 닥쳐올 때마다 스스로에게 말하곤 한다.

"5m만 더 가자!"[1]

대림 제1주일인 오늘, 루카 복음은 종말론적 강론(루카 21,5-36 참조)으로 예루살렘 성전 멸망(루카 21,20 참조)과 연계된 세상 종말에 관한 내용을 전해 주고 있습니다. 오늘의 내용을 두 장면으로 나누어 살펴보겠습니다.

첫 번째 장면은 25절부터 28절까지 끊어 보겠습니다. 여기에는 사람들의 서로 다른 두 가지 반응이 나옵니다. 사람의 아들이 영광 속에서 오실 때, 두려움 가운데 떨며 기절하는 사람들이 있는가 하면, 반대로 허리를 펴고 머리를 드는 기쁨을 보이는 사람들이 있습니다. 이들은 구원받은 사람들입니다. 그리고 나머지 34절부터 36절에서 예수님께서는 모두가 구원받을 수 있도록 깨어 있으라고 가르쳐 주십니다. 깨어 있다는 것은 무엇일까요? 이것이 중요합니다. 예수님의 이 간곡한 부탁으로 끝나고 있기 때문입니다.

우선, 사람의 아들의 오심은 결코 조용하지 않다는 것을 알 수 있습니다. 하늘에서는 해와 달과 별들에 표징이 나타나고, 땅에서도 바다의 파도와 풍랑으로 모든 것이 혼란스럽습니다. 이것은 한때 지나가는 자연재해가 아닙니다. 하늘의 권세들이 흔들리면 땅의 질서도 흔들릴 것입니다. 그러나 어둠과 혼돈과 무질서의 공포는 사람의 아들의 등장으로 끝날 것입니다. 구름에 싸여 신비롭게 오시는 사람의 아들은, 우리의 구원을 위해 다시 오실 것입니다. 예수님의 이 말씀은 약속입니다. 당신께서 먼저 우리에게 약속하시는 말씀입니다. 곧 루카는 심판의 징표로

해와 달 등 천체의 변화, 사나운 바다 물결 등과 함께 공포를 예시하면서도 이러한 가운데 희망을 확인하고 있습니다.

루카 복음사가는 예수님께서 예루살렘에 오셔서 회개를 종용하셨으나 군중이 그분을 배척해 파괴의 예언을 들었듯이(루카 21,20-24 참조), 그분께서 사람의 아들로 오실 때도 전 우주와 사람들이 심판받을 것이라고 가르쳤습니다. 하느님의 결정적 심판은 옛 창조 질서를 뒤집어 혼돈으로 되돌립니다. 여기서 말하는 자연과 천체의 이변은 자연과학적 차원에서 우주와 이 세상이 파괴된다는 뜻이 아닙니다. 이 이변은 사람의 아들이 오시면 옛 창조가 사라지고 하느님께서 새로운 창조를 이루신다는 상징입니다. 그러나 사람의 아들의 오심에 선행되는 우주적 대이변(루카 21,25-26 참조)을 보고 세상 종말의 일시를 알 수는 없습니다(루카 21,26-30.34-36 참조). "하느님의 나라는 눈에 보이는 모습으로 오지 않는다"(루카 17,20ㄴ). 제자들은 언제 닥칠지 모르는 세상 종말의 구원을 희망하며 하느님의 뜻에 충실해야 합니다.

루카 복음 21장 34절부터 36절까지는 세상 종말에 대한 가르침(루카 21,5-33 참조)의 결론입니다. 이 가르침은 주님의 날이 갑자기 예상하지 못한 가운데 온 세상에 닥칠 것이기 때문에 늘 경각심을 가지고 기도하면서 사람의 아들의 오심을 준비하라는 예수님의 훈계로 끝납니다. 예수님의 제자들은 술에 취하거나 세속의 일에 몰두하지 말고 배신의 모든 유혹을 이겨 내며 사람의 아들 앞에 부끄러움 없이 나아갈 수 있어야 합니다. 이 말씀의 자리에 다른 것을 놓아서는 안 될 것입니다. 취기와 폭음과 일상사의 걱정으로, 이 약속을 잊어버려서는 안 될 것입니다. 동시에 이 약속에서 제외되거나 소외된 사람은 아무도 없습니다. 온 땅 위를 뒤덮을 이 빛은 세상을 밝게 드러낼 것입니다.

며칠 후 십자가에 처형되실 예수님께서는 당신이 사람의 아들로서 다시 오실 것을 약속하시면서 당신이 베푸실 구원을 받기 위해 하느님께 항구히 기도하라고 제자들에게 이르셨습니다. 그리고 당신의 재림이 확실하다고 말씀하시며 제자들에게 당신 고난의 길을 따르라고 종용하셨습니다. 예수님께서는 그들을 떠나가신 다음에도 역사를 주관하시며 다시 그들을 모으러 오실 것입니다. 그들은 충실한 종으로서 경각심을 가지고 항구히 기도하며 그분의 재림을 준비해야 갑자기 들이닥칠 결정적 심판을 모면할 힘을 받을 수 있습니다.

2. 말씀 공감

■ **주님의 평화로 잠잠하니**

> "이러한 일들이 일어나기 시작하거든 허리를 펴고 머리를 들어라. 너희의 속량이 가까웠기 때문이다"(루카 21,28).

속량! 이는 예수님의 십자가 죽음을 통해 그리스도인들이 구원의 해방을 얻게 되었다는 뜻입니다.

오늘 복음에서 예수님께서는 당신 재림에 있을 표징을 이야기하십니다. 하늘과 땅이 한차례 진통을 겪은 후 '사람의 아들'이 '구름을 타고 올 것'이라고 말입니다. 이러한 주님의 재림은 비신앙인들에게는 멸망의 날이지만, 그리스도인들에게는 결정적 승리의 날입니다. 그러기에 예수님께서 "이러한 일들이 일어나기 시작하거든 허리를 펴고 머리를 들어라."라고 미리 일러두신 것입니다.

우리 대부분은 이 세상에만 중요한 가치를 두고 살아가기에 허리를 펴지 못하고 땅만 바라보게 됩니다. 세상만을 바라보게 되는 것입니다. 그런데 세상은 인간 실존의 궁극적인 갈증을 충족시켜 주지 못합니다. 그러기에 그리스도인들은 '살길', 곧 '생존의 출구'를 세상에서 구하지 않고, "허리를 펴고 머리를 들어" 주님의 "속량"에 희망을 두어야 할 것입니다. 이것이 바로 영적 역발상인 것입니다.

이와 관련하여 우리에게 좋은 모델이 되어 주는 이가 바로 예수님의 제자 안드레아입니다. 제가 『가톨릭신문』에 연재한 "성경 안에서 만나는 기도의 달인" 중 한 대목입니다.

열두 제자 가운데서도 안드레아는 베드로, 야고보, 요한과 함께 예수님의 최측근 4인방에 속했다. 예수님은 성전 파괴를 예고하시는 말씀을 이 4인방에게만 들려주셨다(마르 13장 참조). 보다 더 위중한 자리에는 그를 제외한 나머지 3인방을 수행시켰지만, 이는 그가 자격 미달이어서가 아니라 남아서 나머지 여덟 제자들을 통솔할 필요가 있을 때 그랬던 것 같다. 그만큼 그는 예수님의 총애를 받은 사도였다.

역사가 에우세비우스Eusebius의 저술 『교회사』에 의하면, 안드레아는 그리스에 가서 전교하다가 파트라스에서 X형 십자가에 매달려 순교했다고 한다. 죽음 앞에서 그가 바쳤다는 기도는 그가 무엇을 위하여 순교했는지를 눈물겹게 증언해 준다.

"그리스도이신 예수님! 내가 뵈었고 내가 사랑했던 당신, 당신 안에 있는 나를 받으소서. 당신의 영원한 나라에 내 영혼을 받으소서. 아멘."

이 기도문을 읽는데 문득 눈앞에 아직 세워지지 않은 한 비문碑文이 어른거린다.

내가 사랑했던 님이시여!
내가 사랑하는 님이시여!
내가 사랑할 님이시여!

사랑했는데 무엇을 더 청하랴. 사랑하는데 무엇이 더 아쉬우랴.
사랑할 것인데 무엇을 더 희망하랴.[2]

이 은총의 대림 시기를 시작하며, 우리의 시선은 과연 어디를 향해 있는지, 짐짓 묻고 싶습니다.

"이러한 일들이 일어나기 시작하거든 허리를 펴고 머리를 들어라. 너희의 속량이 가까웠기 때문이다"(루카 21,28).

■ 손색없는 깨어 있음

> "그날이 너희를 덫처럼 갑자기 덮치지 않게 하여라"(루카 21,34).

준비되지 않은 채 "그날"을 맞는다면, 그날은 곧 우리를 덫처럼 덮칠 것입니다.

준비되어 "그날"을 맞는다면, 그날은 곧 우리 기쁨과 영광의 축제가 될 것입니다.

월간 『참 소중한 당신』에서 만난 성모병원 이발사 김 바오로 형제의 이야기 속에서 자신의 자리에서 항시 깨어 있는 자세로 "그날"을 준비하는 이를 함께 만나 보시겠습니다.

병원에서 수술 환자들 이발을 하며 100여 명이 되는 환자들의 대부를 서기도 했습니다. 1960년대 성모병원에는 탄광에서 일하던 진폐증 환자들이 많았습니다. 그런데 대부분 사람은 그들의 대부 서기를 원치 않았습니다. 그들이 폐병 환자인 것도 있지만, 오래 살지 못하니까 그랬던 것 같습니다. 제가 한두 번 그들의 대부를 서는 걸 보고 수녀님, 신부님들이 계속 권유하셨습니다. 그렇게 하다 보니 100여 명의 대자를 두었는데, 지금은 모두 세상을 떠났습니다. 물론 제 가슴속에는 그들이 아직 살아남아 있습니다.

환자들을 대하는 직업이라 힘들게 생각할지도 모르지만, 이 안에서 참 많은 보람이 있었습니다. 한번은 이발을 마치고 환자에게 "기도해 드릴까요?"라고 물었습니다. 그는 신자가 아니었는데도 쾌히 승낙하였습니다. 수술 후에 그 환자 병실로 올라가 보았는데 보호자가 저한테 이런 말을 들려주었습니다.

"남편이 수술 후 회복실에서 나올 때 물었어요. '뭐 기억나?' 하고요. 그런데 하는 말이 '다른 건 다 기억 안 나고, 이발사 아저씨가 기도해 준 것만 기억나' 하면서, '나도 퇴원하면 성당에 다닐 거야'라고 하더라고요."

정말 그분은 퇴원 후 세례 받고 성당에 열심히 다닙니다. 지금도 저희 이발소를 찾아와 이발을 하고 갑니다. 그렇게 수술 후 병이 다 치유되고도 저희 이발소를 찾아와 이발하는 분들이 꽤 있습니다.

성모병원에 있다 보니, 많은 분들과 소중한 추억을 만들 수 있었습니다. 소탈하고 자애로운 김수환 추기경님도 모실 수 있었고, 노 대주교님은 물론 윤공희 대주교님까지 그리고 둘째 아들 이름을 지어 준 장면 총리와의 인연 등. 이루 셀 수 없는 추억들입니다.

[…] 제 건강 허락하는 데까지 이곳에서 이발 봉사하고 싶습니다. 그 동안에 정말 많은 분들에게 받은 사랑, 저 또한 많은 이들에게 전하고 싶습니다.³

다수가 꺼리는 이들에게 기꺼이 영적 아버지가 되어 주고, 그리스도인이 아님에도 정성껏 기도 응원을 보태 주며, 줄 사랑이 더 많기에 주님 허락하시는 날까지 봉사의 끈을 놓지 않고 싶다고 고백하는 바오로 형제. 그는 늘 깨어 섬김의 새벽을 사는 사람입니다.

평범한 전문직에 종사하는 그가 이토록 위대한 그리스도인의 사명을 훌륭히 해낼 수 있다면, 우리 역시 어느 자리에 있든 해낼 수 있습니다. 부푼 가슴 안고 주님의 재림을 고대할 수 있습니다.

"그날이 너희를 덫처럼 갑자기 덮치지 않게 하여라"(루카 21,34).

■ 먼저

> "너희는 앞으로 일어날 이 모든 일에서 벗어나 사람의 아들 앞에 설 수 있는 힘을 지니도록 늘 깨어 기도하여라"(루카 21,36).

성탄절이 가까워 오면 거리에는 구세군이 등장합니다. 구세군은 오늘 우리에게 겨울을 춥지 않게 해 주는 거리의 모닥불과 같은 존재입니다. 나눔의 전령이기도 하고요.

이런 구세군을 누가 생각해 냈는지를 아는 이는 오늘날 거의 전무할 것입니다. 그 창립자 윌리엄 부스William Booth(1829-1912)는 영국 잉글랜드 중부 노팅엄에서 태어났습니다. 그는 부유한 가정에서 태어났지만, 아버지의 투자 사업이 망하면서 가난한 어린 시절을 보냈습니다. 사업의 실패로 알코올 중독자가 된 그의 아버지는 부스가 13살 때 세상을 떠났습니다. 그때부터 부스는 가족을 부양하기 위해 전당포에서 일했습니다. 하지만 15세 때부터 예수님을 믿는 그리스도인이 된 그는 후에 목회자의 길을 걷게 됩니다.

그는 1855년 동갑내기 캐서린 멈포드 Catherine Mumford(1829-1890)와 결혼하여 8명의 아이를 낳았습니다. 캐서린은 믿음의 여인이었고, 8명 모두를 훌륭한 신앙인으로 키워 냈습니다. 후에 그녀는 '구세군의 어머니'라는 별명을 갖게 됩니다.

어떤 사람이 그녀에게 자녀를 훌륭하게 키운 비결을 묻자, 그녀는 '언제나 악마보다 앞서야 한다.'고 대답했다고 합니다. 이어서 '자녀가 나쁜 습관을 들이기 전에 좋은 습관을, 나쁜 생각을 하기 전에 좋은 생각을, 나쁜 지혜를 품기 전에 하느님의 지혜를, 사탄의 거짓과 위선과 악을 배우기 전에 하느님을 가르쳤기에 자녀들이 훌륭하게 컸다.'고 대답했습니다.

명답변이며 빼어난 지혜입니다.

이 답변 속에 악을 이기는 비결이 숨어 있고, 아이들 신앙 교육의 묘수가 드러나 있습니다. 윌리엄 부스의 아내 캐서린은 '무엇이든 악마보다 먼저'라는 교육법으로 자녀들을 훌륭히 키웠습니다. 곧 좋은 습관으로 나쁜 습관을, 선한 생각으로 나쁜 생각을, 순진한 지혜로 나쁜 지혜를, 진실과 진정성과 선의로 거짓과 위선과 악의를 물리칠 수 있도록 가르쳤던 것입니다.

이는 가히 오늘 복음에서 예수님께서 우리에게 당부하신 '깨어 있음'의 구체적인 방법이자 탁월한 실례가 아닐 수 없습니다.

"너희는 앞으로 일어날 이 모든 일에서 벗어나 사람의 아들 앞에 설 수 있는 힘을 지니도록 늘 깨어 기도하여라"(루카 21,36).

함께 기도하시겠습니다.

주님, 주님의 자녀인 저희에게 '재림의 때'는 심판의 때가 아니라 구원의 때입니다. 저희에게 희망을 더하소서.

주님, 그날 저희가 주님 앞에 당당히 설 수 있도록 지금 저희는 깨어 기도합니다. 저희에게 믿음을 더하소서.

주님, 이러한 저희를 훼방하려 호시탐탐 노리는 악마의 유혹에 넘어가지 않도록 그의 속삭임이 들리기 전에 먼저 주님 말씀에 귀 기울이고자 합니다. 저희에게 분별의 지혜를 더하소서.

우리 주 예수 그리스도를 통하여 비나이다. 아멘!

대림 제2주일: 루카 3,1-6

말씀 받은 예언자

"너희는 주님의 길을 마련하여라"(루카 3,4).

1. 말씀의 숲

오늘 복음 말씀은 세례자 요한의 등장입니다. 드디어 요한을 통해 구원의 결정적인 사건이 시작되었기 때문입니다. 복음서는 이 사실을 아주 상세하게 역사적인 배경과 함께 전해 주고 있습니다. 어떤 시대에 누가 다스릴 때라고 말입니다. 이렇게 구원은 구체적인 세계 역사의 흐름 안에서 진행되었습니다.

이때에 하느님의 말씀이 요한에게 내렸습니다. 요한은 하느님의 말씀을 짊어진 예언자들의 대열에서 마지막으로 부르심을 받은 사람이었습니다. 그의 사명은 자신보다 앞서간 모든 예언자들의 일을 마무리하는 것이었습니다. 요한에게서 모든 예언자들의 일이 종결지어졌습니다. 요한의 일은 단순히 개인적인 사명에 그치지 않습니다. 또 옛 말씀들을 앵무새처럼 반복하는 것도 아닙니다. 요한은 회개의 세례를 베푸는 세례자로서, 옛 예언자들과 구별됩니다. 물속에 잠겼다가 다시 솟아오른 사람은 이제 달라진 사람, 정화된 사람, 회개한 사람입니다. 이렇게 새로이 거듭 태어난 사람은 자신의 굽은 길을 바르게 만들기를 원하는 사람입니다. 바로 이 일의 시작을 알리는 막이 세례자 요한을 통해 오르고 있었습니다.

예수님께서 갈릴래아에서 활동하시기(루카 4,14–9,50 참조) 전에 세례자 요한의 등장이 언급됩니다. 그렇게 함으로써 세례자 요한에 이르는 전 시대(루카 16,16 참조)에 이어서 어떻게 예수님이 활동하시는가를 보여 줍니다. 루카에게 있어 세례자 요한은 큰 비중을 차지하고 있습니다. 그의 출생 예고(루카 1,13-20 참조)와 어머니 엘리사벳을 통한 활동(루카 1,41-45 참조)은 매우 독특합니다. 구약의 예언자와 비슷한 활동을 한 것은 그렇다 쳐도, 출생 앞뒤에 얽힌 이야기는 다른 예언자에게서 볼 수 없는 것입니다.

루카 복음 3장 1절부터 6절까지의 설명을 요약해 보겠습니다.

1절과 2절은 그 시대의 지배 체제에 대해 공시적 묘사를 하고 있습니다. 그리고 하느님의 말씀이 내린 사실을 언급하고 있습니다. 루카는 티베리우스 황제의 치세에서 시작하여 본시오 빌라도 총독을 언급하고 네 명의 유다인 영주와 두 명의 유다인 종교 지도자의 이름을 덧붙였습니다(루카 3,1-2 참조).

3절부터 6절은 두 부분으로 되어 있습니다. 3절은 요한의 활동을 요약하고 있고, 4절부터 6절은 이사야서를 사용하여 그의 활동의 정당성을 증명하고 있습니다. 루카는 이사야 예언서(이사 40,3-5 참조)를 마르코 복음(마르 1,3 참조)보다 더 길게 인용하여 구원이 모든 사람에게 베풀어진다는 것을 강조했습니다(루카 3,4-6 참조).

구원은 구름 떠다니듯 두리뭉실한 일이 아닙니다. 구체적인 시간 속에서 펼쳐지는 생생한 일입니다. 황제가 나라를 다스리고, 영주가 각 지방을 다스리고, 대제관이 있는 세상에서 일어났습니다. 이때 하느님의 말씀이 광야로 내려왔습니다. 하느님의 말씀이 내리자 요한이 행동하기 시작했습니다. 하느님의 말씀은 언제나 힘이 있기 때문입니다.

요한은 하느님의 말씀에 따라 요르단강 주변을 두루 다니며, 죄를 용서받기 위한 회개의 세례를 받으라고 했습니다. 요한은 유다와 갈릴래아를 잇는 요르단강 주변을 다니며 자신의 일을 했습니다.

이런 요한을 뒷받침해 주는 것이 바로 이사야 예언자의 증언입니다. 이사야는 모든 사람이 하느님의 구원을 보기 위해서 어떻게 해야 하는지 말했습니다. 골짜기는 메우고, 산과 언덕은 낮추고, 굽은 데는 바르게 하고, 험한 데는 고르게 하는 것이었습니다. 주님의 길을 준비하는 것은 굽은 길을 바르게 또 고르게 하는 것입니다. 그렇습니다. 패인 곳도 없고 불쑥 솟아오른 곳도 없고, 그늘진 곳도 없이, 모두가 하느님의 구원을 볼 수 있도록 말입니다. 이사야의 말씀을 통해서 하느님의 사랑은 더 두드러지고 있습니다. 그대는 이제 광야에서 부르짖는 이 소리에 귀 기울일 때입니다. 하느님께서 무엇을 원하시는지 알기 위해서 말입니다.

이렇게 예수님께서 시작하시는 새로운 역사는 인간의 역사 속에 분명히 뿌리내렸습니다. 특히 로마 권력하에 지배받던 백성들은 하느님의 해방을 열렬히 기대해 왔습니다. 바로 그들에게 요한은 복음을 선포하고, 동시에 회개의 필요성을 가장 먼저 외쳤습니다.

2. 말씀 공감

■ 도시의 광야

> "하느님의 말씀이 광야에 있는
> 즈카르야의 아들 요한에게 내렸다"(루카 3,2).

청년 시절 읽은 신앙 서적 가운데 카를로 카레토Carlo Carretto(1910-1988)의 『도시의 광야』Il deserto nella città(1983)라는 책이 있습니다. 40년 전에 읽은 것이 지금껏 뇌리에 남아 있는 것을 보면 꽤나 인상적이었던 모양입니다. 실로 그랬습니다. 내용도 참신했거니와 책 제목이 특히 저를 사로잡았습니다.

'도시의 광야! 도시면 도시고 광야면 광야지, 웬 도시의 광야? 무엇을 전하려고 이렇게 모순적인 제목을 달았을까?'

호기심이 발동하여 냉큼 집어 들었던 기억이 납니다. 요즈음 말로 낚인 것이었습니다.

요지는 간명합니다.

'하느님을 만나는 장소는 자고로 광야였다. 이것이 성경의 진실된 정보다. 누구든지 하느님을 깊이 사귀려면 광야로 갔다. 하느님께서는 어떤 사람을 부르실 때 먼저 광야로 부르셨다. 그곳에서 단둘이 데이트를 하시면서 깊은 깨달음을 주신 다음 큰 사명으로 부르셨다.

도시에서는 하느님을 만날 수가 없다. 불가능하지는 않지만, 장애물이 많다. 소음, 번잡함, 친구들, 일들, 유흥거리들 등등 하느님을 바라보지 못하게 하는 요소들이 즐비하다.

그러므로 하느님을 만나려면 도시를 떠나 광야로 가야 한다. 그래야 우리 신앙이 돈독해지고, 지혜가 늘고, 기도가 절박해진다.

비극은 우리가 도시에 살 수밖에 없다는 사실이다.

그렇다면 해결책은 무엇인가?

그것은 바로 저마다 자신이 즐겨 찾는 자신만의 광야를 마련하는 것이다. 그 방법은 어렵지 않다. 잠시라도 모든 대인관계와 일 걱정과 볼거리로부터 탈출하여 자신만의 공간과 시간을 마련하는 것이다.

꼭 인테리어가 필요한 것은 아니다. 어디서건 혼자 머물 수 있는 공간이면 된다. 단 몇 분이라도 일체를 끊고 자신과 하느님만 생각할 수 있는 시간이면 된다. 이것이 이름하여 도시의 광야다…'[4]

대체로 저자의 권고는 이런 식이었던 것으로 기억됩니다. 책 뒷장을 덮은 이후 저는 저자의 권고대로 '도시의 광야'를 마련해 보려고 노력해 왔습니다. 어떤 때는 무리 없이 잘되었고, 어떤 때는 그 나만의 광야가 허접한 생각거리들로 침공받곤 했습니다. 하지만 결론적으로 말하건대, '도시의 광야'는 가능하고 그 은혜는 기대와 상상을 훌쩍 뛰어넘습니다.

오늘 복음 말씀은 즈카르야의 아들 요한이 광야에 있을 때 하느님의 말씀이 그에게 내렸다고 전합니다.

"하느님의 말씀이 광야에 있는 즈카르야의 아들 요한에게 내렸다"(루카 3,2).

오늘도 마찬가지입니다. 우리들 각자의 '광야'에서 홀로 침묵 중에 있을 때 하느님의 말씀이 우리에게 임합니다.

이번 대림 시기를 지내면서 각자 자신의 광야를 마련해 보는 것도 좋은 일일 것입니다.

저녁 고즈넉한 시간이 광야일 수 있습니다.

늦은 밤 적막의 시간이 광야일 수 있습니다.

아직 만물이 잠들어 있는 새벽 시간이 광야일 수 있습니다.

우리는 여러 모양새로 광야의 시간을 지낼 수 있습니다.

은둔이랄까 은거랄까, 연수랄까 피정이랄까, 기도랄까 관상이랄까, 어떤 모양새가 되어도 좋습니다.

■ 어설픈 합장에도

> "너희는 주님의 길을 마련하여라. 그분의 길을 곧게 내어라"(루카 3,4).

대구대교구 성령쇄신봉사회 주최로 열린 '2012 성령 쇄신 추계 대구대회' 강의에 다녀왔습니다. 제법 비가 많이 내렸음에도 불구하고 3,000명 이상이 족히 들어갈 수 있는 '성 김대건 기념관'은 빈자리가 보이지 않았습니다.

강의를 시작하면서 저는 평소 잘 하지 않는 말인 데다, 준비하지도 않은 멘트로 이렇게 인사를 대신했습니다.

"여러분, 오늘 강의에 저는 아무 책임이 없습니다. 오늘 강의는 전적으로 여러분이 이 축제를 어떻게 준비했느냐에 달려 있습니다. 그러므로 제가 아무리 강의 준비를 많이 했다 하더라도, 여러분이 기도로써 준비하지 않았다면 결코 은혜롭지 못할 것이요, 여러분이 이날을 맞기까지 준비를 많이 했다면 제 강의가 부실하더라도 엄청난 은혜가 내릴 것입니다."

이어진 강의 중에도 희한하게 평소 때와 방향이 자꾸 달라졌습니다. 제가 준비해 간 강의 자료대로가 아니라 즉흥적인 내용, 특별히 위로와 치유와 격려의 힘 있는 말씀 선언이 계속 이어지는 것이었습니다. 그런 제 강의에 사람들은 더욱 "아멘!" 소리를 높였고, 얼굴 한가득 미소가 떠날 줄을 몰랐습니다.

그렇게 오전 강의를 마치고 나서 점심시간이 되자, 저는 행사 진행 임원 한 분으로부터 이런 말을 들을 수 있었습니다.

"신부님, 잘 모르셨겠습니다만 저희는 오늘 강의 시작부터 은혜를 받았습니다. 사실 오늘 행사를 준비하면서 저희가 정말 오랫동안 기도를 많이 했거든요. 기도만이 일치를 이루고, 은혜를 받는 길이라 생각하고 전 임원이 오늘을 위해 기도에 동참했습니다. 그래서였는지 오늘 이렇게 비가 오는데도 이 강의장이 꽉 채워졌고, 또 신부님께서 강의를 시작하면서 하신 첫마디, '오늘 이 강의는 내 책임이 아니다'라는 그 말씀 자체가 저희들에게 내려진 첫 번째 주님의 응답이었던 것입니다."

이 말을 듣고 저는 속으로 뭉클했습니다. 저를 이끄신 성령의 뜻에 연신 고개가 끄덕여졌습니다. 이어지는 오후 강의에서 저는 미리 준비해 간 강의 자료를 덮었습니다. 그 자리에 함께한 수많은 젊은 친구들의 얼굴이 제 눈에 들어왔던 것입니다. 그래서 저는 '교회의 희망'과 관련한 이야기들을 이어 갔습니다. 준비되지 않았던 얘기지만 제 입술은 술술 움직였고, 나중에 젊은이들로부터 '참 많은 격려가 되었다'는 인사를 받을 수 있었습니다.

사실, 여러분에게 고백하거니와 그날 은혜를 가장 많이 받은 사람은 저였습니다. 오후 강의를 시작하기 전, 단상에 올라 5분 정도 찬양 시간을 지켜보았는데 성령께서 말 그대로 '쏟아져 내리는' 것을 강력하게 느꼈던 것입니다. 그 공간 모두를 성령께서 적셔 주심을 체험한 것입니다.

그랬기에 저는 강의 중에, "예수님이 좋아서, 예수님을 사랑해서, 나는 이 예수님을 선포하지 않을 수 없습니다!"라고 강력하게 전달할 수 있었던 것입니다. "예수님이 좋아서…"라는 말을 내뱉음과 동시에 울컥한 눈물, 그 눈물을 참기가 왜 그리 어렵던지요. 예수님을 선포하러 갔다가 예수님을 만나고 온 그날의 축복을 여러분과도 꼭 한번 나눠 보고 싶습니다.

오늘 세례자 요한은 이사야 예언자의 말을 인용하며 우리에게 이렇게 외쳤습니다.

"너희는 주님의 길을 마련하여라. 그분의 길을 곧게 내어라"(루카 3,4).

"주님의 길"은 이 땅에 난 길이 아닙니다. 우리 그리스도인 각자의 가슴속에 있는 길입니다. 오시는 주님을 맞이하기 위한 제때의 준비! 대구대교구 신자들이 기도로써 주님을 기다렸듯이 우리도 기도로, 사랑의 실천으로 주님의 말씀이 임할 길을 닦읍시다. 그렇게 우리 안에 들어오신 말씀께서 우리를 영원한 구원의 빛으로 인도하실 것입니다.

■ 기습 강복을 기다리는 설렘으로

> "모든 사람이 하느님의 구원을 보리라"(루카 3,6).

하느님의 구원 계획은 전 인류를 향한 사랑의 초대였습니다. 이 희망은 오늘날도, 앞으로도 영원히 계속될 것입니다.

동화작가이자 아동문학인회 회장 이 마태오 님은 주님과의 이 아름다운 만남을 다음과 같이 추억합니다.

일곱 살 적 일이다.

여름 백중날, 아버지를 따라 시오리 장터에서 벌어지는 백중놀이 구경을 갔었다. 해가 진 저녁이었는데, 당시에는 전기가 없어 캄캄한 한밤중 같았다. 넓은 장터 마당에는 흰옷 입은 사람들이 겹겹이 모여 함성을 지르며 놀이를 하고 있었다.

어느 가게 앞에서 아버지가 옥수수 한 개를 내 손에 쥐어 주었다. 그러고 잠깐 사이에 나는 아버지를 잃어버리고 말았다. 나중에 알게 된 일이지만 아버지는 가겟집 안으로 물을 한 사발 얻으러 간 것이었는데, 그새 나는 다른 곳으로 아버지를 찾아 나선 것이었다.

나는 아버지를 부르며 사람들 사이를 헤집고 들어갔다. 함성과 캄캄한 어둠, 이리저리 헤매도 보이는 것은 어른들의 장대 같은 다리뿐이었다.

나는 울기 시작했다. 몇 입 뜯어 먹던 옥수수를 든 채, 목이 쉬도록 아버지를 불렀다. 나중에는 지친 나머지 어두운 한구석에 주저앉아 간헐적으로 흐느꼈다. 그러다가 비스듬히 누워 하늘의 별을 보았을 때 아버지가 나를 찾아왔다.

아버지는 나를 발견한 순간 울음 섞인 소리로 "이 녀석" 하고 내 뺨을 찰싹 때렸다. 찾다 찾다 지친 끝에 발견했을 때의 너무 반가움 같은 것이 오히려 역정으로 끓어오른 것이었다.

나는 그래서 또 울었다. 꺽꺽 울었다.

아버지는 나를 둘러업고 밤길을 걸었다. 울다가 지쳤던 나는 아버지 등에 얼굴을 묻고 잠들었다. 어디쯤 갔을까. 아버지가 나를 흔들어 깨웠다.

"물 좀 먹고 가자."

아버지가 찾은 곳은 길가에 나앉은 공소였다. 아버지가 문을 두드리자 수녀님이 나왔다.

"애가 놀란 것 같은데 물 좀 한 그릇 주십시오."

수녀님이 사발에 물을 가득 떠 왔다. 나는 그 물을 다 마셨다. 수녀님은 나의 이마를 짚어 보았다. "괜찮지?" 하고 묻는 듯했다. 나는 고개를 끄덕거렸다. 수녀님은 손에 들고 있던 것을 나에게 주었다. 헝겊 끈에 구슬이 꿰지고 끝에 십자가가 달린 것이었다. 묵주!

그날 받은 묵주를 나는 25년 동안 내 서랍에 보관했다. 묵주를 볼 때마다 생각나는 것은 '아버지 등'이었다. 이 세상에 태어나 그때만큼 울다 지치고, 달고 깊은 잠을 잔 적이 없다. 그 생각에서 이어지는 것이 한 사발의 물과 묵주였다.

1985년 나는 그 묵주를 들고 스스로 성당을 찾았으며, 마태오로 세례를 받았다. 세월이 지나면서 기억에 없던 수녀님 모습도 어렴풋이 그려졌다. 언제든 그 묵주를 손에 쥐면 따듯한 위안이 마음을 감싼다. 놀라고 메마른 목을 축여 주듯이 마음도 편안하고 시원해진다. 지금은 헝겊 끈이 닳아 끊어질 듯싶다.

나는 평생 잊지 못한다. 별이 총총 빛나던 그날의 밤길과 한 사발의 물과 묵주를!

나에게는 하느님 같은 넓은 등으로 재워 주던 아버지는 돌아가시기 전 아들의 대세를 받았다. 물론 그 묵주로 기도했다.

지금은 이 세상에 없는 아버지와 수녀님을 위해 찬송을 바친다.

"마음이 양선하고 겸손하신 성심

네 안에 나의 영혼 쉬게 하소서

무한한 생명의 샘 크나큰 사랑 속에

영원히 찬양하리 주의 성심 네 사랑!"[5]

유년의 어느 날 찾아온 주님의 사랑이, 결국 그의 평생 동반자가 되어 주었습니다. 여러분 곁에도, 그 주님께서 함께 울고 웃으십니다.

함께 기도하시겠습니다.

주님, 이번 대림 시기에도 저희가 기도의 촛불을 밝히고 있사오니, '곧은 길'로 저희에게 오시옵소서.

주님, 주님 용안을 뵙고 싶어 안달이 난 영혼들에게는, 그 '곧은 길'로 단 한 순간만이라도 냉큼 오시옵소서.

주님, 기도의 몸짓이 어색하고 굼뜬 저희들, 그리고 기도를 배우지 못한 젊은이들도, 한 해의 석양에 땅거미가 드리우면 저절로 손을 모으게 됩니다. 주님, 이 어설픈 합장에도 더 큰 자비를 싣고 '곧은 길'로 오시옵소서. 아멘!

대림 제3주일: 루카 3,10-18

무엇을 해야 합니까?

"나보다 더 큰 능력을 지니신 분이 오신다"(루카 3,16).

1. 말씀의 숲

오늘 말씀은 두 부분으로 구분됩니다. 10절부터 14절까지는 회개의 생활에 대한 권고이며, 15절부터 18절까지는 예언적 선언문입니다.

첫째, 사회·윤리적 처신에 대한 가르침(루카 3,10-14 참조)

둘째, 성령을 베푸실 메시아의 오심에 대한 약속(루카 3,15-18 참조)

스스로 훌륭한 사람이 아닌 보통 사람이었고, 사람들에게 경멸의 대상이었던 세리들과 군인들은 자기들도 무엇인가를 할 수 있느냐고 물었습니다. 세례자 요한은 그들에게 수도생활이나 영웅적인 생활을 강요하지 않고, 상식적으로 옳은 생활을 하라고 권고합니다. 옷 두 벌을 가지고 있거든 헐벗은 사람과 나누어 입고, 먹을 것을 굶주린 사람과 나누어 먹으라는 것이었습니다. 후에 이들은 번제물보다 이웃 사랑이 하느님을 기쁘게 해 드린다는 사랑의 교훈을 예수님에게서 듣게 될 것입니다(호세 6,6; 마태 9,13; 12,7 참조). 세리들은 로마 점령군에게 돈을 주고 세리직을 산 사람들이었습니다. 그들은 세금을 제멋대로 받아 가며 사람들을 골탕 먹이는 사람들이었습니다. 이들도 생활을 개선하면 됩니다. 정당한 세금만 받으라는 평범한 훈계입니다.

요한에게 왔던 군인들은 이방인 출신이었습니다. 유다 율법에는 유다인이 외국의 군인이 될 수 없기 때문입니다. 군인들은 유다인들에게 있어서 세리와 마찬가지로 죄인과 같은 족속이었습니다. 하지만 이들도 회개만 하면 하느님 나라의 백성이 될 수 있는 것입니다. 그래서 요한은 그들에게 말했습니다. 사람들을 약탈하여 괴롭히는 일, 부하에게 사람들을 잡아 오라 하여 족치는 일, 이런 일들을 하지 말고 정해진 월급으로 만족하라는 것이었습니다. 하느님 앞에 겸손, 사람들 앞에 공정과 정의, 이것들을 다지는 것으로 요한은 예수 그리스도께서 펼치실 하느님 나라로 가는 길을 탄탄하게 닦았습니다.

요르단 강가에 사는 사람들, 예리코에서 안락하게 살던 사람들, 모압 산 밑에서 천막생활을 하던 사람들, 심지어 예루살렘에 사는 사람들까지 온 유다에서 사람들이 몰려와서 요한의 설교를 듣고 세례를 받았습니다. 이 사람들은 후에 예수 그리스도께 인계될 사람들입니다.

사람들은 요한을 보고 '엘리야가 아니냐', '당신이 바로 메시아가 아니냐'고 묻기까지 했습니다. 요한은 '자기는 엘리야도 아니고 메시아도 아니고 내 뒤에 나타나실 분을 세상에 알릴 사명을 띤 사람일 따름'이며, 그분은 '더 훌륭한 분'이라고 덧붙였습니다. 자신은 그분이 오실 길을 안내하면서 지금까지는 앞장섰지만, 그분이 오신 후에는 뒤따라 다니며 신발을 들고 다녀야 하며 신발 끈을 묶어 드리는 시중을 들어야 하면서도 그럴 자격조차 없는 미미한 사람이라고 했습니다. 그리고 자기 자신과 그 위대하신 분과의 차이점을 재는 척도는 하느님께서 맡기신 사명의 차이에서 온다고 했습니다.

요한은 회개의 표로 사람들에게 물로 세례를 주는 사명을 받았고,

예수 그리스도께서는 성령과 불로 세례를 주는 사명을 지녔다는 것입니다. 불과 성령, 이것은 앞으로 그리스도의 복음이 온 세계에 퍼져 나가면서 모든 사람들의 영혼 안에 알알이 새겨질 인호印號이며 사람들이 거룩하게 되는 실질적인 힘으로 작용할 것입니다.

요한은 오시는 메시아를 위해 준비하는 마지막 종착역에 서 있는 사람으로, 과연 '여자에게서 태어난 사람들 중에서 가장 위대한 분'이었습니다(루카 7,28 참조). 요한은 이미 새로운 시대의 시작을 내다보고 있었기 때문입니다. 또 깊은 겸손함을 지닌 요한은 신랑의 진정한 친구였습니다(요한 3,29 참조). 그리고 이제 신랑은 요한을 통해 세례를 받으실 것입니다.

2. 말씀 공감

■ 극진히 섬겨야 할 사람

> "군중이 그에게 물었다.
> '그러면 저희가 어떻게 해야 합니까?'"(루카 3,10)

400년간의 정적을 깨고 유다 광야에 홀연히 등장한 세례자 요한은 하늘 나라를 선포하며 회개의 외침을 촉구합니다. 그런 요한에게 군중이 묻습니다.

"그러면 저희가 어떻게 해야 합니까?"(루카 3,10)

이에 대한 요한의 답변은 명쾌했습니다. 군중들에게는 '나누고 베푸는 삶'을, 세리들에게는 '정의'를, 군사들에게는 '청렴'을 강조했습니다. 세례자 요한의 주문은 삶의 현장과 직업 현장에 딱 들어맞는 말이었던 것입니다.

 만일 그가 오늘 우리에게 나타난다면, 우리를 향한 주문도 마찬가지일 것입니다. 곧 각자의 처지에서 자신의 생활 터와 직장에서 하느님의 자녀로서 모범적인 삶을 살아야 한다고 요청했을 터입니다.

 오스트리아 빈대학교에서 유학하던 시절, 인스부르크 소재 신학교를 자주 방문하곤 했습니다. 그곳 예수회에서 운영하는 신학교에서 해마다 두 명씩 선발되어 유학 온 한국인 신학생들의 수품을 축하해 주기 위함이었습니다. 행사가 끝나면 뒤풀이를 치르고 인스부르크 명소를 함께 둘러보는 것이 전통이었습니다.

 한번은 그렇게 두루 다니다가 예수회 교수 신부님들의 숙소로 안내받은 적이 있습니다. 일종의 수도원인 그 숙소 입구에서 매우 흥미로운 이야기를 들었습니다. 대충 이런 내용이었습니다.

 "이 수도원 숙소에서 세계적으로 유명한 신학자들이 살았습니다. 아무개 아무개, 이름만 대면 다 아는 신부들입니다. 그런데 이곳에서 복자 한 분이 배출되었습니다. 그는 여기 이 수위실에서 한평생을 봉사한 평수사였습니다. 걸출한 대학자들을 제치고 평수사가 복자품에 오르게 된 것은 아이러니한 일이지만, 이 수도원의 대단한 자랑이기도 합니다.

 그 수사는 평소 근무하면서 학자 교수 또는 사제가 되지 못한 자신을 부끄럽게 여기지 않고, 오직 자신이 맡은 일에만 최선을 다하여 봉사했습니다. '수위실에서 베풀 수 있는 덕은 무엇인가? 옳거니, 출입하는 모두에게 가능한 한 친절과 사랑으로 대하고, 항상 환한 미소로 기쁨을 주는 것이다!' 이렇게 생각하고 한결같이 그렇게 살았다는 것입니다. 그것이 모두에게 인정받아 그를 복자품에 오르게 해 주었다는 것입니다."

그때 얻은 생의 영감은 줄곧 제 가슴에 살아 있습니다.

남의 떡이 더 크게 보이는 유혹을 떨치고 내 손에 쥐어진 떡을 즐기는 행복을 누릴 줄 알아야 하겠습니다.

다른 사람의 눈에 낀 티끌을 내 눈의 들보보다 더 가혹하게 고발하고 싶은 유혹을 떨치고 자신을 엄정히 성찰할 줄 아는 성숙한 안목을 지녀야 하겠습니다.

■ **거룩한 충동**

> "옷을 두 벌 가진 사람은 못 가진 이에게 나누어 주어라. 먹을 것을 가진 사람도 그렇게 하여라"(루카 3,11).

여기서 요한이 군중에게 제시하는 '회개의 삶'은 각자 가지고 있는 생활필수품을 나누어 궁핍한 사람들을 헌신적으로 보살피는 것입니다. 이는 자신이 가지고 있는 것에 따라 나누는 단순한 분배 정의를 말하는 것이 아닙니다. 하느님을 아버지라 부르는 자녀로서의 형제애를 말합니다. 어떤 형제들에게는 없고 자신에게는 있는 것은, 사실 자신의 것이 아니라 바로 아버지께서 자신에게 은총으로 주신 것이기에, 나눌 필요가 있다는 것입니다. 이는 구약의 예언자들과 현자들, 그리고 예수님과 사도들의 가르침이기도 했습니다.

제임스 테일러James Tailor라는 약사가 있었습니다. 그는 언제나 성경을 부지런히 읽었고, 말씀대로 살려고 노력했습니다. 소외된 이들을 보듬었고, 생계 때문에 교회에 나갈 수 없는 가난한 사람들을 찾아다니며 도와줬습니다.

그의 주변에는 가난한 사람들이 많았기 때문에 그들에게서는 약값을 절반만 받거나 아예 받지 않았습니다.

"어머, 지난번에도 거저 약을 지어 주셨는데요."

"우선 병이 나아야 하니까 그냥 가져가시고 빨리 건강을 회복하세요."

"그래도 죄송해서…."

"조금도 염려하지 마세요. 계산서는 내가 벌써 천국에 보내 놓았으니까요. 그러니 거기 가서 갚으시면 됩니다. 약이 다 떨어지면 또 오십시오. 그런데 한 가지 꼭 부탁할 것이 있습니다. 하느님의 은혜를 절대로 잊지 않는 것이 당신이 갚아야 할 약값이라는 사실을 늘 기억해 주십시오. 그리고 당신도 거저 받았으니 남에게 거저 주십시오."

그와 주변 사람들의 대화는 늘 이런 식이었습니다.

그렇습니다. 나눔은 사랑이며 저축입니다. 나눔은 가장 구체적인 사랑입니다. 나눔은 천국에 재화를 쌓는 일입니다. 복음이건 재물이건 나눔은 또 다른 나눔을 낳습니다.

"옷을 두 벌 가진 사람은 못 가진 이에게 나누어 주어라. 먹을 것을 가진 사람도 그렇게 하여라"(루카 3,11).

오늘 나는 무엇을 나눌 수 있을까요?

■ 저희 곤고의 때에

> "나보다 더 큰 능력을 지니신 분이 오신다"(루카 3,16).

세례자 요한! 그는 한마디로 구약에서 신약으로 넘어가는 문턱에 선 경계인이었습니다. 역사에서 가장 위대한 조연으로 꼽히는 그는 구약의 종점이며 신약의 시점이었습니다. 그가 맡은 배역의 우뚝함에 대하여 예수님께서는 이렇게 말씀하셨습니다.

"여자에게서 태어난 이들 가운데 세례자 요한보다 더 큰 인물은 나오지 않았다"(마태 11,11).

최고의 인물평이며 최상의 찬사입니다. 그 장본인 세례자 요한의 존재론적 주가를 드높인 것은 무엇보다도 잔혹했던 400년의 침묵, 곧 정적의 흑야였습니다. 하느님 예언 말씀의 기근은 구약의 마지막 예언자 말라키 이후 그야말로 몰인정했습니다. 나라는 페르시아 제국(B.C. 538-), 마케도니아 제국(B.C. 333-), 막간에는 시리아 왕국(B.C. 198-), 그리고 마침내 로마 제국(B.C. 63-)에 의해 차례로 유린당하여 꼴은 말이 아니고, 그나마 위로와 인내의 원천이었던 예언 말씀마저 뚝 끊겼으니, 그 답답함이란 과연 어떠했을까요. 뜬금없이 버림받은 자의 당황, 상상조차 불허하는 낭패의 형국이었습니다.

그랬는데 홀연 세례자 요한이 광야에 출현하여 하느님의 말씀을 전했던 것입니다.

"회개하여라. 하늘 나라가 가까이 왔다"(마태 3,2).

어쨌든 반가운 소리였습니다. 지리한 침묵을 깨고 광야를 가르는 소리, 여러 세기 가뭄에 내린 단비였습니다. 그런데 자꾸만 얼른 해소되지 않는 물음이 여기저기서 발설되었습니다.

"누구지? 예언자인가? 예언자로 치기에는 말발이 센데. 엘리야인가? 모양새로 보면 꼭 엘리야인데. 언젠가 마지막 때에 주님의 오심을 예비하러 오실 것이라던 엘리야, 바로 그 엘리야인가? 그분도 아니라면, 메시아인가? 우리의 궁극적인 바람인 그 '구원자' 말야…"

그에게 빗발치듯 물음이 던져졌습니다.

"당신은 누구요?"

그는 숨김없이 자신의 신원을 밝혔습니다.

"나는 이사야 예언자가 말한 대로 '너희는 주님의 길을 곧게 내어라.' 하고 광야에서 외치는 이의 소리다"(요한 1,23).

이어 그는 오늘 복음 말씀에서처럼 명백히 밝혔습니다.

"나보다 더 큰 능력을 지니신 분이 오신다"(루카 3,16).

이로써 세례자 요한은 두 가지를 확실히 해 둔 셈입니다.

첫째는 더 큰 능력을 지니신 분, 곧 예수님에 대한 증언입니다.

즉, 더 큰 능력을 지니신 분에 대한 언급입니다. 그분은 어떤 예언자보다도 크신 분, 사람의 생사화복을 결정짓는 분, 우리를 질곡에서 해방시켜 주시는 분, 바로 우리들의 예수님이십니다. 그분이 당신의 큰 능력과 큰 지혜로 우리들의 모든 문제를 해결해 주시는 것입니다.

둘째는 자신의 역할에 대한 진솔한 고백입니다. 그는 메시아가 아니라 메시아의 오심을 준비하고 선포하는 소리였던 것입니다.

이 대목에서 우리의 귓전에는 광야 어느 바위 틈서리에 둥지를 틀고 고독하게 기도하는 그의 읊조림이 들려오는 듯합니다. 졸저 『성경 인물들의 기도 하권』(위즈앤비즈 2016)에 실린 그의 독백 기도로 여러분을 초대합니다.

저는 소리

당신은 말씀.

저를 이 땅에 보내신 이시여,

미구未久 어느 찰나

텅 빈 소리

우렁찬 목청으로

인적 끊긴 광야를 가를 때,

거기

지엄하신 말씀을 태워

"회개하라, 하느님 나라가 다가왔다"

천하를 호령하게 하소서.

저는 소리

당신은 말씀.

저를 돌처녀[石女]의 태중에 지으신 이시여,

원시의 소리

메뚜기와 들꿀과 새벽이슬로 고이 빚다가

때가 참에

400년 천형의 침묵을 깰 때,

거기

덩더쿵 복음 말씀 싣고

메시아의 도래를 선포하게 하소서.

저는 소리

당신은 말씀.

저 외칠 때

거기 말씀으로 오시어

당신께선 잠자던 영혼을 흔들어 깨우시고,

저 질러 댈 때

거기 말씀으로 임하시어

당신께선 목석같던 심금을 울리시고,

저 속삭일 때

거기 말씀으로 깃드시어

당신께선 기죽었던 폐부를 어루만져 주소서.⁶

함께 기도하시겠습니다.

주님, 저희 곤고의 때에, 당신의 큰 능력으로 저희를 삶의 수고와 짐으로부터 자유롭게 해 주시니 감사드립니다.

주님, 저희 방황의 때에, 당신의 큰 지혜로 저희에게 행복과 평화의 길을 일러 주시니 감사드립니다.

주님, 저희 회개의 때에, 당신의 큰 자비로 저희 허물을 용서해 주시니 감사드립니다.

우리 주 예수 그리스도를 통하여 비나이다. 아멘!

대림 제4주일: 루카 1,39-45

마니피캇

"행복하십니다, 주님께서 하신 말씀이 이루어지리라고 믿으신 분!"(루카 1,45)

1. 말씀의 숲

이야기의 무대는 유다 산골 마을 즈카르야의 집입니다. 즈카르야는 아기 요한의 아버지입니다. 이 집에서 마리아는 엘리사벳을 만났습니다.

마리아는 아기를 태중에 품고 사촌 언니인 엘리사벳을 찾아갔습니다. 마리아가 서둘러 엘리사벳을 찾아간 것은 무엇 때문일까요? 사촌 언니에게 자신의 임신을 알리기 위해서 간 것은 아니었습니다.

마리아는 이 사실을 아무에게도, 심지어 요셉에게도 알리지 못하고 속앓이하고 있었습니다. 결국 요셉에게 아기의 잉태를 알려 주신 분은 성령이었습니다. 또한 이 성령께서 지금 엘리사벳의 태중에 있는 아기를 신명이 나 뛰놀게 하고 계십니다. 성령께서 아기로 하여금 주님 앞에서 기뻐하게 하고 있습니다.

성령으로 가득 찬 엘리사벳은 마리아를 복되다고 일컫는 수많은 사람 가운데 첫 번째 사람이었습니다. "당신은 여인들 가운데에서 가장 복되시며 당신 태중의 아기도 복되십니다"(루카 1,42). 마리아는 주님의 말씀이 꼭 이루어지리라고 믿었기 때문입니다. "행복하십니다, 주님께서 하신 말씀이 이루어지리라고 믿으신 분!"(루카 1,45) 이렇게 마리아는 믿음을 통해서 믿는 이들의 어머니가 되셨습니다. 이 어머니 덕분에 오늘 이 세상은 예수님을 받아 모시게 되었습니다.

훗날 세례자 요한은 고백합니다. "나도 저분을 알지 못하였다"(요한 1,33). 마치 나를 대신해서 해 주는 말씀인 것 같습니다. 그러나 비록 요한이 자기 뒤에 오시는 더 크신 분이 누구인지 알지 못하더라도, 아기 요한은 이미 태중에서 알아뵈었습니다. 성령의 은총으로 말입니다. 이 첫 만남의 순간에 요한은 거룩하게 되고 선구자로 선택받았습니다.

이로써 완성의 시간, 곧 그리스도의 시간이 이루어지게 되었습니다. 이와 동시에 구약성경 안에 숨겨져 있던 그 모든 의미들이 드러나게 되었습니다. 그렇습니다. 구약성경의 사람들에게는 구원에 대한 모든 것이 아주 희미할 뿐이었습니다. 그러나 성령으로 가득 찬 엘리사벳과 아기 요한은 구원을 정확하게 그리고 분명하게 알아보았습니다.

마리아는 하느님께서 긴 세월에 걸쳐 당신 백성에게 하신 약속을 이룰 수 있도록 해 주는 분입니다. 그만큼 완벽한 믿음을 가진 분이었습니다. 그러므로 마리아 앞에서 기쁨을 감추지 못하는 엘리사벳과 아기 요한은 진정 선택받은 사람이 아닐 수 없습니다. 예레미야와 이사야 예언자가 이들을 두고 노래했습니다. "태중에서 나오기 전에 내가 너를 성별하였다"(예레 1,5). "주님께서 나를 모태에서부터 부르시고 어머니 배 속에서부터 내 이름을 지어 주셨다"(이사 49,1).

하느님께서 그리스도를 통하여 베풀어 주실 온갖 축복을 마리아는 먼저 받았고 그 축복을 우리도 받을 것입니다(에페 1,3 참조). 이 축복은 구약 시대에 주님께서 주실 현세적 축복으로 상징되었습니다. 주님께서는 우리를 사랑하시어 복을 주시고 번성하게 하시며 약속의 땅에서 자식복, 땅의 열매, 밀과 술, 기름이며 송아지, 양 떼 등등을 베풀어 주시는 데다가 질병을 물리쳐 주실 것입니다(신명 7,12-15 참조).

2. 말씀 공감

■ **믿음의 동료**

> "그 무렵에 마리아는 길을 떠나,
> 서둘러 유다 산악 지방에 있는 한 고을로 갔다"(루카 1,39).

처녀 마리아의 고독을 묵상합니다. 마리아는 누구와도 의논할 수 없었습니다. 왜냐하면 엄청난 하늘의 비밀을 가슴에 품고 있었기 때문입니다.

그러나 하느님께서는 그 고독을 나눌 동료를 보내 주셨습니다. 바로 사촌 언니 엘리사벳이었습니다. 마리아는 이 언니를 찾아서 먼 길을 갔습니다.

우리에게도 이런 믿음의 동료들이 필요합니다. 서로 격려하고 힘이 되어 줄 동료 말입니다.

『참 소중한 당신』 2006년 6월호에 실린 이○○ 시인의 글에서 우리는 우리와 속을 나눌 수 있는 믿음의 동료를 만납니다. 소개합니다.

> 명○○ 씨는 평범한 이웃집 아저씨였다. 나는 그 사람을 부처님이라고도 부르고 예수님이라고도 불렀다. 이유는 그가 애초에는 부모님을 따라 부처님을 믿는다고 했고, 후에는 가톨릭에 열심인 동창생의 전도로 가톨릭을 믿어서였고, 무엇보다 남모르게 선행을 하는 것을 알

게 된 후부터였다.

"예수님, 안녕하세요? 박카스 하나 주세요." 약국에 들러서 내가 말하면 "아이구, 승희 엄마 그렇게 부르지 마세요." 하며 절절맨다.

아내와 약국을 하는 그는 연말이 되면 누구의 손길도 닿지 않는, 참으로 도움이 필요한 가정을 돕고, 자녀들 친구 중 어려움에 처해 있는 학생을 알기만 하면 담임을 통해 몰래 돕곤 했다. 그것은 무엇보다 도움 받는 학생의 자존심을 지켜 주기 위함이었다. 그들 내외가 그렇게 사는 것을 알게 된 것도 내 주변에 절실하게 도움이 필요했던 두 집의 딱한 사정을 우연히 알고 이야기했다가, 그들 내외가 은밀하게 도움 주는 것을 보고 알게 된 것이다.

그중에서도 잊지 못할 일은 아내 로사 씨의 친구를 도운 것이다. 그 남편도 약사였는데 노름으로 속을 썩이더니 가게와 집을 저당 잡히고 거의 구제불능의 알코올 중독자가 되었다. 아내가 억지로 약국을 끌어갔으나 집이 경매 붙여지고 빚도 이중 삼중으로 져서 구할 길이 없어 보였다. 사정을 딱하게 여긴 명○○ 씨는 자기 집을 담보로 그 일을 해결하고 대신 은행 빚을 갚아 나가게 했다. 세상 남편들이 아내의 친구 남편을 구하려고 발 벗고 나서는 일이 흔치 않은데 명○○ 씨는 그렇게 사는 것이었다. 김장을 해도 두 집 것을 해서 나르고 명절과 아이들 입학과 졸업도 다 챙기고 있었다. 아내의 친구는 은행 이자를 못 갚을 때도 있었으나 명○○ 씨의 도움 속에 그 남편도 조금씩 나아지기 시작했고, 아이들도 자라면서 조금씩 빛이 보이기 시작했다.

그러던 어느 날, 술 담배도 안 하던 명○○ 씨가 장암 판결을 받은 지

사십 일 만에 세상을 떠났다. 병원에 두세 번 문병을 갔었는데 그렇게 빨리 가다니, 참으로 보기 드문 착한 사람이었는데…. 로사와 나는 가슴 아픈 우정으로 만나면서 이웃에나 가정에나 봉사와 헌신을 아끼지 않던 명○○ 씨를 함께 추억했다. 너무 허망한 나머지 "착한 사람은 하늘 나라에서도 급히 필요할 게야"라고 위로해 보았지만, 나도 가슴 미어지는 것은 마찬가지였다.

로사는 말했다. 남편 기일과 명절에 묘소에 가면 누군가 먼저 왔다 간 흔적이 있다고. 그래, 우리 모두 명○○ 씨처럼 살아야 하는데….

오늘날 실직 가정이 늘어나고 학교에는 도시락을 못 싸 가지고 오는 아이들이 늘어난다고 한다. 성당에서는 불우이웃돕기 바자회도 하고, 자모회에서는 폐품을 모아다 팔아 성금을 내고 있었다. 신문지나 박스, 헌 옷, 음료수 병들을 가져오라는 연락도 오고 있었다.

그런 어느 날, 바람이 몹시 불고 눈발이 날리는데 우연히 창밖을 보니 로사가 리어카에 폐품을 가득 싣고 힘들게 끌고 가고 있었다.[7]

■ 성령의 생기

"엘리사벳은 성령으로 가득 차 큰 소리로 외쳤다"(루카 1,41-42).

세례자 요한을 잉태한 지 6개월이 지난 엘리사벳에게 예수님을 갓 잉태한 마리아가 찾아옵니다. 영문을 모르는 채 하느님으로부터 특별히 간택된 두 여인의 만남은 처음부터 흥분이었습니다. 뜬금없이 구세사적 사건의 주인공이 된다는 사실이 그만큼 긴장되고 설레는 일이었기 때문입니다.

성령 충만한 엘리사벳은 기쁨을 즉각적으로 표출합니다.

"엘리사벳은 성령으로 가득 차 큰 소리로 외쳤다"(루카 1,41-42).

이 기쁨은 반사적으로는 마리아를 향한 것이었습니다. 그러면서 주님을 환영하고 찬미하는 기쁨이기도 했습니다.

"당신은 여인들 가운데에서 가장 복되시며 당신 태중의 아기도 복되십니다. 내 주님의 어머니께서 저에게 오시다니 어찌 된 일입니까?"(루카 1,42-43)

이렇듯이 그들이 나눈 첫 인사말은 상호 격려와 찬미였습니다. 그리하여 그 이후의 구절은 찬미 일색입니다. 그들에게서 우리가 배울 수 있는 가장 큰 가르침은 '찬미'입니다.

여기서 우리가 결코 놓쳐서는 안 되는 사실이 있습니다.

바로 이 두 여인의 찬미는 세상적인 복과 호강 때문에 발설된 것이 아니라는 사실입니다. 엘리사벳은 "광야에서 외치는 이의 소리"(루카 3,4)로 불린 자신의 아들이 장차 어떤 운명에 처하게 될지 전혀 모르지 않았을 것입니다. 마리아 역시 태중의 '메시아'가 장차 가야 할 길이 '고난받는 주님의 종'의 그것임을 짐작하지 못했을 리 없습니다.

그럼에도 이 두 여인은 서로를 '큰 소리'로 반기면서 찬미로써 자신들의 기쁨을 노래했습니다.

좋은 일이 있어야만, 자랑할 일이 생길 때에만, 꼭 가시적으로 합당해 보일 때에만 찬미하는 것이 우리네 믿음입니다.

아니, 그 찬미조차 게을리하고 감사에 인색해 왔던 것이 우리들 실제 믿음의 형편입니다.

며칠 전 아침 묵상 시간에 제 눈에 쏙 들어온 성경의 한 대목이 떠올라 다시 찾아 적어 봅니다.

"무슨 일이든 투덜거리거나 따지지 말고 하십시오. 그리하여 비뚤어지고 뒤틀린 이 세대에서 허물없는 사람, 순결한 사람, 하느님의 흠 없는 자녀가 되어, 이 세상에서 별처럼 빛날 수 있도록 하십시오. 생명의 말씀을 굳게 지니십시오. 그러면 내가 헛되이 달음질하거나 헛되이 애쓴 것이 되지 않아, 그리스도의 날에 자랑할 수 있게 될 것입니다. 내가 설령 하느님께 올리는 포도주가 되어 여러분이 봉헌하는 믿음의 제물 위에 부어진다 하여도, 나는 기뻐할 것입니다. 여러분 모두와 함께 기뻐할 것입니다. 여러분도 마찬가지로 기뻐하십시오. 나와 함께 기뻐하십시오"(필리 2,14-18).

"투덜거리거나 따지지 말고"라는 첫 문장의 어구가 어느 노배우의 유명한 광고 대사 "묻지도 따지지도 말고"라는 말과 겹쳐 들려서 더욱 뇌리에 남았었습니다.

앞뒤 문장을 뜯어 읽어 보면 "이 세상에서 별처럼 빛날 수 있도록 하십시오."가 중심 문장으로 파악됩니다. 아름다운 초대입니다.

곁들여, 투덜거림은 비뚤어지고 뒤틀린 마음의 반영임을 은근히 시사해 주고 있는 한편, 허물없고 순결하고 흠 없는 자가 되기 위한 조건은 오로지 생명의 말씀을 굳게 지니고서 신앙인이기 때문에 겪어야 할 고난을 기뻐하는 것임을 깨우쳐 줍니다. 참기쁨의 경지라 할까요.

우리보다 먼저 엘리사벳과 마리아가 그 기쁨을 누렸습니다.

방금 편지글의 필자 바오로 사도가 뒤이어 그 기쁨을 누렸습니다.

이제 우리 차례입니다.

■ 말씀의 마스터키

> "행복하십니다, 주님께서 하신 말씀이 이루어지리라고 믿으신 분!"(루카 1,45)

하느님의 말씀을 곧이곧대로 믿는 사람은 참으로 행복합니다. 단순히 기분이 좋아져서 행복한 것이 아니라 말씀이 약속해 준 좋은 일이 생겨서 행복합니다. 하느님께서 많은 이야기를 우리에게 해 주셨지만, 그 이야기를 받아들이는 이는 적습니다. 그러나 그 이야기를 받아들인 이는 복됩니다.

인도에 파견되었던 어느 선교사의 이야기입니다. 그는 어느 날 밤 숙소를 침입한 큰 뱀에 자신의 몸이 휘감기는 상황에 빠졌습니다. 그 마을에서 그런 일을 당하여 뼈가 부러져 죽었다는 얘기를 그는 익히 들어서 알고 있었습니다. 그러기에 '이제 나는 죽었구나' 하는 생각이 들었습니다. 하지만 그 선교사에게 그 순간 그가 밑줄 치며 읽었던 이사야서 한 대목의 말씀이 떠올랐습니다.

"이스라엘의 거룩하신 분 주 하느님께서 이렇게 말씀하신다. '회개와 안정으로 너희가 구원을 받고 평온과 신뢰 속에 너희의 힘이 있건만 너희는 싫다고 하면서 '아닙니다. 말을 타고 도망하렵니다.' 하고 말하였다'"(이사 30,15-16).

이 말씀에 그는 순간적으로 '도망하려 하면 나는 죽는다'는 판단이 들었습니다.

대신에 "회개와 안정으로 너희가 구원을 받고 평온과 신뢰 속에 너희의 힘이 있건만"이라는 말씀이 그 선교사의 마음을 진정시켜 주었습니다.

그는 말씀대로 '회개와 안정으로' 기도하며 '평온과 신뢰 속에' 잠잠히 기다리기만 했습니다. 그러자 곧 큰 뱀은 천천히 그에게서 몸을 풀고 사라졌다고 합니다.

실화입니다.

눈앞에 닥친 죽음의 위기에서 그를 구원한 것은 성경의 한 말씀이었습니다.

우리 모두에게도 이미 이런 일들이 흔히 일어났음을 알고 있습니다.

더욱 그러도록 분발해야 하겠습니다.

이해가 안 가더라도 믿어야 합니다. 그러면 좋은 일이 생깁니다. 상상하지 못했고, 기대하지 못했던 일이 일어날 수 있습니다.

하느님만을 의지하고 그분께 모든 것을 맡기는 믿음은 이런 위대한 역사를 이루어 냅니다.

그렇습니다. 믿음은 위대한 동시에 복됩니다.

함께 기도하시겠습니다.

주님, 저희가 좌절할 때 용기를 북돋는 말씀을 주시니, 그저 믿음으로 힘을 내며 감사드립니다.

주님, 저희가 스스로를 심판하며 자조하고 있을 때 사랑의 말씀을 주시니, 그저 믿음으로 위로받으며 찬미 올립니다.

주님, 저희에게 언제 어느 때고 구원이 될 말씀의 마스터키를 주시니, 그저 기쁨과 평화로 영광 돌립니다.

우리 주 예수 그리스도를 통하여 비나이다. 아멘!

주님 성탄 대축일 - 밤 미사: 루카 2,1-14

기쁘도다, 알렐루야!

"지극히 높은 곳에서는 하느님께 영광
땅에서는 그분 마음에 드는 사람들에게 평화!"(루카 2,14)

1. 말씀의 숲

제2차 세계 대전 때의 일입니다. 한밤중에 독일군과 프랑스군이 서로 총을 겨눈 채 대치하고 있었습니다. 날이 밝아오면서 자욱했던 안개가 서서히 걷히고 있었습니다. 그때부터 양 진영은 상대를 향해 무차별 총격을 가하기 시작했습니다. 그러다가 양군은 갑자기 총격을 멈추고 한 곳에 시선을 집중시켰습니다. 양 진영의 중간 지점에서 한 어린이가 한가롭게 기어가고 있었습니다. 그 어린이는 들판에 피어 있는 민들레를 한없이 행복한 표정으로 바라보며 방글방글 웃고 있었습니다. 군인들은 그 어린이의 미소에 취해 도저히 사격을 할 수 없었습니다. 어린이의 해맑은 웃음이 잠시 싸움을 멈추게 만들었습니다. 그 미소가 전장에 평화를 선물했습니다.

인류의 평화를 위해 이 땅에 오신 한 어린이가 있습니다. 2,000년 전 말구유에서 태어난 아기 예수님. 예수님의 탄생은 전 인류를 위한 축하 전보였습니다. 그리고 인류를 죄악에서 영원히 해방시킨 새 생명의 선언이었습니다.

이제 기다림과 희망의 시간인 대림 시기를 뒤로하고 성탄을 맞게 되었습니다. 예수님께서는 오늘 그대에게 당신의 진정한 모습을 보여 주고 계십니다. 하늘에 계신 아버지의 사랑하는 외아들이시며, 이 세상의 빛과 구원이신 예수님께서는 한낱 갓난아기로 당신의 진면목을 드러내시기 때문입니다. 이 신비 앞에서 그대는 그저 감탄하고 흠숭하며 겸허해질 수밖에 없습니다. 이 마음으로 그대에게 주님의 사랑을 전합니다.

오늘 복음 말씀은 두 부분으로 나눌 수 있습니다. 첫 번째 부분은 예수님의 탄생에 대한 배경(루카 2,1-7 참조)이고, 두 번째 부분은 예수님의 탄생에 대한 천사들의 선포와 천상의 찬양(루카 2,8-14 참조)입니다.

첫 번째 부분에서는 예수님의 탄생에 대한 배경이 전해지고 있습니다. 황제가 온 세계에 칙령을 내렸고, 그에 따라 모두들 각자의 본관 고을로 등록하러 갔습니다. 당연히 요셉도 이 호적 등록에 참여하고 있었습니다.

그런데 이야기는 요셉의 본관이 어디인지 주목하고 있습니다. 요셉은 갈릴래아 지방 나자렛을 떠나, 유다 지방 다윗의 고을, 곧 베들레헴으로 약혼한 마리아와 함께 갔습니다. 요셉의 본관이 처음부터 강조되고 있는 것은 이 장소, 곧 베들레헴이 이야기의 무대가 되기 때문입니다.

요셉은 다윗 가문의 일족에 속했으므로, 이제 태어날 아기도 바로 이 가문에 속할 것입니다. 이야기는 자연스럽게 다윗의 고을, 베들레헴에서 태어나는 아기 예수님의 탄생을 전하고 있습니다. 예수님께서 다윗의 고을에서 태어나신다는 것은 곧 그분께서 다윗의 후손이심을 말해 주는 것입니다. 예수님께서는 다윗의 후손이며, 메시아입니다. 다음 장면에서 천사가 이 사실을 목자들에게 알려 줄 것입니다.

과연 성경의 말씀대로입니다. "너 에프라타의 베들레헴아 너는 유다 부족들 가운데에서 보잘것없지만 나를 위하여 이스라엘을 다스릴 이가 너에게서 나오리라. 그의 뿌리는 옛날로, 아득한 시절로 거슬러 올라간다"(미카 5,1).

그렇기 때문에 메시아는 요셉을 통해 다윗 가문의 후손으로 태어나야 했습니다. 그것도 다윗의 고을에서 태어나야 했습니다. 그러므로 로마 황제의 호적 등록 명령도, 실은 하느님의 이 섭리에 속해 있는 것이었습니다.

이제 호적 등록에 대한 이야기는 사라지고, 아기의 탄생에 대해서 말합니다. "그들이 거기에 머무르는 동안 마리아는 해산 날이 되어, 첫아들을 낳았다. 그들은 아기를 포대기에 싸서 구유에 뉘었다. 여관에는 그들이 들어갈 자리가 없었던 것이다"(루카 2,6-7). 그렇지요? 이제는 다윗의 고을 베들레헴에서 새로운 공간, 구유로 우리의 시선이 자연스레 모아집니다. 이 아기는 구유라는 가난 속에서 태어나고 있습니다.

메시아가 아기의 모습으로 세상에 오신 이유는 바로 구약의 예언 말씀이 이것을 원하기 때문입니다. 이사야 예언자가 일찍이 이 신비를 노래했습니다. "우리에게 한 아기가 태어났고 우리에게 한 아들이 주어졌습니다. 왕권이 그의 어깨에 놓이고 그의 이름은 놀라운 경륜가, 용맹한 하느님, 영원한 아버지 평화의 군왕이라 불리리이다"(이사 9,5). 이분의 어깨 위에 모든 왕권이 놓이는 것은 이분이 갓난아기로 오시기 때문입니다. 이 왕권이 위대한 것은 이 사실 때문입니다. 그대는 이 신비 속에 오래 머물러 있어야 합니다.

그리고 동시에 이 왕권을 지닌 갓난아기는 세상의 가난함 속에서 태어나야 했습니다. 여관에는 그들이 머물 만한 방이 없었다는 것은 결코 우연한 일이 아니었습니다. 탄생의 순간부터 이 아기가 세상의 가난함에 참여하기 위해서 그랬던 것입니다.

두 번째 부분에서, 예수님의 탄생에 대한 기쁜 소식은 목동들에게 먼저 전해집니다. 천사는 베들레헴 들판에 있던 목자들에게 예수님의 탄생이 이스라엘에게 약속하신 메시아의 탄생임을 알려 주었습니다.

"오늘 너희를 위하여 다윗 고을에서 구원자가 태어나셨으니, 주 그리스도이시다"(루카 2,11).

그리고 목자들에게 그 증거를 알려 주었습니다.

"너희는 포대기에 싸여 구유에 누워 있는 아기를 보게 될 터인데, 그것이 너희를 위한 표징이다"(루카 2,12).

천사가 알려 주는 이 표징은 하늘의 영광과 땅의 가난함의 만남입니다. 이것은 지극히 높은 곳의 경이로움과 가장 낮은 곳의 소박함의 일치입니다. 외양간과 구유라는 아주 초라한 가난함 가운데, 하늘의 모든 찬란함이 그 모습을 드러내었습니다. 하늘에서 울려 퍼지는 위대한 찬양의 노래는, 가장 가난한 사람들인 목자들을 또한 가장 가난한 곳, 구유가 있는 곳으로 보내기 위함이었습니다.

예수님의 탄생 이야기는 예수님의 유년기 설화로, 역사적 기술이 아닌 신학적 종합이며 신화적 형식을 통한 신앙 고백문입니다. 물론 거기에는 역사적 바탕과 전승이 분명히 있습니다. 그러나 표현 자체를 글자 그대로 해석하는 축자영감설이나 근본주의적 맹신은 지양해야 합니다. 중요한 것은 메시지와 교훈을 얻는 일입니다.

예수님의 탄생 설화는 가난하고 소외된 이들을 위한 특별한 복음이 기도 합니다. 그것은 하느님의 구원이라는 극적 전환을 통해 이루어집니다. 그것은 특히 상상을 초월한 뜻밖의 사건으로 그 어떤 것이든 과거와의 단절을 뜻하는 놀라운 일이며, 바로 그 때문에 하느님께서는 늘 새롭게 이스라엘에게 약속의 실현자로서 그리고 희망의 보증으로 다가오고 계십니다.

2. 말씀 공감

■ 저 듬직한 겸덕을

> "그는 자기와 약혼한 마리아와 함께 호적 등록을 하러 갔는데, 마리아는 임신 중이었다"(루카 2,5).

인류의 구원자 예수 그리스도의 탄생 뒤에는 빼놓을 수 없는 숨은 조력자가 한 사람 있지요. 바로 요셉입니다.

시쳇말로 '바지' 남편에 '바지' 아버지! 심경이야 어땠건, 복음서 전체를 일괄할 때, 요셉은 자신의 이 들러리 역할을 훌륭히 수행했습니다. 마리아 임신 쇼크 때 요셉의 마음 씀씀이로부터 유추하건대 요셉은 자신의 특별한 역할을 행복해했을 듯 짐작됩니다.

인간적인 고충이 없지 않았을 것임에도 불구하고, 지상에서 성모 마리아와 요셉의 관계 그리고 예수님과 요셉의 관계는 부인할 수 없는 특권입니다. 그러기에 요셉은 성인들 가운데 으뜸 성인으로 공경받고 있습니다. 교회 (기도) 박사 대 데레사 성녀는 요셉의 전구가 큰 효력을 지녔다고 증언합니다. 오늘 그는 하늘에 우뚝한 예수님의 최측근 전구자인 것입니다.

   그는 전구를 청하는 이들을 위하여 어떤 변론으로 천주성삼을 설득할까요? 천상 직관 소통의 무음 기도에 귀 기울여 봅니다.『가톨릭신문』연재글, "성경 안에서 만나는 기도의 달인"을 쓰며 묵상해 본 기도입니다.

     지상에서, 저를 '아버지'로 불렀던 성자 예수님!
     한번 아들은 영원한 아들,
     지상 아비 소청 좀 들어주셨으면.
     저 아래 어드매 아무개가 천근 시름에 겨워
     "성 요셉, 저희를 위하여 빌으소서"를 연호하며
     울부짖는 소리
     시리도록 폐부를 파고드네요.
     지상 아비 애통을 보사
     그에게 자비를 베푸셨으면.

     지상에서, 제 아내 마리아의 참 정배로서
     육으로 남남인 부부지간에 '거룩한 결속'이 되어 주신 성령님!
     그 특은
     "성 요셉, 저희를 위하여 빌으소서" 탄원하는
     뿔뿔이 인생들에게도 내리소서.
     만리장성의 사연을 지닌 채
     찢어지고 터지고 파편화된 가족애의 시신을 부여안고

망연자실한 눈동자들에게
치유의 빛을 비추소서.
위장 부부인 저희에게 그리하였듯이
무엇으로도 끊을 수 없는 사랑의 끈으로
저들을 묶어 주소서.

지상에서, 당신 아드님을 제게 맡기시어
양부養父의 영광을 누리게 해 주신 성부 하느님!
그 신뢰(=의탁) 영원토록 폐하지 마소서.
제 생애, 허술했던 무녀리 삶을
겸덕과 섬김의 본으로 여기고
"성 요셉, 저를 위하여 빌으소서" 노래하며
터럭만큼이라도 닮아 보려고 용맹정진하는
아마추어 수도자들의 기염에
제 영적 부성父性이 덩달아 춤을 추네요.
아낌없는 제 응원 값으로 쳐주시어
저들의 한 걸음 한 걸음에 부디 강복하소서.⁸

   천국에서 어떤 말과 무슨 논리가 필요하겠습니까. 척하면 삼천 리, 모든 것이 직관 소통으로 이루어질 텐데. 그럼에도 불구하고 그 무언어 소통이 지상의 언어를 입게 되면 저렇게 되지 않을까 하는 것입니다.

■ 예수님께서 다시 태어나신다면

> "그 고장에는 들에 살면서 밤에도 양 떼를 지키는 목자들이 있었다. 그런데 주님의 천사가 다가오고 주님의 영광이 그 목자들의 둘레를 비추었다. 그들은 몹시 두려워하였다"(루카 2,8-9).

만일 예수님께서 이 시대에 다시 태어나신다면 주님의 천사는 누구에게 가서 이 기쁜 소식을 가장 먼저 전할까요. 우문이지만 난문이기도 합니다. 과연 누구에게 가장 먼저 예수님의 탄생 소식이 함께할까요.

2,000년 전에는 목자들, 곧 목동들에게 이 기쁜 소식이 가장 먼저 전해졌습니다. 나중 얘기가 되겠습니다마는 사실 목동들만이 구유 위의 예수님을 알현하는 영광을 누린 것이 아닙니다. 동방 박사들 역시 그 영광을 누렸습니다. 그런데 얼핏 보기에 정반대의 부류 같지만, 동방 박사들과 목동들은 통하는 구석이 있었습니다. 목동들은 순박해서 '있는 그대로 받아들이는 사람'들이었고, 동방 박사들은 지식의 한계를 아는 사람들이어서 '있는 그대로 받아들이는 사람'들이었습니다. 말하자면 그들은 겸손의 사람들이었습니다. 있는 그대로를 인정하는 사람들이었습니다. 왜곡이나 과장 없이 진실을 볼 줄 알고 인정할 줄 아는 사람들이었습니다.

다시 오늘 복음으로 돌아와 봅니다. 아니, 복음을 읽고 있는 오늘 이 시대로 돌아와 봅니다. 목동이 누굽니까? 이 시대의 목동으로는 과연 어떤 사람이 뽑힐까요? 이 물음을 대면하자니 문득 훗날 예수님께서 발설하셨던 말씀이 떠오릅니다.

"아버지, 하늘과 땅의 주님, 지혜롭다는 자들과 슬기롭다는 자들에게는 이것을 감추시고 철부지들에게는 드러내 보이시니, 아버지께 감사를 드립니다. 그렇습니다, 아버지! 아버지의 선하신 뜻이 이렇게 이루어졌습니다"(루카 10,21).

새번역에서는 '철부지들'이라고 번역되었지만, 공동번역에서는 이를 '철부지 어린이들'이라고 번역했습니다. 둘 다 같은 의미를 지니고 있습니다. 철부지같이 동심을 지니고 있는 사람들에게 하느님께서는 하늘의 비밀을 드러내신다는 말씀인 것입니다.

동심을 지녀야 합니다. 동심을 회복해야 합니다. 그러면 누구든 오늘 새로 탄생하시는 예수님을 만날 수 있습니다. 예수님께서는 공생활 중에 어린아이들이 당신께 다가오는 것을 막으려는 제자들을 꾸짖으시고, 아이들을 친히 품어 안고 축복하심으로써 그 말씀을 확증해 주신 바 있습니다(마태 19,13-15 참조). 예수님께서는 이렇게 말씀하셨습니다.

"하늘 나라는 이 어린이들과 같은 사람들의 것이다"(마태 19,14).

참으로 예수님께서 원하시는 것은 세상의 지식이나 어설픈 똑똑함이 아니라 당신의 말씀을 있는 그대로 받아들일 수 있는 순수함입니다. 작고 보잘것없는 미물도 사랑하고 동정할 수 있는 그런 순수함 말입니다.

■ Pax Romana

> "지극히 높은 곳에서는 하느님께 영광
> 땅에서는 그분 마음에 드는 사람들에게 평화!"(루카 2,14)

오늘 복음에 나오는 로마 제국의 아우구스투스 황제Caesar Augustus(B.C. 63-A.D. 14)는 남으로는 파르티아(소아시아 일대)에서 북으로는 오늘날의 영국에 이르기까지 세상 끝에서 끝까지 평정하여 그야말로 '로마의 평화Pax Romana'를 이룩한 인물이었습니다. 그는 식민 지역의 종교, 문화를 되도록이면 인정하여 장려하는 정책을 폈습니다. 덕분에 이스라엘은 비교적 자유로운 종교 생활을 영위할 수 있었습니다. 이러한 이유로 아우구스투스는 '자비로운 정치가', '로마의 대부'라고 불리기도 했습니다.

하지만 그가 이룩한 평화는 수많은 전쟁을 통하여 이루어진 것이었습니다. 로마인들에게는 '평화 시대'였는지 모르나, 정복을 당한 민족들의 입장에서는 억압과 세금 강탈 등 수많은 어려움을 당하는 시기였을 것입니다.

이러한 시대에 예수님께서 탄생하셨던 것입니다. 그리고 천사들은 그분의 탄생을 찬양하면서 "지극히 높은 곳에서는 하느님께 영광 땅에서는 그분 마음에 드는 사람들에게 평화!"(루카 2,14)라고 노래를 부르고 있습니다. 높은 세금, 군비 확장, 소수민족 억압, 번영에 대한 비관을 희생제물로 삼아 쌓아올린 위선적인 로마의 평화 대신, 그리스도의 참된 평화가 "큰 기쁨으로" 선포되었습니다. 나중에 용서와 사랑으로 일관된 예수님의 삶은 참평화가 무엇인지를 보여 주고도 남았습니다.'

그렇습니다. 사람이 만든 평화는 완전하지 못합니다. 하지만 주 하느님께서 주시는 평화는 다릅니다. 사람이 만든 평화는 언젠가는 다시 깨어지고 맙니다. 하지만 하느님께서 주시는 평화는 깨어지는 일도 없고, 아무리 불행한 상황이라 하더라도 마음에 안정을 찾게 해 줍니다.

스위스에 가면 레만Lac Léman이라는 아름다운 호수가 있습니다.
어느 날 그곳에서 지체 장애를 가진 어린이들을 모아 '평화'라는 주제로 그림을 그리는 대회가 열렸습니다. 금상을 받은 작품은 잔잔한 호수의 표면, 한가로이 노니는 새들, 맑게 개인 파란 하늘에 두둥실 떠 있는 흰 구름, 호수 건너편 잔디밭에서 뛰노는 아이들의 모습을 그린 것이었습니다.

그런데 대상을 받은 작품은 상당히 의외였습니다. 호수 배경 전체가 회색 빛깔이고 하늘은 먹구름으로 뒤덮여 있습니다. 그리고 장대비가 억수로 쏟아져 내리고 있습니다. 평화와는 너무도 거리가 먼, 절망적이고 암울한 그림이었습니다. 그런데 한 가지 특이한 것이 있었습니다.

호수 한가운데에 움푹 파인 바위 하나가 그려져 있고 그 속에 작은 새 두 마리가 떨며 비를 피하고 있습니다. 그 새들의 시선은 똑같이 어느 한곳을 바라보고 있었습니다. 저 먼 하늘에 햇살이 구름 사이로 살짝 비쳐져 나오고 있는 것을.

그렇습니다. 장애아의 눈에 환경은 모든 것이 절망적이고 암울할 수밖에 없을 것입니다. 그 환경은 바꿀 수가 없는 사실이지요. 그러나 그 환경과 상관없이 그 눈은 희망을 보고 있던 것입니다. 참된 평화는 환경에 구애받지 않고 내면에서 우러나는, 주님이 주시는 평화임을 어린 화가는 잘 알고 있었던 겁니다.

주님, 오늘 저희에게 평화로 임하셨습니다. 아직은 아기지만 그것으로 저희의 미래가 든든합니다. 마치 먹구름 사이로 언뜻언뜻 비치는 햇살이 우리에게 평화를 몰고 오듯이 오늘 태어나신 아기 예수님께서는 저희 인생에 평화를 몰고 오실 것임을 벌써 느낍니다. 아멘!

함께 기도하시겠습니다.

주님, '주님의 뜻이라면 무엇인들 마다하랴'라는 마음가짐으로 한생을 산 성 요셉의 순명을 저희가 기쁨으로 배우게 하소서.

주님, 묵묵히 성모 마리아의 고달픈 생애를 수반한 성 요셉의 저 듬직한 겸덕을 저희가 즐거이 본받게 하소서.

주님, 성 요셉이 하늘에서 저희의 기도를 정성껏 모아 주님께 전구의 기도를 바쳐 줄 때, 그의 기도를 들어주소서.

우리 주 예수 그리스도를 통하여 비나이다. 아멘!

예수, 마리아, 요셉의 성가정 축일: 루카 2,41-52

아버지 집에서

"저는 제 아버지의 집에 있어야 하는 줄을 모르셨습니까?"(루카 2,49)

1. 말씀의 숲

예수, 마리아, 요셉의 성가정 축일을 맞는 오늘 복음 말씀은 루카 복음의 유년기 이야기의 끝부분입니다. 하지만 정확히 루카 복음 2장 41절부터 52절까지의 내용은 연대기적으로 예수님의 유년기 이야기에 속하지 않습니다. 이는 예수님께서 성인이 되시기 전 가족과의 삶에서 유래한 일화입니다. 그것은 유년기 이야기와 직접적인 관계가 없는 독립적 전통입니다. 그러나 이 일화는 유년기 이야기와 이 복음 전체(루카 1,5; 24,53 참조)에서처럼 예루살렘 성전에서 시작하고 끝을 맺습니다.

이 일화는 세 부분으로 구성되어 있습니다.
첫째, 예수님께서 부모와 함께 예루살렘으로 올라가셨는데, 부모는 집으로 돌아오는 길에 잃어버린 예수님을 찾고 있었습니다(루카 2,41-45 참조).
둘째, 예수님께서 예루살렘 성전에서 선생들과 대담하시는 당신을 발견하고 놀란 부모에게 하느님을 당신의 아버지로 선포하십니다(루카 2,46-50 참조).
셋째, 예수님께서 부모와 함께 나자렛으로 내려가시고 지혜가 자라고 성장하며 하느님과 사람들의 총애가 더해 갔습니다(루카 2,51-52 참조).

　우선, 오늘 복음 말씀에는 중요한 단어가 많이 나타나고 있습니다. 예수님의 부모, 파스카 축제, 예루살렘, 열두 살의 예수님, 사흘 만에 성전에서 찾다, 율법 교사들, 그리고 아버지의 집 등입니다. 세부적인 것들이 많지만, 크게 눈에 띄는 요소들은 이렇습니다. 이야기의 무대는 예루살렘의 성전이고, 여기서 다시 나자렛으로 돌아가고 있습니다. 그리고 시간은 파스카 축제 후 사흘 동안 부모는 예수님을 찾고, 이때 예수님께서는 열두 살이셨습니다.

　오늘 이야기는 평범한 인간인 예수님의 모습을 보여 주면서 시작되고 있습니다. 갈릴래아의 작은 마을에서 다른 사람들처럼 일상적인 삶을 지내는 모습 말입니다. 그런 예수님께서 당신의 부모와 함께 파스카 축제를 지내기 위해 예루살렘으로 가셨습니다. 그런데 이야기의 관심은 다른 데에 있습니다. 이야기는 파스카 축제 동안에 대해서는 아무것도 말하지 않고, 파스카 축제가 끝나면서부터 본격적으로 펼쳐지기 때문입니다. 여느 때처럼 파스카 축제를 지내기 위해 떠난 이 가정에, 그동안 일어난 적이 없었던 일이 일어났습니다. 예수님의 나이 열두 살 때 말입니다.

　이상하게도 오늘 예수님께서는 어머니인 마리아와도, 아버지인 요셉과도 거리를 두십니다. 당신이 비록 그들의 자식이지만, 지금 예수님께서는 당신 아버지의 일을 하고 계시기 때문입니다. "사흘 뒤에야 성전에서 그를 찾아냈는데, 그는 율법 교사들 가운데에 앉아 그들의 말을 듣기도 하고 그들에게 묻기도 하고 있었다. 그의 말을 듣는 이들은 모두 그의 슬기로운 답변에 경탄하였다"(루카 2,46-47). 이것이 당신이 해야 할 소명이었습니다.

그래서 예수님께서는 아무렇지도 않게 당신을 애타게 찾던 부모에게 되물으셨습니다. "저는 제 아버지의 집에 있어야 하는 줄을 모르셨습니까?"(루카 2,49) 부모로서는 영문을 알 수 없었습니다. 부모들은 이 일 때문에 속을 태울 뿐이었습니다. 그리고 마음에 새겨 두었습니다.

어쩌면 가브리엘 천사가 자신에게 했던 말을 마리아가 지금 기억해야 할 때인지도 모르겠습니다. "그분께서는 큰 인물이 되시고 지극히 높으신 분의 아드님이라 불리실 것이다"(루카 1,32). 예수님께서는 하느님의 아들이십니다. 당신이 이 지상의 부모에게 속하지 않는다는 사실을 예수님께서는 처음으로 드러내셨습니다.

그 이유는 지금 예수님께서 당신 아버지의 일을 해야 하는 책임을 느끼고 계시기 때문입니다. 열두 살에 예수님께서는 이 사실을 깨닫고 확신하고 계시며 이것이 당신의 사명임을 선언하셨습니다. 열두 살에 예루살렘 성전에서 율법 교사들과 말을 나누는 예수님께서는 바로 아버지의 일을 하고 계셨습니다.

이것이 예수님께서 아버지의 집에 계신다는 의미입니다. 다른 사람이 아닌 당신의 아버지께 모든 재량권을 맡기고 계시기 때문입니다. 예수님께서는 이 세상에 아버지의 뜻을 실현하기 위해 오신 분이고, 그에 따라 당신을 헌신하실 것입니다.

이와 함께 '그렇게 많이 엿볼 수는 없지만, 예수님의 나자렛 생활은 대부분의 사람들과 같은 조건에서 사셨습니다. 외적으로 크게 드러나지 않는 평범한 생활 말입니다. 이야기의 끝에서 말하듯이, 예수님께서는 부모에게 순종하셨으며, 지혜와 키가 자라고, 하느님과 사람들의 총애도 더해 갔습니다.'[10] 바로 '이분이 오늘 아버지의 일을 수행해야 한다는 것을 양친에게 상기시키시고자, 성전에 남아 있기로 결정하셨습니다.'" 열두 살의 예수님께서는 성인의 삶에 접어들고 계셨습니다. 그분께서는 더 이상 아이가 아니었습니다.

아기 예수님께서 부모를 따라 이집트 피난처에서 고향인 나자렛으로 돌아오신 후 세상에 나타나는 30세에 이르기까지의 상황에 대해서 복음은 침묵을 지키고 있습니다. 30년 동안 아무런 할 일 없이 지내시지는 않았을 것입니다. 몇몇 상본을 보면 성모 마리아 품에 안겨 십자가의 무서운 광경에 놀라서 엄마 품에 달려드는 모습이라든지(영원한 도움의 성모), 양부養父인 요셉의 목수 일을 돕는 모습도 볼 수 있습니다.

그 밖에도 다른 소년들처럼 공부도 하셨을 것이고 뛰놀기도 하셨을 것입니다. 이러한 모든 자세한 일들을 복음사가들이 기록하지 않은 것은 예수님을 세상에 제시할 때 그 전기를 알리려는 것이 아니고 온 세상 사람들의 구령救靈에 필요한 것, 즉 하느님의 뜻이 어떻게 세상에 나타났는가를 알리려는 것이었기 때문입니다.

어느 모로 보면 30년간의 침묵은 그 자체가 우리에게 심각한 뜻을 제공합니다. 하느님의 구세 사업은 수다스럽지도 않고 왁자지껄한 선전으로 시작하지도 않습니다. 고요한 중에 침착한 준비 기간을 충분히 가지는 것입니다. 하느님께서는 고요 속에 계십니다. 하느님께서는 사람들의 눈에 띄지 않게 일하십니다.

2. 말씀 공감

■ '깨소금 맛' 나는 신앙

> "예수님의 부모는 해마다 파스카 축제 때면 예루살렘으로 가곤 하였다"(루카 2,41).

예수님께서 열두 살 되던 해에도 축제 관습에 따라 예루살렘으로 올라가셨다는(루카 2,42 참조) 언급은 예수님의 가정이 율법 규정을 충실히 지키는 '신앙의 가정'이라는 사실을 드러내 주고 있습니다.

유다인들은 자녀가 열세 살이 되기 전까지 하느님의 말씀을 가르쳐서 오직 한 분이신 하느님의 자녀라는 사실을 아이에게 인식시켰습니다. 따라서 열두 살부터 열세 살까지는 율법의 자녀가 되는 교육 기간으로, 이 기간을 거쳐야 성인으로 인정받았습니다.

결국 '하느님을 아는 것', 그것이 부모가 자녀에게 줄 수 있는 인생의 가장 크고 중요한 진리인 것입니다.

구약의 신앙 선조들은 이를 일찌감치 깨닫는 사건에 맞닥뜨렸습니다. 이스라엘 백성이 이집트를 탈출하여 가나안 땅에 정착할 무렵, 바로 이 시기에 예기치 못한 변화가 일어났습니다. 판관기는 말합니다.

"그의 세대 사람들도 모두 조상들 곁으로 갔다. 그 뒤로 주님도 알지 못하고 주님께서 이스라엘에게 베푸신 업적도 알지 못하는 다른 세대가 나왔다"(판관 2,10).

새로운 세대는 주님을 알지 못했던 것입니다. 이는 무엇을 의미하는가요. 곧 이 새로운 세대가 하느님에 대한 경험적 지식을 상실하기 시작했다는 것을 뜻합니다.

이는 드라마틱하게 신앙 체험을 한 1세대와 대조를 이루는 것이었습니다. 1세대는 하느님의 위대하신 역사를 경험했습니다. 그들은 전능하신 하느님을 의지하고 살아가면서 역경 속에서 그들을 도우시는 하느님의 능력과 손길을 체험했습니다. 이것이 1세대의 신앙 체험이었습니다.

그러나 시간이 지나면서 새로운 세대는 하느님을 보는 눈, 하느님의 음성을 듣는 귀를 점점 잃어버립니다. 사도 바오로의 표현처럼 "겉으로는 신심이 있는 체하여도 신심의 힘은 부정"(2티모 3,5)하는 세대였던 것입니다. 이것이 전환기의 비극이었습니다.

이렇게 되면 신앙은 더 이상 그들의 삶에 능력을 주지 못합니다. 신앙은 그들에게 생명이 되지 못합니다. 신앙 체험의 상실, 그것은 필연적으로 세상과의 타협과 불순명으로 이어집니다. 결국 이는 연쇄적인 비극을 초래합니다. 나라를 잃게 만들고 고난에 빠지게 만드는 것입니다.

"참 속상해요. 우리 아이가 교회를 안 나가려 해요."
"아무리 잔소리를 해도 들으려고 하지 않아요. 그냥 싫대요."

요즘 우리네 주변 가정에서 흔히 들을 수 있는 부모의 넋두리입니다. 이보다 더 큰 비극은 없습니다. 하느님을 잃는 것은 인생을 잃는 것이기 때문입니다.

"예수님의 부모는 해마다 파스카 축제 때면 예루살렘으로 가곤 하였다"(루카 2,41).

예수님의 부모, 요셉과 마리아가 해마다 파스카 축제를 기해 예루살렘으로 가곤 했던 것은, 당연히 의무 이행 차원이기도 했을 것입니다. 하지만 만일 그것이 유일한 동기였다면 복음서에 굳이 이 문장을 기록할 명분이 약해집니다. 짐작컨대, 이 문장이 이야기의 첫머리를 장식하고 있는 것은 예수님의 부모가 '예루살렘'행을 매우 중히 여겼다는 사실을 강조하려는 측면도 있었습니다.

소년 예수님께서는 부모의 이런 안목 덕택에 부모의 본보기에서 신앙의 기본을 익히셨고, 또한 예루살렘에서 대사제, 사두가이, 바리사이, 율법 학자 등 당대 지도자들의 풍모와 언행을 접할 기회를 얻으셨을 터입니다.

이는 우리에게도 영감 어린 가르침을 줍니다. 우리가 무릎 꿇고 드리는 기도가, 매 주일 단정한 몸가짐으로 드리는 미사 참례가, 또는 이 복음 묵상이 우리의 소중한 자녀에게는 최고의 본보기가 되어 준다는 사실을 말입니다. 그리하여 세상이 줄 수 없는 최고의 가치를 선물해 주는 격이 된다는 사실을 말입니다.

■ 사흘 뒤에야

> "사흘 뒤에야 성전에서 그를 찾아냈는데"(루카 2,46)

사흘은 성경적인 의미로 '최소한의 시간, 그러나 충분한 시간'을 뜻합니다. 성경에는 3일이 흘렀다는 표현이 여러 곳에서 나옵니다. 3일 동안 이스라엘이 사막에서 물 없이 헤맸음을 말하는 대목(탈출 15,22 참조), 3일 동안 모든 것을 동원하여 이미 주님께서 데려가신 엘리야를 헛되이 찾는 대목(2열왕 2,17 참조), 3일 동안 유다인이 하느님께 탄원하는 대목(2마카 13,12 참조) 등에서 알 수 있듯이, '사흘'은 '충분히' 시간이 흘렀음을 말해 줍니다.

그러니까 오늘 복음에서 요셉과 마리아가 사흘 동안 예수님을 찾아 다녔다는 말은 '충분히' 예수님을 찾았다는 사실을 의미합니다.

요셉과 마리아에게 있어서 예수님은 무엇과도 바꿀 수 없는 소중한 것이었습니다. 이처럼 많은 사람들은 자신이 가장 소중히 여기는 것을 찾기 위하여 끊임없이 노력합니다. 각자에 따라 그것이 돈이 될 수도 있고, 명예가 될 수도 있고, 권력이 될 수도 있을 것입니다. 이렇게 각자 소중히 여기는 것이 다를 수 있지만, 결과적으로는 '행복'을 위해서 그러한 것을 찾는 것이라고 볼 수 있습니다.

하지만 '행복'을 찾기 위한 그들의 노력에 비해서 그것을 찾아내기란 그리 쉬운 일이 아닙니다. 이를 오늘 복음에서는 '사흘 뒤에야'라고 표현했던 것입니다. 사실, 평생을 다 바쳐도 찾지 못하는 경우가 있습니다.

1908년 모스크바에서 상연되어 성공함으로써 세계적으로 유명해진 〈파랑새 L'Oiseau Bleu〉(1906)라는 동화극이 있습니다. 이 작품은 작가 모리스 마테를링크 Maurice Maeterlinck가 1911년에 노벨 문학상을 받으면서 더욱 유명해졌습니다.

가난한 나무꾼의 아이들 치르치르와 미치르 남매가 파랑새를 찾아 추억의 나라와 미래의 나라 등을 방문했으나 끝내 찾지 못하고, 꿈을 깨고 보니 기르고 있던 비둘기가 파랗다는 것을 깨닫는다는 줄거리입니다. 동화극이지만 인간의 행복이 어디에 있는지를 가르쳐 주는 걸작입니다. 우리가 찾아다니는 행복은 처음부터 우리 곁에 있었다는 메시지를 감동 있게 전해 주고 있는 것입니다.

다시 요셉과 마리아에게로 돌아가 봅니다. 그들은 예수님을 잃어버린

지 사흘 뒤에야 예수님을 '성전'에서 되찾았습니다. 예수님을 잃어버렸던 것은 함께 파스카 축제를 지냈던 성전에서였습니다. 그런데 요셉과 마리아는 '친척과 친지들 사이에서', 마침내는 온 예루살렘 거리에서 예수님을 찾았습니다. 애당초 그들이 함께 있었던 곳 '성전'으로 갔으면 장장 사흘 동안이나 애태우지 않았을 것입니다.

그렇습니다. 행복한 사람은 '미래'만을 위해 살지 않습니다. '지금'이 바로 행복의 순간입니다. '여기'가 바로 행복의 장소입니다. '지금 여기 here and now'는 우리의 일상생활을 의미합니다. 매일매일 경험하는 평범한 것, 일상적인 것들이 행복의 계기입니다. 평범한 일상에 성스러움이 깃들어 있고 찬란한 의미가 배어 있습니다. 걸레질을 하는 그 순간, 설거지를 하는 그 순간, 빨래를 하는 그 순간이 당신을 위한 행복의 순간입니다. 그것을 지겹게 생각하고 대충 끝내고 다른 즐거움을 쫓겠다고 하면 그 즐거움은 파랑새처럼 영원히 붙잡을 수 없습니다.

■ **지혜가 자라고**

> "예수님은 지혜와 키가 자랐고
> 하느님과 사람들의 총애도 더하여 갔다"(루카 2,52).

고촌본당 설립 10주년 기념행사 때 만난 한 어린이가 있습니다. 혼자 맨 앞에 앉아 똘망한 눈으로 처음부터 끝까지 저를 응시했던 그 아이는 김 라파엘이라는 초등학교 1학년 학생이었습니다. 이 작은 아이에게서 저는 오늘 복음에서 보인 소년 예수님을 만났습니다.

"예수님은 지혜와 키가 자랐고 하느님과 사람들의 총애도 더하여 갔다"(루카 2,52).

라파엘 군의 어머니 엔크라시아 자매가 전한 사연입니다.

평소에도 성가나 다른 테이프는 차에서 많이 듣고 다녔습니다. 너무 반복해서 들었다 싶으면 라파엘이 슬며시 끄곤 했죠. 그런데 복음 묵상 테이프는 오히려 자기가 반복 재생을 해 놓고 듣습니다. 어느 날 한번은 제가 '복음 묵상 테이프가 그렇게 좋아?' 하고 물었더니, 아이가 대답하길 '신부님 말씀이 너무 재밌고 성경 말씀들이 들으면 들을수록 묘하게 끌린다'고 하더군요. 어떤 날은 라파엘이 저보다 더 일찍 일어나서 새벽 6시 반이나 7시쯤 복음 묵상 테이프를 틀어놓고 책을 보고 있을 때도 있습니다. 신기하게 복음 묵상 테이프를 들으면서 책을 읽어도 전혀 방해되지 않고 오히려 머리에 잘 들어온다는 것입니다.

이렇게 복음 묵상을 듣고부터는 과제를 아주 잘합니다. 예전에는 제가 다섯 번은 말해야 했던 일을 이제는 스스로 알아서 하고 숙제도 꼬박꼬박 합니다. 아마 이전 묵상 중에 어떤 회원분의 자녀가 '묵상 테이프를 듣고 공부해서 성적이 많이 올랐다'는 얘기를 들어서인 것도 같습니다.

원래 아이가 책을 좋아해서 많이 읽기는 하는데 이제는 더 걱정할 필요가 없어졌습니다. 제가 일하고 있으면 알아서 옆에 와서 책을 읽고, 아침 저녁 기도도 빼먹지 않습니다.

라파엘이 웅변을 배우고 있는데 한번은 어느 대회에서 금상을 받아 왔습니다. 그런데 얼마 전에 아이의 웅변 모습을 봤더니 말투가 꼭 신부님 말투를 닮은 듯했습니다. 이처럼 훌륭한 분을 따라가며 성경 말씀과 늘 함께하는 아이로 키울 수 있게 해 주신 주님의 은총에 진심으로 감사할 따름입니다.

사실 저희 라파엘이 '과학 영재'랍니다. 제 눈엔 장난꾸러기로만 보이는데, 정말 주님께서 우리 라파엘을 귀히 여겨 주시고, 키워 주시는 것 같습니다.

그런 라파엘은 커서 하버드대학교에 가는 것이 목표입니다. 그리고 그때 꼭 스스로 복음 묵상 인터뷰의 주인공이 되어, 말씀 응답의 산증인이 되겠다고 합니다.

함께 기도하시겠습니다.

주님, 저희 자신이 평생 주님의 자녀이오니, 저희에게 날로 지혜와 총애를 더하여 주소서.

주님, 저희 자녀들 역시 줄곧 주님의 자녀이오니, 그들 역시 신앙 안에서 하늘의 지혜와 총애를 누리게 하소서.

주님, 그리하여 그 하늘 지혜와 총애로 저희 자손들이 성가정을 이룰 뿐 아니라, 세상이 부러워할 축복을 누리게 하소서.

우리 주 예수 그리스도를 통하여 비나이다. 아멘!

주님 공현 대축일: 마태 2,1-12

황금보다 귀한 얼굴

"그들은 그 별을 보고 더없이 기뻐하였다"(마태 2,10).

1. 말씀의 숲

오늘은 주님 공현 대축일로 제2의 성탄이라고 할 수 있습니다. 주님 공현이란 말 그대로 주님께서 나타나셨다는 뜻으로, 구원의 빛이신 주님을 온 세상에 드러내 보이는 신비를 말합니다. 교회 역사에서는 이를 '에피파니아Epiphania'라고 합니다. 이는 세상의 구세주인 예수님의 탄생을 맞아 아기 예수님께 경배 드리고 예물을 바치러 온 동방 박사의 방문을 기념하기 때문입니다. 이 대축일은 본래 1월 6일이지만, 한국에서는 1월 2일과 8일 사이의 주일에 기념합니다.

동방 박사의 방문 이야기는 이방인들을 통해 구원의 빛이 세상에 드러나는 주님의 공현을 상세히 설명합니다. 마태오는 예수님의 오심이 어떤 사람에게는 위협이 되지만, 많은 사람들에게는 구원이 됨을 증명해 보입니다. 헤로데와 같은 권력자들과 그들 편에 선 사람들은 위협을 느낍니다. 그러나 팔레스타인과 이방인 지역의 사람들은 예수님을 기쁘게 환영하며 정의로운 왕이자 구원자로 봅니다.

어떤 사람들은 예수님을 두려워한 나머지 역사 안에서 지워 버리려고 하는 반면, 다른 사람들은 예수님 안에서 자유와 생명에 대한 희망이 살아나는 것을 보고 기뻐합니다. 이 희망은 정의가 불의를 이기고 승리하는 경우에, 자유와 생명이 예속과 죽음을 이기고 승리하는 경우에 항상 다시 솟아납니다. 희망은 순간적인 것이 아닙니다. 순간적인 섬광은 온 힘을 밝혀 주고, 한 가닥 기억이 언제나 지워지지 않습니다.

멀리서 온 동방 박사들은 원수들의 손에서 자신을 해방시켜 주고 정의와 권리를 누리며 살도록 가르쳐 줄 정의로운 왕이나 통치자를 열렬히 대망하던 모든 사람을 대표합니다. 그들은 하느님 백성과는 다른 종교를 갖고 있을지라도, 진정한 왕의 도래를 알리는 표지인 '별'을 구별할 줄 압니다. 그 별은 역사와 사회 속에서 나타나는 표지에 관심을 기울일 필요가 있음을 가리킵니다. 또 사랑에서 우러나오는 정의를 구현하여 좀 더 나은 삶을 안겨 주실 분을 지적하고 있습니다.

이제 오늘 복음 말씀에서는 이교도들의 대표들이 그분을 경배합니다. 동방에서 현자들이 찾아온 것입니다. 동방 박사들과 예수님 사이의 만남은 의미심장합니다. 예수님께서는 당신의 어머니와 함께 계십니다. 이는 왕을 표상하는 이스라엘의 방식입니다. 예수님께 바친 충성의 예는 복종하겠다는 자세입니다. 이러한 이방인들의 봉헌은 기꺼이 받아들여졌습니다. 그들이 예수님께 바치는 선물은 당신을 왕으로 모셔 순종하겠다는 것(황금), 그분의 신분이 신적 사제인 왕이라는 것(유향), 그리고 그 왕은 죽음을 당하리라는 것(몰약)을 나타냅니다. 다시 말해, 예수님께서는 원수들에게 죽을 정의로운 왕이고, 부활한 다음에는 모든 사람이 하느님의 아들로 인정하리라는 것입니다.

앞으로 만백성이 예수 그리스도를 찾아올 것인데 그때에는 하늘의 별을 표지로 삼지 않고 마음속에 촉촉이 내리는 은총에 이끌려 찾아올 것입니다. 그리고 황금이 아니라 이웃 사랑의 희생을 그분께 예물로 드릴 것입니다.

참고로, 세 현자의 이름을 6세기경부터 가스팔, 멜키올, 발타사르라고 불렀습니다. 그들이 아기 예수님을 경배하는 그림이 카타콤바에 있는 것으로 보아 초대 교회 때부터 삼왕 경배를 기억해 왔음이 확실합니다. 하여튼 이 이방인들은 예수 그리스도를 찾아 나선 첫 사람들이었습니다.

자, 그럼 대강의 줄거리를 파악해 봅시다.

먼저, 마태오의 기술 방식을 주목하는 것이 좋겠습니다. 마태오는 예수님의 유년기 설화에서 매 사건마다 구약의 성경 구절을 인용하여 바로 구약의 이 예언이 예수 그리스도 안에서 이렇게 분명히 완성되고 성취되었음을 강조하고 있습니다. 마태오의 유년기 사화는 다섯 이야기로 구성되어 있습니다.

첫째, 동정녀 잉태(마태 1,18-25; 이사 7,14 참조)
둘째, 동방 박사의 방문(마태 2,1-12; 미카 5,1-3 참조)
셋째, 이집트 피난(마태 2,13-15; 호세 11,1 참조)
넷째, 무죄한 어린이들의 순교(마태 2,16-18; 예레 31,15 참조)
다섯째, 이집트에서 귀환(마태 2,19-23; 판관 13,5-7 참조)

여기서 오늘의 복음은 두 번째 이야기인 동방 박사의 방문 부분입니다.

동방에서 온 세 현자가 별의 인도로 베들레헴에 도착했습니다. 이곳은 일찍이 다윗이 사무엘 예언자에 의해 하느님의 백성을 다스릴 왕으로 도유된 곳입니다(1사무 16,1-13 참조).

구원의 별이 떠오르는 것을 보고 동방에서 온 점성가들은 헤로데 왕과 온 예루살렘을 술렁거리게 만들었습니다.

"유다인들의 임금으로 태어나신 분이 어디 계십니까? 우리는 동방에서 그분의 별을 보고 그분께 경배하러 왔습니다"(마태 2,2).

이 말을 들은 헤로데 왕은 당황했다고 합니다. 예루살렘에는 성경에 정통한 율법 학자들이 우글거렸습니다. 그들은 언젠가는 메시아가 나실 것을 잘 알고 있었고, 유다족이 아닌 에돔족에 속한 헤로데였지만 그도 이 사실을 잘 알고 있었습니다.

헤로데는 왕궁에서 났건 마굿간에서 났건 하여튼 왕王 자가 붙은 사람은 자기 외에 없기를 바라고 있었습니다. 그러나 이 이방인들은 유다의 왕이 어딘가에 나셨다는 확신을 가지고 이곳까지 찾아왔고, 그 왕을 더 잘 알고 그에게 합당한 경배를 드리려고 했던 것입니다. 동방의 이방인들은 별을 따라 새로 태어난 메시아를 경배하러 찾아갔습니다. 예수님께서 탄생한 사실을 예루살렘 사람들과 헤로데 왕은 알아채지 못했지만, 동방의 이방인 점성가들은 알아보았습니다. 이런 배경에는 마태오가 복음서를 쓸 무렵 유다인들이 메시아로서의 예수님을 배척한 반면 이방인들은 예수님을 신봉했다는 사실이 작용하고 있습니다.

그러나 예루살렘에는 그들이 찾던 왕이 없었습니다. 이때 헤로데는 이 점성가들이 찾는 왕이 그리스도임을 알아들었습니다.

"헤로데는 백성의 수석 사제들과 율법 학자들을 모두 모아 놓고, 메시아가 태어날 곳이 어디인지 물어보았다"(마태 2,4).

이 이방인들을 통해 그리스도의 탄생이 유다인들에게 알려졌습니다. 그러자 그리스도에 대해 기록되어 있는 책이 펼쳐졌습니다.

"유다 베들레헴입니다. 사실 예언자가 이렇게 기록해 놓았습니다"(마태 2,5).

예수님의 탄생지가 베들레헴으로 되어 있는 것도 미카서 5장 1절과 3

절의 예언이 예수님께 성취되었음을 말하기 위한 것입니다. 미카는 이 베들레헴을 다윗이 태어나 목동으로 있던 곳으로, 장차 이스라엘을 다스릴 분이 나올 곳으로 단정했습니다(이중적 의미가 있습니다). 구세주는 로마가 아니라 베들레헴에서, 대도시 서울이 아니라 한 지방의 변두리에서 탄생했습니다. 동방의 이방인들은 별을 따라 구세주가 태어나신 베들레헴을 향했습니다. 거기서 어린 아기를 찾은 후 머리 숙여 경배했습니다. 도중에 그들이 만난 헤로데도 그 아기에게 경배하고 싶으니 찾거든 알려 달라고 했지만, 그의 속셈은 따로 있었습니다.

동방의 점성가들에게는 별이 있었고, 예루살렘에는 예언자의 말씀이, 그리고 유다 베들레헴에는 한 아기 왕이 있었습니다. 그 현자들이 새로 나신 왕을 발견했을 때 그 아기는 가난한 어머니와 함께 허름한 헛간에 있었습니다.

오늘 이방인들이 유다인들에게 와서 그리스도를 전해 주었지만, 유다인들은 아무도 그리스도를 경배하러 가지 않았습니다.

당시의 대국 페르시아의 현자들이었으며 당시의 대민족 아라비아인인 이들이 보잘것없는 작은 나라 유다의 왕이 뭐 그리 대수로워서 그 먼 길을 찾아왔을까요. 그들은 하늘의 표를 읽었기 때문이었습니다.

2. 말씀 공감

■ 노상 빛이시오니

> "우리는 동방에서 그분의 별을 보고 그분께 경배하러 왔습니다"
> (마태 2,2).

　새까만 밤하늘 초롱초롱 반짝이는 별빛을 보면, 여러분은 어떤 생각이 드십니까? 온 우주가 잠든 듯한 고요함 속에서도 마치 나 한 사람을 위해 깨어 있는 듯한 저 영롱한 빛!

　2,000년 전 오늘, 아기 예수님께서는 머나먼 이교도의 땅 동방 박사들에게 바로 그런 빛으로 오셨습니다. 당신의 빛으로 어둠 속에 웅크리고 있던 그들을 빛의 세상 속으로 옮겨 놓으신 것입니다.

　제가 엮은 『김수환 추기경의 친전』(위즈앤비즈 2012)을 통하여 널리 알려졌습니다마는, 고 김 추기경께서는 특별히 별을 좋아하셨습니다. 아마도 김 추기경에게도 그 별은 아기 예수님께 인도하는 빛이었기 때문이 아니었을까 생각해 봅니다.

　언젠가 청소년들을 위한 글 한 편을 써 달라는 청탁을 받았을 때, 김 추기경은 기꺼이 응하셨습니다. 그분의 메시지는 당신께서 그리도 좋아하던 별빛의 그것이었습니다. 저는 문득 그 따뜻한 시어를 우리들에게 김 추기경께서 몸소 보내 주시는 응원의 신년 메시지로 삼고 싶어졌습니다. 함께 들어 보시겠습니다.

사랑하는 젊은이 여러분,
여러분을 생각할 때
나의 가슴은
한없이 벅차오릅니다. […]

내게 더없이 소중한
친구들이여,
나는 여러분의 젊은 가슴 안에서
그 크기와 광채가 아주 다양한
여러 별빛들을 볼 수 있습니다. […]

이름을 모르지만,
하나하나의 이름으로 부르고픈 친구들이여,
여러분은 집에서, 학교에서,
그리고 교회나 사회에서,
저녁의 어스름함과 밤의 칠흑을
이미 경험했으리라고 나는 생각합니다.

그래서 때때로 근심스러움에 싸였고,
걱정과 불안으로 거리를 방황했고,
또 극심한 갈등과 물음을 안은 채
잠 못 이루는 밤들을 보냈을 것입니다.
왜 가족들은 이다지 뿔뿔이 흩어져야 하는가?
왜 학교는 그토록 심한 전쟁터일까?

왜 사회는
우리의 마음을 무참히 짓밟는 것일까?

여러분 중에 특히
어린 나이에 벌써부터 삶의 고달픈 짐을
힘겹게 져야 했던 젊은이들에게
나는 더 각별한 애정으로 말하고 싶습니다.

사랑하는 친구여,
두려워 마세요, 힘을 내세요!
우리의 별빛은 까만 밤일수록
더욱 찬란해집니다.
막연하고 앞이 캄캄히 느껴지는 순간일수록
여러분의 가슴 속 깊이에서 비추이는 그 별빛을
찾으십시오.
그때는 무언가 소중한 일이 일어날 수도 있는
순간입니다.[12]

졸저 『김수환 추기경의 친전』에 실린 한 대목이었습니다. 어떻습니까, 여러분? 누가 이토록 친밀한 격려의 음성을 들으면서 스스로 젊은이가 아니라고 뒷걸음질 치겠습니까.
이제 여러분 모두가 세상의 별빛이 되실 차례입니다.

■ 가로등처럼

> "그러자 동방에서 본 별이 그들을 앞서가다가,
> 아기가 있는 곳 위에 이르러 멈추었다"(마태 2,9).

목동들 이외에 구세주이신 예수님을 가장 먼저 알아뵌 사람들은 다름 아닌 동방의 박사들이었습니다. 그들은 유다인이 아니라, 동쪽 나라의 이방인들이었습니다. 그들의 별난 방문과 경배를 기념하는 대축일은 극동의 땅 끝자락에 살고 있는 오늘 우리에게 시사하는 바가 큽니다.

오늘 복음에서 우리는 아기 예수님께 경배하러 저 멀리 동방에서부터 찾아온 이방인 박사들을 만납니다. 그들이 듣도 보도 못한 유다 땅, 가장 작은 고을 베들레헴에까지 와 예수님의 구유 앞에 나아올 수 있었던 것은 바로 '별'을 통해서였습니다.

"그러자 동방에서 본 별이 그들을 앞서가다가, 아기가 있는 곳 위에 이르러 멈추었다"(마태 2,9).

동방의 박사들이 보았던 별은 천체물리학적으로 존재하는 실제적인 별들이었습니다. 그중 하나의 별이 예사롭지 않은 광채와 움직임으로 그들의 시선을 사로잡아 아기 예수님께로 이끌었던 것입니다. 어떻게 그럴 수 있을까요? 여기서 이렇게 묻는 것은 시간 낭비일 뿐입니다. 또 이를 과학적으로 입증해 보려는 시도 역시 부질없는 수고일 뿐입니다. 그저 하느님께서 하늘과 땅의 창조주요 주재자이심을 믿고 인정하면, 그것으로 어떤 고약한 물음도 해소되기 때문입니다.

중요한 것은 이제 우리는 그 별을 상징적인 의미로, 곧 은유적 표현으로도 알아들을 수 있다는 사실입니다.

꼭 물리적으로 존재하는 하늘의 별이 아니더라도, 반짝이는 모든 것을 우리는 오늘날 별이라고 부릅니다. 무엇이건 광채를 내며 반짝이는 것들은 우리의 시선을 이끕니다.

그러기에 우리의 인생을 이끌어 주는 것들, 특히 우리의 삶을 신앙으로, 그리스도께로, 그리하여 우리를 천국으로 이끌어 주는 것들을 우리는 시적인 표현을 빌려 '너의 별' 또는 '나의 별'이라 부를 수 있는 것입니다.

무엇이 '너의 별'인지는 이른바 '너'의 세계에서 펼쳐지는 일입니다.

우리의 시선을 집중해야 할 것은 '나의 별'입니다.

때론 사람이 '나의 별'일 수 있습니다. 나로 하여금 보다 높은 꿈을 품게 하고 보다 맑은 정신으로 깨어 있게 해 주는 사람, 이윽고 나를 그리스도께로 이끌어 주는 사람, 이런 사람이 '나의 별'입니다. 우리 삶의 현장에서 누군가가 영롱한 빛으로 나의 시선을 이끌 때 그를 주목하며 내 인생길의 궤도를 한 발 한 발 디뎌 나간다면, 얼마나 은혜로울까요.

때론 지혜가 '나의 별'일 수 있습니다. 혹은 읽어서 혹은 들어서 혹은 깨달아서 습득한 지혜들이 마음속에 도사리고 있다가 적당한 시기에 내 마음을 향하여 소곤거릴 때에 그것에 경청하면서 순리를 따라 살아간다면, 얼마나 복될까요.

그리하여 매일 주님을 경배하는 기쁨을 누릴 수 있다면, 무엇을 더 바랄 수 있을까요.

■ 여기 제 몽땅을

> "그리고 그 집에 들어가 어머니 마리아와 함께 있는 아기를 보고 땅에 엎드려 경배하였다. 또 보물 상자를 열고 아기에게 황금과 유향과 몰약을 예물로 드렸다"(마태 2,11).

필경 하느님께서는 아기 예수님을 대신하여 동방 박사들이 바친 예물을 기쁘게 받으셨을 것입니다. 구약성경의 용어를 빌려 말하자면, 저들이 경배하며 바친 황금, 유향, 몰약에서는 향기가 피어올랐을 것입니다.

바로 이 대목에서 즉시 궁금해집니다.

'어떤 예물을 바치면 거기서 향기가 피어오를까?'

단도직입적으로 이것이 이번 묵상의 핵심 물음입니다. 기왕이면 오늘 우리가 바치는 예물에서도 향내가 짙게 나기를 바라는 것이 부끄럽지 않은 욕심이기 때문입니다.

이 중요한 물음에 대한 답을 우리는 구약의 인물, 노아가 바친 제사에서 발견합니다.

홍수가 지나가고 노아가 땅으로 나와 첫 번째로 한 행동은 '곧바로' 제사를 드리는 것이었습니다(창세 8,20 참조). 이는 중요합니다. 우리도 좋은 일이 생기면 제일 먼저 '감사의 제사'를 드려야 합니다. 파티는 나중으로 미루고, 먼저 주님께 감사해야 합니다.

노아가 하느님께 제사를 드렸더니 "향내"가 났습니다(창세 8,20-21 참조). 향내라는 말은 성경 전체에 자주 나오는 말인데, 예언서에서는 거꾸로 '역겨운' 제사에 대한 언급도 나옵니다. 이렇듯 제사에는 '역겨운 제사'

가 있고 '향내 나는 제사'가 있습니다. 무엇이 향내 나는 제사, 나아가 제물일까요? 호세아 예언자의 입술을 통하여 하느님께서 몸소 밝혀 주셨습니다.

"내가 반기는 것은 제물이 아니라 사랑이다. 제물을 바치기 전에 이 하느님의 마음을 먼저 알아다오"(호세 6,6. 공동번역).

여기서 '사랑'이라고 번역된 단어가 새번역에서는 '하느님을 아는 예지'라고 번역되어 있습니다. 이 두 번역 사이에 들어감 직한 것들, 그러니까 하느님의 마음을 알아드리는 것, 정성을 다하여 하느님께 사랑을 전하는 것, 사람들 사이에 자비를 실천하는 것 등등 이 모두가 향내 나는 예물의 요건인 것입니다. 사도 바오로는 우리의 삶 자체가 향내 가득한, 합당한 예물이 될 수 있다고 이렇게 말합니다.

"여러분의 몸을 하느님 마음에 드는 거룩한 산 제물로 바치십시오. 이것이 바로 여러분이 드려야 하는 합당한 예배입니다"(로마 12,1).

오늘 아기 예수님께 동방 박사들이 바친 예물이 고되디고된 발품으로 바친 예물이기에 사도 바오로가 권하는 "하느님 마음에 드는 거룩한 산 제물"로서 손색없다 하겠습니다.

"그리고 그 집에 들어가 어머니 마리아와 함께 있는 아기를 보고 땅에 엎드려 경배하였다. 또 보물 상자를 열고 아기에게 황금과 유향과 몰약을 예물로 드렸다"(마태 2,11).

이제는 우리들 차례입니다.

함께 기도하시겠습니다.

주님, 지금까지 저희 신앙생활에서 저희를 주님께 이끌어 주는 '별'이 되어 준 모든 이들에 대하여 감사드립니다.

주님, 저희로 하여금 저희도 모르는 사이에 누군가를 주님께로 이끄는 '별'의 역할을 할 수 있도록 뽑아 세워 주심에 감사드립니다.

주님, 특히 저희에게는 험하고 캄캄한 어둠길을 인도하는 말씀의 별들을 가로등처럼 세워 주심에 더더욱 감사드립니다.

우리 주 예수 그리스도를 통하여 비나이다. 아멘!

주님 세례 축일: 루카 3,15-16.21-22

요한의 고백

"너는 내가 사랑하는 아들, 내 마음에 드는 아들이다"(루카 3,22).

1. 말씀의 숲

이제 우리는 성탄 시기를 마무리하며 주님 세례 축일을 지냅니다. 그동안 예수님의 유년기에 드러난 신성을 기념하는 공현 축제를 지낸 우리는, 오늘 예수님의 세례 안에서 그분의 공생활을 시작하는 공현 축제를 거행합니다. 이제 내일부터는 연중 시기를 맞이하게 됩니다.

오늘 제1독서는 이사야 예언자가 선포한 '주님의 종'의 노래입니다. 이사야 예언자가 말하는 '주님의 종'은 순종과 겸손, 그리고 자비를 행함으로써 구원의 중재자가 됩니다.

"여기에 나의 종이 있다. 그는 내가 붙들어 주는 이, 내가 선택한 이, 내 마음에 드는 이다"(이사 42,1).

이 주님의 종은 하느님의 마음에 드는 이로서 "백성을 위한 계약이 되고 민족들의 빛"(이사 42,6)이 될 것입니다. 장차 이 이름은 예수 그리스도라는 고유한 이름이 될 것입니다.

오늘 복음 말씀은 예수님의 세례 이야기입니다. 여기에는 두 가지 이야기가 편집되어 있습니다.

첫 번째 이야기는 세례자 요한을 메시아로 여기는 백성들을 향한 세례자 요한의 증언입니다. 그는 자신이 메시아가 아님을 확실히 고백합니다. 오히려 장차 올 메시아는 자신보다 더 큰 능력을 지니신 분으로, 물로 세례를 베푸는 자신과는 달리 성령과 불로 세례를 베푸실 것이라 말합니다.

두 번째 이야기에서는 예수님께서 본격적으로 등장하십니다. 예수님께서는 다른 이들과 같이 세례를 받으셨습니다. 하지만 이 세례 때 하느님께서 그분께 성령을 내려 주시며 당신의 사랑하는 아들임을 선포하십니다.

제2차 세계 대전 이후 미국에서 영아 사망률에 대한 놀라운 통계가 나왔다고 합니다.

전쟁 중에 부모를 잃고 고아가 된 젖먹이들의 사망률을 조사했는데, 어떤 시설에서는 아이들의 생존에 필요한 영양 공급이나 돌봄을 충분히 제공했음에도 불구하고 80%의 아이들이 사망했다고 합니다. 반면 어떤 시설의 환경은 그보다 다소 부족했지만, 그곳의 간호사들은 아이들을 늘 따뜻하게 안아 주었다고 합니다. 그런데 놀랍게도 그곳의 아이들은 죽는 일이 거의 없었다고 합니다.

이 이야기를 통해 우리는 단순히 먹고 입는 것만이 아니라 '사랑받음' 이야말로 우리 생존에 참으로 가장 필요하다는 사실을 알 수 있겠습니다.

2. 말씀 공감

■ 기묘한 권능

> "나는 그분의 신발 끈을 풀어 드릴 자격조차 없다"(루카 3,16).

1987년 '오토 쾡'이라는 선교사가 파푸아 뉴기니에 갔을 때 체험한 이야기입니다. 선교지에 도착하자마자 그의 부인은 의료 선교를 하기로 하고, 쾡은 우선 파인애플을 재배하여 선교 자금을 마련하기로 했습니다. 쾡은 불모지를 개간하여 파인애플을 심고, 원주민을 고용해서 밭을 잘 돌보도록 했습니다. 시간이 지나 파인애플이 풍성히 열매를 맺기 시작했습니다. 그런데 날만 새면 열매가 없어져 버렸습니다. 나중에는 선교사의 집 안 물건들까지 없어지기 시작했습니다. 할 수 없이 쾡은 며칠 동안 두 눈을 부릅뜨고 파인애플밭을 지켰습니다. 그러다 보니 몸이 지쳐서 제대로 사역을 할 수가 없었습니다. 그래서 이번에는 큰 개 한 마리를 사 가지고 와서 집과 파인애플밭을 지키도록 했습니다. 다행히 도둑이 들어오지 못했습니다. 그런데 그때부터 원주민들이 선교사 내외를 피하기 시작했습니다. 파인애플밭을 가지고 몇 년 동안 씨름을 하면서 선교를 하기는커녕 오히려 원주민들에 대한 미움과 불만만 쌓여 갔습니다. 그러던 어느 날, 쾡은 밤새워 하느님께 기도하기 시작했습니다.

"하느님, 어떻게 해야 좋지요? 방법을 가르쳐 주십시오."

그때 하느님의 음성이 쾡의 마음속에 들렸습니다.

"그 밭은 나에게 맡겨라."

다음 날 쾡은 동네의 한 청년에게 말했습니다.

"이 밭을 다른 분께 맡겼으니 이제 마음대로 하시오."

소문은 즉각 온 동네에 퍼졌습니다. 그런데 신기하게도 그때부터 파인애플을 도둑질해 가는 사람이 없었습니다. 쾡은 동네 사람들에게 물어보았습니다.

"왜 열매를 따 가는 사람이 없습니까?"

마을의 한 사람이 긴장된 얼굴로 이렇게 답했습니다.

"선교사님 밭의 주인이 바뀐 날부터 과일을 따 간 사람의 집에는 불이 나거나 병에 걸리거나 재앙이 생기기 시작했습니다. 도대체 그 밭을 누구에게 주신 것입니까?"

쾡은 하늘을 가리키며 대답했습니다.

"우리 하느님께 드렸습니다."

그러자 질문했던 사람이 "아이고, 그 신은 밤에도 자지 않고 세상을 살피십니까?" 하며 하느님 앞에 무릎을 꿇었습니다. 그 뒤, 동네 사람들은 모두 하느님을 믿게 되었습니다. 선교사 쾡이 자신의 힘으로 살았던 7년 동안은 아무런 열매를 거두지 못했지만, 하느님께 모든 것을 맡기고 충성하면서부터 놀라운 열매를 거두게 된 것입니다.[13]

쾡이 한 행동은 주님의 분부대로 오로지 주님께 '맡기고 충성'하는 것이었습니다. 그러자 주님께서는 당신의 기묘한 권능으로 파인애플 농장을 지켜 주셨습니다. 이렇듯이 주님께서 하시는 일은 우리의 상상을 뛰어넘고 경이롭습니다.

오늘 복음에서 세례자 요한은 예수님을 이렇게 소개합니다.

"나는 그분의 신발 끈을 풀어 드릴 자격조차 없다"(루카 3,16).

이 고백은 주님의 비교할 수 없는 품격과 권능을 만천하에 선언한 것과 다르지 않습니다. 과연 주님께서는 가르침과 기적들을 통하여 이를 여실히 입증하셨습니다.

이분 앞에 우리가 취할 수 있는 선택은 '절대 믿음'과 '절대 충성'인 것입니다.

■ 새로우심을 사귀는 재미

> "온 백성이 세례를 받은 뒤에
> 예수님께서도 세례를 받으시고 기도를 하시는데"(루카 3,21)

온 백성이 세례자 요한으로부터 세례를 받을 때, 하느님의 외아들이신 예수님께서는 줄을 서서 기다리셨습니다. 당신의 차례가 되자 죄 없는 예수님께서 겸허히 세례를 받으셨습니다.

세례를 받을 필요가 없으신 분께서 왜 세례를 받으셨을까요?

오히려 불과 성령으로 세례를 베푸셔야 하실 분께서, 왜 그보다 아래 격인 '물'의 세례를 받으셨을까요?

우리는 그 깊은 의중을 단지 추측만 할 수 있을 뿐입니다. 첫째, 당신께서 고고하고 도도한 상류층 인간으로 육화하신 것이 아니라 죄스러운 밑바닥 인생으로 태어나셨음을 다시금 확인시켜 주기 위함이요, 둘째, 당신 오심의 준비자 세례자 요한의 모든 활동을 고스란히 인정해 주심으로써 그 기반 위에 당신의 복음을 선포하시기 위함이라고 말입니다.

하지만 이것은 우리의 이해력이 수용할 수 있는 하느님의 예지일 뿐, 필경 그 이상의 깊은 뜻은 여전히 우리에게는 미지의 신비인 것입니다.

이와 관련하여 일찍이 이사야 예언자는 이렇게 말했습니다.

"내 생각은 너희의 생각과 같지 않고 너희 길은 내 길과 같지 않다. 주님의 말씀이다. 하늘이 땅 위에 드높이 있듯이 내 길은 너희 길 위에, 내 생각은 너희 생각 위에 드높이 있다"(이사 55,8-9).

그러기에 하느님께서 일을 처리하시는 방식을 우리는 이해하지 못할 때가 많습니다. 특히 역경과 관련해서는 더욱 그러합니다. 고통 속에, 시련 속에, 그리고 실패 속에 있을 때 우리는 하느님께 부르짖습니다.

"왜 이걸 제가 감당해야 합니까? 왜 이런 걸 저에게 주셨습니까?"

그때 하느님께서는 이 말씀으로 답변하십니다.

"내 생각은 너의 생각보다 아득히 높아. 내 길도 너의 길보다 아득히 높아."

이런 것이 하느님의 경륜입니다. 결국 시간이 지나고 나면 은총이 옵니다. 시련을 통해서 성장이 옵니다. 실패를 통해서 결실이 맺어집니다.

하느님께서는 모세를 40년간 써먹기 위하여, 40년의 이집트 궁중 생활에다 40년의 광야 도망자 신세를 치르게 하셨습니다. 하느님께서는 공연히 움직이지 않으십니다. 훗날 이집트 궁중 세력과의 피 말리는 대결, 그리고 이스라엘 백성의 40년 광야 대장정을 내다보시고 그리하셨던 것입니다.

저 역시 하느님 지혜의 오묘하심에 탄복을 거듭합니다. 공대를 나와 신학교를 들어가고 나서 저는 하느님께 이렇게 여쭈어 본 적이 있습니다.

"아니, 제가 신학교를 올 것 같으면 철학과를 보내시든지, 아니면 서양사 공부를 시키든지 하시지, 왜 쓸데없는 공학을 공부하게 하셨습니까?"

시간이 한참 흐르고서야 그 이유를 깨달았습니다. 책을 쓸 때 저는 공대에서 배운 접근법으로 씁니다. 공학은 수학과 물리학이라는, 말하자면 뜬구름 잡는 학문에 기초하고 있습니다. 수학은 모양이 보이지 않는 것을 취급하고 물리학도 주로 원리를 다룹니다. 공학은 이들 법칙을 적용해서 어떤 눈에 보이는 물건을 만들어 내는 학문입니다. 저는 이를 4년 동안 배우고 훈련했습니다. 그리하여 저는 신앙과 관련된 글을 쓸 때에 이론과 현실, 양쪽을 아우르려고 최선을 다합니다. 원리를 파악하고 이것이 생활 현실에서 실효적으로 작동하도록 고심하는 것이 제 글 쓰는 과정의 전부이다시피 한 것입니다. 공학을 공부하지 않았더라면, 저는 탁상공론의 차원에서 만족했을지도 모릅니다. 요컨대, 하느님께서 밟으시는 절차에는 늘 높고 깊은 뜻이 서려 있는 것입니다.

"온 백성이 세례를 받은 뒤에 예수님께서도 세례를 받으시고 기도를 하시는데"(루카 3,21),

도대체 왜 그리스도이신 예수님께서 세례자 요한으로부터 세례를 받으셨을까? 깨달아진 것은 마음에 새기고, 미처 깨달아지지 않은 것은 여전히 열린 묵상거리로 남겨야 하겠습니다.

■ 오케이

"너는 내가 사랑하는 아들, 내 마음에 드는 아들이다"(루카 3,22).

시어머니와 며느리! 장인과 그의 도제!
함부로 규정할 수 없는 운명적 관계입니다.
이 관계에 얽힌 사연과 이야기들은 좀 과장되게 표현하자면 인류 역사의 절반을 차지한다고 해도 지나치지 않을 만큼 많습니다.

저는 그중의 백미가 '곳간 열쇠'를 인수인계하는 드라마가 아닐까 싶습니다.

곡절과 타이밍은 그야말로 각기 다 다르겠지만, 그 중심에는 늘 하나의 공식이 있습니다. 시어머니가 갖은 시집살이를 시키면서 며느리를 가르치고 지켜보다가 어느 지점에서 "합격!" 하고 선언하는 것입니다.

'이만하면 됐다. 이제 며느리에게 이 집의 운명이 될 곳간 열쇠를 넘길 때가 되었구나!'

이렇게 마음먹고 나서, 시어머니는 적절한 기회에 며느리에게 곳간 열쇠를 넘기는 예식을 단 둘이서 치르는 것입니다.

물론, 이와 비슷한 과정을 장인과 그의 도제에게서도 상상해 볼 수 있습니다.

오늘 복음 말씀을 접하자니, 뜬금없이 저런 그림들이 떠올랐습니다.

"너는 내가 사랑하는 아들, 내 마음에 드는 아들이다"(루카 3,22).

성부 하느님께서 성자 예수님께 내리신 이 인정의 말씀은 그저 듣기 좋으라고 주신 겉치레 격려가 아니었습니다.

그렇다고 그저 사랑의 눈으로 자녀를 바라보면서 "아이고, 내 자식! 고슴도치도 제 새끼는 예뻐한다고, 어쩌면 이리도 어여쁘냐!"라고 흥얼대는 부모 마음도 아니었습니다.

이 말씀을 내리신 성부 하느님께서는 이 세례의 순간만은 엄하고 혹독하고 까다로운 매의 눈으로 아들을 바라보고 계셨을 것입니다! 이런 직관이 지금 평정으로 말씀을 대하는 제 존재를 엄습합니다.

성부 하느님께서는 하나하나 확인하신 후, 합격 조건을 체크하십니다.

세상에 꼬물거리는 모든 생명을 귀하게 여기는 그 연민, 오케이.

죄인들과 병자들을 더욱 애틋이 바라보는 그 자비의 눈매, 오케이.

아버지의 뜻에 죽기까지 충성하는 순명의 맘보, 오케이.

오케이.

오케이.

오케이.

이 오케이의 연발 끝에 저렇게 선언하셨던 것입니다.

"너는 내가 사랑하는 아들, 내 마음에 드는 아들이다"(루카 3,22).

기회 있을 때마다 제가 누차 공공연하게 말씀드렸습니다마는, 제가 성부 하느님으로부터 가장 듣고 싶은 한마디가 바로 이 말씀입니다.

이 말씀 한마디라면, 저는 고생 중에도 더 큰 고생을 사겠습니다.

제 마음의 귀에 또렷이 들려만 주신다면, 저는 박해 중에도 더 큰 박해를 기뻐할 것입니다.

정녕 그것이 환청이 아니라면, 저는 지금 죽어도 여한이 없겠습니다.

어쩌면 평범한 신앙인에게는 좀 과격한 소원일지도 모르겠습니다.

하지만 이 말씀보다 더 큰 인정과 칭찬은 세상에 다시없다는 것이 사실입니다.

한번 상상해 보십시다.

당신이 속해 있는 조직의 최상위권자가 당신에게 한마디 합니다.

"너는 내가 사랑하는 직원, 내 마음에 드는 직원이다."

이 말 한마디면 당신의 미래는 전혀 딴판으로 달라지는 것입니다. 왜냐하면 그는 모든 것을 결정할 수 있는 인사권자이기 때문입니다.

함께 기도하시겠습니다.

주님, 설령 자격이 못 되어도 꼭 듣고 싶습니다. "너는 내 아들이다."라는 격려의 한 말씀, 환청으로라도 듣고 싶습니다.

주님, 욕심이라 하여도 꼭 듣고 싶습니다. "내가 너를 사랑하노라."라는 총애의 한 말씀, 떼를 써서라도 듣고 싶습니다.

주님, 그리하여 한 번은 꼭 증명해 드리고 싶습니다. "너로 인하여 내가 흡족하구나."라는 인정의 한 말씀이 제 생의 성적표이기를 소망합니다.

우리 주 예수 그리스도를 통하여 비나이다. 아멘!

연중 제2주일: 요한 2,1-11

새 시대를 여는 표징

"물독에 물을 채워라"(요한 2,7).

1. 말씀의 숲

오늘 복음 말씀에서 예수님께서는 갈릴래아의 작은 마을 '카나'에서 당신의 영광을 드러내는 첫 표징을 행하셨습니다. 바로 혼인 잔치를 위해 물을 포도주로 바꾸신 것입니다. 그렇다면 이 표징이 예수님의 영광을 어떻게 드러내고 있을까요?

요한 복음서에서 예수님의 본격적인 움직임, 활동이 소개되는 첫 이야기는 카나의 혼인 잔치 이야기로, 사실 그것은 공관복음서에 없는 이야기입니다.

시작 부분에 사흘째 되던 날 갈릴래아 카나에서 혼인 잔치가 있었는데, 이곳에 예수님의 어머니와 예수님과 제자들이 있었다고 합니다. 그런데 이야기는 혼인 잔치에 대해서 아무것도 말하지 않습니다. 이야기의 끝을 보면 그 결과를 잘 알 수 있습니다. "이렇게 예수님께서는 처음으로 갈릴래아 카나에서 표징을 일으키시어, 당신의 영광을 드러내셨다. 그리하여 제자들은 예수님을 믿게 되었다"(요한 2,11). 이야기는 이렇게 막을 내리고 있습니다.

그리고 그 가운데 포도주에 대한 이야기가 자리 잡고 있습니다. 예수님의 어머니가 예수님께 포도주가 떨어졌음을 알리시자, 예수님께서는 물을 포도주로 바꾸시고, 당신의 제자들은 당신을 믿게 되었습니다. 신랑 신부에 대한 이야기가 아니라 온통 포도주에 관한 이야기입니다.

흥미롭게도 과방장이 해야 하는 일을 예수님의 어머니와 예수님께서 하셨습니다. 이 과방장은 그저 포도주가 된 물을 맛보고 어이없게도 손님처럼 말했습니다. "누구든지 먼저 좋은 포도주를 내놓고, 손님들이 취하면 그보다 못한 것을 내놓는데, 지금까지 좋은 포도주를 남겨 두셨군요"(요한 2,10). 이 이상한 혼인 잔치와 갑자기 떨어진 포도주 이야기는 과연 무엇일까요?

3절부터 자세히 보겠습니다. 처음부터 어머니와 예수님 사이의 대화가 뭔가 심상치 않습니다. 포도주가 없다고 하신 어머니에게 예수님께서 "여인이시여, 저에게 무엇을 바라십니까?"(요한 2,4) 하고 응답하시기 때문입니다. 이 세상에서 이런 대화를 주고받는 어머니와 아들은 이분들밖에 없을 것입니다.

당연히 예수님의 이 말씀은 불만이 가득해 보입니다. 그러나 어머니는 예수님의 응답에 물러서지 않고, 시중꾼들에게 일러두었습니다. "무엇이든지 그가 시키는 대로 하여라"(요한 2,5).

그리고 이 사이의 이야기는 한 가지 새로운 것을 말해 줍니다. 바로 유다인 정결례를 위해 돌로 만든 물독이 있었다고 말입니다. 가만히 생각해 보면, 포도주를 담아 두었던 항아리라도 있었을 텐데 말입니다.

예수님께서는 어머니의 요청을 들어주셨고 일꾼들에게 빈 물독 여섯 개에 물을 가득 채우라고 하셨습니다. 그 물은 유다인들이 잔칫집에 들어갈 때 손발을 깨끗이 씻는 청결용이었으나, 이제 그 물은 옛 물이 아니고 새 술로 변할 것입니다.

과연 이 물독에 물을 채움과 동시에 물이 포도주로 변했습니다. 그런데 그 잔치에 온 손님들에게 가지 않고 과방장에게만 전해졌습니다. 예수님께서는 "이제는 그것을 퍼서 과방장에게 날라다 주어라."(요한 2,8) 하고 이르셨습니다. 그리고 이야기는 이 포도주를 맛본 과방장의 감탄으로 끝나고 있습니다. 과방장이라는 이름으로만 나오는 이 사람은 이것이 새 포도주임을 모르고 있었습니다. 이 사실을 아는 사람은 예수님의 어머니와 제자들과 시중꾼들뿐이었습니다. 그리고 아무도 이 사실을 말하지 않았습니다.

물로 세례를 주던 세례자 요한의 시대, 물로 깨끗이 하던 구약의 시대는 지났습니다. 이제부터는 포도주로 식음을 하게 될 성체 성혈의 새 시대가 온 것입니다. 후에 예수님께서는 오천 명을 기적의 빵으로 먹이시면서 새 시대를 확실히 알리실 것입니다. 이 시대는 구원의 시대입니다. "주 우리 하느님, 전능하신 분께서 다스리기 시작하셨다. 기뻐하고 즐거워하며 하느님께 영광을 드리자"(묵시 19,6-7).

이야기는 포도주로 변한 물을 두고 예수님을 기적쟁이로 말하지 않습니다. 예수님께서도 이 기적에 대해 아무것도 말씀하지 않으실 것입니다. 성경에서는 단지 제자들이 당신을 믿었다고 말할 뿐입니다. 그분을 어떻게 믿었다는 말일까요? 보통 기적을 행하시면 그것이 소문나지 않도록 주의를 주시는 예수님께서 지금은 그냥 계십니다. 예수님께서 자주 말하지 말라고 명령하신 것은, 당신이 행하신 표징들이 과대포장되어 악용되었기 때문입니다. 그리고 결국 당신의 사명을 더욱 어렵게 만들었기 때문입니다. 그러나 이런 문제가 전혀 없는 카나 혼인 잔치의 이 첫 표징은 과연 무엇일까요?

'표징'을 가리키는 말 '세메이온semeion'은 요한 복음 속에서 특별히 예수님의 기적과 관련하여 사용되었습니다. 이 표현은 예수님께서 행하신 표적이 신적 근거와 존위에서 나온 것이라는 요한 기자 나름의 해석이 가미된 것이었습니다. 카나 사건을 단순한 자연 현상 이상의 초자연적 사건으로 그 중심을 몰고 가는 요한의 의도는, 영적 구원의 원리를 설명하기 위한 시각으로 이 사건을 증언하고 싶었기 때문입니다. 이는 공관복음에 기술된 오병이어의 사건을 유독 요한 복음서에서만 생명의 빵이신 그리스도와 연결시키려는 요한의 노력과도 같은 것입니다. 또 눈 먼 이를 고치신 표적에서도 예수님께서는 세상의 빛이시라는 관점, 죽은 나자로를 살리시면서 예수님 당신 자신이 바로 부활이요 생명(요한 11,25 참조)이라는 관점의 강조 역시 요한만이 갖는 목적 있는 기술입니다. 이와 마찬가지로 카나의 혼인 잔치 표징도 그 중심은 예수님입니다.

요한 복음 저자에게 잔칫집의 신랑과 신부가 누구인지는 그리 중요한 문제가 아니었으며, 또 그들이 예수님과 무슨 관계가 있는지도 관심사가 아니었습니다. 요한 복음 저자에게 이 표징 기사의 중심 관점은 오직 예수님이었습니다. 그리고 여기 나오는 기적은 다른 것들과 마찬가지로 예수님께서 특별한 능력을 가지신 분임을 드러냅니다. 그 힘은 예수님의 경우에 하느님으로부터 오는 것입니다. 그러므로 보내신 분을 가리킵니다. 그런 뜻에서 '표징'이라고 합니다. 따라서 기적자의 말씀이 보통 사람의 말이 아니고 보냄을 받은 특별한 능력을 갖춘 분의 말씀임을 가리키고 있습니다. 그 말씀은 그대로 이루는 힘이 있고 많은 사람들의 경탄을 자아냅니다.

예수님의 최초의 표징이 일어난 카나는 갈릴래아에서 가까운 곳으로서 예수님의 고향 나자렛과도 인접했습니다. 제자들을 부르신 후 얼마 지나지 않은 시간에 어머니와 같이 혼인 잔치 집에 초대받으신 예수님께서는 이미 유다의 문화와 풍습에 익숙해 계셨습니다. 이 표징이 당시의 유다 생활 풍습을 배경으로 하여 일어난 사실은 예수님께서 인간 풍습을 충실히 받아들이셨음을 가리킵니다. 수질이 좋지 않은 팔레스티나 지역에서 포도주는 음료수에 준할 만큼 중요 식품의 하나였습니다. 예수님께서는 잔치 풍습에 따라 초대된 사람들 중 한 사람으로서 즐거운 분위기를 돋우는 데 일조하셨습니다. 하느님의 일에 충실하신 예수님께서는 사람들 속에서 하실 도리도 간과치 않으신 것입니다.

2. 말씀 공감

■ 때를 조정해 주시니

> "아직 저의 때가 오지 않았습니다"(요한 2,4).

예수님의 공생활은 한마디로 '때'를 타는 예술의 연속이었습니다. 숨어야 할 때 숨으시고, 드러내야 할 때 드러내셨습니다. 전진해야 할 때 전진하시고, 물러서야 할 때 물러나셨습니다.

기적을 행하실 때도 아무 때에나 행치 않으시고 꼭 필요한 때에만 행하셨습니다.

오늘 복음은 예수님께서 '당신의 때'를 앞당기도록 성모 마리아가 영향력을 행사하는 특별한 이야기를 전해 줍니다. 오늘도 이런 일은 드물지 않게 일어납니다.

가까운 친척 가운데에 시어머니를 모시고 사는 자매가 있습니다. 시어머니는 무신론자에다 평소 고집이 세기로 유명한 분이었습니다. 남편의 형제들 중에는 무당을 아내로 둔 시동생도 있었습니다. 그런 시댁 분위기에다 시어머니는 성격이 워낙 독특하여 자신의 주장만 내세울 뿐 도무지 자녀들의 말에 귀를 기울여 주지 않는 분이었습니다.

시어머니는 그 자매에게 '너희들 성당 다니는 것은 막지 않을 테니, 나에게 같이 다니자는 얘기는 일절 하지 말라'고 못 박아 두었습니다. 그 말에 자매는 시어머니에게 평소 하느님의 '하' 자, 신앙의 '신' 자, 성당의 '성' 자도 꺼낼 수가 없었습니다.

하지만 그 자매는 시어머니를 포기하지 않았습니다. "언젠가 시어머님께서 꼭 성당 나가게 해 주세요."라고 거의 매일 화살기도를 바치는 한편 그냥 습관처럼 묵주기도를 바쳐 드렸습니다.

그러기를 10여 년의 세월이 흘렀지만, 자매는 주님을 채근하지 않았습니다. "왜 아직도 어머니가 성당 다닐 낌새조차 없습니까?"라고 조바심을 내지도 않았습니다. 그저 멈추지 않고 기도만 바쳐 드렸습니다.

그런데 기적 같은 일이 일어났습니다. 시어머니가 뜬금없이 말하더라는 것입니다.

"얘야, 나 내일부터 성당 다닐란다. 나 좀 데려가거라."

때가 차니 응답이 왔던 것입니다. 어쩌면 영원히 당겨지지 못할 그때를 성모님께서 멋지게 당겨 주셨던 것입니다.

"아직 저의 때가 오지 않았습니다"(요한 2,4).

성모님의 전구는 예수님으로 하여금 이 '때'를 당기게 해 주십니다. 오늘 복음에서 예수님의 첫 행보가 결국 성모님표 큰 믿음의 의탁에서 시작, 완성되었듯이 말입니다. 우리 신앙생활에서 이 같은 동반자요 모범이요 영적 어머니가 계신 것만으로도 감사드릴 뿐입니다. 이 한 해 동안 우리 모두에게 성모님의 강력한 전구의 은총이 함께하시길 빌어 드립니다.

■ 꼬옥 쥐고 있겠습니다

> "무엇이든지 그가 시키는 대로 하여라"(요한 2,5).

기도하고 싶은데 시간의 제약이나 압박을 받을 경우가 곧잘 있습니다. 일상의 소소한 일거리로부터 생계 관련 일정, 나아가 대인 관계를 위한 도리 등등이 기도를 위해 차분한 시간을 마련하는 데 강력한 훼방이 되고 있습니다. 그러기 때문에 기도하고 싶은 마음이 굴뚝 같아도 기도 시간 확보가 무척 어렵게 느껴집니다.

사제인 저에게도 그런 어려움은 매일 찾아옵니다. 그 타개책으로 저는 스스로에게 묻곤 합니다.

"기도 시간이 넉넉하지 않을 때 우리가 필요 최소한으로 바칠 수 있는 기도는 무엇일까?"

이 나이 먹도록 거르고 걸러서 추려진 결론은 두 가지입니다.

곧 찬미 기도와 묵주기도! 이 두 가지가 최후의 순간까지 우리가 붙잡아야 하는 기도의 정수입니다.

왜 찬미 기도여야 할까요?

유명한 성구 테살로니카 1서 5장 16절부터 18절까지의 말씀은 이렇게 답합니다.

"언제나 기뻐하십시오. 끊임없이 기도하십시오. 모든 일에 감사하십시오"(1테살 5,16-18).

기뻐함, 기도, 감사! 이 세 가지를 합치면 무엇이 되겠습니까?

바로 찬미입니다.

기뻐하지 않는 자는 찬미할 수 없습니다.

기도의 강력한 형태는 찬미입니다.

감사의 가장 적절한 표현 방식은 찬미인 것입니다.

왜 묵주기도여야 할까요?

그 이유를 오늘 복음서는 밝혀 주고 있습니다.

카나의 혼인 잔치에서 성모 마리아는 말씀과 분위기 조성의 지혜를 발휘하여 예수님으로 하여금 기적을 행하실 수밖에 없도록 종용하십니다. 그 결정적인 대목이 바로 지금 우리의 묵상 주제인 이 말씀입니다.

"무엇이든지 그가 시키는 대로 하여라"(요한 2,5).

이 말씀의 첫 번째 수신인은 당연히 일꾼들입니다.

하지만 성모님께서는 예수님께서 당신의 귀로 이 말씀을 듣기를 기대하셨습니다.

기적을 행하시도록 예수님의 마음을 움직이고 싶은 심산에서였겠죠.

결국 착하신 아드님 예수님께서는 성모님의 뜻대로 물을 포도주로 변하게 하는 기적을 행하셨습니다. 다분히 상징적인 의미를 띠고 있는 이 기적은 구세사 안에서 성모님의 역할을 여실히 보여 준다고 하겠습니다. "천주의 성모 마리아님, 이제와 저희 죽을 때에 저희 죄인을 위하여 빌어 주소서."라고 성모송을 바칠 수 있는 것도 궁극적으로는 이 기적에 근거한다고 볼 수 있겠지요.

이것이 성모님 전구의 원형이며 이치입니다. 묵주기도는 이러한 성모님의 전구에 강력한 호소력을 기대하면서 바치는 기도입니다. 2,000년이 지난 오늘날에도 성모님은 우리의 필요를 먼저 들으시고 예수님께 우리의 애원을 전달해 주시는 '전구자'십니다. 오늘도 이 어머니는 하늘에서 이 역할을 하고 계십니다. 예수님께서 당신께 기도 올라오는 것들 중에 "안 돼. 너도 안 돼. 쟤도 안 돼." 하실 때 옆에서 성모님이 "아휴, 좀 봐 줘요, 봐 주세요~" 하시는 것입니다. 그래서 우리는 성모님을 '전구자, 옆에서 기도를 거들어 주시는 분'이라고 고백합니다.

그러기에 묵주기도는 무한한 은총의 잠재력을 지니고 있는 기도라고 믿어도 좋겠습니다.

■ 간판을 이마에 걸고

> "당신의 영광을 드러내셨다"(요한 2,11).

저희 연구소로 직접 접수된 이야기를 소개합니다.

주인공은 미혼의 학생입니다.

멀리서 찾아온 친구를 대접하기 위하여 게스트하우스 방을 빌려 지낼 일이 있었답니다.

밤 11시를 넘길 즈음 그 학생의 친구는 샤워를 하기 위해 화장실 겸 욕실에 머물고 있었습니다.

그 시간, 학생은 자신이 평소 매일 취침 전 필사했던 복음 말씀을 적기로 마음먹었습니다. 친구와 함께해 주느라 좀 산만하고 번잡해진 분위기를 이겨 내야 했지만, 학생은 자신의 결심을 결행하기 시작했습니다.

몇 줄 써 내려갔을 때, 갑자기 눈앞에서 번쩍이면서 '피시식' 소리가 났습니다.

스위치 박스에 난데없이 불이 붙은 것입니다.

불은 순식간에 주변으로 번질 기세였습니다.

그녀는 잠시 허둥거리다가 수도꼭지 물을 틀어 바가지에 받아서 그 물을 냅다 부었습니다.

그러자 가까스로 연기를 뿜으며 불이 진화되었습니다.

샤워를 하던 친구는 졸지에 나와서 아연실색했고 본인은 한참 동안 숨을 헐떡이며 놀라움을 잠재워야 했습니다.

그날 밤, 자초지종과 미연에 예방된 재앙에 대하여 두 친구는 그 긴박했던 상황을 곱씹으며 가슴을 쓸어내리고 또 쓸어내리고 했답니다.

그러고서 애써 잠을 청하여 하룻밤을 자고 난 뒤 아침에 눈을 떴을 때, 뒤늦게야 깨달음이 왔답니다.

'그러고 보니 그 순간을 모면할 수 있었던 것은 내가 몰려오는 졸음을 무릅쓰고 복음을 썼기 때문이 아닌가. 만일 내가 피곤하다는 이유로 친구가 샤워 마치기를 기다리며 먼저 침대에 몸을 눕히기라도 했다면 그 불꽃을 볼 수 있었을까? 그리고 그 불이 순식간에 번졌다면 나는 살아남을 수 있었을까? 친구는 욕실에서, 나는 침대에서 영락없이 죽음을 맞이했을 게 아닌가!

그런데 때마침 바로 그 시간에 나는 본능을 거슬러 꼭 복음을 써야겠다는 생각을 고집하지 않았는가!

믿음에 대한 보상이로구나. 이로써 하느님께서 당신의 영광을 드러내신 셈이로구나.

할렐루야, 아멘.

저희를 0.5초 차이로 살려 주신 주 하느님은 찬미받으소서!'

오늘 복음은 말미에서 주님께서 행하신 놀라운 기적에 대하여 이렇게 언급합니다.

"당신의 영광을 드러내셨다"(요한 2,11).

어떤 형태로든 기적이 일어나는 순간, 그 순간이 바로 주님의 영광이 드러나는 자리입니다. 이렇듯 주님의 영광이 드러나면 우리는 여태 세상의 것으로 누리지 못했던 극적 은총을 누리게 됩니다.

함께 기도하시겠습니다.

주님, 주님 말씀에 대한 저희의 열정을 보사, 저희를 세상의 곤고함에서 돌보아 주소서.

주님, 주님 교회에 대한 저희의 충실을 어여삐 여기사, 세상이 줄 수 없는 평화로 저희의 험한 길을 동행해 주소서.

주님, 신앙인이란 간판을 이마에 걸고 사는 저희를 통하여 언제고 당신의 영광을 드러내소서.

우리 주 예수 그리스도를 통하여 비나이다. 아멘!

연중 제3주일: 루카 1,1-4; 4,14-21

듣는 데서 이루어진 말씀

"오늘 이 성경 말씀이 너희가 듣는 가운데에서 이루어졌다"(루카 4,21).

1. 말씀의 숲

오늘 복음은 루카 1장 1절부터 4절까지의 서문과 4장 14절부터 21절까지의 내용을 조합한 것입니다.

먼저 서문에 대해서 개관할 필요가 있습니다. 오늘 복음의 저자인 루카는 이 복음서와 함께 사도행전을 기록한 것으로 알려져 있습니다.

루카는 이 책들을 쓰면서 머리말을 썼고 그 머리말에서 역사가로서의 입장을 강조하고 있습니다. 이 입장은 루카 복음서가 세계를 향한 복음서이며 따라서 세계의 지성을 설득하는 저서 형식을 취했다는 것을 말합니다.

우선, 다른 성경에는 없는 머리말을 넣은 것은 이 성경이 전 세계의 문화인들을 향하여 쓰인 것을 말합니다. 당시 문화의 꽃이라고 불리던 그리스 문화권의 저서들은 머리말을 넣었고, 그 머리말에는 누구에게 봉정한다는 말이 들어 있었습니다. 그리고 저서 내용이 믿을 만한 자료 수집에서 이루어졌음을 밝히고 있습니다. 글로 쓰인 복음서는 그 이전 입에서 입으로 전해진 복음과 완전히 일치하는 것이며, 루카는 루카

대로 이 모든 일들을 자세히 조사해 둔 바가 있어서 그것들을 정리해서 쓴다고 했습니다.

루카가 이 글을 쓸 때 사도 바오로는 죄수로서 로마의 한 셋집에 감금되어 있었고, 루카는 그와 같이 기거하면서 복음서를 썼다고 전해집니다. 초대 교회 교부 성 예로니모에 따르면 루카는 84세에 별세했다고 합니다. 루카는 만년을 바오로와 함께 지냈으며 감금 생활을 같이 하면서 생명의 말씀이신 예수 그리스도의 현장을 성령의 힘으로 체험했고, 그 생명이 성장해 가는 광경을 직접 보면서 기록으로 남겼다고 할 수 있습니다. 그는 말하자면 하느님의 역사가로서 부르심을 받은 것입니다. 루카는 복음의 말씀을 전하는 오랜 체험의 노련한 슬기와 사명감을 가지고 세계의 한복판인 로마에서 세계에 보내는 메시지를 쓴 것입니다.

다음으로, 오늘 복음은 '서문'에서부터 갑자기 4장으로 건너뜁니다.

그런데 루카 복음 4장 16절부터 30절까지와 비슷한 진술이 마르코 복음(마르 6,1-6; 마태 13,54-58 참조)에서 나옵니다. 예수님께서 고향의 회당을 방문하신 것, 그분의 가르침에 대한 대중의 찬성과 반대, 그분의 가족 관계에 대한 동향인들의 인지, 고향에서 존경받지 못하는 예언자, 그분이 아무런 표징을 주지 않으셨다는 것은 위의 두 복음에 다 서술된 것입니다. 그러나 마르코 복음에 나오지 않는 내용들이 루카 복음에서 발견됩니다. 그것은 이사야 예언서 낭독과 예언의 성취, 청중의 경탄, 예수님과 요셉의 관계에 대한 문제 제기, 자기를 치유해야 하는 의사, 엘리야와 엘리사, 예수님을 벼랑으로 떨어뜨리려는 성난 군중에 대한 서술입니다.

오늘 복음에서 중요한 사실은 예수님께서 성경을 읽으셨다는 것입니다. 당신의 말씀을 당신께서 몸소 읽으셨다는 사실입니다. 그 경위를 보기로 합시다.

예수님께서는 갈릴래아를 돌아다니시며 사람들을 가르치셨습니다. 예수님에 관한 소문은 사방으로 퍼져 나갔고, 모든 사람이 예수님을 좋아했습니다. 그리고 예수님께서는 그 가르침을 당신의 고향에서도 똑같이 전하셨습니다.

예수님께서 당신의 고향 땅에 오셨습니다. 당신이 자란 나자렛으로 말입니다. 오늘은 안식일이어서 늘 하시던 대로 회당으로 들어가셨습니다. 예수님께서는 성경을 낭독하기 위해 일어서셨습니다. 그리고 당신께 한 두루마리가 건네졌습니다. 대예언자 이사야의 두루마리였습니다. 그 책을 받으신 예수님께서는 당신이 읽으실 대목을 찾으셨습니다. 그리고 무엇인가를 말씀하시기 위해 이사야서의 한 페이지를 찾으셨습니다.

이사야서의 말씀은 어떤 내용입니까? 그 내용은 "주님께서 나에게 기름을 부어 주시니 주님의 영이 내 위에 내리셨다."(루카 4,18)라고 시작합니다. 하느님의 영이 어떤 사람에게 내렸습니다. 이것은 곧 주님께서 그를 인정하신다는 놀라운 일입니다. 마치 왕을 기름을 부어 임명하듯이 어떤 사람을 하느님께서 뽑으셨습니다. 그리고 주님께서는 당신의 영을 가진 이 사람을 파견하셨습니다. 어디로 보내셨습니까? "가난한 이들에게 기쁜 소식을 전하고 잡혀간 이들에게 해방을 선포하며 눈먼 이들을 다시 보게 하고 억압받는 이들을 해방시켜 내보내며 주님의 은혜로운 해를 선포하게 하셨다"(루카 4,18-19). 바로 당신의 손길이 절실히 필요한 이들의 곁 말입니다.

자, 이렇게 이사야의 말씀이 선포되었습니다. 예수님께서는 몇 마디 안 되는 짧은 이 대목을 읽으시고 난 다음에야 자리에 앉으셨습니다.

그러자 회당에 모인 모든 이의 눈이 말없이 예수님을 주시했습니다.

그때 예수님께서는 이들에게 선언하셨습니다. "오늘 이 성경 말씀이 너희가 듣는 가운데에서 이루어졌다"(루카 4,21). 청중들은 예수님께 아무것도 청하지 않고 그저 말씀을 들었을 뿐인데, 오늘 그토록 기다리던 예언이 완성되었다고 선언하셨습니다. 이렇게 예수님께서는 손수 성경 대목을 찾아 읽어 주시고 그 뜻을 밝혀 주셨습니다.

2. 말씀 공감

■ 증언록

> "우리 가운데에서 이루어진 일들에 관한 이야기를 엮는 작업에 많은 이가 손을 대었습니다. 처음부터 목격자로서 말씀의 종이 된 이들이 우리에게 전해 준 것을 그대로 엮은 것입니다"(루카 1,1-2).

성경은 가설도 아니고 개념 서적도, 철학 서적도 아닙니다. 성경은 하느님 역사의 증언록입니다. 성경은 예수님 사건의 증언록입니다. 성경은 사도들의 증언록입니다. 성경은 수많은 사람들의 삶 속에서 체험된 하느님의 극적인 구원에 대한 증언록입니다. 고독, 고통, 좌절 속에서 체험된 하느님의 보살피시는 은총에 대한 증언록입니다.

오늘 복음 서문에서 루카는 이 복음서를 쓰기 전에 이미 많은 사람들이 '처음부터' 직접 눈으로 보고 말씀을 전파한 것을 썼다고 했고, 자기도 이 일들을 '처음부터' 자세히 조사했다고 말합니다. '복음'은 목격자들의 증언이며 '말씀의 종'들의 증거라는 말씀입니다. 루카의 이러한 말은 예수 그리스도의 공생활의 목격자들인 사도들뿐만 아니라, 세례자 요한의 출생과 예수 그리스도의 탄생, 그리고 그 성장 과정의 목격자까지를 다 포함하고 있으며, 그는 '모든 일을 처음부터 자세히 살폈다'고 말하고 있는 것입니다(루카 1,3 참조). 이처럼 '복음'은 예수 그리스도를 삶 속에서 체험한 이들의 증언임을 가리키고 있습니다.

그러기에 성경을 읽을 때 우리는 무덤덤하게 있을 수 없습니다. 신앙 선배들의 체험담이 우리의 심금을 울립니다. 그래서 치유와 위로도 받고 눈물도 터집니다.

그뿐만이 아닙니다. 성경은 하느님 목소리의 기록이기도 합니다. 우리가 그토록 듣기를 고대했던 하느님 음성이 성경 말씀에 서려 있다는 말입니다. 이를 오늘 독서 말씀은 우리에게 감동적으로 전해 주고 있습니다.

오늘 독서(느헤 8,2-4ㄱ.5-6.8-10 참조)에서 에즈라가 온 이스라엘 백성 앞에서 모세의 율법을 장엄하게 읽고 있습니다. 유배지에서 돌아온 하느님의 백성은 다시 새롭게 하느님의 계획과 율법에 충실할 것을 다짐하고 있습니다. 그렇다면 이들은 왜 이렇게 혼신의 힘을 다해 율법을 듣고 있을까요? 이들이 긴 유배 생활을 마치고 돌아왔을 때 그들에게 남아 있는 것은 아무것도 없었습니다. 성전도 모두 파괴되고 사제들도 사라진 뒤였습니다. 그들에게 유일하게 남아 있던 것은 하느님의 말씀뿐이었습니다. 그들이 이제 할 수 있는 일은 그 말씀을 경청함으로써 하느님의 백성으로 돌아오는 것이었습니다. 온 백성이 하나가 되어 낭독되는 율법을 귀 기울여 듣는 이 장면은 매우 인상적입니다.

에즈라는 율법을 읽어 주고, 레위 사람들은 그 뜻을 밝혀 설명해 주었습니다. 백성은 큰 감동을 받아, 땅에 엎드리며 하느님을 찬미했습니다. 백성은 많은 것을 몰랐기에 눈물을 흘릴 수밖에 없었습니다. 그러자

에즈라와 레위 사람들이 백성을 위로하며 거룩한 이날에 기뻐하라고 달래 주었습니다. 하느님의 말씀을 듣고 받아들이는 것은 그 자체로 가장 즐거운 일이기 때문입니다.

예수님 역시 이 성경 말씀을 읽으셨습니다. 놀랍게도 오늘 예수님께서는 성경 말씀을 몸소 읽어 주십니다. 오늘 예수님의 입으로부터 하느님의 말씀이 울려 퍼지고 있습니다. 예수님 역시 성경 말씀의 애독자셨고 선포자셨던 것입니다.

■ 그 뜻과 기운을

> "그분께서는 두루마리를 펴시고
> 이러한 말씀이 기록된 부분을 찾으셨다"(루카 4,17).

이 말씀에서 돋보이는 대목은 예수님께서 성경을 읽으셨다는 사실입니다. 당신의 말씀을 당신께서 몸소 읽으셨다는 사실입니다.

회당에서의 성경 봉독! 이 일이 있기 전 예수님께서는 갈릴래아를 돌아다니시며 사람들을 가르치셨습니다. 예수님에 관한 소문은 사방으로 퍼져 나가고 모든 사람이 예수님을 좋아했습니다. 그리고 예수님께서는 그 가르침을 당신의 고향에서도 똑같이 전하셨습니다.

이제 예수님께서 당신의 고향 땅에 오셨습니다. 당신이 자란 나자렛으로 말입니다. 오늘은 안식일이어서 늘 하시던 대로 회당으로 들어가셨습니다. 예수님께서는 성경을 낭독하기 위해 일어서셨습니다. 그리고 당신께 한 두루마리가 건네졌습니다. 대예언자 이사야의 두루마리였습니다. 그 책을 받으신 예수님께서는 당신이 읽으실 대목을 찾으셨습니다. 그리고 무엇인가를 말씀하시기 위해 이사야서의 한 페이지를 찾으셨습니다. 이어서 봉독하기 시작하셨습니다.

그 내용은 "주님께서 나에게 기름을 부어 주시니 주님의 영이 내 위에 내리셨다."(루카 4,18)라고 시작합니다.

이 말씀을 빌려 예수님께서는 하느님의 영이 당신에게 내리셨다고 선언하십니다.

이어 당신께서 어떤 사명으로 파견되셨다고 밝히십니다.

"주님께서 나를 보내시어 가난한 이들에게 기쁜 소식을 전하고 잡혀간 이들에게 해방을 선포하며 눈먼 이들을 다시 보게 하고 억압받는 이들을 해방시켜 내보내며 주님의 은혜로운 해를 선포하게 하셨다"(루카 4,18-19).

자, 이렇게 이사야의 말씀이 선포되었습니다. 예수님께서는 몇 마디 안 되는 짧은 이 대목을 읽으시고 난 다음 그제야 자리에 앉으셨습니다. 그러자 회당에 모인 모든 이의 눈이 말없이 예수님을 주시했습니다.

그때 예수님께서는 이들에게 선언하셨습니다. "오늘 이 성경 말씀이 너희가 듣는 가운데에서 이루어졌다"(루카 4,21). 이 말씀은 다음번 기회에 집중적으로 묵상해 볼 것입니다. 어쨌든 이렇게 예수님께서는 손수 성경 대목을 찾아 읽어 주시며 당신의 정체와 사명을 드러내셨습니다.

"그분께서는 두루마리를 펴시고 이러한 말씀이 기록된 부분을 찾으셨다"(루카 4,17).

말씀 자체이신 주 예수님께서 성경 말씀을 읽으셨다면, 우리는 어떻게 해야 마땅하겠습니까.

논리가 명료하신 주 예수님께서 당신을 소개하시기 위해 성경의 진술을 인용하셨다면, 눌변訥辯인 우리는 어찌해야 옳겠습니까.

이후에도 진리이신 주님께서 위기 국면에 처할 때마다 구약의 말씀, 특히 시편 말씀에 의지하셨다면, 생각이 짧은 우리는 어찌해야 지혜로운 처신이겠습니까.

■ 예수님의 팔자 개조 프로젝트

> "주님께서 나를 보내시어 가난한 이들에게 기쁜 소식을 전하고 잡혀간 이들에게 해방을 선포하며 눈먼 이들을 다시 보게 하고 억압받는 이들을 해방시켜 내보내며 주님의 은혜로운 해를 선포하게 하셨다"(루카 4,18-19).

이 말씀은 예수님의 공생활 취임 일성이었습니다. 예수님께서는 이 첫 번째 설교에서 당신 공생활 3년 동안의 청사진을 밝히셨습니다. 그 내용은 한마디로 '팔자 개조 프로젝트'였습니다.

하느님으로부터 성령의 기름부음을 통하여 파견되신 예수님의 사명은 가난한 사람들, 사로잡힌 사람들, 눈먼 사람들, 억눌린 사람들의 슬픔과 절망과 좌절을 기쁨과 희망과 재기로 바꾸어 주는 것이었습니다.

실로 이 계획은 그대로 실행되었습니다. 이 계획은 눈먼 이, 중풍 병자, 나병 환자, 악령 들린 자 등의 사람들 가운데에서 그대로 성취되었습니다. 절망과 체념 속에서 신음하던 이들이 팔자를 완전히 뜯어고치게 되었던 것입니다.

저는 이 복음을 면밀히 묵상하여 가톨릭평화방송 TV 특강 〈하는 일마다 잘 되리라〉와 졸저 『무지개 원리』의 기초로 삼았습니다.

사람들이 묻습니다. '무지개 원리'를 실천하면 정말로 '하는 일마다 잘되는 것'일까? 당연히 잘됩니다. 지금은 시간 사정상 더 이상 못하고 있지만, 저는 지난 1년간 삼성산성지에서 매달 '무지개 원리'를 강의했습니다. 그 강의를 통해서 절망한 사람들이 희망을 붙들게 되고, 위로와 치유가 필요한 사람들의 얼굴빛이 달라지는 것을 확인할 수 있었습니다. 그 체험담 가운데 하나를 저는 『참 소중한 당신』 2007년 1월호에서 다음과 같이 소개했습니다.

한번은 이런 일이 있었다. 강의를 마치고 막 엘리베이터를 타려는 참인데 어느 자매님이 잠깐 시간을 내 달라는 것이었다. 필자는 엘리베이터 앞에서 선 채로 그 자매님의 사정 이야기를 들었다.

"우리 집에 오늘 차압이 들어와요. 빚 때문에 그렇게 되었어요. 사실은 오래전부터 경제적 압박에 시달려 왔는데, 그동안 신부님 강의를 들으며 절망하지 않으려고 안간힘을 써 왔어요. 신부님께서 어떤 상황에서도 '절대 희망', '절대 긍정'을 놓지 말라고 하셨잖아요. 오늘도 낙심하지 않으려고 신부님 강의 들으러 왔어요. 저 힘내라고 한 말씀 해 주세요."

필자는 당황스러웠다. 당장 차압이라는 것이 들어올 판인데, 그 자매님에게 무슨 위로를 줄 수 있다는 말인가? 하지만 필자는 자매님을 위로할 인간적인 논리를 찾지 않았다. 그냥 눈 딱 감고 믿음의 선언을 해 주었다.

"자매님, 자매님이 그렇게 하느님께 기도하시니 반드시 하는 일마다 잘될 것입니다. 자매님, 절대 긍정, 절대 희망입니다. 자매님, 파이팅!"

"아멘!"

필자는 자매님과 헤어지고 엘리베이터 안에서 마음속으로 기도를 해 주었다.

"주님, 저 자매님의 믿음에 응답하소서."

그러고서 한 달쯤 후에 그 자매님을 분당의 야탑동 성 마르코성당에서 만났다. 필자를 만나기 위해 일부러 특강을 찾아온 것이었다. 자매님은 상기된 목소리로 그간의 경과를 말해 주었다.

"신부님, 그날 뵙고 집에 왔는데 은근히 용기가 생기는 거예요. 빚쟁이들을 한번 설득해 보자, 이런 생각이 드는 거예요. 그래서 얘기했죠. 이 집 경매 붙여 봐야 얼마나 건질 수 있겠느냐고요. 집을 정상적으로 팔도록 해 줄 터이니 빚을 제하고 나머지는 저에게 돌려달라고요. 그랬더니 그 사람이 순순히 제 의견을 받아 주는 거예요. 그게 어디냐 싶어서 얼른 하느님께 감사드리고 나서 집을 팔기로 하고 계산해 보니 현 시세로 팔 경우 저에게 돌아오는 돈이 1,600만 원이었어요. 그 돈 가지고는 아무것도 못 하겠다 싶어서 하느님께 매달리며 기도를 했어요. 좀 더 받을 수 있게 해 달라고요. 아 그랬더니 기적이 일어난 거예요. 어떤 사람이 집을 사러 와서 글쎄 저에게 5,000만 원이 돌아오게 된 거예요. 이게 얼마나 큰 기적이에요. 거지 될 뻔했다가 구사일생으로 살아났고, 그다음에는 거액을 보너스로 받게 되었으니 말이에요."

"할렐루야!"

자매님은 봉투에 감사 헌금을 가져왔다. 필자는 자매님을 위하여 기꺼이 받았다.

이 자매님의 경우는 수많은 실례 가운데 하나일 뿐이다. '무지개 원리'를 통하여 우울증이 치료된 경우는 부지기수다. 이 원리를 따라 기도하면 100% 응답을 받는다. 왜냐하면 무지개 원리 일곱 번째가 '절대로 포기하지 말라'니까. 무지개 원리를 실천하면 어떤 처지에서도 '지금', '여기'서 행복하게 되는 법을 터득하게 된다.[14]

함께 기도하시겠습니다.

주님, 저희를 운명의 굴레에서 해방시켜 주심에 감사드립니다. 저희의 팔자를 고쳐 주시기 위하여 저희에게 복음을 선물하시고 또 '무지개 원리'까지 깨닫게 해 주심에 감사드립니다.

주님, 아직도 문제와 고통 속에 파묻혀 헤어나지 못하는 사람들이 무지개 원리를 만나서 해방될 수 있도록 도우소서.

우리 주 예수 그리스도를 통하여 비나이다. 아멘!

연중 제4주일: 루카 4,21-30

오만과 편견

"어떠한 예언자도 자기 고향에서는 환영을 받지 못한다"(루카 4,24).

1. 말씀의 숲

예수님께서는 갈릴래아에서 선교 활동을 하시고, 그 후 어려서 자라난 고향을 방문하셨습니다. 이 방문으로 하느님 나라 선교 활동을 일단 마감하는 동시에, 앞으로 있을 당신의 수고 수난과 동포들의 손에 의한 십자가 죽음, 그리고 부활을 예고하는 서장을 열게 됩니다.

예수님께서 고향 나자렛을 방문하신 것은 이번이 두 번째입니다. 첫 번째는 고향 사람들의 환영을 받은 방문이었고 두 번째는 배척을 받은 방문이었습니다. 마르코와 마태오는 이 방문을 몇 번째라는 말 없이 갈릴래아 전도 이후에 놓았고, 루카는 갈릴래아 전도 시작에 놓았습니다.

그런데 루카에 따르면 예수님께서 고향을 방문하셨을 때, 고향 사람들은 열렬하게 환영했습니다(루카 4,16-22 참조). 그런데 그들은 갑자기 예수님을 경멸하는 말로 대하고, 불신과 분노가 터져 폭력 행사까지 서슴지 않았습니다(루카 4,23-30 참조). 이 기술 방법은 납득하기가 힘듭니다. 그래서 성서학자들(특히 성서학자 라그랑주 Marie Joseph Lagrange, 1855-1938)은 루카의 기사를 두 번의 방문으로 나눕니다.

하여튼 예수님께서는 카파르나움 등지에서 하느님 나라를 설파하시며 많은 기적을 나타내 보이신 다음 고향 땅 나자렛으로 가셨습니다. 제자들도 뒤따랐습니다. 언제나처럼 회당에서 가르치셨습니다. 지난번에는 예언서의 말씀이 당신에게서 이루어졌다고 말씀하셨습니다. 이번에는 강론 내용이 언급되어 있지 않고 다만 고향 사람들을 놀라게 할 만큼 지혜를 발휘하셨다고만 쓰여 있습니다. 이번에는 경탄의 놀라움이 아니고 시기심에서 나오는 언짢은 놀라움입니다.

예수님께서는 당신 입에서 나온 은총의 말씀에 놀란 사람들을 향해 매몰차게 쏘아붙이셨습니다. 예언자로서 말씀하시는 당신이 당신의 고향에서 받아들여지지 않았기 때문입니다. 사람들은 놀라며 "저 사람은 요셉의 아들이 아닌가?"(루카 4,22) 하고 말했습니다. 이것은 칭찬이 아닙니다. 우리가 다 알고 있는 저 요셉의 아들에게서 무슨 새로운 말이 나오겠는가라는 빈정거림입니다. 그러나 이 일은 예수님께 예상치 못한 일이 아니었습니다.

예언자 엘리야는 이방인의 나라에서만 기적을 행할 수 있었고, 그 제자 엘리사도 단지 한 명의 이방인을 도와줄 수 있었습니다.

언제나 그렇듯이 예수님께서는 진리만을 말씀하셨습니다. 훗날 당신의 제자가 된 베드로 사도도 회당에서 유다인들을 향해 물러서지 않고 외칠 것입니다. "여러분은 거룩하고 의로우신 분을 배척하고 살인자를 풀어 달라고 청한 것입니다. 여러분은 생명의 영도자를 죽였습니다"(사도 3,14-15). 또 바오로 사도도 아테네 사람들에게 직접적으로 예수님의 죽음과 부활에 대해 말할 것입니다(사도 17,16-34 참조). 비록 죽음이 눈앞에 있을지라도 진리를 외면할 수는 없기 때문입니다.

이야기는 아주 흥미롭게 시작하고 또 끝맺고 있습니다. 루카 복음 4

장 21절까지는 지난 주일에 해당하고, 22절에서 드디어 사람들의 반응이 나오고 있습니다. 지난 주일에는 회당에 모인 모든 이의 눈이 예수님께 쏠렸다고 했습니다. 오늘은 모두들 당신에 대해 좋게 말하며, 당신 입에서 나온 은총의 말씀에 놀라, "저 사람은 요셉의 아들이 아닌가?"(루카 4,22)라고 합니다. 이것이 사람들의 첫 번째 반응입니다.

그리고 이야기의 끝, 28절부터 사람들의 두 번째 반응이 나오고 있습니다. 사람들의 반응은 어떻게 변화되었습니까? 회당에 있던 사람들은 모두 분통을 터뜨려 들고일어나서 고을 밖으로 예수님을 끌어내었습니다. 그리고 벼랑으로 데려가서 밀쳐 떨어뜨리려 했습니다. 그러나 이 위기 속에서 예수님께서는 그들 한가운데를 가로질러 떠나가셨습니다.

그러나 지금 벼랑 끝에 남아 있는 사람들은 누구입니까? 자세히 보면, 예수님께서는 그들 한가운데를 가로질러 떠나가셨습니다. 어떤 저항도 설득도 없이 당신의 증언을 뒤로하고 떠나가셨습니다. 지금 벼랑 끝에 남은 사람들은 바로 그 고향 사람들입니다. 그들은 예수님의 말씀으로 바로 이 벼랑 끝에 몰려 있습니다. 자신들이 받은 충격과 위기감을 감추지 못한 채 말입니다.

이들은 예수님의 말씀을 듣지만 받아들이지 않았습니다. 성경에서 말씀을 듣고 받아들이면 30배, 60배, 100배의 열매를 맺는다고 했거늘 이들은 아닙니다. 이 분노한 사람들에게서 떠나가시는 예수님의 모습이 제 마음을 사로잡습니다. 이 배척과 거부는 당신의 나라에서 당신의 가르침이 받아들여지지 않는다는 것을 보여 주었습니다. 그러나 이것이 전부는 아닙니다. 예수님께서는 이스라엘이라는 경계선을 넘어서 당신의 길을 계속 가실 것이기 때문입니다. 그 두 예언자처럼 말입니다.

2. 말씀 공감

■ 이 작은 믿음

> "삼 년 육 개월 동안 하늘이 닫혀 온 땅에 큰 기근이 들었던 엘리야 때에, 이스라엘에 과부가 많이 있었다. 그러나 엘리야는 그들 가운데 아무에게도 파견되지 않고, 시돈 지방 사렙타의 과부에게만 파견되었다"(루카 4,25-26).

저희 연구소에는 여러 본당에서 초청을 받아 복음 특강을 하는 평신도 선교사들이 있습니다. 복음을 전하는 잡지 『참 소중한 당신』 홍보 일꾼도 있습니다. 물론 저희 활동에는 해외 오지에서 선교 활동을 하는 파견 선교사들의 지원 등 다각적인 선교 노력도 포함되어 있습니다.

저는 책임 소명자로서 이들의 활동에 관하여 일정하게 관심을 기울이고 있습니다.

그러면서 이들을 위한 독려의 기회 때마다, 으레 최근의 교회 동향에 대하여 현장의 사정을 소상히 물어 듣습니다.

들려오는 증언은 하나같이 비관적입니다.

"젊은이들은 씨가 말라 가고, 점점 특강이나 미사 전례 참여자의 연령층이 높아지고 있습니다. 50대, 60대도 요즘엔 젊은 층에 속해요. 평균 숫자도 눈에 띄게 줄어들고 있고요."

들으면서 한숨 쉬기가 다반사입니다.

하릴없이 이런 걱정 저런 개탄만 주고받다가, 뾰족한 대안을 찾지 못한 채 의탁의 마침 기도로 끝내곤 했습니다.

오늘 예수님께서는 이런 답답한 심정에서 그 비관을 뒤집는 발상을 토로하십니다.

"삼 년 육 개월 동안 하늘이 닫혀 온 땅에 큰 기근이 들었던 엘리야 때에, 이스라엘에 과부가 많이 있었다. 그러나 엘리야는 그들 가운데 아무에게도 파견되지 않고, 시돈 지방 사렙타의 과부에게만 파견되었다"(루카 4,25-26).

예수님께서는 호응을 얻지 못하고 환대받지 못하는 처지에서 이 말씀을 발설하셨습니다. 더구나 적대적인 시선까지 감당하셔야 했습니다.

사렙타 과부의 이야기를 돌파구로 삼으신 의도는 무엇이었을까요?

그것은 제자들 또는 청중들에게서 '불신앙의 분위기'를 '은총의 기회'로 삼는 지혜를 깨우쳐 주시기 위함이었습니다. 타임머신을 타고 당시 상황 속으로 들어가 보면 이러한 취지가 뚜렷하게 드러납니다.

복음을 전하시며 구원 활동을 펼치시던 예수님께서는 이윽고 고향에 들르셨습니다. 하지만 예수님께서 목수 요셉의 아들이라는 선입견에 사로잡혀 있던 동네 유지들은 그분에 대하여 반감을 가졌습니다. 그랬기에 기적도, 복음도, 치유도 거절당하는 것이 당연했습니다.

이를 알아채신 예수님께서는 일부러 구약의 엘리야와 엘리사 예언자 이야기를 꺼내어 들려주셨습니다. 사렙타 마을의 과부와 시리아 사람 나아만, 이 두 사람은 이스라엘 사람이 아니었습니다. 하지만 많은 이스라엘 사람이 가뭄과 나병으로 죽어가는 상황 속에서 이 두 사람은 이스라엘의 예언자들로부터 구원을 받았습니다.

이 이야기의 요지는 이것입니다.

'남들이 다 잘 믿을 때는 성실한 유다인도 눈에 띄기 어려운 법이다. 하지만 유다인들조차 믿지 않을 때는 이방인들의 작은 믿음도 외려 크게 인정받을 수 있다. 이제 믿음의 특권층에게 은혜가 내리는 시대는 종쳤다. 바야흐로 누구든지 작은 믿음만 보여 줘도 은혜가 임하는 시대가 열리고 있다.'

이런 취지에서 보자면 교회의 위기, 믿음의 몰락을 말하는 우리 시대가, 바로 우리에게는 역설적으로 은혜의 때인 것입니다.

그러기에 저는 스스로 '믿음의 은총을 확신하지 못한다'고 말하는 이들에게 이렇게 믿음의 분발을 독려합니다.

지금이 은혜의 때입니다.
남들 다 열심할 때 자신의 열심을 드러내기란 쉬운 일이 아닙니다.
남들 다 주일 미사 꼬박 챙겨서 드릴 때 자신의 믿음을 돋보이게 하기란 결코 녹록한 일이 아닙니다.
남들 다 간절히 기도할 때 자신의 기도로 하느님의 마음을 움직이기란 여간 어려운 일이 아닙니다.
하지만 남들이 교회를 떠날 때는 교회에 남아 있는 것만으로도 인정받습니다.
미사에 꼬박 나가는 것만으로도 하느님 눈에 들어 축복을 누리는 기회가 되는 것입니다.
분발하세요.

■ 복을 걷어차지 마라

> "회당에 있던 모든 사람들은 이 말씀을 듣고 화가 잔뜩 났다. 그래서 그들은 들고 일어나 예수님을 고을 밖으로 내몰았다"
> (루카 4,28-29).

참으로 고독한 신념입니다마는 저는 예수님을 인류의 유일한 그리스도로 믿습니다. 그렇다고 석가모니나 마호메트의 가르침이 다 틀렸다고 결론짓지는 않습니다. 그들의 가르침 가운데 인류의 공동선에 기여한 수준 높은 가르침들이 있는 것이 사실입니다. 저는 그들의 공적을 높이 평가하고 그들의 추종자들을 존중합니다.

하지만 그래도 여전히 저에게 그리스도는 오로지 예수님 한 분입니다. 가르침으로 보나 삶으로 보나 예수님께서는 우리를 죄와 고통으로부터 근본적으로 해방시켜 주실 수 있는 유일한 분입니다. 독선적인 결론이라고 비판받을 수 있으나 그래도 사실은 사실입니다. 비난을 받아도 진실은 진실입니다. 답이 두 개일 수는 없는 것입니다.

오늘날 사람들이 예수님을 제대로만 안다면 누구든지 그분을 그리스도로 고백하게 될 것입니다. 제대로 알지 못해서 그분을 배척하는 비극이 발생하는 것입니다.

아직 예수님을 잘 모르고 있던 나자렛 사람들은 회당에서 예수님의 말을 듣고 격분했습니다. "어떻게 저자가 저런 말을 할 수 있단 말인가?" 하고 말입니다. 그들은 예수님께서 누구인지 알고 있다고 결론 내렸고, 이 결론에 입각하여 예수님을 거부함으로써 자신들에게 굴러들어온 복을 걷어차 버려 영원한 생명을 내팽개친 셈이 되었습니다.

오늘날에도 나자렛 사람들과 같이 예수님을, 복음을, 교회를 거부함으로써 자신에게 들어온 복을 차 버리는 사람들이 종종 있습니다.

국내 어느 절의 주지로 계신 스님도 교회를 떠난 사람입니다. 본래 그는 미국인으로 가톨릭 집안에서 자라났습니다. 그는 미국의 명문 예일대에서 서양철학과 영문학(연극)을 전공하고 하버드대 신학대학원에서 비교종교학 석사학위까지 받은 사람입니다.

어릴 적에는 사제의 꿈을 안고 예수님의 가르침을 따랐지만, 하버드대에서 비교종교학을 공부하면서 석가모니의 가르침에 매료되었다고 합니다. 그러다가 스승 대선사를 만나면서 유일하게 선불교 전통을 이어 온 한국 불교에 빠져들었습니다.

저는 이분의 선택을 비난하고 싶지 않습니다. 다만 안타까울 따름입니다. 이분이 석가모니에게 매료된 것은 이해할 수 있습니다. 하지만 이분이 예수님을 떠나게 된 것은 아쉬움을 크게 남깁니다.

예수회 소속으로서 서강대학교에서 강의하신 프랑스인 서○○ 신부님 역시 불교학을 10년 이상 공부한 분입니다. 이분은 그럼에도 불구하고 여전히 예수님을 그리스도로 고백합니다. 이분이 어느 사제 연수 강의에서 그 스님에 대한 안타까움을 이렇게 토로한 적이 있습니다.

"내 생각에 그 스님은 예수님을 확실히 모르는 상태에서 석가모니의 가르침에 빠져들었습니다. 만일 그가 예수님을 제대로 알고 예수님과 인격적인 만남을 체험했더라면 그는 불교를 공부한 이후에도 다시 예수님께로 돌아갈 수 있었을 것입니다."

저는 서 신부님의 말씀에 동의합니다.

예수님을 안다고 생각하면서 예수님을 배척하는 사람들은 아직 예수님을 모르는 사람들인 것입니다.

■ 미화되지 않도록

> "그러나 예수님께서는 그들 한가운데를 가로질러 떠나가셨다"
> (루카 4,30).

 2018년 11월 21일 저는 한국천주교주교회의 시복시성위원회에 증인으로 출석했습니다. 현재 시복 절차 중에 있는 송해붕 세례자 요한에 대한 심의에서 모호한 대목에 대하여 사실적으로 증언해 달라는 요청에 따른 것입니다.

 알려져 있듯이 송해붕 세례자 요한은 김포 고촌 일대에서 복음을 전하다가 6·25 동란 때 치안군에 의해 빨갱이로 몰려 죽임을 당한 인물입니다.

 외견상 죽음의 사유는 정치 논리로 포장되었지만, 그 진실된 내막은 그의 선교 활동에 대한 동네 사람들의 반감이었습니다.

 주교회의에 가기 전에 저는 '심의 과정에서 무엇이 문제일까? 무엇을 명백히 밝혀 주어야 할까?'에 대하여 예상해 봤습니다. 그리하여 아마도 그의 죽음이 사실상 순교임을 밝히는 증언이 필요할 것이라고 생각했습니다.

 그리고 그에 대비하여 송해붕 세례자 요한과 함께 잡혀가 그의 마지막을 지켜본 제자 임○○ 씨를 수소문하여 목격 증언을 들었습니다.

 임 씨의 증언을 따르자면 송해붕 세례자 요한은 당시 치안대에 속해 있던 자신의 적대자들이 선교 활동을 막기 위하여 그를 빨갱이로 몰아 죽일 계획을 가지고 있다는 정보를 미리 알았다고 합니다. 하지만 송해

봉 선생님은 그 일대로부터 도망치지 않고 단지 그 이야기를 같이 들었던 신자들의 강권에 못 이겨 어느 자매의 집에 숨어 지내다가 급기야 끌려갈 지경에 이르게 되었답니다. 그때 그는 조금도 당황하는 기색 없이 당당한 모습을 보여 주었다고 합니다.

생존 증인인 임 씨는, "왜 형제님도 같이 잡혀가셨습니까?" 하고 제가 묻는 물음에 이렇게 답했습니다.

"제가 송해봉 선생님이 잡혀간 사실을 알고 있었기 때문이죠. 혹시나 제가 소문을 퍼뜨려서 문제를 일으킬까 봐 입막음하기 위해 저도 같이 잠시 잡아 가뒀던 거예요."

이에 제가 마저 물었습니다.

"그러면 그 잡혀가 함께 갇혀 있었던 면사무소 양곡 창고에서 그와 말할 기회가 있었나요? 그랬다면 그는 무슨 말을 마지막으로 남기셨나요?"

이에 대해 임 씨의 답변은 이랬습니다.

"스쳐 가면서 잠깐 뵈었지요. 제가 '선생님이 걱정이 된다' 하고 말씀드렸더니 선생님께서 오히려 저를 위로해 주셨어요. '네가 나로 인하여 해를 입을까 걱정이다. 내 염려는 말거라. 무슨 일이 있어도 천주님께서 나와 함께해 주실 것이다.'"

그게 마지막 대화였답니다. 곧 잡혀 들어온 다른 이들과 함께 어디론가 끌려가 쥐도 새도 모르게 처형당했다고 했습니다.

그리고 몇 년 후 이 사건이 여차저차해서 발각되어 이렇게 시복 절차까지 밟게 되었던 것입니다.

증인인 임 씨가 워낙 연로하신 데다 너무도 오래전 일이라 말마디까지 정확하게 기억해 내기를 기대하는 것은 사실상 무리일 터입니다.

하지만 그의 뇌리에 새겨진 송해붕 세례자 요한의 마지막 말은 그대로 진실일 것입니다.

저는 그에게서 들었던 바를 주교회의 시복시성위원회에서 그대로 전했습니다. 물론 소설가 안영 선생이 엮은 증언록들과 송해붕 세례자 요한의 친동생 송해숙 씨가 소장한 자료들의 핵심 내용도 진술했습니다.

희망컨대 송해붕 세례자 요한이 어느 날엔가 복자로, 나아가 성인으로 불릴 날이 반드시 올 것입니다.

그러고 보니 그가 보여 준 마지막 기품과 언행은 오늘 복음서에 기록된 예수님의 그것을 꼭 닮았습니다.

"그러나 예수님께서는 그들 한가운데를 가로질러 떠나가셨다"(루카 4,30).

현재는 복음의 은혜를 여한 없이 누리고 있는 우리지만, 언젠가 우리가 복음으로 인해 배척을 받는 엄혹한 상황에 처하게 될 때 상기해야 할 모습입니다.

함께 기도하시겠습니다.

주님, 당신께서 당당함으로 가신 구원 선포의 길, 저희도 따르게 하소서.

주님, 그리스도인이라는 이유 하나만으로 저희에게 배척의 시선이 쏟아질 때, 뚝심으로 그 한가운데를 가로질러 가게 하소서.

하오나 주님, 저희의 인격적 결함과 허물에서 비롯된 비난을 박해의 이름으로 미화하지 않게 하소서.

우리 주 예수 그리스도를 통하여 비나이다. 아멘!

연중 제5주일: 루카 5,1-11

말씀을 따를 때 따라오는 선물

"두려워하지 마라. 이제부터 너는 사람을 낚을 것이다"(루카 5,10).

1. 말씀의 숲

오늘 복음 말씀인 루카 복음 5장 1절부터 11절까지의 말씀은 짧은 구절이지만, 세 부분으로 구분할 수 있습니다.

첫째 부분은 예수님께서 시몬의 배 위에서 가르치심(루카 5,1-3 참조)을 묘사하고 있습니다. 그런데 이 부분에서는 또다시 두 가지 장면을 묘사하고 있습니다.

첫째 장면은 예수님께서 겐네사렛 호숫가에 서 계시고 군중이 그분의 말씀을 귀담아듣고 있는 모습입니다. 예수님께서는 겐네사렛 호숫가에서 당신께 몰려온 당신의 학생들, 곧 군중들을 가르치고 계셨습니다. 호숫가에 몰려온 수많은 사람들을 예수님께서는 가르치셨습니다. 일반적으로 사람들은 베드로가 고기를 많이 잡거나 모든 것을 버리고 떠났다는 사실이, 이 이야기의 전부라고 생각합니다. 그러나 아닙니다. 보다시피 이야기의 시작은 다르게 열리고 있습니다.

둘째 장면은 예수님께서 시몬의 배를 타고 군중들을 가르치신 장면입니다. 오늘 복음에 언급된 주인공들은 예수님, 군중, 죄인, 시몬 베드로입니다. 이 배의 어부들이 처음부터 예수님의 말씀을 들었던 것은 아닙니다. 군중과는 달리 평소에 하던 자신의 일을 열심히 하고 있었습니다. 그물을 손질하며 다음 고기잡이를 준비하고 있었습니다. 그런데 예수님께서는 군중 속에 파묻히시지 않고 그들과 거리를 두며 계속 군중을 가르치시기 위해서 시몬의 배에 오르시어, 뭍에서 조금 저어 나가 달라고 요청하셨습니다. 이렇게 예수님께서는 군중을 향해 하느님의 말씀을 들려주고 계셨습니다.

둘째 부분은 많은 물고기를 잡은 기적(루카 5,4-7 참조)에 대한 이야기입니다.

이전까지는 군중에게 가르침을 주시는 예수님의 이야기였습니다. 그러나 두 번째 장면이 시작되는 4절에 와서는 모든 것이 달라지기 시작합니다. 이제 무대에는 새로운 배우들이 올라오고 있습니다. 바로 조금 전까지 하느님 말씀에 귀 기울이던 군중들은 사라지고, 복음의 삼총사, 곧 시몬 베드로와 야고보와 요한이 등장합니다. 이 삼총사는 이 사건을 시작으로 더욱더 놀라운 일, 곧 넋을 잃을 만큼 놀라운 일을 겪게 될 것입니다.

4절부터 5절의 말씀에서 시몬은 예수님의 시험 대상이 됩니다. 첫 시험은 베드로의 배에 오르시어 배를 육지에서 좀 떼어 놓으라고 하신 것이었습니다. 시몬은 이 말씀을 따랐습니다. 이제 예수님께서는 시몬에게 두 번째 시험을 하십니다. 전문 어부인 시몬에게 그의 생각과 전혀 다른 요구를 하신 것입니다. "깊은 데로 저어 나가서 그물을 내려 고기를 잡아라"(루카 5,4).

이에 시몬은 예수님께 "스승님, 저희가 밤새도록 애썼지만 한 마리도 잡지 못하였습니다."(루카 5,5)라고 대답했습니다. 시몬의 이러한 항변도 무리는 아닙니다. 그는 어부로서의 생활을 하루 이틀 한 것이 아닙니다. 그런 그도 밤새 한 마리도 건질 수 없었습니다.

그럼에도 불구하고 베드로는 이번에도 다시 예수님의 말씀에 신뢰를 두고 예수님 말씀을 따랐습니다. "그러나 스승님의 말씀대로 제가 그물을 내리겠습니다"(루카 5,5). 예수님께서 원하시는 것은 배를 깊은 데로 저어 나가는 것입니다. 깊은 곳으로 가서 그물을 치는 것입니다. 시몬은 이와 같이 어떠한 경우에도 예수님의 말씀을 따르고 실천한 신앙인의 모형입니다.

셋째 부분에서는 기적에 대한 베드로의 고백과 예수님의 부르심, 추종(루카 5,8-11 참조)이 이야기됩니다.

예수님의 역설적 또는 모순적 말씀을 베드로가 수락하니 그 결과 엄청난 결실이 생겼습니다. 밤새 한 마리도 보이지 않았는데 지금은 배가 가라앉을 지경입니다. 물고기를 많이 잡은 엄청난 이 기적으로 시몬 베드로는 자신의 부족함을 절감하면서 "주님, 저에게서 떠나 주십시오. 저는 죄 많은 사람입니다."(루카 5,8)라고 예수님께 아룁니다. 이는 시몬 베드로의 역설적 사랑의 고백이며, 이를 통하여 예수님과 더욱 밀접한 일치를 실현합니다. 그리고 핵심적 말씀이 선포됩니다. "두려워하지 마라. 이제부터 너는 사람을 낚을 것이다"(루카 5,10). 이에 고기를 잡던 어부 베드로는 사람을 낚는 어부가 됩니다. 엄청난 질적 변화입니다. 사도들은 모두 배를 버리고 예수님을 따라나섰습니다. 말씀을 듣고, 그 말씀을 따르고 신뢰하고 예수님을 따라나서는 것, 이것이 바로 질적 전환입니다.

오늘 이야기에서는 두 명의 어부가 나옵니다. 한 분은 그물로 고기를 낚는 시몬 베드로였고, 또 한 분은 호숫가에서 하느님 말씀으로 사람을 낚는 예수님이었습니다. 이제 베드로와 그 일행에게 그물과 배는 필요 없습니다. 그들에게는 새로운 그물, 하느님의 말씀이 있기 때문입니다. 예수님께서 베드로와 그 일행에게 사람 낚는 사명을 주신 것은 하느님 말씀을 듣기 위해 몰려온 군중을 위한 것이었습니다. 훗날 예수님의 뒤를 이어 일할 사람이 필요했기 때문입니다. 마치 이사야서에서 하신 하느님의 말씀처럼 말입니다. "내가 누구를 보낼까? 누가 우리를 위하여 가리오?"(이사 6,8) 심연에서 물고기를 건져 올리듯이, 죽음과 고통에서 인류를 구원할 새 어부가 필요했기 때문입니다. "깊은 데로 저어 나가서 그물을 내려 고기를 잡아라"(루카 5,4).

2. 말씀 공감

■ 포기 없이 돌파하는 순명

> "그러나 스승님의 말씀대로 제가 그물을 내리겠습니다"(루카 5,5).

주님께서는 고기잡이였던 시몬의 경험과 판단을 뒤집어 놓는 명령을 내리셨지만, 시몬은 주님의 말씀을 이행합니다. 그 결과는 그물이 찢어질 만큼 매우 많은 물고기를 잡게 된 놀라움이었습니다. 더 나아가 "다른 배에 있는 동료들에게 손짓하여 와서 도와 달라고"(루카 5,7) 했을 정도로 풍어였습니다. 이것이 바로 주님의 말씀의 권위입니다.

똑같이 주님의 말씀을 들어도 곧이곧대로 순명하는 참신앙인은 많지 않습니다. 김 다시아나 자매의 영적 결기가 우리의 신앙적 분발을 응원합니다.

> 나는 7남매 중 4번째로 태어난 딸이다. 위로 셋이 다 딸인 딸 부잣집 넷째 딸. 4대 독자였던 아버지는 아들을 낳고 싶어, 넷째 딸인 나에게 '다시아나'라는 세례명을 붙여 주셨다고 한다. '딸을 다시 안 낳아'라는 뜻으로. 그저 웃자고 하신 말씀이었는지는 모르지만, 사실 '다시아나'인 내 세례명은 교적에도 '다시안나'로 올려져 있다. 어떻게 세례명이 붙여졌건, 나는 내 세례명이 참 좋다. 여러 사람들이 이 세례명 덕에 나를 잘 기억해 주기도 하고.
> 어느 자리에서 그간 꼭 뵙고 싶던 김수환 추기경님을 뵐 기회가 있었다. […] 내 세례명을 여러 차례 되새기시던 추기경님이 말씀하셨다. "다시안나, 세상에 단 하나뿐인 세례명을 갖고 있으니 성녀가 되거라."

그때의 그 큰 울림을 그 따뜻함을 어떻게 잊을 수 있을까. […]
　세상적으로는 덕담, 종교에서는 '말씀'인 그것은 얼마나 사람을 성숙하게 하는가. 그 말씀은 아직도 내게 생생하게 살아 흔들릴 때마다 나를 곧추세운다. 성녀가 되는 건 하느님이 내주시는 일이라 아무나 되는 건 아니지만 그 길을 쫓아가고자 하는 마음으로 날마다 회개한다. 내 세례명의 성인을 본받아 더욱 모범적으로 행동하려고 노력한다. 남은 생, 추기경님의 말씀을 삶의 지표로 삼아 더 열정적으로 하느님을 향하는 마음으로 봉사하며 살고자 한다.[15]

"성녀가 되거라!"
　故 김수환 추기경께서 불쑥 던지셨던 이 말씀은, 사실 말이 쉽지 누구에게나 여간 부담되는 초대가 아닙니다.
　"감히 내가 어떻게? 내가 어떻게 언감생심 성녀를 꿈꿔?"
　이렇게 말해도 돌을 던질 사람은 아무도 없습니다. 왜냐하면 이 말이 당연한 상식이기 때문입니다.
　하지만 지금 김 다시아나 자매는 이 말씀을 주님의 말씀으로 여겨 진지하게 응답하는 삶을 살고자 최선을 다하고 있습니다. 틀림없이 노력에 비례하여, 아니, 거기에 은총이라는 보너스까지 더하여 기대 이상의 열매가 맺어지리라 믿습니다.

■ 죄가 보일 때

> "주님, 저에게서 떠나 주십시오. 저는 죄 많은 사람입니다"(루카 5,8).

그물질하는 일에서는 베테랑임을 자부하던 그가 밤새도록 허탕을 쳤습니다. 그런 그에게 웬 문외한門外漢이 조언했습니다. "깊은 데로 저어 나가서 그물을 내려 고기를 잡아라"(루카 5,4). 결과는 놀라웠습니다. '그물이 찢어질 지경'이 되고 '두 배에 가득히' 차도록 고기가 잡혔던 것입니다. 이에 그는 아무도 예상치 못한 말로 반응했습니다.

"주님, 저에게서 떠나 주십시오. 저는 죄 많은 사람입니다"(루카 5,8).

이사야 예언자가 홀연히 천상 궁중의 하느님 보좌 앞에 서게 되자 그는 대뜸 독백했습니다.

"큰일 났구나. 나는 이제 망했다. 나는 입술이 더러운 사람이다. 입술이 더러운 백성 가운데 살면서 임금이신 만군의 주님을 내 눈으로 뵙다니!"(이사 6,5)

베드로도 이사야 예언자도 평소에는 자신의 죄스러움을 별로 인식하지 못하고 살았습니다. 그러다가 갑자기 주님 앞에 서니 자신의 죄가 보였던 것입니다.

이 사실은 우리의 영성생활에서 대단히 중요한 사실을 지적해 주고 있습니다.

곧 자신의 죄가 보이지 않는 사람은 지은 죄가 없어서가 아니라 하느님과 멀리 떨어져 있기 때문이라는 사실입니다. 이는 고해성사에서 그대로 드러납니다. 고해성사의 간격이 오래될수록 이상하게 고해의 내용이 짧습니다. 고해성사를 빈번하게 보는 열심한 신자일수록 고해의 내용이 많고 깁니다. 참으로 신비로운 현상입니다.

한번은 어느 형제님이 총고해를 하고 싶다며 상담을 요청했습니다. 어느 강의 기회에 적당한 시간을 내어 총고해를 들었습니다. 들으면서 '이분이 참으로 큰 은총을 받았구나' 하는 느낌이 크게 들었습니다. 이 형제님은 암으로 큰 수술을 하면서 하느님께 전적으로 나아갔고, 가까이 나아가 보니 자신의 본모습이 적나라하게 보였다고 합니다. 그래서 그것을 깨알같이 종이에 적어서 고해를 했던 것입니다. 저는 이 형제님에게 "주님께서는 이렇게 통회하는 사람에게 진홍같이 붉은 죄도 눈과 같이 희게 만들어 주시니 이제부터 모두 용서받았다고 믿으세요."라고 말하며 사죄경을 염해 주었습니다.

그렇습니다. 주님과 떨어져 있으면 '들보' 같은 죄도 안 보이다가, 주님께 조금 다가설 양이면 '콩알'만 한 죄도 보이고, 좀 더 가까이 나아가게 되면 '깨알'만 한 죄도 보이게 되는 것입니다.

"주님"(루카 5,8) 앞에서는 허물을 숨길 재간이 없습니다. 그분 안전에서는 터럭 하나라도 크게 보입니다. 도망갈 재주가 없습니다. 그러니 그저 "무릎 앞에 엎드려"(루카 5,8) 이실직고하는 것이 상책입니다.

마지막 때에 이런 일이 벌어지면 그것은 비극일 것입니다. 그러니 그분 앞에 서기 전에 미리 자복自服할 일입니다. 일찌감치 자백自白할 일입니다. 그러면 용서받습니다. 따라서 일단 고해를 본 다음에는 더 이상 그것에 발목이 잡힐 필요가 없습니다.

■ 줄곧 부채감

> "사실 베드로도, 그와 함께 있던 이들도 모두 자기들이 잡은 그 많은 고기를 보고 몹시 놀랐던 것이다"(루카 5,9).

2018년 12월 31일 아침 기도를 기억합니다.
미사를 드리기 전, 성경 말씀을 읽고 기도를 바치고 있었습니다.

"아빠, 아버지! 2018년 한 해 베풀어 주셨던 모든 일들에 감사드립니다. 저희에게 이뤄 주신 모든 것들, 저희에게 맡겨진 이름들 위에 내려 주신 모든 강복들, 그리고 저희가 복음 전파 활동을 지속할 수 있도록 안배해 주신 모든 도우심 등등 두루 감사드립니다.
다가오는 2019년에도 저희가 변함없이 아버지의 뜻을 행할 수 있도록 이끌어 주시옵고…."

기도가 이쯤에 이르렀을 때, 저는 잠시 기도를 멈췄습니다. 그리고 순간적으로 반성했습니다.
"아니, 내가 지금 뭐하고 있지? 도대체 무슨 기도를 바치고 있는 것이지? 2018년 받은 은혜를 적당히 뭉뚱그려 셈하고서는, 2019년에 받을 축복에 마음이 먼저 가, 염치없는 기도를 바치고 있는 게 아닌가. 원점에서부터 다시!"

저는 처음으로 돌아가 다시 기도를 바치기 시작했습니다.
"아빠, 아버지! 2018년 한 해 베풀어 주셨던 모든 일들에 감사드립니다. 2019년 새해맞이 기도는 내일 바치겠습니다. 오늘은 2018년 총결산의 기도만을 바칩니다. 이런 일 감사합니다. 저런 일 감사합니다. 요런 일 감사합니다. 그러고 보니 그런 은혜도 누렸습니다. 미주알고주알. 그때 그 일도 은혜였군요. 하나하나 모두 감사합니다.

아빠, 아버지! 그리고 지난 한 해 제 생각의 오류, 제 마음의 변덕, 제 입술의 실수, 그리고 제 행동의 게으름을 헤아리자면 끝이 없습니다. 이런 부족과 허물들을 용납해 주시고, 여전히 저를 믿어 주심에 제게 마땅한 도리는 그저 감사에 감사일 따름입니다…"

저렇게 제 아침 기도는 끝을 못 내고 있었습니다.

정해진 시간은 어쩔 수 없이 지켜야 했지만, 그날 제 기도는 새해 제야의 종소리가 울리기 전 자정까지 이어졌다고 해야 옳을 것입니다.

세어도 세어지지 않고, 헤아려도 헤아려지지 않는 것이 주님께서 우리에게 베푸신 은총입니다. 베드로와 그의 동료들이 갈릴래아 호수에서 졸지에 체험했던 그 풍어의 기적은 단지 그 대표적인 사례 가운데 하나일 뿐입니다.

"사실 베드로도, 그와 함께 있던 이들도 모두 자기들이 잡은 그 많은 고기를 보고 몹시 놀랐던 것이다"(루카 5,9).

어느 날 토막 시간에 문득 겪었던 것이 이 정도였다면, 지난 한 해, 더 나아가 지난 한평생 받아 누린 것이야 오죽 더하겠습니까.

함께 기도하시겠습니다.

주님, 저에게도 주님 앞에 가까이 설 수 있는 기회를 주소서.

주님, 저에게도 베드로처럼 주님의 현존 앞에 사시나무 떨듯 떨면서도 그 은혜에 눈물을 흘리는 기회를 주소서.

주님, 저에게 제가 지은 죄를 보는 은혜를 주시고 그것을 주님께 자복하는 축복을 베풀어 주소서.

주님, 이미 그런 은총을 제게 베풀어 주셨음에 감사드립니다.

우리 주 예수 그리스도를 통하여 비나이다. 아멘!

연중 제6주일: 루카 6,17.20-26

너희는 행복하다

"행복하여라, […] 하느님의 나라가 너희 것이다"(루카 6,20).

1. 말씀의 숲

 루카 복음 6장 20절부터 49절까지는 예수님께서 산에서(루카 6,12 참조) 내려오시어 갈릴래아의 어느 평지에서 베푸신 가르침이라 해서(루카 6,17 참조) 평지 설교라고 일컫습니다. 이는 흔히 마태오 복음의 산상 설교와 대비되어 취급됩니다.

 예수님께서 선언하신 여덟 가지 행복론은 앞으로 전개될 하느님 나라의 헌장과도 같은 것입니다. 이 행복론은 마태오 복음서와 루카 복음서가 다 같이 다루고 있지만, 마태오는 여덟 가지로 발표했고, 루카는 그중 네 가지만 들고 있습니다. 그리고 마태오는 행복론에 이어 또 다른 훈계가 뒤따르면서 산상 설교가 길게 전개되는 데 비하여, 루카는 네 가지 행복론에 짝지어 네 가지 불행론이 뒤따릅니다. 그리고 마태오는 이 행복론을 모든 사람에게 주는 훈계 형식으로 "~ 하는 사람은 행복하다."라고 표현하는 반면, 루카는 주로 제자들을 보고 하는 말로 "~ 하는 너희는 행복하다."라는 표현을 쓰고 있습니다.

 물론 어떤 사람이 행복하냐 하는 내용은 마태오 복음서의 여덟 가지 중 네 가지만 뽑아 예로 들고 있습니다. 그것은 첫째, 가난한 사람(마태오의 첫 번째), 둘째, 굶주리는 사람(마태오의 네 번째), 셋째, 우는 사람(마태오의 두 번째), 넷째, 박해받는 사람(마태오의 여덟 번째)이 행복합니다. 곧이어 따르는 불행론은 위의 행복론을 뒤집은 것인데, 불행한 사람은 부자, 배부른 사람, 웃는 사람, 칭찬받는 사람입니다.

이것은 '행복은 무엇이냐'는 물음에 '행복은 불행하지 않은 상태'라고 대답하는 것과 같으며, '불행은 무엇이냐'는 물음에 '불행은 행복하지 않은 상태'라고 대답하는 것과 같습니다. 그러니 루카의 불행론은 불행론이라기보다는 행복론의 강조적 표현이라고 보는 것이 타당합니다. 더군다나 예수님께서 제자들을 보고 '너희는 가난하니 행복하다'라고 하면서 '너희는 부유하니 불행하다'라고 하신 것에서 첫 번째 '너희'와 두 번째 '너희'가 다른 부류의 사람들로 해석될 수도 있겠지만, 이 두 '너희'를 '예수님께서 제자들을 바라보시면서' 말씀하신 것을 감안하면 불행한 '너희'는 행복한 '너희'를 강조하는 말씀으로 봐야 할 것입니다.

예수님께서 선언하신 네 가지 불행은 부(루카 6,24ㄱ 참조), 포만(루카 6,25ㄱ 참조), 기쁨(루카 6,25ㄷ 참조), 인기(루카 6,26ㄱ 참조)를 누리는 이들에게 내려진 것입니다. 그것은 예수님의 불행 선언을 듣는 사람들이 네 부류의 집단이라기보다 현세의 삶에 만족하게 하는 네 가지 요소(부, 포만, 기쁨, 인기)에 의지하는 한 집단임을 가리킵니다. 이 요소들은 영속적 가치가 아니라 일시적 혜택일 뿐입니다. 예수님께서는 불행 선언을 통해 당신의 제자들에게 이러한 가치를 의지하여 하느님과의 관계를 끊음으로써 파멸에 떨어지지 말고 하느님의 축복을 받기 위한 조건을 갖추라고 종용하십니다.

자, 그러면 '행복하다' 또는 '복되다'라는 말은 무슨 뜻일까요? 물론 사람들이 흔히 생각하는 운이 좋은 사람, 팔자가 좋은 사람은 확실히 아닙니다. 또 자신의 삶을 아무런 문제나 어려움 없이 평탄하게 사는 것도 결코 아닙니다. 이런 인간적인 차원을 가리키는 것이 아닙니다.

오히려 하느님 안에서 행복하고 복되다는 것입니다. 예수님께서는 이런 의미로 하늘에서 받을 상이 많다고 말씀하신 것입니다. 이것은 어디까지나 하느님을 위해서, 또 하느님을 통해서 가지고 있는 가치입니다. 제때가 되면 자연스레 나타날 이 보상은 하느님께 속한 보이지 않는 가치입니다. 행복 선언에 이어 나란히 나오는 불행 선언도 마찬가지입니다.

하느님 나라의 의미와 가치는 오로지 하느님을 온전히 신뢰하는 사람들 속에서 찾을 수 있습니다. 하느님 나라가 이들을 위해 있기 때문입니다.

2. 말씀 공감

■ SOS 조난 신호를 보내는

> "예수님께서 눈을 들어 제자들을 보시며 말씀하셨다"(루카 6,20).

"눈을 들어"는 중요한 순간에 예수님께서 행하신 특별한 자세를 가리키는 강조 어법입니다. 눈길을 준다는 것은 바로 사랑과 관심, 애정의 표시입니다.

중요한 것은 '예수님께서 그 귀한 눈길을 누구에게 돌리셨느냐?'입니다. 예수님께서 바라보신 것은 제자들만이 아니었습니다. 이에 대하여 루카 복음 6장 17절 말씀은 이렇게 언급합니다.

"그때에 예수님께서 열두 사도들과 함께 산에서 내려가 평지에 서시니, 그분의 제자들이 많은 군중을 이루고, 온 유다와 예루살렘, 그리고 티로와 시돈의 해안 지방에서 온 백성이 큰 무리를 이루고 있었다"(루카 6,17).

그러니까 청중은 제자 무리와 변두리 이방인 지역의 사람들이었음을 알 수 있습니다. 수도 예루살렘을 중심으로 봤을 때 변방의 소수 인종들, 곧 보잘것없고 힘없는 사람들이었습니다.

그러므로 예수님께서 "눈을 들어" 바라보신 것은 바로 이런 비주류 인생들이었다고 결론 내려집니다. 우리에게 시사하는 바가 큽니다.

이 시대 우리는 과연 우리의 눈을 들어 누구에게 돌려야 할까?
예수님께서 몸소 행하심으로 보여 주신 그 답을 프란치스코 교황님은 자신의 것으로 만드셨습니다. 미국의 한 추기경은 바티칸 라디오와의 인터뷰에서 교황 관련 일화를 이렇게 소개한 바 있습니다. 그 추기경이 한번 아르헨티나를 방문했을 때의 일입니다. 그때 추기경이던 베르골리오, 곧 지금의 프란치스코 교황님께서 마중 나와 가방을 받아들고, 렌트한 차를 손수 몰고 교구청으로 향했다고 합니다. 그런데 베르골리오 추기경의 도시 가이드는 상식을 벗어나는 것이었습니다. 그 추기경은 그때 일을 이렇게 회상합니다.

"가는 길에 눈길을 끄는 유명한 명소들이 많았는데, 유일한 관광 안내는 '이 다리 밑에는 최악의 슬럼가가 몰려 있어서 자주 들릅니다'뿐이었습니다."

당시 추기경이었던 프란치스코 교황이 그 많은 볼거리 중에서 다리 밑 슬럼가를 외빈 추기경에게 보여 주었다는 것은 과연 무엇을 뜻할까요.

"예수님께서 눈을 들어 제자들을 보시며 말씀하셨다"(루카 6,20).

우리의 눈이 즐겨 보고자 하는 것은 무엇일까요?

볼거리, 구경거리, 먹거리 등 우리의 시선을 끄는 것들이 현란하게 손짓하는 오늘의 현실에서 과연 우리는 무엇을 우선적으로 보고자 했는가요? 성찰로 초대하는 말씀입니다.

■ 첫 번째 까닭

> "행복하여라, 지금 굶주리는 사람들! 너희는 배부르게 될 것이다"
> (루카 6,21).

예수님께서는 단 한 번 행복을 선언하셨습니다. 예수님의 이 동일한 선언을 루카 복음과 마태오 복음은 자신들의 방식으로 기억하여 기록했습니다.

이를 전제로 비교해 봤을 때, 루카 복음에서 굶주리는 사람이라고 표현되는 것이 마태오 복음에서는 "의로움에 주리고 목마른 사람들"(마태 5,6)이라고 표기되어 있다는 사실을 알 필요가 있습니다.

요컨대, 여기서 굶주리는 사람들은 그냥 육신적으로 기아에 허덕이는 사람들을 뜻한다기보다는 의에 주리고 목마른 이들을 뜻한다고 보아도 무방하겠습니다.

의에 주리고 목마른 이들은 행복하다?

누차 말했듯이 성경에서 말하는 의로움은 법적인 결백함만을 뜻하지 않습니다.

진정한 의로움은 법 앞에 결백할 뿐만 아니라 하느님께서 가장 중히 여기시는 사랑의 계명 앞에 결백함을 가리킵니다.

그러기에 의로움에 주리고 목마르다는 것은 결국 방어적으로 죄를 짓지 않는 것을 갈망할 뿐만 아니라 사랑과 자비를 베푸는 것까지 지향하는 것을 뜻합니다.

이런 의미로 의에 주리고 목마른 이는 참으로 복된 자입니다.

저는 의로움을 추구하는 한 청년으로부터 감동적인 편지를 받았습니다. 내용은 이랬습니다.

찬미 예수님!

미래사목연구소 직원 여러분께 인사 올립니다!

인천뿐만 아니라 한국 천주교를 위해 불철주야 일하는 연구소 직원 여러분,

여러분의 노고에 제 서품의 기쁨이 조금이나마 위로가 되었으면 합니다.

직접 찾아뵌 적도, 함께 일한 적도 없지만

얼마나 많은 일을 하고 계신지, 얼마나 노력하고 계신지 많은 신자와 신부님들은 알고 있다는 점,

무엇보다도 예수님께서 다 알고 계신다는 사실을 항상 잊지 않으시길 부탁드립니다.

하느님의 뜻 안에서 하루하루 봉사하는 여러분께 성부와 성자와 성령의 이름으로 축복을 전해 드리며, 사제 서품의 은총과 기쁨이 함께 하기를 바랍니다.

상본 40장을 보내 드립니다. 한 장은 차동엽 신부님께 전해 주시면 대단히 감사하겠습니다.

차동엽 신부님께서 10년 전 저희 성당에 강의 오셨을 때, 저는 사제 성소를 고민하던 중이었는데 그때 신부님께서 특별히 축복의 기도를

드려 주신 기억이 있습니다.

감사의 인사를 상본과 함께 대신 전해 주시면 제가 더 감사하겠습니다.

다시 한번 연구소 직원 여러분과 가정에 하느님의 은총이 가득하길 축원합니다.

10년 전 사제 성소를 고민하던 학생에게 별도로 축복을 바쳐 준 사실 하나로, 저희가 이런 편지를 받게 된 것은 여간 감동적인 일이 아닙니다. 잊지 않고 곧바로 감사의 글을 보내 준 젊은 사제에게 주님의 특별한 강복이 있기를 빕니다.

■ 모함을 딛고

> "사람들이 너희를 미워하면, 그리고 사람의 아들 때문에 너희를 쫓아내고 모욕하고 중상하면, 너희는 행복하다! 그날에 기뻐하고 뛰놀아라. 보라, 너희가 하늘에서 받을 상이 크다. 사실 그들의 조상들도 예언자들을 그렇게 대하였다"(루카 6,22-23).

살다 보면 예상치 못한 시련이 닥칠 때가 있습니다. 모함에 시달릴 때도 있습니다. 이런 것들이 신앙 증거에 기인한 것일 때 이를 우리는 박해라고 부릅니다. 주님께서는 우리가 이러한 박해를 받을 때 우리가 바로 행복의 주인공이라고 말씀하십니다. 하늘에서 받을 상이 크기 때문이라는 것입니다.

뽀빠이 이상용 씨가 바로 이런 행복을 증거합니다. 『참 소중한 당신』 2004년 5월 호에 실린 그의 이야기를 소개합니다.

영원한 어린이들의 벗 뽀빠이 이상용 헨리코. 이순의 나이에도 한 달 평균 60~70개 도시를 다니며 행사를 진행할 만큼 분주하고 바쁜 삶을 사는 그에게 늘 하루를 새롭게 시작할 수 있게 만드는 정신적 비타민은 바로 '하느님'이다.

새벽 동이 트는 이른 아침, 차에 시동을 걸며 그가 빠뜨리지 않는 인사. "주님, 타셨습니까. 이제 같이 가시죠, 오케이?" 그러고는 주님의 기도, 성모송으로 길 떠나기 전 기도를 바치면 그야말로 '평안' 그 자체로 일정을 시작할 수 있단다.

"늘 함께 곁에 주님이 계신다는 느낌으로 살아갑니다. 그리고 공연 전 긴장될 때는 짧게라도 묵주기도를 바치며 '성모님, 힘 좀 줘요. 사람들에게 웃음을 주도록 해 주세요' 하고 화살기도를 올리죠. 그러면 금세 안정이 되는 걸 느껴요. 그러고는 프로그램 시작 사인을 PD에게 보내고 공연을 시작합니다."

그가 어느 지방을 가든지 제일 먼저 확인하는 곳이 세 군데 있다. 바로 성당과 체육관 그리고 식당이다. 주일, 평일 관계없이 공연 지역에 가면 제일 먼저 성당을 찾는 것은 이제 일상화가 됐다. 또 그의 양복 주머니에는 항상 빳빳한 지폐가 봉투에 넣어져 있다. 언제라도 봉헌금을 낼 수 있는 준비다.

그는 원래 불교 집안에서 태어났으나 부인 윤혜영(베네딕다) 씨를 만나 결혼하면서 가톨릭 신자가 되었다. 이후 군 생활 중 앞서가던 탱크가 전복, 사망자가 생겼던 사고는 이 씨의 신앙생활에 불을 지피는 '변화'로 다가왔다. 장례를 준비하며 마침 같은 부대에 복무 중이던 모 수도회 수사의 주선으로 성당에서 치렀던 장례식은 그에게 무언가 뜨거운 신앙적 감화를 안겨 주는 계기였다.

그 일은 하느님과 교회에 푹 빠지도록 하는 결정적 역할을 했고, 제대를 하자마자 그는 10년 동안 본당 주일학교 교리교사로 활동하며 교장까지 맡아 하는 열성을 보였다. 당시 〈모이자 노래하자〉 TV 프로그램 사회로 어린이들의 왕으로 불릴 만큼 바쁜 시절이었지만 본당 활동을 위해 내어놓는 시간도 그에게는 양보할 수 없는 부분이었던 것이다.

"하느님을 몰랐으면 벌써 죽었을 목숨이에요."
신앙 체험에 대한 질문을 던지자마자 나온 대답이었다. 그간 전방과 지방을 다니며 경험한 교통사고가 11번, 그중에서 사망한 이가 17명이나 되는 와중에서 자신은 건재한 것이 다 하느님 덕분이란다. 한번은 대형 교통사고가 났는데 언덕 밑을 몇 바퀴나 구른 후 정신을 차려 보니 핸들 곁에 걸어 둔 묵주가 새끼손가락에 걸려 있었다. 문을 열고 바깥으로 나오니 사고를 지켜본 사람들이 '살았다'고 외쳤던 소리가 아직도 귀에 생생하다는 뽀빠이 이상용. […]

1996년 12월 자신이 회장을 맡고 있던 한국 어린이 보호회에 기탁된 후원금을 유용했다는 소문으로 보호회에서 손을 떼야 했던 사건도 이 씨를 신앙적으로 성숙시킨 사건이다.
"추기경님과 주변의 아는 신부님들의 조언으로 지탱할 수 있었어요. 추기경님께서 하느님이 너를 선택하셨고 쓸 만하니까 시험에 들게 한 것이라는 말씀을 하시며 '눈이 왔으니 쓸지 말고 떠나라. 눈이 녹으면 진실은 나타나는 법'이라 하셨는데 정말 큰 힘이 되었습니다."
피정의 집에서 일주일 정도 머무르며 마음을 추슬렀는데 그때만큼 기도를 열심히 한 적이 없는 것 같다고 했다. 이후 무혐의로 판명됐지만, 한쪽 눈이 안 보일 정도로 속을 끓이는 과정을 거쳤고, 그 안에서 "자칭

'신부'가 됐다"고 할 만큼 하느님을 붙드는 생활로 발전을 했다. […]
　그에게서 웃음이 떠나지 않는 이유는 주일 헌금의 1/3을 항상 어려운 이들을 위한 지향으로 봉헌하고 환경미화원·장애 어린이·소년 소녀 가장·독거 노인 등 소외된 이들에게 먼저 관심을 보이는, 이웃에 대한 나눔 때문일 것이다. 행사 개런티를 받으면 일부를 떼어 가난한 이들에게 먼저 내놓는 습관(?)을 비롯, 567명 어린이의 심장병 수술과 서울시 환경미화원 167명에게 2박 3일 제주도 신혼여행을 선사한 것, 또한 8천여 명 노인들에게 돋보기를 보내 주는 등의 마음 씀에서 웃음이 사라질 리 없다는 믿음이 생겨난다.[16]

함께 기도하시겠습니다.
　주님, 어떤 시련에 봉착해서도 주님만 바라보며 모든 것 의탁합니다.
　주님, 어떤 좌절에 직면해서도 주님만 신뢰하고 다시 일어서겠습니다.
　주님, 시절이 좋을 때나 안 좋을 때나 한결같이 기도로써 저희의 신뢰를 바치오니, 저희로 하여금 물가에 심긴 나무의 푸르름으로 주님 영광 드러내게 하소서.
　우리 주 예수 그리스도를 통하여 비나이다. 아멘!

연중 제7주일: 루카 6,27-38

원수에게 축복을

"너희는 원수를 사랑하여라"(루카 6,27).

1. 말씀의 숲

J. 모러스의 책 『오늘은 우리의 것 Today is ours』(성바오로 1999)에는 "누구도 돌을 던질 수는 없다"라는 제목의 글이 있습니다. 그 내용은 다음과 같습니다.

> 세 소년이 참외를 훔친 죄로 판사 앞에 끌려왔을 때, 그들은 매우 신경이 곤두서 있어 최악의 경우를 예상하고 있었다. 경험 많은 판사는 체벌의 필요성을 잘 알고 있었지만, 경우에 따라 자비를 베푸는 것이 중요하다는 사실도 잘 알고 있었다.
> "여기 있는 사람들 중 어릴 적에 참외 하나 서리해 보지 않은 사람은 손들어 보시오."
> 그는 의결봉을 두드리며 대답을 기다렸으나 장내는 조용했다.
> 관리나 청중이나 할 것 없이 모두 손을 내리고 있었다. 결국 판사는 소송을 기각하고 말았다. 젊은이를 대할 때에는 많은 지혜와 통찰력이 요구된다. 그들이 성숙하고 조화로운 개성을 가질지 무관심과 파괴의 길을 갈 것인지는 그들이 중요한 순간에 받게 될 꾸짖음과 이해

두 가지 수단 모두에 달렸다.

 좋은 것을 발전시키고 나쁜 것을 없애기 위해서, 엄격함과 부드러움의 조화는 반드시 이루어져야만 한다. 여러분도 우리 젊은이가 힘과 재능을 쏟아 하느님이 의도하시는 건설적인 방향으로 갈 수 있도록 무엇인가 도울 수 있을 것이다."[17]

지난 주일 복음에 이어 루카의 평지 설교가 계속됩니다. 지난주 예수님께서는 네 가지의 행복 선언과 네 가지의 불행 선언을 하셨습니다. 그리고 오늘은 거의 전적으로 사랑과 용서의 계명을 선포하고 계십니다. 곧 오늘 복음의 주제는 이웃 사랑, 특히 원수에 대한 사랑이라는 황금률입니다. 이는 그리스도교의 본질이며 핵심적 교훈입니다. 그리고 이 교훈의 결론은 바로 끝 구절의 말씀입니다.

"너희 아버지께서 자비하신 것처럼 너희도 자비로운 사람이 되어라"(루카 6,36).

오늘의 복음 말씀은 두 부분으로 나눌 수 있습니다. 첫 부분은 6장 27절부터 34절까지입니다. 그리고 두 번째 부분은 6장 35절부터 38절까지입니다. 이 두 부분은 모두 '원수를 사랑하여라'라는 명령으로 시작하고 있습니다.

원수를 사랑하는 것은 이렇습니다. 사랑은 말로만 하는 것이 아닙니다. 행동으로 해야 합니다. 미워하는 사람에게 잘해 주고, 저주하는 사람을 축복하고, 헐뜯는 사람은 기도해 주어야 합니다. 뺨을 때리는 이에게는 다른 편 뺨을 내주고, 겉옷을 빼앗는 이에게는 속옷도 마다하지 않아야 합니다. 적어도 이 정도로 하지 않는 것은 사랑한다고 할 수 없습니다. 그리고 다른 사람들에게 해 주는 것은 내가 다른 이들로부터 받고 싶은 바를 그대로 실천하는 것이라고 말씀하십니다. 누구나 사랑하는 사람끼리는 서로 잘해 주고 위해 줄 수 있습니다. 그렇기에 예수님께서는 죄인들도 그 정도는 한다고 세 번씩이나 강조하셨습니다.

그런데 6장 35절부터 아버지께서 개입하십니다. 이 아버지께서는 은혜를 모르는 사람과 악한 사람들에게도 인자하신 지극히 높으신 분입니다. 아버지께서는 자비로우십니다. 예수님께서는 이 아버지를 당신의 아버지라 부르지 않고, '너희 아버지'라고 부르셨습니다.

"너희 아버지께서 자비하신 것처럼 너희도 자비로운 사람이 되어라"(루카 6,36).

그리스도의 제자가 된 우리들은 아버지의 자녀가 되기 위해 아버지를 닮아야 합니다. 우리가 다른 사람을 심판하지 않고 용서하며 우리의 것을 내어 준다면, 아버지께서는 우리를 기억해 주실 것입니다. 누르고 흔들어 넘치도록 후한 되를 품에 안겨 주실 것입니다. 우리가 원수를 사랑한 만큼 아버지께서도 우리에게 되받게 해 주실 것입니다.

오늘 복음에 나오는 원수 사랑에 대한 루카의 가르침은 로마서 12장 14절, 코린토 1서 4장 12절부터 13절, 요한 1서 3장 16절부터 18절까지와 흡사합니다. 사실 사랑은 그리스도교의 핵심 사상입니다.

"여러분을 박해하는 자들을 축복하십시오. 저주하지 말고 축복해 주십시오"(로마 12,14).

"사람들이 욕을 하면 축복해 주고 박해를 하면 견디어 내고 중상을 하면 좋은 말로 응답합니다"(1코린 4,12-13).

"그분께서 우리를 위하여 당신 목숨을 내놓으신 그 사실로 우리는 사랑을 알게 되었습니다. 그러므로 우리도 형제들을 위하여 목숨을 내놓아야 합니다. 누구든지 세상 재물을 가지고 있으면서도 자기 형제가 궁핍한 것을 보고 그에게 마음을 닫아 버리면, 하느님 사랑이 어떻게 그 사람 안에 머무를 수 있겠습니까? 자녀 여러분, 말과 혀로 사랑하지 말고 행동으로 진리 안에서 사랑합시다"(1요한 3,16-18).

사랑은 타인을 지향합니다. 철저하게 이웃을 위한 삶입니다. 온갖 이기심을 넘은 이타적 삶은 원수까지도 포용할 수 있는 절대적 힘을 지닙니다. 사랑은 바로 하느님을 닮는 작업입니다. 하느님께서 자비로우신 만큼 자비로워야 합니다(루카 6,36 참조). 아니, 하느님께서 완전하신 것처럼 완전한 사람이 되어야 합니다(마태 5,48 참조). 인간의 목적은 이와 같이 하느님처럼 완성에 도달하는 것입니다. 완덕이란 바로 하느님이 되는 일입니다.

2. 말씀 공감

■ 믿음의 강단

> "너희를 미워하는 자들에게 잘해 주고, 너희를 저주하는 자들에게 축복하며, 너희를 학대하는 자들을 위하여 기도하여라"(루카 6,27-28).

박해자들을 위한 '축복'과 '기도'는 예수님께서 바로 앞 27절에서 선언하신 "원수를 사랑하여라."라는 명령의 실천 강령입니다.

원수 사랑은 사랑의 백미입니다. 그만큼 아름답고 감동적입니다.

하지만 막상 이유 없이 욕을 먹고, 폭행을 당하고, 박해를 겪는 경우가 생겼을 때, 오늘 예수님께서 권고하시듯이 그 가해자를 용서하고 축복하고 그를 위해 기도해 준다는 것은 상식적으로 거의 불가능한 일입니다.

이처럼 어려운 것을 초대 사도들은 글자 그대로 실행했습니다. 예수님으로부터 그렇게 할 수 있도록 양성받았기 때문입니다. 사도 바오로가 그 가운데 대표적인 증인입니다. 그는 당당히 가르칩니다.

"여러분을 박해하는 자들을 축복하십시오. 저주하지 말고 축복해 주십시오"(로마 12,14).

그는 그 당당함의 이유로 자신의 실행을 공개합니다.

"사람들이 욕을 하면 축복해 주고 박해를 하면 견디어 내고 중상을 하면 좋은 말로 응답합니다"(1코린 4,12-13).

그로부터 근 2,000년이 되어 가는 오늘, 주님의 원수 사랑 명령은 거의 실행할 수 없는 이상일 따름입니다.

머리로는 '좋은 말씀이지'라고 인정하면서도 정작 행동으로 실천하려고 하면 본능적으로 상대방의 태도에 반응하게 되는 것이 사실입니다. 이렇게 사람들의 행동에 따라 일일이 반응하며 살아가다 보면 우리 삶은 무척 피곤하고, '저 사람이 나를 한 대 쳤으니 나도 한 대 쳐야 해!', '저 사람은 나에 대하여 안 좋은 말을 했으니 다음부터는 상종도 하지 말아야지' 등등 매사에 분노와 불만, 불평이 끊이지 않게 됩니다.

희망의 징후가 전혀 없는 것은 아닙니다. 여전히 드문 일입니다만 오늘 주님의 말씀을 액면 그대로 실행하려고 최선을 다하는 교우들이 있기 때문입니다.

저는 자주 신자들에게서 배웁니다. 신자들 가운데에는 자신을 미워하는 사람을 위해서 성체조배를 하면서 축복 기도를 해 주는 이들도 곧

잘 있고, 박해하는 사람을 너른 마음으로 수용할 줄 아는 이들도 간혹 있습니다. 저는 이런 이들을 만날 때마다 '저 사람이 바로 나의 영적 선생'이라고 얘기하곤 합니다.

이러한 위대한 실천은 우리들의 신앙 선조들에게서 더욱 돋보이게 드러납니다. 많이 알려진 이야기입니다만, 우리는 그런 예를 한국의 두 번째 방인 사제인 최양업 신부님의 부친, 최경환 프란치스코를 통하여 알 수 있습니다.

그는 자신을 체포하러 온 포졸들을 친절히 맞이했다고 합니다. 날이 밝기 전에 맞닥뜨렸기에 그는 먼저 포졸들을 편히 쉬도록 안내했습니다. "어째서 이리 늦게 오셨습니까? 우리는 오래전부터 초조하게 당신들을 기다리고 있었습니다. 우리는 준비가 다 되었으니 아무 염려 마십시오. 아직 동이 트질 않았으니 잠시 좀 쉬시고 새벽에 식사를 해서 기운도 돋우도록 하십시오. 그러고 나서 질서 정연하게 떠나도록 합시다."

프란치스코가 이렇게 반갑게 맞이하는 말을 들은 포졸들은 감탄하여 "이 사람과 이 가족들이야말로 진짜 천주학쟁이다. 이런 사람들이 달아날 염려는 조금도 없다. 우리는 안심하고 잠을 좀 잘 수 있겠다."라고 말하고는 교우들을 묶지 않고 풀어놓은 채 모두가 한적한 곳에 가서 깊이 잠들었답니다.

그동안에 신자들은 감옥으로 떠날 준비를 했고, 프란치스코는 모든 신자들을 권면하며 용기를 북돋아 주었답니다. 한편 그의 아내 마리아는 포졸들에게 줄 밥상을 차렸습니다. 포졸들이 잠에서 깨어나 식사를 마치자, 프란치스코는 장롱에서 옷을 모두 꺼내어 포졸들 한 사람 한 사람에게 다 입혀 주었다는 것입니다.

우리와는 너무 달라서, 혹시 '이건 그들만의 이야기지. 우리의 미약한 믿음으론 불가능한 일이지' 하고 체념하고 싶은 유혹이 되레 우리의 마음을 끌지도 모르겠습니다.

단단히 우리의 믿음을 추스르고 우리의 사랑을 키워야 할 것입니다.

■ 작은 자비 하나가

> "너희 아버지께서 자비하신 것처럼
> 너희도 자비로운 사람이 되어라"(루카 6,36).

우리는 하느님의 자비에 대하여 다음과 같은 아름다운 격언을 만들어 냈습니다.

"인간은 실수하기 마련이고, 그것을 용서하는 것은 하느님의 몫이다."

이는 인용해서 기분 좋은 말이고, 들어서 위로가 되는 말입니다. 하지만 정작 우리 자신은 용서에 인색하고 자비에 굼뜨기 일쑤입니다.

친구가 우리에게 한 번 잘못하면 두고두고 그의 배은망덕을 잊지 않고 되새깁니다.

친척들에게 무시당하는 일이 생기면 앙갚음할 때까지 그들에게 마음을 터놓지 않습니다. 이웃이나 사무실 동료가 우리에게 험담하면 즉시 보복합니다. 우리는 남들의 야비함에 대해 더 비열하게 보복하면서 인생을 삽니다. 그래서 세상의 불행과, 우리 자신의 부끄러움과 불행을 더해 갑니다.

분노를 품고 복수심을 기르거나 미움을 키운다면, 우리는 과연 무슨 수확을 얻겠습니까? 그것은 희망과 행복 그리고 건강이 결여된 삶을 초래하지 않겠습니까? 그 결과로 쓰라림, 좌절 그리고 끝없는 갈등만을 거두어들이지 않겠습니까?

작곡가이자 명피아니스트로 알려진 리스트~Franz Liszt(1811-1886)~가 여행 중 어느 조그마한 도시에 들렀을 때의 일입니다. 그때 그곳에서는 리스트의 제자라는 한 여류 피아니스트가 극장에서 피아노 연주회를 연다고 축제 분위기였습니다.

리스트는 자신의 제자라는 소리에 반가워서 연주회 팜플렛을 열심히 살펴보았으나 그 여류 피아니스트는 자신이 결코 알지 못하는 인물이었습니다.

리스트가 이상하게 생각하고 있는 그때, 한 젊은 여자가 자신을 찾아왔습니다. 그러고는 눈물을 글썽이며 말했습니다.

"죄송합니다, 선생님. 선생님의 이름을 빌리지 않으면 저 같은 무명 음악가의 연주회에는 아무도 오지 않을 것 같아 그랬습니다. 이후로는 절대로 그러지 않을 것이며, 또한 지금의 연주회도 당장 중지하겠습니다. 그러니 한 번만 용서해 주십시오."

이 말을 들은 리스트는 묵묵히 고개를 끄덕이고는, 그녀를 자신이 묵고 있는 호텔의 음악실로 데려갔습니다. 리스트는 그녀에게 피아노 앞에 앉으라고 했습니다. 영문을 모르는 그녀는 두려운 눈초리로 리스트를 쳐다보았습니다.

"겁낼 것 없어요. 단지 내가 아가씨의 연주를 한번 듣고 싶어서 그러는 것뿐이니 긴장을 풀고, 무엇이든 자신 있는 곡으로 연주해 보아요."

그러자 그녀는 마침내 결심한 듯, 전력을 다해 연주해 나갔습니다. 리스트는 연주를 다 듣고 난 후, 그녀의 연주에서 잘못된 부분을 지적해 주고 여러 가지 충고를 해 주었습니다. 그러고는 이렇게 말했습니다.

"당신은 방금 나에게 피아노를 배웠소. 그러니 아무 걱정 말고 오늘 밤 나의 제자로서 당당하게 연주회에 임하시오."

얼마나 멋있습니까. 이 위대한 용서를 통하여 리스트는 분노와 미움에서 벗어날 수 있었을 뿐 아니라, 한 젊은 음악도를 살려 낼 수 있었던 것입니다. 리스트는 위대한 음악가였을 뿐 아니라 위대한 인격의 소유자였던 것입니다. 작은 자비의 실천은 이토록 위대한 것입니다.

■ 마지막 카드 앞에서는

> "너희가 되질하는 바로 그 되로 너희도 되받을 것이다"(루카 6,38).

이 말씀은 적어도 제게 극과 극의 상념을 품게 합니다. 곧 희망과 두려움, 이 둘입니다. 이 말씀이 지니는 가르침의 밀도는 역대급입니다.
왜냐하면 이 말씀은 주님 앞에 우리가 섰을 때 모든 결판의 기초가 되기 때문입니다.
이 말씀은 액면 그대로 성취될 것입니다. 물론 부분적으로는 미완성인 채 우리 지상의 삶에서 이미 성취되고 있기도 합니다.
말씀의 한쪽 끝은 희망이라고 했습니다. 그것은 바로 이 말씀의 앞 문장에서 언급된 바, 나눔에 대한 주님의 약속입니다.
"누르고 흔들어서 넘치도록 후하게 되어 너희 품에 담아 주실 것이다. 너희가 되질하는 바로 그 되로 너희도 되받을 것이다"(루카 6,38).
우리가 되질하는 그 되로 우리의 나눔은 우리에게 보상으로 돌아올 것입니다.

말씀의 다른 끝에서는 방금 말씀에 이어 언급되어 있듯이 단죄와 심판에 대한 응징을 경고하고 있습니다.

"남을 심판하지 마라. 그러면 너희도 심판받지 않을 것이다. 남을 단죄하지 마라. 그러면 너희도 단죄받지 않을 것이다. 용서하여라. 그러면 너희도 용서받을 것이다"(루카 6,37).

우리는 남을 판단하는 그 잣대로 주님께 판단받을 것입니다. 또한 남을 심판하는 그 잣대로 주님께 심판받을 것입니다.

이 말씀의 심각성을 놓치지 않으려면 우리는 여기에 환율 개념을 도입하는 지혜를 발휘할 필요가 있습니다.

환율은 각 나라 화폐 단위에 상대적으로 내포된 등가 가치를 말합니다. 한국 돈 1원과 미국 돈 1달러는 똑같은 숫자 1이지만 전혀 다른 가치를 지닙니다. 이와 같이 지상에서의 1과 천상에서의 1은 동일한 가치를 지니지 않습니다.

그러기에 똑같은 잣대라지만 하늘과 땅의 차이가 있듯이, 그 잣대로 주어지는 하늘의 보상은 어쩔 수 없이 초격차를 내포할 수밖에 없습니다.

이에 대하여 예수님께서는 힌트가 되는 말씀을 주셨습니다.

"그리하여 어떤 것은 서른 배, 어떤 것은 예순 배, 어떤 것은 백 배의 열매를 맺었다"(마르 4,8).

아무리 똑같은 잣대를 적용해도 우리에게 느껴지는 강도는 서른 배, 예순 배, 백 배입니다.

우리가 남에게 하나를 주면, 하늘에서 하나를 내리시더라도 우리에게 택배로 올 때에는 서른 배, 예순 배, 백 배로 불어나서 옵니다.

우리가 남에게 함부로 가한 가혹, 불공정, 인격 살인 등등에 대하여 하늘에서 똑같은 분량으로 응징한다 해도 우리에게는 그 고통이 서른 배, 예순 배, 백 배로 증폭되어 전달될 것입니다.

정신을 바짝 차려야 합니다.

지금 칼을 쥐고 흔드는 처지에 있는 이는 두려움에 떨어야 합니다.

지금 자신에게는 더 큰 관용의 잣대를, 남에게는 더 엄격한 심판의 잣대를 쓰는 데 익숙했던 이들은 크게 뉘우쳐야 할 것입니다.

함께 기도하시겠습니다.

주님, 엄정히 되갚아 주시는 주님의 공정을 찬미합니다.

주님, 때론 정상을 참작해 주시는 주님의 관용을 찬미합니다.

주님, 믿음과 회개의 마지막 카드 앞에서는 통 크게 용서해 주시는 주님의 자비를 찬미합니다.

우리 주 예수 그리스도를 통하여 비나이다. 아멘!

사순 제1주일: 루카 4,1-13

달콤한 유혹

"성경에 기록되어 있다. '주 너의 하느님께 경배하고 그분만을 섬겨라'"(루카 4,8).

1. 말씀의 숲

오늘은 사순 시기 첫 주간의 주일입니다. 이때 우리는 언제나 예수님께서 당하시는 매우 신비로운 사건, 곧 유혹 이야기를 복음 말씀을 통해 듣게 됩니다.

예수님께서 사탄의 유혹을 받으시는 이야기는 공관복음 모두에 등장합니다. 마르코 복음은 아주 단순하게 예수님께서 광야에서 40일 동안 사탄의 유혹을 받으셨다고만 기록하고 있는 데 반해, 마태오와 루카 복음은 언어와 내용에서 매우 유사하게 사탄의 세 가지 유혹 장면을 보도해 줍니다. 두 복음에서 우선 눈에 띄는 차이는 두 번째와 세 번째 유혹의 순서가 바뀌었다는 것입니다. 또 하나 두드러지게 나타나는 것은 악마의 유혹에 예수님께서 매번 성경의 말씀으로 대적하신다는 점인데, 루카 복음의 마지막 유혹에서는 악마도 성경의 말씀을 들어 예수님을 유혹한다는 점이 흥미롭습니다.

루카 복음 4장 1절부터 13절까지의 내용은 다음과 같습니다.

첫째, 도입(루카 4,1-2 참조)

둘째, 빵의 유혹(루카 4,3-4 참조)

셋째, 악마 숭배를 부추기는 유혹(루카 4,5-8 참조)

넷째, 하느님의 보호를 시험하는 유혹(루카 4,9-12 참조)

다섯째, 악마가 떠나감(루카 4,13 참조)

1절과 2절에서 예수님께서는 성령으로 가득 차 계시고, 또 성령의 이끄심으로 광야로 가셨습니다. 광야로 인도되자마자 곧바로 악마에게 40일간의 유혹을 받으셨습니다.

3절부터 12절까지 가운데 자리 잡고 있는 유혹을 자세히 보면, 유혹의 문제가 무엇인지 알 수 있습니다. 유혹 이야기는 순전히 악마와 예수님의 대화로 이루어져 있습니다. 이것은 단순한 말싸움이 아닙니다. 성경에 대한 지식으로 무장한 예수님과 악마가 대결하는 것입니다.

악마가 처음으로 말합니다. 3절과 9절에서 "당신이 하느님의 아들이라면…"이라는 말로 예수님을 유혹하려 합니다. 곧 악마는 예수님께서 하느님의 아들이심을 잘 알고 있습니다. 예수님께서 하느님의 아들이라는 사실을 악마가 못 믿거나 의심하는 것이 아니라, 예수님께서 하느님의 아들이기 때문에 이런 유혹을 당하시는 것입니다.

첫 번째 유혹은 돌을 빵으로 변화시켜 배고픔을 채우라는 것입니다. 그러나 예수님께서는 "'사람은 빵만으로 살지 않는다.'라고 성경에 기록되어 있다."(루카 4,4)라고 말씀하시면서 유혹을 뿌리치십니다.

다시 악마는 예수님께 세상의 모든 나라를 보여 준 다음 세상 모든 권세와 영광을 제의했습니다. 단, 조건은 자기 앞에 엎드려 절하는 것입니다. 그러나 예수님께서는 다시 성경 말씀을 들어 두 번째 유혹도 이겨 내셨습니다.

"성경에 기록되어 있다. '주 너의 하느님께 경배하고 그분만을 섬겨라'"(루카 4,8).

그러자 악마는 예수님을 예루살렘 성전 꼭대기에 세웁니다. "당신이 하느님의 아들이라면 여기에서 밑으로 몸을 던져 보시오"(루카 4,9). "그분께서는 너를 위해 당신 천사들에게 너를 보호하라고 명령하시리라."(루카 4,10)라고 악마가 말합니다. 그러나 예수님께서는 하느님을 시험하지 말라고 거절하셨습니다.

"'주 너의 하느님을 시험하지 마라.' 하신 말씀이 성경에 있다"(루카 4,12). 13절에 가서 악마는 모든 유혹을 끝내고 다음 기회를 엿보며 예수님을 떠나갔습니다.

예수님께서 당하신 유혹은 하느님 아들의 권능을 악용하여 당신 자신의 필요와 욕구를 실현하라는 것입니다. 그러나 예수님께서는 하느님께 받은 사명을 위한 경우가 아니면 권능을 행하기를 단연코 거절하셨습니다. 거절의 말씀은 세 유혹의 경우 다 이집트를 떠나 가나안을 향해 광야를 횡단하던 이스라엘 백성이 시련에 실패한 것을 서술하는 신명기(신명 6,12.16; 8,3 참조)에서 따온 것입니다. 모세는 그들에게 약속에 성실하신 하느님을 의심하지 말라고 당부했지만, 그들은 하느님을 저버렸던 것입니다. 세례를 통해 예수님께서는 광야에서 40년 동안 겪은 하느님 백성들의 시련에 참여하셨고, 이스라엘 백성과는 반대로 성경 말씀을 성찰하여 악마의 세력을 물리치심으로써 아버지의 보호를 신뢰하고 그분께 순종해야 하는 아들의 신분을 지키셨습니다. 이렇게 예수님께서는 당신 자신의 이해득실을 무시하고 하느님의 일에 전심전력을 다하는 아들로 임하셨습니다. 악마의 세 가지 유혹은 본질적으로 모든 사람에게 적용될 수 있습니다.

예수님의 유혹 이야기는 너무나 많이 알려져서 신앙생활을 진지하게 하려는 사람에게는 깊이 생각하게 하면서도 쉽게 지나치기 쉽습니다. 덕을 쌓으려는 사람에게는 하나의 첫걸음같이 보이지만 깊이 묵상하면 첫걸음이라기보다는 결정적인 길 노릇을 할 것입니다. 공관복음이 이 유혹 이야기를 하나같이 예수님의 공적 생활 서두에서 취급하고 있는 것을 보면 그 중요성을 알 수 있습니다. 사순 시기의 첫걸음을 걷고 있는 신앙인들은 이 복음의 결정적 의미를 몸에 익히도록 해야 할 것입니다.

2. 말씀 공감

■ **함께라면**

> "그리고 성령에 이끌려 광야로 가시어,
> 사십 일 동안 악마에게 유혹을 받으셨다"(루카 4,1-2).

사십 일 동안 광야에서 유혹을 받으신 예수님을 지금 이 시간 문득 떠올려 본다면, 여러분은 어떤 느낌이 드십니까?

'힘겹고 외로우셨을 것 같다', '두렵기도 하시지 않았을까', '팽팽한 긴장감마저 느껴진다' 등의 답이 나오겠지요.

그렇다면 살짝 방향을 돌려 우리네 삶을 바라봅시다. 우리는 어떤가요? 매 순간이 유혹의 절정이요 고비 아닌지요? 시련의 유혹, 실패의 유혹, 좌절의 유혹, 경제적 유혹, 질투의 유혹 등등…. 정말 갖다 붙이는 대로 온갖 것들이 호시탐탐 우리를 무너뜨리려 하는 유혹투성이들입니다.

그런 우리들이 행여나 그 유혹에 걸려 넘어질까 봐 예수님께서는 오늘도 저 유혹자 악마와 대결해 주십니다. 언제나 우리가 '희망'으로 다시 일어설 수 있도록 다양한 인물들의 삶을 통해 본보기도 제공해 주십니다.

인도의 국민 배우를 넘어, 이제는 인도의 현자로 일컬어지는 아누팜 커Anupam Kher(1955-)의 인생이 바로 그런 예의 하나입니다. 그는 인도의 한 가난한 가정에서 태어났다고 합니다. 어린 아누팜은 그다지 잘나 보일 것도 없었고, 그의 유년기와 10대의 삶은 가난으로 점철되어 있었지요.

볼품없고 내세울 것 하나 없던 아누팜 커는 '가난한 집에서 태어나 할아버지 손에서 자라지 않았으면 젊은 나이에 60대 노인 역할을 해낼 수도 없었을 것이며, 일찍 대머리가 되지 않았더라면 나이 든 역할로서 주연을 맡는 일도 없었을 것'이라고, 만약 자신이 잘생기고 부유하며 머리숱도 많았다면 그 젊은 나이에 수백 편의 영화에 출연하는 일명 '국민 배우'가 되는 일도 없었을 것이라고 말합니다.

그러나 배우로서의 성공 후, 그는 아이러니하게도 파산 직전에 몰리게 됩니다. 그런 그는 자신의 이야기를 솔직하게 연극으로 각색하여 〈인생에서는 그 어떤 일도 가능하다Kuch Bhi Ho Sakta Hai〉라는 제목으로 공연을 올립니다. 이 연극의 대성공으로 그는 기적적으로 파산을 벗어났을 뿐 아니라 캠브리지대, 옥스퍼드대 등 유수의 대학들과 기업체들에서 인생 코치의 자격으로 강연을 해 뜨거운 환호를 받기에 이릅니다.

만약 그가 파산하지 않았다면, 탄탄대로의 인생을 달리기만 했다면 그의 삶은 어땠을까요? 파산한 뒤에 그대로 주저앉아 연기를 그만두고, 자신의 실패를 고백하는 연극을 만들지도 않았더라면 어땠을까요? 그는 아마도 이전보다 더욱 괴로운 삶을 살고 있었을지도 모릅니다. 과거에 주저앉아 아무것도 하지 않은 채 세상만 원망하고 있었을 것입니다. 그러나 그는 자신의 삶을 긍정하고 벌떡 일어나 다시 한번 가시밭길을 헤쳐 나오기를 선택했고, 자신의 인생 자체를 긍정할 수 있게 되었습니다. 실은 우리의 인생은 매 순간이 가시밭길입니다. 이 길을 어떻게 걸어가는지에 따라 가시밭 속에서 비단을 찾을 수도 있고, 비단길 위에서도 자기 인생은 가시밖에 없다고 한탄하는 삶을 살 수도 있습니다.

그렇습니다. 매 순간의 가시밭길! 이것이 우리가 매일 접하는 유혹입니다. 우리는 지레 넘어질 수도 있고, 당차게 극복할 수도 있습니다.

■ 참권력을 누리는 비결

> "내가 저 나라들의 모든 권세와 영광을 당신에게 주겠소.
> 내가 받은 것이니 내가 원하는 이에게 주는 것이오.
> 당신이 내 앞에 경배하면 모두 당신 차지가 될 것이오"(루카 4,6-7).

사탄은 예수님께 천하를 보여 주면서 "당신이 내 앞에 경배하면 모두 당신 차지가 될 것이오."(루카 4,7)라며 '권력'의 욕구를 향하여 유혹의 미끼를 던집니다. 이 유혹 역시 만만한 것이 아니었습니다. 누구든지 힘 있는 자가 되고 싶어 합니다. 이 욕구는 인간의 본능 속에 내재되어 있기에 거부하기가 여간 어려운 것이 아닙니다.

예수님께서는 이 욕구 자체를 부인하지 않으셨습니다. 오히려 이 욕구를 근본적으로 충족시킬 비방을 말씀하셨습니다.

"성경에 기록되어 있다. '주 너의 하느님께 경배하고 그분만을 섬겨라'"(루카 4,8).

그렇습니다. 하느님께 경배하고 그분만을 섬기는 것, 이것이 참권력을 누리는 비방인 것입니다. 세상의 권력자에게 복종하고 그의 신하가 되면 세상의 세도를 부릴 수 있을 것입니다. 그러나 그것은 지극히 작은 권력일 뿐이며, 지나가는 권세일 뿐이며, 어떤 경우에는 거짓 권세일 뿐입니다.

하지만 역사의 흥망성쇠를 쥐고 흔드시며 인간의 생사존망을 결정짓는 권한을 지니신 하느님께 경배하고 그분의 신하가 되면 세상의 세도를 능가하는 초월적인 세도를 부릴 수 있습니다. 그것은 길게 볼 때 큰 권력이요, 영원한 권세이며, 참권세인 것입니다.

저는 이 권세를 체험했습니다. 저는 올림픽공원 역도경기장에서 6,000명의 교우들이 운집한 가운데 주님의 말씀을 전했습니다. 이 집회를 준비하면서 저는 다른 때보다 더 주님의 능력에 의지하겠다는 기도를 바쳤습니다. 강력한 말씀이 임하여 위로와 치유의 역사가 일어나기를 간절히 기도했습니다. 신년하례식 때 별도로 주교님 강복까지 청하여 받기도 했습니다. 그런데 어찌 된 영문인지 저의 기도는 거꾸로 응답받은 듯했습니다. 1월 2일부터 심한 몸살이 나서 식욕이 사라져 일절 먹지를 못하는 것이었습니다. 게다가 4일과 5일에도 강의 일정이 잡혀 있었기 때문에 강행군을 하여, 5일 저녁에는 급기야 말할 기운이 달려서 기진맥진한 상태가 되었습니다. 그동안 저의 상태를 관찰해 오던 측근은 6일 대강연회가 염려되어 병원에 '아미노산 주사'를 예약해 놓고 저를 종용했습니다. 처음에는 그러자고 대답했으나 제 안의 '성령'께서는 그것을 막으시는 듯했습니다. 저는 제 측근에게 이렇게 답하고 주사

맞기를 거부했습니다.

"이것은 내일을 위한 징조입니다. 하느님께서 보내시는 메시지를 읽을 줄 알아야 해요. '너는 힘을 빼거라. 내일은 내가 직접 나선다. 내일은 순수하게 내 능력만이 드러날 것이다.'"

드디어 6일 아침이 되었습니다. 하느님께서는 제게 미음 반 그릇을 먹을 수 있게 해 주셨습니다. 그리고 저는 강단에 올라섰습니다. 어디서 내려왔는지, 어디서 솟아올라왔는지 모를 힘을 느꼈습니다. 저의 목소리는 그 어느 때보다도 힘이 있었고, 약 4시간에 걸친 마라톤 강의는 성령 충만했습니다. 참석하신 6,000명 교우들의 얼굴은 강의 내내 환하게 빛났으며, 돌아가는 가슴들에는 위로와 기쁨이 한가득이었습니다.

그날 저녁 저는 주님의 오묘하신 역사에 감사드렸습니다. 할렐루야!

■ 단축키 1번

> "주 너의 하느님께 경배하고 그분만을 섬겨라"(루카 4,8).

첫 번째 유혹이 실패로 돌아가자 사탄은 세상의 '권세와 영광'으로 예수님을 현혹하면서 "당신이 내 앞에 경배하면 모두 당신 차지가 될 것이오."(루카 4,7)라고 꼬드깁니다. 이는 글자 그대로 권력 지향적인 메시아관을 부각시켜 예수님을 유혹한 것으로 이해할 수 있습니다. 이를테면 세상의 통치권을 장악하여 훌륭한 행정체계를 갖추면 쉽게 세상을 구원할 수 있지 않겠는가 하는 논리였습니다.

"경배하면"을 뜻하는 그리스어 '프로쿠네세스$_{proskyneses}$'는 여기서 '한 번만 절하면'의 의미로 번역할 수 있습니다. 여기서 우리는 악마의 간교

함을 볼 수 있습니다. 그는 '한 번만' 절하라고 말합니다. 이 '한 번만'이 타협의 미끼입니다. 스스로 하느님보다 높아지려는 악마의 간계는 이렇게 교묘했습니다.

하지만 예수님께서는 신명기 6장 13절의 말씀을 인용하여 사탄의 유혹을 이겨 내셨습니다.

"주 너의 하느님께 경배하고 그분만을 섬겨라"(루카 4,8).

이렇게 예수님께서는 오로지 성부 하느님께 경배하고 그분의 뜻에 순명할 태세를 확실히 표명하셨습니다. 이로써 세상 모든 권력의 궁극적 통치권은 오직 하느님께 속해 있음을 천명하셨으며, 그러기에 성부 하느님의 뜻을 받들어 통치자보다는 섬기는 자로 구원 활동을 전개하실 것임을 단호히 선언하신 셈입니다.

예수님의 이러한 태도는 단지 선언에만 머물지 않았습니다. 3년간 당신 공생활 내내 예수님께서는 아버지의 뜻을 최우선으로 존중하시고 매사 기도로써 청하여 여쭈셨습니다. 십자가형을 앞두고서도 예수님께서는 당신의 뜻을 밝히되 아버지의 뜻을 더욱 존중하는 태도를 보이셨습니다.

"아버지, 하실 수만 있으시면 이 잔이 저를 비켜 가게 해 주십시오. 그러나 제가 원하는 대로 하지 마시고 아버지께서 원하시는 대로 하십시오"(마태 26,39).

그리하여 예수님께서는 하느님 뜻의 순명이야말로 참된 경배요 온전한 섬김임을 입증하셨습니다.

요즈음에는 자유 의지, 자율, 민주, 영적 주체라는 것들이 강조되면서 점점 '순명' 정신이 뒷전으로 밀려나고 있습니다. 정신 바짝 차려야 합니다. 영성에서는 옛것, 새것이 없습니다. 오히려 새것이 경박스럽고 옛것에 진리의 깊이가 깃들어 있는 경우가 많습니다. 그러기에 순명은 예나 지금이나 그리스도인의 으뜸 덕인 것입니다.

요 근래 이를 새삼 깨달을 기회가 있었습니다.

개 두 마리를 함께 키운 적이 있습니다. 진도견 암수였는데, 암컷의 이름을 '미카엘라'의 줄임말로서 '미키'라 지어 불렀고 수컷의 이름은 '가브리엘'의 약자로서 '가비'라 불러 주었습니다. 첫눈에 미키는 총기가 있어 보였고, 가비는 몸집이 좋은 반면 굼떠 보였습니다.

그런데 개 두 마리 중 한 마리만 남겨 놓아야 할 사정이 생겼습니다. 두 마리가 되다 보니 산만해져서 묵상의 정적을 훼방하고 먹이를 주는 일도 부산스러웠던 것입니다.

'어느 놈을 남길까?'

며칠간 변덕을 뒤집어 가며 눈여겨봤습니다. 최종적으로 기민성과 명민함 그리고 애교 등은 미키가 압도적으로 고득점이었음에도 불구하고, 미련퉁이에 덩치만 큰 가비를 낙점했습니다. 이유는 단 한 가지였습니다. 가비는 제 곁을 멀리 떠나지 않으며 이름을 부르면 즉각 반응하기 때문이었습니다. 그 점에 있어서 미키는 다소 주체성이 강했습니다.

가비를 선택하는 순간, 불현듯 하느님의 고민이 들려오는 듯했습니다.

"어느 놈을 고를까? 누구를 골라 나의 심복으로 삼을까?"

정신이 번쩍 드는 하늘 메아리였습니다.

함께 기도하시겠습니다.

주님, 제 한평생 당신께만 무릎을 꿇겠습니다. 저를 강복하소서.

주님, 당신께 제 스마트폰의 단축키 1번을 드리겠습니다. 키를 누를 때마다 꼭 받아 주소서.

주님, '가라'시면 가고 '오라'시면 오고 '명'하시면 행하겠습니다. "너는 내 것이다!" 그 한 말씀 들려주소서.

우리 주 예수 그리스도를 통하여 비나이다. 아멘!

사순 제2주일: 루카 9,28ㄴ-36

빛나는 영광 내던지고

"이는 내가 선택한 아들이니 너희는 그의 말을 들어라"(루카 9,35).

1. 말씀의 숲

우리가 주님의 말씀에 귀를 기울일 때, 우리의 삶은 변화하게 될 것입니다. 성경 말씀 암송을 돕고자 쓴 『백배의 열매를 맺으리』(미래사목연구소 2007)라는 책에서 저는 주님의 말씀을 듣고 인생 행로를 바꾼 사람의 예로 러시아의 대문호 도스토옙스키 Fyodor Mikhailovich Dostoevsky(1821-1881)의 이야기를 전했습니다.

그가 1866년에 발표한 그의 유명한 소설 『죄와 벌 Prestuplenie i nakazanie』은 이러한 변화의 결실이었다. 그가 젊었을 때에는 청년 작가로 글줄이나 쓴다고 교만하기 이를 데가 없었다고 한다. 그야말로 안하무인격이었다. 그러던 그가 비밀 결사에 참여했다가 체포되어 시베리아 벌판으로 유형을 떠나게 되었다. 한때는 젊은 작가로서 떨쳤던 명성도 간 곳이 없고, 알아주는 사람 하나 없는 시베리아 강제 노동 수용소에서 기한도 없는 유형의 생활이 계속되었다. 낮에는 강제 노동에 시달렸고, 저녁이 되면 어둡고 추운 골방에서 외로이 절망의 인생을 달래 가며 지냈다. 그때 누군가가 그에게 성경 한 권을 보내왔다. 그래서 그는 매일 저녁 성경을 읽게 되었다. 그렇게 그는 성경 속에서 하느님을 만났다. 성경을 통해서 하느님의 음성을 들었다. 그리고 그는 하느님 앞에서 '양심'이라고 하는 것을 깊이 생각해 보게 되었다. 마침내 그가 온갖 심혈을 기울여 인생 말엽에 작품을 하나 내놓았는데 그것이 바로 양심의 문제를 취급한 『죄와 벌』이다. 성경 말씀으로 새롭게 태어난 그가 양심의 문제를 깊이 깨달아 성경의 진리를 극적으로, 문학적으로 풀어 나갈 수 있었던 것이다.[18]

교회는 사순 제2주일 때마다 거룩한 변모에 대한 이야기를 우리들에게 들려주고 있습니다. 오늘 교회가 우리에게 들려주는 거룩한 변모 이야기는 루카 복음서의 이야기입니다.

예수님께서는 측근의 제자 세 사람을 따로 데리고 높은 산으로 올라가 그들이 보는 앞에서 하느님의 영광으로 빛나는 당신의 용모를 보여 주십니다. 그리고 그 자리에서 엘리야와 모세가 나타나서 예수님과 함께 이야기를 나누는 모습을 제자들이 목격합니다. 베드로를 비롯한 제자들은 황홀경에 빠져 있고 구름이 그들을 덮으면서 하늘에서 소리가 들려옵니다. "이는 내가 선택한 아들이니 너희는 그의 말을 들어라"(루카 9,35).

우선, 오늘 이야기에 등장하는 사람들을 살펴보겠습니다. 먼저 예수님께서는 세 명의 제자, 곧 베드로와 요한과 야고보와 함께 산으로 올라가셨다가 다시 내려오고 계십니다. 산 위에서는 모세와 엘리야가 나타났다가 사라졌습니다. 그리고 구름 속에서 하느님 아버지의 목소리가 들려왔습니다. 이처럼 순식간에 많은 인물이 등장했습니다.

오늘 이야기는 등장인물에 따라 크게 두 장면으로 나눌 수 있습니다. 첫 번째 장면은 28절부터 33절까지입니다. 여기서는 모세와 엘리야가 등장해서 예수님과 대화를 나누고 있었습니다. 그리고 나머지 34절에서 36절까지는 모세와 엘리야가 사라지고 새로운 인물, 곧 하느님 아버지께서 예수님을 두고 "이는 내가 선택한 아들이니 너희는 그의 말을 들어라."(루카 9,35) 하고 말씀하십니다. 물론 세 명의 제자들은 계속 무대 위에 함께 있었습니다. 이렇게 이야기는 예수님을 중심으로 첫 번째 장면에서는 모세와 엘리야가 나왔고, 두 번째 장면에서는 하느님께서 나오셨습니다.

이제 예수님의 변모 이야기를 좀 더 자세히 읽어 보도록 하겠습니다.

베드로와 요한과 야고보를 데리고 기도하러 산으로 올라가신 예수님께서는 기도하시는 동안 얼굴 모습이 달라지고, 옷은 하얗게 번쩍였습니다. 바로 그때 모세와 엘리야가 나타나 예수님과 이야기를 나누었습니다. 그 대화의 내용은 31절에서 말하듯이, "영광에 싸여 나타난 그들은 예수님께서 예루살렘에서 이루실 일, 곧 세상을 떠나실 일"입니다. 다른 복음서와는 달리 루카만이 유일하게 그 내용을 기록하고 있습니다.

그러나 깊이 잠들었다가 깨어난 제자들은 "스승님, 저희가 여기에서 지내면 좋겠습니다. 저희가 초막 셋을 지어 하나는 스승님께, 하나는 모세께, 또 하나는 엘리야께 드리겠습니다."(루카 9,33)라고 말하며 이 산 위에서 모두 같이 함께 지내기를 원했습니다.

베드로가 이 말을 하고 있을 때 갑자기 구름이 일어 그들을 덮어 버렸습니다. 구름에 덮인 제자들은 두려움을 느꼈습니다. 그때 구름에서 소리가 들려왔습니다. "이는 내가 선택한 아들이니 너희는 그의 말을 들어라"(루카 9,35). 그 소리가 울릴 때는 모세와 엘리야는 사라지고 예수님만이 계셨습니다. 하느님 아버지께서 하시는 이 말씀은 예수님께서 십자가 위에서 목숨을 내놓기 위해 선택된 아들이라는 말씀입니다. 그리고 제자들은 예수님께서 또다시 하실 말씀, 곧 예루살렘에서 이루실 일, 곧 세상을 떠나실 일을 들어야 할 것입니다. 아버지께서 그 말씀을 듣도록 명령하셨기 때문입니다. 십자가를 위해 당신께서 뽑으신 아들의 말을 듣도록 말입니다.

이 이야기는 예수님께서 정녕 메시아라는 명백한 계시와, 그 메시아의 역할은 고난과 십자가의 길을 걷게 되지만 결국은 하느님의 영광에 빛나는 분이라는 것을 제자들에게 보여 주는 데 초점이 모아지고 있습니다. 예수님께서 구세주 메시아의 임명장을 받던 세례식 때에도 하늘에서 같은 말씀이 들려왔습니다(마태 3,17 참조). 제자들의 이 천상적 체험은 구약 시대에 하느님께서 시나이산에서 모세에게 나타나셨던 광경을 구세사의 완성으로 재현하고 있습니다(탈출 24,15-18; 34,29-30; 40,34-38 참조).

2. 말씀 공감

■ 큰 희망이 됩니다

> "그리고 두 사람이 예수님과 이야기를 나누고 있었다. 그들은 모세와 엘리야였다"(루카 9,30).

베드로와 요한과 야고보를 데리고 기도하러 산으로 올라가신 예수님께서는 기도하시는 동안 얼굴 모습이 달라지고, 옷은 하얗게 번쩍였습니다. 바로 그때 모세와 엘리야가 나타나 예수님과 이야기를 나누었습니다. 그 대화의 내용은 바로 다음 31절에서 말하듯이, "영광에 싸여 나타난 그들은 예수님께서 예루살렘에서 이루실 일, 곧 세상을 떠나실 일"입니다. 예수님께서는 구약의 대표 인물인 그들과 향후 구원 활동 일정에 대하여 논의하셨습니다.

이렇듯이 예수님께서는 진즉 하느님께 발탁되어 크게 쓰임받았던 구약 인물들의 역할을 존중하셨습니다. 이들은 죽었지만 영원히 살면서 하느님의 구원 활동에 동참하고 있는 것입니다.

이 사실은 오늘 우리에게 시사하는 바가 매우 큽니다. 곧 우리들 신앙생활에서 큰 비중을 차지하는 '성인들의 통공'이 실제로 어떻게 일어나고 있는지를 간접적으로 보여 주고 있는 것입니다.

'전구' 또는 '성인들의 통공'은 사도 신경에 있는 '믿을 교리'일 뿐만 아니라, 우리들의 신앙생활에서 중요한 기도 지향이 있을 때 크게 효험을 볼 수 있는 기도 방법이기도 합니다. 물론 성인들의 통공에는 살아 있는 우리가 주변의 형제자매를 위해 기도하는 것, 그리고 연옥 영혼을 위해 기도하는 것까지 포함됩니다. 하지만 이것들보다 더 중요한 것은 우리가 힘들 때 천국에 있는 성인들의 전구를 청할 수 있다는 사실입니다.

저는 수시로 성인들의 전구를 청하는 기도를 바칩니다. 그 덕에 지금까지의 복음 전파 활동이 가능했다고 저는 믿습니다.

아주 오래전에 밝힌 적이 있습니다만, 성인들의 전구에 대한 저의 믿음은 청년 시절 심취하여 읽은 아빌라의 데레사 성녀 Teresa de Jesús (1515-1582)의 자서전 『천주 자비의 글 Libro de las misericordias de Dios』을 통해 형성되었습니다. 그 글 속에 다음과 같은 고백이 나옵니다.

아직 그처럼 젊은 나이에 몸을 쓰지 못하는 자신을 보고, 또한 지상 의사들이 망쳐 놓은 내 상태를 바라보며 나는 천상 의사에게 고쳐 주시기를 청하기로 했습니다. 나는 비록 건강을 되찾고 싶기는 했지만, 큰 기쁨 가운데서 병고를 참아 받고 있었습니다. 만일 건강해져서 그 때문에 지옥에 떨어지게 될 것 같으면 차라리 그대로 앓고 있는 것이 더 낫다고 생각했으나, 하여간 건강해지는 편이 하느님을 더 잘 섬길 수 있으리라고 상상하였습니다.

(그러기에) 나는 변호자, 수호자로 영화로우신 성 요셉을 골라 그분에게 열심히 기도드렸습니다. 그 중병의 구렁에서 나를 끌어내고, 내 영혼의 명예와 구원에 관련되는 그 밖의 더 중대한 위험에서 구해 주신 분은 존경하올 아버지 성 요셉이었다는 것을 똑똑히 깨달았습니다. 더욱이 성인은 내가 청한 것보다 훨씬 더 잘 구해 주었던 것입니다. 나는 여지껏 그분에게 무엇을 청해서 들어주시지 않았다고 기억되는 일은 한 번도 없습니다. […]

주님은 이승에 계실 적에 성 요셉을 아버지라 부르고, 당신을 기르시는 분이며 당신에게 명령하는 권위를 가진 분으로 그에게 순종하셨습니다. 그래서 주님은 하늘 나라에서도 성 요셉의 모든 청원을 들어준다는 것을 우리에게 알려 주시고자 합니다. 이 사실은 내 권고에 따라 그분께 청원한 일이 있는 모든 사람들의 체험에서 인정된 것입니다. 이즈음에 와서는 성 요셉을 공경하며 내가 말하는 이 진리를 새로이 인정하는 분들이 많습니다.[19]

이처럼 아빌라의 성녀 예수의 데레사는 특별히 요셉 성인의 전구를 확신했습니다. 그녀는 일찍이 교회 박사로 선언된 성녀입니다. 교회 박

사라는 말은 영적인 문제에 관한 한 최고의 권위와 진실성을 인정받는다는 말입니다. 그러므로 성녀께서 요셉 성인의 전구가 지니는 특권적인 효력에 대하여 증언한 것은 우리가 문자 그대로 믿고 받아들여도 하등의 오류가 있을 수 없습니다.

참으로 긴급하고 어려운 일이 있을 때 성 요셉의 전구를 청하는 기도를 바치기를 권합니다. 반드시 특은이 함께할 것을 믿습니다.

■ 언젠간 맞장구가 되겠지요

> "스승님, 저희가 여기에서 지내면 좋겠습니다"(루카 9,33).

우리는 항상 좋은 것을 기대합니다. 그리고 그것이 내게 왔다고 느끼는 순간 영원하길 소망합니다.

그런데 여기서부터 또 다른 유혹이 손짓하기 시작합니다. 이제껏 고마웠던, 소중했던, 의미 있던 나머지를 하찮거나 쓸모없는 것으로 여기는 우를 범하기 십상인 것입니다. 또 어떻게든 놓칠 수 없다는 생각에 그 안에서만 머무르려, 그것을 지키려 안간힘을 쓰는 것입니다.

미국의 유명 시인이었던 헨리 롱펠로의 시 가운데 "성인은 아름다워라"라는 작품이 있습니다. 이 시는 시 속에 이야기가 들어 있는 서사시로, 한 수사의 이야기를 담고 있습니다.

이 수사는 힘없고 헐벗고 굶주리는 사람들을 위하여 날마다 수도원 문 앞에서 먹을 것과 입을 것을 나누어 주는 자선 사업을 하고 있었습니다.

어느 날 저녁 자신의 방에서 기도를 바치고 있는데, 그의 앞에 갑자기 그리스도가 나타났습니다. 수사는 그리스도를 만났다는 기쁨과 황홀감에 압도되었습니다. 그 같은 감격을 맛보게 된 수사는 예수님의 환영이 나타난 자신의 독방을 떠나기가 싫어졌습니다. 자신이 매일 되풀이해야 하는 일들도 싫어졌습니다. 특히 가난한 사람들이 매일 음식을 얻어먹기 위해 그와 그의 동료 수사들을 기다리는 꼴이 보기 싫어졌습니다.

그러나 수사는 마침내 스스로의 잘못을 깨닫게 되었습니다. 예수님을 만났다는 영적 체험 속에서도 자신이 사탄의 유혹에 빠졌었다는 사실을 알게 되었습니다. 수사는 한없이 참회의 눈물을 흘렸습니다.

작은 일 하나하나를 착실히 해 가는 그 자체에 진실이 깃들어 있다는 깨달음도 얻게 되었고, 더욱이 가난한 사람들이 자신이 베푸는 일로 인하여 축복받고, 희망을 가지며 연명해 가고 있다는 사실도 깨닫게 되었습니다.

그는 기쁨과 감사로 그날 자신의 일과를 모두 마치고 바쁜 걸음으로 독방으로 돌아갔습니다. 예수님의 환영이 또 오시길 갈망하며 말입니다.

그런데 이게 웬일입니까. 진정, 수사는 예수님이 먼저 오셔서 자신을 기다리고 있는 모습을 보게 되었습니다.

나중에 예수님께서는 그 수사의 독방을 떠나면서 이렇게 말씀하셨습니다.

"만약 네가 이 방에서 나가 봉사하지 않고 계속 머물렀다면 나는 영원히 사라졌을 것이다."[20]

이 이야기에서처럼 예수님의 환영을 본 수사나 오늘 복음에서 예수님의 영광을 목격한 베드로나, 그들에게는 그 순간이 일생일대의 행복이었음은 틀림없는 사실일 것입니다. 급기야 베드로는 자기도 모르게 속내를 입 밖으로 내뱉지요.

"스승님, 저희가 여기에서 지내면 좋겠습니다"(루카 9,33).

당연히 우리라도 이렇게 고백했을 터입니다.

하지만 예수님께서 원하신 것은 멈춤이 아닌 나아감이었습니다. 당장 눈앞에 드러난 영광에 눌러앉아 안주할 생각 말고, 당신과 함께 이 체험을 간절히 필요로 하는 세상 곳곳으로 걸어가자고 말입니다.

■ 은총 속에 행복하고, 진리 속에 자유롭게

> "이는 내가 선택한 아들이니 너희는 그의 말을 들어라"(루카 9,35).

지난 2012년 12월 31일, 제가 주님께로부터 받은 말씀 한 구절이 있습니다. 요한 복음 1장 16절부터 17절의 말씀입니다.

"그분의 충만함에서 우리 모두 은총에 은총을 받았다. [⋯] 은총과 진리는 예수 그리스도를 통하여 왔다"(요한 1,16-17).

2012년 한 해 베풀어 주신 모든 은혜에 감사드리고 '한 분 한 분 챙기시어' 강복해 주십사 청하며 미사를 올리던 중, 유독 저 말씀이 크게 클로즈업되면서 제 가슴에 뭉클한 터치를 주었던 것입니다. 순간, 우리를 위해 특별히 예비하신 말씀이라는 확신이 들었습니다. 2012년의 결산으로서, 그리고 2013년의 약속으로서 말입니다!

말씀 가운데 "그분의 충만함에서"는 언제나 부족함이 없이 차고 넘친다는 뜻입니다.

"은총에 은총"은 믿는 이에게는 사사건건, 매사가 주님의 은총인 동시에, 은총 위에 은총을 내려 주신다는 뜻입니다.

"은총과 진리"는 저희 활동의 모든 것입니다. 저술과 강의와 활동을 통해 전한 것은 "은총"이고, 선포하고 가르친 것은 "진리"였으니까요.

"예수 그리스도"는 헛군데에서 찾지 말라는 말씀입니다.

여러분, 이 밖에 더 무엇이 필요하겠습니까?

오늘 하늘을 뒤덮은 구름 속에서 제자들이 들었던 저 천상 말씀, "이는 내가 선택한 아들이니 너희는 그의 말을 들어라."(루카 9,35)를 묵상하자니, 그날의 그 감격스러운 말씀이 제 귓가에 다시 울려 퍼졌습니다.

우리 모두 모든 축복을 벌써 미리 받았으니, 감사에 감사를 올릴 따름입니다. 할렐루야, 아멘!

함께 기도하시겠습니다.

주님, 당신의 영광스러운 변모는 고난의 시기를 지낼 때 저희에게도 큰 희망이 됩니다. 감사합니다.

주님, 저희에게 하늘의 든든한 전구자들로 성모 마리아와 성 요셉을 비롯하여, 성 모세, 성 엘리야, 성녀 데레사, 한국의 103위 순교 성인, 그리고 그 밖의 수많은 성인 성녀들을 포진해 주셨습니다. 감사합니다.

주님, 저희가 성인들의 통공을 굳게 믿고 성인들의 이름을 부르며 전구를 청할 때마다 꼬-옥 들어주십시오. 감사합니다.

우리 주 예수 그리스도를 통하여 비나이다. 아멘!

사순 제3주일: 루카 13,1-9

예수님의 간절한 부탁

"너희도 회개하지 않으면 모두 그렇게 멸망할 것이다"(루카 13,3).

1. 말씀의 숲

주색으로 집안을 망친 한 사나이가 극적으로 회개, 빛나는 생애를 보낸 산 역사가 있습니다. 세계적 문호 빅토르 위고Victor Marie Hugo(1802-1885)가 주인공입니다. 어느 날 외동딸 레오포르딘의 시체가 센강에서 발견되었는데, 옆에는 아버지의 심한 외도와 과음, 거기에 짓눌려 사는 비참한 엄마 때문에 살 의욕을 잃었다는 유서가 발견되었습니다.

위고는 '이것은 나를 향한 하느님의 심판'이라고 외치며 반성했고, 완전히 새사람이 됐습니다. 공무원이 되어 헌신적으로 일해 프랑스 교육부장관까지 지내고 프랑스 국기인 '삼색기'의 유공자가 되었습니다. 또한 충실한 신앙생활을 하며 그의 문학도 더욱 깊어 갔고, 그 결과 장발장Jean Valjean으로 유명한 『레 미제라블Les Misérables』(1862), 노틀담의 꼽추로 유명한 『파리의 노트르담Notre-Dame de Paris』(1831) 등 수많은 작품을 남겼습니다. 한 사람의 회개가 자신과 세계를 바꾸어 놓은 것입니다.

사순 시기를 지내고 있는 우리에게 오늘 복음은 '회개'에 대하여 말하고 있습니다. 그것도 단순한 회개 내용이 아닙니다. 회개하고 열매를 맺으라는 예수님의 경고 말씀을 담고 있습니다. 우리는 예수님께서 시작하신 구원의 시기를 놓치지 않도록 회개를 서둘러야 합니다. 이 시기는 구원과 멸망이 달려 있는 결정적 시기이기 때문입니다. 그렇기에 우리는 하느님께서 허락하신 짧은 유예 기간 동안 자기중심적이고 현세에 집착하는 생활 태도를 근본적으로 바꾸어 예수님께서 선포하시는 하느님의 말씀을 실행해야 합니다.

오늘의 복음은 두 부분으로 나눌 수 있습니다. 우선, 1절부터 5절까지는 회개의 필요성을 강조하는 선언문입니다. 여기서는 '회개하라'는 말씀이 울려 퍼지고 있습니다. 예수님께서는 3절과 5절에서 "내가 너희에게 말한다. 너희도 회개하지 않으면 모두 그처럼(그렇게) 멸망할 것이다."라고 두 번씩이나 강조하고 계십니다. 둘째 부분은 6절부터 9절까지로, 열매를 맺지 않는 무화과나무의 비유를 전해 주고 있습니다.

사람들이 예수님께 와서 마른하늘에 날벼락 같은 끔찍한 사건을 보고드렸습니다. 빌라도가 갈릴래아 사람들을 죽여서 그들이 바치려던 제물이 피로 물들게 되었다는 내용(루카 13,1 참조)입니다. 빌라도가 왜 그랬는지는 모릅니다. 이야기는 그것에 관심이 없습니다. 이야기의 관심은 예수님의 말씀에 쏠려 있습니다. 사람들의 이야기를 들은 예수님께서는 갑자기 예상치 못한 불행을 겪은 이 사람들이 죄를 지어 그 벌로 그런 일을 겪은 것이 아니라고 하십니다. 오히려 회개하지 않고 죄인으로 남아 있다면, 그렇게 희생된 사람들만이 아니라 다른 모든 사람들도 그런 죽음의 위협을 받고 있다고 가르쳐 주십니다.

이제 예수님께서는 '회개하지 않으면 망할 것이다'라는 말씀을 이해할 수 있도록 비유로 말씀하십니다. 제때에 열매를 맺지 못하는 무화과나무가 있었습니다. 포도원 주인은 그 나무를 잘라 버리라고 말했습니다. 이 나무가 한 일이라고는 정말 아무것도 없었습니다. 다만 주인의 인내심을 한계에 이르도록 만들었을 따름입니다. 3년째 열매를 기다렸지만 아무것도 없었기 때문입니다.

그러나 포도원지기의 간절한 청으로 그 쓸모없는 나무는 마지막 기회를 다시 얻었습니다.

"주인님, 이 나무를 올해만 그냥 두시지요. 그동안에 제가 그 둘레를 파서 거름을 주겠습니다"(루카 13,8).

그러나 우리가 알아야 할 것은 둘레를 파고 거름을 주는 이 은총이 자동적으로 열매를 맺게 하지는 않는다는 것입니다. 무화과나무가 적극적으로 이 마지막 은총에 힘입어 열매를 맺어야 합니다. 이 나무가 죽느냐 사느냐는 열매에 달려 있기 때문입니다.

이 회개의 말씀이 바로 지금이 종말의 때임을 알아 항상 준비하고 있으라는 12장 1절 이후의 가르침에 대한 결론입니다. 복음을 처음 받아들이는 사람에게 선포된 이 회개의 말씀이 종말을 준비하는 이에게도 똑같이 주어집니다.

회개는 성경의 중심 주제 중의 하나이며, 특히 세례자 요한의 설교 서두(루카 3,3 참조)와 예수님의 공생활 시작(마태 4,17 참조) 그리고 사도들의 복음 선포를 듣고 교회에 들어오는 사람들에게(사도 2,38 참조) 던져진 말씀으로서, 하느님 나라의 복음을 받아들이는 사람에게 요구되는 첫째가는 태도로 선포되었습니다. 이러한 회개의 의미는 단순한 윤리적 반성이 아니라 삶의 태도를 근본적으로 하느님의 뜻에 맞추는 것입니다. 따라서 그것은 복음을 모르는 사람에게는 예수 그리스도 안에 구원이 있음을 인정하고 받아들이는 것과 관련되지만, 이미 복음을 받아들이고 세례를 받은 사람이라 할지라도 형식적인 종교적 행위를 채워 가면서 내적으로 세상에서의 성공과 구원을 동일시하듯이 살아갈 때에는 회개한 삶이라고 할 수 없는 것입니다.

2. 말씀 공감

■ 반성합니다

> "내가 너희에게 말한다. 너희도 회개하지 않으면 모두 그처럼 멸망할 것이다"(루카 13,3).

이 말씀은 갈릴래아 사람들이 예루살렘에서 빌라도에 의해 무참히 죽임을 당한 소식을 예수님께 전한 사람들에게 되돌려주신 예수님의 경고였습니다. 다소 겁박에 가까운 예수님의 이 경고 말씀은, 불행한 사태에 대해 예수님께 말을 전한 "어떤 사람들"의 저의를 예수님께서 간파하시고 그것을 폭로하는 의미를 지닙니다. 이 사건을 예수님께 와서 알리는 유다인들은 그 사건으로 당한 갈릴래아 사람들이 안됐다는 동정보다도, 그것이 그들의 죄 때문에 당한 불행이 아니냐는 식의 어조였을 것입니다. 그들은 인간의 모든 불행이 죄의 값으로 받는 하느님의 징벌이라고 생각했습니다. 그러기에 예수님께서 그것을 부인하는 발언을 하셨던 것입니다. 죽임당한 사람보다 살아 있는 사람이 더 죄가 클 수 있다는 것입니다. 그러기에 예수님께서는 이 사건에서 '회개하라'는 가르침을 이끌어 내신 것입니다. 마찬가지로 예수님께서는 '실로암 탑이 무너질 때 죽은 열여덟 사람'에게만 죄가 있는 것이 아니라, 회개하지 않으면 모두가 다 멸망할 것이라고 경고하셨습니다.

오늘날도 도처에서 불행한 사건 사고들이 연일 터집니다. 그들을 바라보는 우리의 시선은 적어도 오늘 복음에 나오는 유다인의 그것을 닮지는 말아야 할 것입니다. 오히려 예수님의 경고 말씀을 우리를 향한 보약으로 여겨 거듭 회개하는 지혜를 발휘해야 할 것입니다.

회개를 한답시고 꼭 침울하고 진지할 필요는 없을 것입니다. 그때그때 기회가 날 때마다, 더 진전된 선택을 할 수 있도록 성찰의 거울 앞에서 보려 노력하는 것 자체가 회개의 일환일 수 있습니다. 회개의 기준은 절대적으로 주님께서 내려 주신 십계명이겠습니다만, 때로는 세상의 지혜 한 조각에 자신의 삶을 비춰 보는 것도 즐거운 양심의 산책일 수 있겠습니다.

이번 주에는 작자 미상의 '우산'이라는 시를 성찰의 거울로 권해 봅니다.

> 삶이란! 우산을 펼쳤다 접었다 하는 일이요,
> 죽음이란! 우산이 더 이상 펼쳐지지 않는 일이다.
>
> 성공이란! 우산을 많이 소유하는 일이요,
> 행복이란! 우산을 많이 빌려주는 일이고,
> 불행이란! 아무도 우산을 빌려주지 않는 일이다.
>
> 사랑이란! 한쪽 어깨가 젖는데도 하나의 우산을 둘이 함께 쓰는 것이요,
> 이별이란! 하나의 우산 속에서 빠져나와 각자의 우산을 펼치는 일이다.
>
> 연인이란! 비 오는 날 우산 속 얼굴이 가장 아름다운 사람이요,

부부란! 비 오는 날 정류장에서 우산을 들고 기다리는 모습이 가장
아름다운 사람이다.

비를 맞으며 혼자 걸어갈 줄 알면 인생의 멋을 아는 사람이요,
비를 맞으며 혼자 걸어가는 사람에게 우산을 내밀 줄 알면
인생의 의미를 아는 사람이다.

세상을 아름답게 만드는 건 비요,
사람을 아름답게 만드는 건 우산이다.

한 사람이 또 한 사람의 우산이 되어 줄 때
한 사람은 또 한 사람의 마른 가슴에 단비가 된다.

굳이 '우산'이라는 단어에 매일 필요는 없겠습니다. 다만 '우산'으로 상징되는 사랑을 어떻게 나누며 살아왔는지 적나라하게 비추어 볼 수 있었기를 바랍니다. 그리하여 유쾌한 회개의 순간을 누리셨기를 바랍니다.

■ 자아상을 뜯어고치라

> "너희도 회개하지 않으면"(루카 13,5)

회개에도 여러 차원이 있습니다.

첫째로, 지적인 회개가 있습니다. 이는 자신의 생각, 선입견, 고정관념 등을 뜯어고치는 것을 의미합니다.

둘째로, 윤리적인 회개가 있습니다. 이는 자신의 악습, 죄스러운 삶을 청산하고 새로운 삶을 사는 것을 의미합니다.

셋째로, 영적인 회개가 있습니다. 이는 잘못된 신을 섬기던 생활에서 하느님을 올바로 섬기는 생활로 변화하는 것을 의미합니다.

우리가 회개를 말할 때에 이 세 가지 모두가 중요합니다마는, 이미 신앙생활을 반듯하게 하고 있는 대다수의 사람들에게 필요한 회개로 저는 첫 번째 회개를 꼽고 싶습니다. 지적인 회개가 윤리적인 회개와 영적인 회개 못지않게 중요하다는 말입니다.

그러므로 오늘은 지적인 회개에 집중하여 묵상해 봅시다.

지적인 회개의 핵심은 부정적이고 소극적인 사고방식에서 긍정적이며 적극적인 사고방식으로 전환하는 것입니다. 그 대표적인 것이 자아상을 바꾸는 것입니다. 많은 사람들이 부정적인 자아상에 사로잡혀 헤어 나오지 못하며 살아갑니다.

'나는 할 수 없다.'

'나는 죄인이다.'

'나는 미래가 없다.'

'나는 실패한 인생이다.'

등등 우리를 속박하는 부정적인 자아상을 극복하지 못하면 우리의 기도는 힘을 잃기 쉽고, 우리는 영영 축복과 행복의 주인공이 되기 어렵습니다. 그래서 저는 『무지개 원리』의 첫 번째로 '긍정적으로 생각하라'를 꼽고 있는 것입니다.

민수기에 나오는 정탐꾼의 이야기는 긍정적인 자아상의 중요성을 잘 드러내 줍니다. 이스라엘 백성이 이집트에서 탈출하여 하느님께서 약속하신 땅으로 향하는 여정에서 가나안 땅에 거의 도착했을 때, 하느님께서는 모세에게 일러 그 새로운 땅을 정찰할 사람들을 보내게 하십니다.

사십 일 만에 돌아온 정찰대의 보고는 서로 달랐습니다. 정찰대 열두 명 가운데 열 명이 이렇게 말했습니다.

"우리는 또 그곳에서 나필족을 보았다. 아낙의 자손들은 바로 이 나필족에서 나온 것이다. 우리 눈에도 우리 자신이 메뚜기 같았지만, 그들의 눈에도 그랬을 것이다"(민수 13,33).

이들에게는 거인족 앞에 선 자신들의 모습이 마치 '메뚜기'처럼 작게 느껴져 왔던 것입니다.

반면, 나머지 두 명인 여호수아와 칼렙은 이들과 정반대의 보고를 했습니다.

"그곳은 젖과 꿀이 흐르는 땅입니다. 다만 여러분은 주님을 거역하지만 마십시오. 그리고 여러분은 저 땅의 백성을 두려워하지 마십시오. 그들은 이제 우리의 밥입니다. 그들을 덮어 주던 그늘은 이미 걷혀 버렸습니다. 주님께서 우리와 함께 계십니다. 그들을 두려워하지 마십시오"(민수 14,8-9).

이 얼마나 놀라운 대조입니까. 자신들을 '메뚜기'로 보았던 부정적인 사고방식의 열 청년들에 비할 때, 오히려 적을 '밥'으로 보았던 이들의 자신감은 얼마나 당당합니까.

그런데 놀랍게도 하느님께서는 이들 긍정적인 사고방식을 가진 사람들만 가나안 땅에 들어가게 하셨습니다. 부정적인 사고방식을 가진 사람들은 그 대열에서 탈락시키셨습니다.

이는 오늘 우리에게도 마찬가지입니다.

누구든지 젖과 꿀이 흐르는 가나안 땅을 차지하려면 부정적인 자아상, 불평불만을 버리고 긍정적인 자아상, 믿음과 감사의 마음을 취해야 합니다.

회개는 단지 형식적으로 십계명 가운데 한두 가지를 나열하면서 잘못했다고 머리를 긁적거리는 것만을 의미하지 않습니다.

참된 회개는 삶의 태도를 바꾸는 것입니다. 부정적인 자아상을 버리고, 하느님의 자녀요, 천국의 시민이며, 축복의 상속자라는 자아상을 취하는 것이 참된 회개입니다.

물론, 사순 시기니만큼 고신극기하며 예수님의 뒤를 따라 십자가를 지고 가는 삶의 태도를 선택할 줄도 알아야 합니다. 하지만 십자가도 그리스도인으로서 자긍심을 가지고 부활이라는 긍정적인 미래를 꿈꾸며 지고 가는 것입니다.

부정적인 자아상이 결코 겸손이 아니며, 긍정적인 자아상이 결코 교만이 아닌 것입니다.

우리는 겸손한 가운데 얼마든지 긍정적인 자아상을 가질 수 있고, 또 이것이 거꾸로 되어 교만한 가운데 얼마든지 부정적인 자아상에 빠질 수 있다는 사실을 알아야 합니다.

■ **열매 맺는 신앙**

> "주인님, 이 나무를 올해만 그냥 두시지요.
> 그동안에 제가 그 둘레를 파서 거름을 주겠습니다.
> 그러면 내년에는 열매를 맺겠지요.
> 그러지 않으면 잘라 버리십시오."(루카 13,8-9).

체험담을 들려주는 것은 자랑이 아니라 나눔입니다. 내가 받은 은혜를 혼자만 간직하지 않고 다른 사람과 공유하는 것입니다. 다른 사람의 체험을 듣다 보면 '나도 같은 경험을 한 적이 있는데?'라고 느끼는 분들이 많을 것입니다. 하지만 누구는 같은 체험이라도 은총으로 받아들이지만, 누구는 아무것도 느끼지 못하고 넘어가는 경우가 있습니다. 그렇기에 다른 사람의 체험을 듣고, '아! 이것도 은총이구나!'라고 느낄 수 있어야 합니다. 그런 의미에서 오늘 한 자매의 체험을 나누고자 합니다.

『참 소중한 당신』 2005년 8월호에 분당성요한본당의 곽 글라라 자매의 신앙 체험담이 실렸습니다. 이 자매의 신앙 체험은 많은 자매들이 겪었던 일일 수 있고, 지금도 겪고 있는 일일 것입니다.

글라라 자매는 25년 전, 결혼 생활 10년 만에 29평 아파트를 장만했습니다. 그러자 충청도 시골에서 시부모님과 시동생, 시누이가 상경하여 같은 집에 살기 시작했던 것입니다. 그때의 감정을 다음과 같이 전하고 있습니다.

결혼 십 년 만에 겨우 장만한 29평 아파트에 여덟 식구. 부모님 한 칸, 남매를 데리고 우리 부부가 한 칸, 시누이 한 칸, 시동생은 방이 없어 부모님과 함께 지내게 생겼는데, 남편은 해외 현장으로 발령이

났고, 시동생은 군에 입대하게 된 것이다.
　그때가 25년 전. 내 삶의 본격적인 '십자가의 길'이 시작된 셈인데 많은 세월을 지내 놓고 보니, 이미 그때부터 하느님께서는 우리 가정에 구체적으로 개입하셨던 것이다. 그해 겨울, 유난히도 많은 눈이 오던 날, 유별나게도 많은 눈물을 쏟으며 세례를 받았다.

　바로 외짝 교우의 삶이 시작된 것이었습니다. 세례를 받고 그 이듬해 봄부터, 그룹 성서 공부와 레지오 마리애 단원으로 쥐방울처럼 성당을 들락거리게 되었습니다. 그러니 시부모님을 모시고 얼마나 눈치가 보였겠습니까. 거기다 "혼자만 열심히 하면 뭐하랴! 성체를 영하고 고개 숙여 두 손 모아 기도할 때마다 답답한 마음에 한숨만 절로 나왔다."라고 자신의 심정을 토로했습니다.
　그러나 2년 뒤, 글라라 자매님의 두 자녀가 첫영성체 교리를 받고 '데레사'와 '토마스 아퀴나스'라는 세례명을 받고 세례를 받았습니다. 그리고 이어서 시어머님도 '안나'로 세례를 받으시게 되었습니다. 신앙의 불모지였던 한 가정에 어느새 4가족이 신자가 되는 열매를 거두었던 것입니다. 그리고 2000년 대희년에는 남편이 '프란치스코'라는 세례명을 받고 하느님의 자녀로 다시 태어나는 기쁨도 누렸습니다.
　그런데 문제는 시아버님이었습니다. 며느리가 된 심정으로 시아버님도 세례를 받으시기를 바랐지만, 사실상 거의 포기 상태였다고 합니다. 90세가 다 되셨으니 대세나 받고 돌아가시게 해야겠다고 마음만 먹고 있었던 것입니다.
　하지만 여기에 하느님의 역사하심이 개입했습니다. 2004년 어느 날, 본당에서 결혼 25주년 이상 된 부부들의 혼인 갱신식이 있었습니다. 사실 글라라 자매는 남편과 함께 행사에 참석하고 싶었지만, 시부모님의 눈치만 보고 있었습니다. 그런데 동네 노인정에서 정보를 들으신 시부모님이 은근히 행사에 참여하고 싶어 하시는 것을 느낀 것입니다. 그때가 바로 시아버님을 위한 '때'라고 생각했습니다. 그래서 글라라 자매는 시아버님께 "아버님, 이제 세례를 받으셔야 해요."라고 말씀드렸습니다.

결국 시아버님도 젊은이들과 다름없이 6개월간 교리에 참석하셨고 같은 해 11월, 시어머님 '안나'의 배필 '요아킴'으로 다시 태어나셨습니다.

글라라 자매는 그때의 감정을 다음과 같이 이야기합니다.

> 25년 전 혼자 세례를 받고, 가족의 구원이 까마득하기만 했던 내 암울한 기도를 하느님께서는 굽어보시어 기억하시고, 계획하시고, 개입하시고 그리고 이루어 주신 것이다.[21]

글라라 자매의 가정이 회개의 열매를 맺고, 모두 신자가 되기까지 걸린 시간은 25년입니다. 만일 외짝 교우로 힘들다고 중간에 신앙을 포기했다면 그 가정은 끝까지 회개의 열매를 맺지 못하는 무화과나무와 비슷한 처지가 되었을 것입니다. 하지만 하느님께서는 그 댁의 며느리, 곽 글라라 자매를 거름 삼아 신앙의 열매를 거둘 수 있도록 배려하셨던 것입니다.

지금 많은 분들이 외짝 교우로 활동하고 계실 것입니다. 가족들 안에서 혼자만 신앙생활을 하기에 힘든 경우가 많이 있을 것입니다. 그렇다고 결코 가족들의 구원을 포기해서는 안 됩니다. 지금이 바로 회개의 시기요, 구원의 시기이기 때문입니다. 우리 자신이 회개의 열매를 맺었다면, 그것으로 끝이 아닙니다. 우리 주변에 있는 사람들, 가깝게는 가족들도 회개의 열매를 맺을 수 있도록 우리 자신이 밑거름이 되어야 할 것입니다.

함께 기도하시겠습니다.

주님, 저희가 무미건조한 신앙에서 깨어나게 하소서.

주님, 저희가 의무 신앙에서 벗어나 신나는 신앙을 갖게 하소서.

주님, 저희가 열매 맺지 못하는 신앙에서 벗어나 믿음의 열매, 선행의 열매, 선교의 열매를 맺는 신앙생활을 하게 하소서.

우리 주 예수 그리스도를 통하여 비나이다. 아멘!

사순 제4주일: 루카 15,1-3.11ㄴ-32

먼저 마중 나온 아버지

"나의 이 아들은 죽었다가 다시 살아났고 내가 잃었다가 도로 찾았다"(루카 15,24).

1. 말씀의 숲

　영국 어느 시골의 한 가정에서 딸이 가출을 했다. 그러고는 도시로 가서 자기 마음대로 살기 시작했다. 나중에는 돌이킬 수 없는 처지에까지 이르게 되어 소녀는 자살을 결심했다. 하지만 죽기 전에 부모님이 계시는 고향 집이나 멀리서 보아야겠다고 생각하고 고향 집을 찾아갔다.
　한밤중이지만 정원에는 자신이 가꾸던 장미꽃도 보이고, 어릴 때 뛰어놀던 잔디밭도 보였다. 자기 집 가까이 가 보니 자신이 놀던 담장의 문이 활짝 열려져 있었다. 소녀는 그 문으로 가까이 갔다. 그리운 부모님의 얼굴이 떠올랐다. 소녀는 눈물을 흘리며 떨리는 음성으로 "아버지" 하고 불러 보았다. 그러자 갑자기 현관문이 열리더니 아버지, 어머니가 뛰어나오는 것이었다.
　"얘야, 어디에 있다가 이제 오느냐? 우리는 네가 집을 나간 뒤 한 번도 대문을 닫아 본 적이 없었단다. 언젠가는 돌아올 줄 믿고 기다리고 있었지."
　혹시 밤중에 딸이 돌아올까 봐 깊이 잠들지 못하고 있던 아버지,

어머니는 딸이 작은 소리로 부르는 것을 듣고 뛰어나와 그 딸을 맞이했던 것이다.

하느님 나라 아버지의 집도 마찬가지이다. 아버지께서도 대문을 열어 놓고 우리의 귀향을 기다리고 계신다.[22]

회개의 시기인 사순 시기를 지내는 우리에게 오늘 복음 말씀은 '탕자의 비유'를 전해 주고 있습니다. 이 이야기는 예수님의 비유들 중에 가장 아름답고 귀중하고 감동적인 이야기입니다.

1절과 2절에서 예수님께서 어떻게 해서 이 비유를 들려주시게 되었는지 말하고 있습니다. 사회적으로 또 종교적으로 가장 소외되고 사람 대접도 못 받는 세리와 죄인들이 놀랍게도 예수님의 말씀을 듣기 위해 가까이 모여 왔습니다. 이때 남을 가르치고 지도한다는 바리사이와 율법 학자들이 끝내 불만을 터뜨리며 "저 사람은 죄인들을 받아들이고 또 그들과 함께 음식을 먹는군."(루카 15,2)이라 말하며 그들과 예수님의 만남을 방해했습니다. 이들의 불평과 멸시 때문에 우리는 비유를 듣게 되었습니다.

비유 속에는 새로운 배우들이 등장하고 있습니다. 한 아버지와 그의 두 아들입니다. 작은아들에 대한 이야기가 11절부터 24절까지 전개되고 있습니다. 여기에는 작은아들의 회개와 참회 과정이 잘 그려져 있습니다. 그리고 나머지 25절부터는 큰아들에 대한 이야기입니다. 그리고 그 중심에 아버지가 있습니다. 비유의 중심인물은 이 자비로운 아버지입니다.

작은아들의 경우를 먼저 보겠습니다. 그는 재산 가운데 자기에게 돌아올 몫을 받고 먼 고장으로 떠나 방탕한 생활을 했습니다. 재산을 다 날린 후에 빠지는 극도의 비참함이 어떤 것인지 잘 드러나고 있습니다.

돼지를 칠 수밖에 없는 수치와, 돼지가 먹는 열매로라도 배를 채워 보려는 모욕을 당한 후에 그는 정신을 차렸습니다. 결국 아버지에게 돌아가서 잘못을 고백하겠다는 결심을 한 후에 그는 일어섰습니다.

돌아온 작은아들에 대한 아버지의 태도는 우리들의 상식을 뛰어넘고 있습니다. 그를 품꾼 가운데 하나로 쓰기는커녕 그가 멀리 있는데도 그를 먼저 알아보고, 측은히 여겨 달려가서 목을 끌어안고 입을 맞추었습니다. 또 반갑게 맞이한 데서 그치지 않고, 아버지는 스스로를 아들이라 자처할 자격도 없다 말하는 아들을 위해 잔치를 벌였습니다. 이 아들은 죽었다가 다시 살아났고, 아버지가 잃어버렸다가 되찾았기 때문입니다. 자기 몫을 챙겨 제 발로 나갔다가 모든 것을 잃은 후 돌아온 아들에게 아버지는 모든 권리를 되찾아 주었습니다.

즐거운 잔치가 벌어지고 있을 때, 드디어 들에서 큰아들이 돌아왔습니다. 큰아들은 화가 나서 들어가려 하지도 않았습니다. 그는 아버지에게 자신이 그동안 얼마나 당신을 섬기는 데에 성실했는지 고백했습니다. 큰아들에게는 아버지의 행동이 참을 수 없는 모욕이었기 때문입니다. 자신에게 염소 새끼 한 마리 준 적 없는 아버지가 살진 송아지를 잡다니 이해할 수 없었습니다. 이제 아무것도 그의 마음을 채울 수 없었습니다. 그의 마음은 텅 빈 채로 굳게 닫혀 버렸습니다.

그러나 아버지는 큰아들에게 마음의 문을 열 것을 호소했습니다. "너의 저 아우는 죽었다가 다시 살아났고 내가 잃었다가 되찾았다. 그러니 즐기고 기뻐해야 한다"(루카 15,32). 아버지의 이 마지막 말씀은 그동안 작은아들의 가출로 받은 고통과 상처가 얼마나 깊었는지 여실히 보여 주었습니다. 아버지는 마땅히 기뻐해야 한다고 말했습니다.

이렇게 이야기는 자기 것을 챙기기 위해 아버지에게 간청하는 이기적인 작은아들과, 아버지에게 반항하고 분노하고 항의하는 큰아들을 둔 한 아버지를 보여 주었습니다. 두 아들 사이에는 어떤 말도 오가지 않고, 이야기는 아버지와 아들의 대화로 진행되었습니다. 이 아버지는 두 아들의 잘못에 대해 아무것도 질책하지 않았습니다. 잘못을 따지고 판단한 것은 큰아들이었습니다.

이 큰아들은 죄인과 세리를 비난하던 바리사이와 율법 학자들을 떠올리게 합니다. 또 뉘우치고 돌아온 작은아들은 예수님의 말씀을 듣기 위해 다가왔던 세리와 죄인들을 생각나게 합니다. 예수님께서는 이들을 모두 당신의 식탁으로 초대하셨습니다.

2. 말씀 공감

■ 교정 사목자 예수님

> "예수님의 말씀을 들으려고 가까이 모여들고 있었다. 그러자 바리사이들과 율법 학자들이, '저 사람은 죄인들을 받아들이고 또 그들과 함께 음식을 먹는군.' 하고 투덜거렸다"(루카 15,1-2).

문자 그대로 죄인들을 받아들이고 그들을 위로해 주며 사는 오늘의 예수님들이 많이 있습니다마는, 그 가운데 『참 소중한 당신』 2006년 3월호에 실린 김○○ 자매를 소개합니다.

25년간 교도소와 소년원을 드나들며 재소자들의 친구이자 누나, 어머니로 봉사해 온 김○○(서울 청담동본당 신자) 씨. […] 평범한 주부였던 김 씨는 우연한 기회에 교정사목위원회와 인연을 맺었고 교도소에서 사형수들을 만나면서 취미였던 사진을 본격적으로 공부해 갤러리까지 열게 되었단다.

"그때만 해도 교도소 안에 TV나 신문이 못 들어가던 때였어요. 그들이 보는 바깥세상은 손바닥만 한 쪽창으로 보이는 하늘이 전부였죠. 그러니 감성이 메마를 수밖에요. 감옥에 들어오기 전에도 자연의 아름다움 같은 건 느끼지 못한 채 살았던 그들에게 사진으로나마 아름다운 세상을 보여 주고 싶었어요."

그녀는 그렇게 풍경 사진을 찍어 사형수들을 만날 때마다 보여 주기 시작했다. 그들은 아름다운 성당 모습과 성물 사진을 보면서 세상에 이런 곳도 있었느냐며 실제로 꼭 한번 가 보고 싶다고 눈물을 흘리기도 했다. […]

김 씨는 기자를 만나자마자 십자가 하나를 가져와 보여 주었다. 점토로 만든 듯 보이는 십자가는 예수의 가시관과 못 자국에 맺힌 피까지 정교하게 표현돼 있었다. 그 십자가는 바로 한 사형수가 매끼 조금씩 밥풀을 모아 만들어 그녀에게 선물한 세상에 하나뿐인 십자가였다. […]

김 씨가 교도소와 인연을 맺게 된 것은 1981년 약속 때문에 명동성당에 갔다가 우연히 교정사목위원회 후원회 미사를 드리게 되면서부터였다.

"미사를 드리는데 신부님께서 '우리의 죄'라고 말하지 말아라. 바로 '너'의 죄다라고 말씀하시는데 가슴이 뜨끔하는 거예요. 꼭 저를 가리키며 하시는 말씀 같았어요. 죄인이지만 아닌 척 살고 있는 저한테요. 통회하는 기분으로 미사를 드렸는데 미사 후에 교도소에서 교리를

가르치는 수녀님께서 혼자 열일곱 곳을 다니시느라 버스에서 쓰러지셨다는 이야기를 듣게 되었어요." […]

운전도 할 줄 몰랐던 김 씨는 수녀님의 딱한 사정에 덜컥 차량 봉사를 자청했고, 기사까지 동반해 교도소를 다니기 시작했다. 그러나 여전히 재소자들에 대한 두려움과 그들은 나와 다른 사람이라는 생각에 교도소 안으로는 들어가지 못했단다. 그렇게 한 달을 보내던 어느 날 성가 부를 사람이 없어 어쩔 수 없이 안으로 들어가게 되었고, 재소자들과 첫 대면을 하게 된다. 그들은 추운 겨울날 깨진 창문으로 칼바람이 들어오고 있는 곳에서 얇은 옷에 맨발로 있었다.

"모두 똑같은 파란 옷에 짧은 머리를 하고 있었는데 그 표정이 너무 맑고 선해서 놀라지 않을 수가 없었어요. 그들을 보니 왠지 내 죄가 속속들이 보여지는 것 같고 내 죄 때문에 그들이 저렇게 고통받는 것 같고, 하느님 앞에 죄인 아닌 사람이 어디 있겠나 하는 생각이 들면서 너무 눈물이 나더라고요. 내내 울었어요."

그렇게 재소자들과 인연을 맺은 김 씨는 그 후 교도소를 찾으며 가족 없는 사형수들의 가족이 되어 주기도 하고, 이야기 상대가 되어 주기도 하면서 그들의 마음을 쓰다듬는 일을 하게 되었다.

"오 프란치스코라는 사형수가 가장 기억에 남아요. 고아였던 그는 유독 자신의 죄에 대해 마음 아파했어요. 타월의 올을 풀어 목걸이도 만들 만큼 손재주가 많은 사람이었죠. 전직 대통령들이 수감되면서 광주 교도소로 가게 되었는데 찾아올 사람이 아무도 없는 그를 일주일에 한 번씩 비행기를 타고 가서 만났어요. 열악한 환경에 있으면서도 제가 힘들까 봐 오지 말라고 한사코 말리던 사람이었어요."

그렇게 10년 넘게 재소자들을 만나 왔던 김 씨는 1997년 말 대선을 앞두고 사형수 23명이 대규모로 사형되는 사건을 겪은 후로 사형수 만나는 일을 더 이상 할 수 없었단다. 비록 흉악한 범죄를 저지른 사람들이었지만 회개를 하고 세례를 받으며 수도자처럼 살고 있던 그들을 보내야 했던 것이 말할 수 없이 마음 아팠던 것.

그 후 그녀는 소년원과 분류심사원에서 청소년들을 만나며 아이들에게 자신의 소중함을 일깨워 주고 희망의 길을 열어 주는 데 힘을 쏟았다.[23]

■ 새삼스러운 행복의 늪

> "나의 이 아들은 죽었다가 다시 살아났고 내가 잃었다가 도로 찾았다"(루카 15,24).

굳이 오늘 복음 속 작은아들처럼 방탕한 생활에서 돌아오지 않았어도, 갑작스레 닥친 생사의 고비에서 생환하여 새삼 하느님 아버지의 품에 안기는 경우가 드물지 않게 있습니다. 그렇게 만난 하느님의 자비는 노상 눈물을 자아내는 특은으로 기억됩니다. 월간 『참 소중한 당신』에 실린 임상병리사 문 젬마 자매의 체험담은 우리의 고개도 절로 끄덕이게 해 줍니다. 함께 은혜의 사연을 들어 보시겠습니다.

환자들을 항상 친절한 미소로 대한다고 소문이 자자한 문 젬마 임상병리사. 그녀가 늘상 웃음을 지을 수 있는 힘은 사실, 자신도 아픔을 겪어 본 데서 나온다고 했다.

"저는 원래 환자들을, 저를 괴롭히는 존재라고 생각했어요. 세상에서 제가 엄청 잘났다고 생각하는 교만한 사람이었죠. 그런데 7년 전 저희 남편 안젤로가 큰 교통사고를 당했어요. […] 사고 소식을 듣고 병원에 갔더니 응급실에서 손도 쓰지 못하고 있을 정도로 엉망이었어요. […] 다행히 남편은 한 달 정도 중환자실에 있다가 기적적으로 살아났어요. 그 사고 이후, '하루하루 우리가 살고 있는 게 내가 잘해서 내가 잘나서가 아니라 정말 주님의 선물이구나, 하루하루가 기적이구나'라는 생각을 하게 됐어요. 그런 깨달음이 온 뒤부터는 감사한 마음이 찾아오더라고요."

죽음 직전까지 갔던 남편은 현재 직장생활을 할 정도로 호전되었다. 물론 사고 후유증으로 안면마비가 왔고, 열심히 하던 성가대 활동은 할 수 없지만 살아남아 곁에 함께 있는 것만으로도 매 순간 '감사'를 느낀다는 그녀.

[…] "저는 어떤 일을 할 때 겁이 많은 편이에요. 두려움을 많이 느껴요. 그래서 새로운 일을 할 때 매번 주님께 물어보는 습관이 있어요. '아버지, 제가 지금 하는 게 옳은 일인가요?', '나 이거 해도 될까요?', '이게 주님이 원하시는 일인가요?' 하고요."

'소심해서' 그렇다고 말하는 그녀지만 그녀가 암 병동에서도, 남편의 사고 이후에도 더욱 굳건해질 수 있었던 건 그분께 절대적인 '희망'을 두고 있기에 가능한 일이었다.

매 순간이 축복이고 감사라고 말하는 그녀는 이제 두 아들에게 신앙의 모범이 되기 위해 '보여 주기 신앙'을 실천한다고 말한다.

"매일 집에 들어갈 때 '다녀왔습니다' 하고 주님과 성모님께 인사하고 들어가요. 어느 순간 애들도 따라하더라고요. 집에 들어올 때, 학교 다녀올 때 '예수님, 성모님 다녀왔습니다' 하고요."[24]

남편이 극심한 교통사고로 사경을 헤매다, 그 후유증으로부터 서서히 회복된 것을 주님 자비가 베푸신 기적이라고 깨달은 문 젬마 자매.

잃었다가 되찾은 작은아들처럼 지금은 온 가족이 아버지 품에 온전히 의탁하며 하루하루를 살고 있다니, 이것이야말로 하느님의 자비가 맺은 감동의 결실이 아닐까 합니다.

■ 그냥 누릴래요

> "얘야, 너는 늘 나와 함께 있고 내 것이 다 네 것이다"(루카 15,31).

큰아들은 아버지 곁에 있었습니다. 그러니 아버지의 것이 다 자신의 것이나 마찬가지였습니다. 이럴 때 소유는 의미가 없어집니다. 이럴 때 행복의 비결은 그저 누리는 것입니다.

소유로 행복을 추구했던 작은아들은 결국 돌고 돌아 다시 '누리는 행복'으로 회귀했습니다. 그리고 이제 이미 누리고 있으면서 그것을 은혜로 느끼지 못하는 큰아들에게 아버지는 '누림'의 특은을 확인시켜 줍니다.

이 누림의 행복에 대하여 저는 요즘 많이 사랑받고 있는 『행복선언』(위즈앤비즈 2009)에서 이렇게 썼습니다.

> 모든 것은 소유하는 사람의 것이 아니고, 그것을 보고 기뻐하는 사람의 것이다. 꽃은 꺾어서 화분에 담을 수 있다. 그러나 봄은 화분에 담을 수 없다.
> 누리는 것이 곧 지혜다. 장미 한 송이가 자신이 지닌 향기를 다 표현

하는 데는 12시간이 소요된다고 한다. 이 말은 곧 하나의 장미향을 온전히 누리기 위해서는 12시간이 필요하다는 것을 의미한다. 한순간 반짝하고 향기를 맡을 수는 있어도, 시간에 따라 변하는 그윽한 향기를 누리는 사람은 드물다. 우리는 얼마나 피상적으로 누리며, 순간적으로 사는가.

세상에서 제일 큰 집을 갖기로 작정한 달팽이 한 마리가 있었다. 달팽이는 곧 아름다운 큰 집을 만들어 화려하게 꾸며놓고 행복해했다.
세월이 지나 달팽이가 살던 양배추에는 더 이상 먹을 것이 없게 되어 이사를 해야 했다. 그러나 달팽이는 집이 너무 크고 무거워서 움직일 수가 없었다. 이 이야기를 전해 들은 한 어린 달팽이가 말했다.
"나는 작은 집을 가져야지. 어디든 가고 싶은 데로 갈 수 있게 말이야."
달팽이는 소유로 인하여 자유를 잃었다. 하지만 어린 달팽이처럼 그냥 누리려 할 때는 다시 자유를 회복하게 된다. 누릴 줄만 알아도 행복한 사람이 될 수 있다.

'누린다'는 것은 궁극적으로 무엇을 뜻하는가? 한마디로 하늘의 은혜를 훔치는 것이라고 말할 수 있다.
소유 지향의 삶을 살면 샹들리에가 걸려 있는 천장만 보며 살지만, 존재 지향의 삶을 살면 별이 빛나는 하늘을 보며 살 수 있다. 하느님이 매달아 놓으신 더 멋진 샹들리에를 바라보며 살 수 있는 것이다. 또한 소유 지향의 삶을 살면 자신의 울타리 안 정원만을 즐기지만, 존재 지향의 삶을 살면 온 지구를 정원으로 즐길 수 있다.
요컨대, 진정한 부는 소유하는 자의 것이 아니라 누리는 자의 것이다. 이 깨달음은 우리에게 엄청난 해방감을 준다. 왜 우리는 죽을 때까지 돈을 모아야 되고, 큰 집을 지어야 되고, 아등바등하며 인생을 허비해야 하는가. 따지고 보면, 그러다가 정신없이 살다가 허둥지둥 죽는 것이 많은 이들이 걷는 코스가 아닌가. 그건 비극이다. 그러기에 아예 생각을 바꿔 지금 주어진 것을 누리라는 것이다.[25]

함께 기도하시겠습니다.

아빠 아버지, 저야말로 숱한 죄로 죽었다가 아빠의 '묻지 마' 용서로 '다시 살아난' 아들입니다. 할렐루야.

아빠 아버지, 저야말로 아빠 곁을 떠나 수렁에 빠졌다가, 아빠의 집요한 추적으로 '도로 찾은' 딸입니다. 할렐루야.

아빠 아버지, 아빠 품이야말로 언제나 새삼스러운 행복의 늪이며 사랑의 둥지입니다. 할렐루야.

우리 주 예수 그리스도를 통하여 찬미드리나이다. 아멘!

사순 제5주일: 요한 8,1-11

단죄받지 않는 사람

"나도 너를 단죄하지 않는다. 가거라.
그리고 이제부터 다시는 죄짓지 마라"(요한 8,11).

1. 말씀의 숲

한 여자가 더러운 빨랫감을 세탁하기 위해 강둑으로 나갔습니다. 그러나 그 여자는 빨랫감이 더러운 것을 누가 볼까 봐 두려운 나머지 빨랫감을 밖으로 내놓지 않았습니다. 그녀는 창피스럽게 여겨 빨랫감을 물속에 집어넣고 단지 아래위로 몇 번 비비기만 하고는 거의 그대로 집으로 가져갔습니다.

많은 사람들이 바로 이 어리석은 여자와 같이 행동합니다. 그들은 많은 잘못을 저지른 후 그 죄를 씻기를 원하지만, 그 죄들을 밖으로 드러내 놓고 하느님께 고백하는 것을 꺼립니다. 그들은 단지 이렇게 말할 뿐입니다. "주님, 저는 죄인입니다. 저를 용서해 주십시오."

그들은 자신들의 모든 죄와 도적질, 거짓말, 욕심, 증오심 등을 덮어 버립니다. 그러나 누구든지 모든 죄들을 드러내 놓고 회개해야 합니다. 왜냐하면 그때서야 비로소 죄의 용서를 받을 수 있기 때문입니다.

우리는 지금 주님의 거룩한 수난 주일을 눈앞에 두고 마지막 사순 주일을 보내고 있습니다. 그런데 오늘 복음에서 또 바리사이와 율법 학자들이 힘없고 가련한 한 여인을 내세워 문제를 일으키고 있습니다. 오늘 복음 말씀을 간단히 살펴보도록 하겠습니다.

이른 아침에 예수님께서 성전에 오시자 백성이 몰려왔습니다. 그리고 여느 때처럼 예수님께서는 그들을 가르치셨습니다. 그때 율법 학자와 바리사이들이 간음하다가 붙잡힌 여자를 끌고 와서 예수님께 물었습니다. "스승님, 이 여자가 간음하다 현장에서 붙잡혔습니다. 모세는 율법에서 이런 여자에게 돌을 던져 죽이라고 우리에게 명령하였습니다. 스승님 생각은 어떠하십니까?"(요한 8,4-5)

그들은 예수님께 거침없이 마치 모든 상황이 완벽하다는 듯이 기세당당하게 몰아붙였습니다. 잡혀 온 여인의 공포와 두려움은 아랑곳하지 않고 말입니다. 그들 말대로라면 모든 증거가 다 있으니 재판을 하는 것은 일도 아니었습니다. 이 여인은 현장에서 그대로 붙들려 왔고, 게다가 누구나 인정하는 법까지 돌로 치라고 하니 시비가 벌어질 일은 아무것도 없었습니다. 그런데도 이런 소란을 피우는 것은 이 여인을 미끼로 예수님을 겨냥했기 때문입니다. "그들은 예수님을 시험하여 고소할 구실을 만들려고 그렇게 말한 것이다"(요한 8,6).

그러나 예수님께서는 몸을 굽혀 땅에 무엇인가 쓰며 침묵하고 계셨습니다. 무척 인상 깊은 장면이 아닐 수 없습니다. 그들이 연거푸 묻는 바람에 예수님의 첫 번째 말씀이 내려졌습니다. "너희 가운데 죄 없는 자가 먼저 저 여자에게 돌을 던져라"(요한 8,7). 그러자 듣고 있던 사람들이 나이 많은 이부터 떠나가기 시작했습니다. 거칠게 고발하던 사람들이 사라지자 예수님께서는 당신의 일을 하셨습니다. "너를 단죄한 자가 아무도 없느냐? […] 나도 너를 단죄하지 않는다"(요한 8,10.11).

그렇습니다. 예수님께서는 이 여인을 단죄하기를 거절하셨습니다. 당신께서는 죄인의 죽음이 아니라 회개하고 다시 사는 것을 바라셨기 때문입니다. 율법 학자들과 바리사이들은 여인을 단죄하는 것이 곧 자신을 단죄하는 것임을 몰랐습니다. 이 여인뿐만 아니라 예수님까지 밤낮없이 고발하는 사람들, 곧 나이 많은 이부터 하나둘씩 떠나갔던 이들에게 바오로 사도가 이야기합니다.

"아, 남을 심판하는 사람이여, 그대가 누구든 변명의 여지가 없습니다. 남을 심판하면서 똑같은 짓을 저지르고 있으니, 남을 심판하는 바로 그것으로 자신을 단죄하고 있기 때문입니다. 우리는 그러한 짓을 저지르는 자들에게 내리는 하느님의 심판이 진리에 따른 것임을 알고 있습니다"(로마 2,1-2).

외형적으로 볼 때, 이 대목의 이야기는 간음한 여인을 두고서 율법에 대해 예수님과 유다 지도자들이 벌인 논쟁 사화와 가깝지만(요한 8,6 참조), 내용적으로는 죄인(간음한 여인)과 죄인을 고발한 자들에 대한 예수님의 입장과 태도가 그 핵심을 이룹니다(요한 8,7.11 참조). 예수님께서는 결코 율법을 경시하거나 없애려 하지 않고 오히려 완성하고자 하십니다(마태 5,17-20 참조). 누구든지 예수님으로 인해 생활 방식을 바꿔 하느님의 뜻에 초점을 맞추어 살아간다면 하느님의 자비와 용서를 얻게 된다는 것입니다.

"이제부터 다시는 죄짓지 마라"(요한 8,11). 그 여인은 예수님을 통해서 하느님의 자비와 죄의 용서라는 선물을 받고 새롭게 살아야 할 임무도 받게 된 것입니다. 따라서 자비와 용서는 더 이상 하느님을 등지지 않는 새로운 삶을 살도록 해 준다고 하겠습니다(요한 5,14 참조). 그 누가 자신을 의롭다고 자처하며 이웃을 무자비하게 단죄할 수 있겠습니까! 이 세상에 사는 한 누구라도 하느님의 자비와 용서에 의존할 수밖에 없을 것입니다.

2. 말씀 공감

■ 스스로 선언하게 하소서

> "그들이 줄곧 물어 대자 예수님께서 몸을 일으키시어
> 그들에게 이르셨다. '너희 가운데 죄 없는 자가
> 먼저 저 여자에게 돌을 던져라'"(요한 8,7).

오늘 복음의 이 말씀에 앞서서 제1독서 말씀은 우렁찬 격려로 우리의 가슴을 울립니다.

"예전의 일들을 기억하지 말고 옛날의 일들을 생각하지 마라. 보라, 내가 새 일을 하려 한다"(이사 43,18-19).

'예전의 일들'이 죄와 그 결과로서 불행으로 점철되어 있는 것을 뜻한다면, '새 일'은 회개와 용서 그리고 그 결과로서 축복으로 엮어진 미래일 것입니다.

"예전의 일들을 기억하지 말고 옛날의 일들을 생각하지 마라. 보라, 내가 새 일을 하려 한다."

설령 빈말이라 하더라도 들음으로써 힘이 생기게 하는 말씀입니다.

예전의 일들을 기억하지 마라!

옛날의 일들을 생각하지 마라!

보라. 눈을 크게 뜨고 치켜서 보라!

내가 새 일을 하려 한다!

이 은혜로운 '새 일'의 서막이 실제로 오늘 복음에서 열렸습니다.

간음하던 여인을 현장에서 붙잡아 끌고 와 집단 재판을 종용하는 이들이 예수님께 곤란한 물음을 던졌습니다.

"모세는 율법에서 이런 여자에게 돌을 던져 죽이라고 우리에게 명령하였습니다. 스승님 생각은 어떠하십니까?"(요한 8,5)

그들이 이런 소란을 피운 것은 이 여인을 미끼로 예수님을 겨냥했기 때문입니다.

"그들은 예수님을 시험하여 고소할 구실을 만들려고 그렇게 말한 것이다"(요한 8,6).

그러나 예수님께서는 말려들지 않고 몸을 굽혀 땅에 무엇인가 쓰며 침묵하고 계셨습니다. 무척 인상 깊은 장면이 아닐 수 없습니다. 그들이 연거푸 묻는 바람에 예수님의 첫 번째 말씀이 내려졌습니다.

"너희 가운데 죄 없는 자가 먼저 저 여자에게 돌을 던져라"(요한 8,7).

그러자 듣고 있던 사람들이 나이 많은 이부터 떠나가기 시작했습니다. 거칠게 고발하던 사람들이 사라지자 예수님께서는 당신의 일을 하셨습니다.

"너를 단죄한 자가 아무도 없느냐? […] 나도 너를 단죄하지 않는다"(요한 8,10.11).

그렇습니다. 예수님께서는 이 여인을 단죄하기를 거절하셨습니다. 당신께서는 죄인의 죽음이 아니라 그들이 회개하고 다시 살기를 바라셨기 때문입니다. 사람들은 여인을 단죄하는 것이 곧 자신을 단죄하는 것임을 몰랐습니다.

본문에서는 "나이 많은 자들부터"(요한 8,9)라고 적혀 있지만, 사실 단죄와 심판을 일삼는 것은 우리들에게 남의 일이 아닙니다. 그런 우리들에게 바오로 사도가 이야기합니다.

"아, 남을 심판하는 사람이여, 그대가 누구든 변명의 여지가 없습니다. 남을 심판하면서 똑같은 짓을 저지르고 있으니, 남을 심판하는 바로 그것으로 자신을 단죄하고 있기 때문입니다. 우리는 그러한 짓을 저지르는 자들에게 내리는 하느님의 심판이 진리에 따른 것임을 알고 있습니다"(로마 2,1-2).

이 말씀은 오늘을 살아가는 우리에게도 들려주시는 말씀인 것입니다. 일상생활을 하는 와중에 불편한 상황이 생기면 곧잘 이렇게 말합니다. "그놈이 잘못했어!", "난 잘못한 것 없어!", "내가 그놈을 욕하는 건 정당한 일이야!"

한번 생각해 볼 일입니다. 정말로 나는 아무 잘못이 없고, 모두 남의 잘못이기만 할까요? 설령 그렇다 해도, 그를 단죄할 권한이라는 것이 도대체 어디에 있을까요?

우리는 잊지 말아야 합니다. 우리 역시 죄짓고 마는 나약한 인간이며, 우리 죄가 눈앞에 펼쳐지는 심판의 순간에 주님의 자비를 애원할 수밖에 없는 처지라는 것을 말입니다. 그럼에도 불구하고 남을 단죄하고 싶다면, 그 마음이 하느님께 걸맞은 것인지, 악마에게 걸맞은 것인지, 한번 자세히 들여다볼 일입니다.

■ 당신의 자비가 제 자괴감보다

> "여인아, 그자들이 어디 있느냐?
> 너를 단죄한 자가 아무도 없느냐?"(요한 8,10)

고발자들이 다 떠나간 다음 그 자리에는 예수님과 여인 두 사람만 남게 되었습니다. 이 광경을 성 아우구스티노는 간결한 라틴어로 "불쌍한 여자misera와 불쌍히 여기시는 마음misericordia 둘만 남았다."라고 표현했습니다.[26]

그런데 바로 이 순간 우리가 놓칠 수 없는 아주 놀라운 일이 일어납니다. 예수님께서는 당신께서 올무에서 벗어난 사실은 뒷전으로 미룬 채, 온전히 여인의 상처에 집중하십니다. 예수님께서는 곧바로 "나도 너를 단죄하지 않는다. 가거라. 그리고 이제부터 다시는 죄짓지 마라."(요한 8,11) 하시며 당신의 결론 문장부터 말씀하지 않으셨습니다. 그 대신 아주 자비로운 목소리로 먼저 여인에게 물음을 던지셨습니다.

"여인아, 그자들이 어디 있느냐? 너를 단죄한 자가 아무도 없느냐?"(요한 8,10)

수치심에 몸 둘 바를 몰랐던 이 여인은 비로소 주변을 둘러봅니다. 즉시, 예수님 외에 아무도 없음을 확인합니다. 순간적으로 무슨 영문인지 수치심이 녹아내립니다. 여인은 답합니다.

"선생님, 아무도 없습니다"(요한 8,11).

이 말은 '아무도 저를 단죄하지 못했습니다'라는 의미가 됩니다. 이는 여인이 이 말을 자신의 입술로 말하는 순간, 치유받았음을 의미합니다. 비로소 예수님께서는 하느님 아버지께로부터 받으신 절대 권한으로 그 치유를 확인하는 선언을 하십니다.

"나도 너를 단죄하지 않는다. 가거라. 그리고 이제부터 다시는 죄짓지 마라"(요한 8,11).

죄인이 의인으로 거듭나는 순간입니다. 물론, 그 귀하게 얻은 의인의 신원을 더럽히지 않는 것이 여인이 삶으로써 갚아야 할 빚이었을 터입니다.

우리는 바로 오늘 예수님의 이러한 용서를 철썩같이 믿고 확신하며 고백하고 있습니까?

행여 마음과 정성을 다하여 성찰하고 반성한 뒤에 죄를 고백하고 사제로부터 사죄경까지 받았음에도 불구하고, 스스로 과거의 잘못을 꽉 붙들고 있지는 않습니까? 이것 또한 오늘 복음에서 버선발로 뛰쳐나올 만큼 우리를 사랑하시는 예수님의 용서를 의심하는 것입니다.

행여나 내 잘못을 알게 된 누군가가 나를 단죄하면 어떡할까 두렵습니까? 그들은 잠시 지나가고 말, 나와 똑같은 죄인일 따름이지만 예수님의 사랑과 용서는 영원합니다. 그렇다면 우리는 어떤 목소리에 귀를 기울여야 할까요?

"이자에게 돌을 던져 죽입시다!" 하는 목소리일까요?

"너희 중 죄 없는 자가 어디 있느냐? 그런데 누가 감히 내 사랑둥이를 함부로 단죄하느냐?" 하는 목소리일까요?

우리 삶 안에서 이 상반된 목소리는 늘상 내 귀에 들려오기 마련입니다.

선택은 여러분의 몫입니다. 저는 단연코 예수님의 용서를 믿고 고백합니다.

■ 파격

> "나도 너를 단죄하지 않는다. 가거라.
> 그리고 이제부터 다시는 죄짓지 마라"(요한 8,11).

"나도 너를 단죄하지 않는다. 가거라."

오늘 우리가 주님께 직접 듣고 싶은 말씀입니다. 그런데 고맙고 감사하게도 주님께서는 고해소에서 사제의 사죄경을 통하여 이와 똑같은 말씀을 죄인에게 내려 주십니다. 그러면 죄인 된 신자는 다시 힘을 얻어 새 출발을 할 수 있게 됩니다.

여기 찡한 이야기가 있습니다. 『키르헤 호이테』지 2001년 10월호에 실린 '한 번 사제는 영원한 사제다'라는 제목의 글입니다.

뉴욕대교구의 어느 사제가 로마의 한 성당에 기도하러 들어가다가 입구에서 한 거지를 만났다. 거지를 얼핏 바라보던 그 사제는, 거지가 자신과 같은 날 사제가 된 신학교 동료임을 알게 되었다. 그런 사람이 지금 길에서 구걸을 하고 있다니! 사제는 놀라며 거지에게 자신이 누구라고 인사를 하였다. 거지는 사제에게 자신이 믿음과 성소를 잃어버렸다는 말을 했다. 사제는 몹시 충격을 받았다.

다음 날 사제는 요한 바오로 2세 교황의 개인 미사에 참석할 기회를 가졌다. 미사 말미에 그는 언제나처럼 교황에게 인사를 할 수 있었다. 자기 차례가 되어 교황 앞에 무릎을 꿇은 그는 자신의 옛 신학교 동료를 위해 기도를 청하고 싶은 내적 충동을 느꼈다. 그래서 그는 교황에게 그 기이한 만남의 상황을 간략하게 설명했다.

또 하루가 지나 그 사제는 바티칸으로부터 교황과의 저녁 식사에 그 거지를 데리고 참석해 달라는 초대를 받았다. 사제는 옛 친구인 거지에게 찾아가 교황의 초대를 전했다. 그리고 그를 설득하여 씻기고 옷을 갈아입힌 후 교황 앞에 데려갔다.

저녁 식사 후에 교황은 사제에게 거지와 둘만 있게 해 달라고 말하였다. 그런 다음 교황은 그 거지에게 자신의 고해성사를 부탁했다. 그러자 거지는 놀라며 자신은 지금 사제가 아니라고 말했다. 교황의 대답은 이러했다.

"한번 사제이면 영원한 사제입니다."

거지는 고집했다.

"저는 이제 사제의 권한이 없습니다."

교황이 다시 말했다.

"나는 로마의 주교입니다. 이제 내가 그 사제의 권한을 수여합니다."

거지는 몹시 흐느껴 울었다.

마지막으로 요한 바오로 2세 교황은 그에게 어느 교구에서 구걸을 하는지 묻고는, 그를 그 교구의 보좌 신부로 임명하고 거지들을 돌보는 일을 맡겼다.[27]

이 이야기는 나중에 미국에서 유명한 가톨릭 채널 방송인 EWTN의 마더 안젤리카 수녀의 TV프로에도 소개되었다고 합니다.

주님을 떠나 세속의 사람이 되어 버린 걸인이 고집스럽게 반복했던 "나는 이제 사제의 권한이 없습니다."라는 말은 자기 단죄의 선언이었습니다. 이 말에 성 요한 바오로 2세 교황께서는 복음의 진수에 해당하는 역선언을 하셨습니다.

"한번 사제이면 영원한 사제입니다. 나는 로마의 주교입니다. 이제 내가 그 사제의 권한을 수여합니다."

그리고 이 말이 빈말이 아님을 드러내기 위하여 교황님은 그 걸인에게 몸소 고해성사를 청하였던 것입니다.

성 요한 바오로 2세의 이 파격적인 언행 속에서 오늘 복음 말씀에서 들은 예수님의 선언이 메아리치고 있습니다.

"나도 너를 단죄하지 않는다. 가거라. 그리고 이제부터 다시는 죄짓지 마라"(요한 8,11).

함께 기도하시겠습니다.

주님, 죄로 치자면 사실 저희는 모두가 오십보백보요 도토리 키 재기임을 저희로 하여금 깨닫게 하소서.

주님, 어떤 명분으로도 저희는 동료 인간을 판단하고 심판할 자격이 없음을 저희로 하여금 스스로 선언하게 하소서.

주님, 억울하게 당한 일까지도 오로지 주님께 맡기는 전폭적인 믿음을 저희에게 더하소서.

우리 주 예수 그리스도를 통하여 비나이다. 아멘!

주님 수난 성지 주일 - 주님의 예루살렘 입성 기념: 루카 19,28-40

알고도 가야 하는 길

"주님의 이름으로 오시는 분, 임금님은 복되시어라"(루카 19,38).

1. 말씀의 숲

예수님께서는 예리코에서 자캐오의 환영을 받으시고, 사람들에게 돈 맡은 관리자들의 비유를 말씀하신 후 예루살렘으로 입성하십니다. 예수님의 예루살렘 입성은 역사적 사건입니다.

그런데 이 입성에 대한 공관복음과 요한 복음의 진술에는 차이가 있습니다. 요한 복음에 따르면 예수님께서는 세 번 예루살렘에 등장하십니다. 하지만 공관복음에 따르면 예수님께서는 단 한 번 예루살렘에 입성하시고, 죽임을 당하시게 됩니다. 그러나 이 이야기를 우리는 탄력 있게 읽을 줄 알아야 합니다. 공관복음이 예수님의 예루살렘 입성을 한 번만 기록한 것은, 예수님의 마지막 예루살렘행을 클로즈업시켜서 강조한 것이지, '딱 한 번만 입성하셨다'고 주장한 것이 아니라는 사실입니다.

특히 루카 복음은 '예루살렘'을 둘러싼 이야기 속에서 그 절정에 이릅니다. 루카는 자신의 복음서를 통하여 예수님을 예루살렘으로 향해 순례하시는 분, 완성의 도시, 하느님의 모든 약속을 받은 도시를 향해 순례하시는 분으로 묘사하고 있습니다. 그러나 예루살렘으로 가는 길은 예수님께는 동시에 수난과 죽음과 부활을 향해 가는 길이기도 합니다. 루카는 자신의 여행 보도에서 예수님의 길을 우리의 길을 위한 모범으로 묘사합니다. 예수님께서는 삶의 영도자이십니다. 그분께서는 우리보다 앞서가십니다. 그러기에 우리에게 주어진 일은 그분을 따라가는 것뿐입니다. 그렇게 될 때 우리는 참된 삶에 도달하게 될 것입니다.

예수님께서는 베타니아와 벳파게 가까이 이르셨을 때 예루살렘을 입성하기 위한 준비를 하십니다. 바로 아직 아무도 탄 적이 없는 어린 나귀를 끌고 오는 것이었습니다. 이 구절은 즈카르야 예언자의 말을 기억나게 합니다.

"딸 시온아, 한껏 기뻐하여라. 딸 예루살렘아, 환성을 올려라. 보라, 너의 임금님이 너에게 오신다. 그분은 의로우시며 승리하시는 분이시다. 그분은 겸손하시어 나귀를, 어린 나귀를 타고 오신다"(즈카 9,9).

예수님의 예견대로 파견된 두 제자는 새끼 나귀를 발견하고 끌고 왔습니다. 그리고 어린 나귀 등에 자신들의 겉옷을 깔고 예수님을 태우고 예루살렘으로 향합니다.

예수님께서 예루살렘에 도착하시자 서로 다른 두 가지 반응이 나타납니다. 가난한 백성은 예수님을 정의와 평화를 확립하고 가난한 이들과 약자들을 자유롭게 할 메시아(왕)로서 환영하고 환호합니다. 마침내 자유와 생명을 숨 쉬고 누릴 때가 왔다고 느낍니다.

하지만 바리사이들은 그 사실이 무엇을 의미하는지 알고 있었습니다. 거짓과 허위, 삶과 동떨어진 종교, 기회주의, 술수의 종언을 고할 때가 온 것입니다. 즉 자기네 특권에 위협을 느낍니다. 그래서 예수님께 환호하는 사람들에게 불만을 표시했습니다.

그러나 예수님께서는 제자들이 입을 닫는다면 무생물이 당신의 왕권과 메시아 신분을 외치며 하느님의 구원 계획을 더 잘 알아들을 것이라고 신랄하게 그 지도자들을 비난하셨습니다. 이렇게 예수님의 예루살렘 입성은 지상에서의 그분 생애의 마지막 단계로, 고난의 시기가 본격적으로 시작되었음을 알립니다.

2. 말씀 공감

■ 제 몸이 지체 없이

> "주님께서 필요하시답니다"(루카 19,31).

주님의 제자들이 전한 이 한마디에 '어린 나귀'의 주인은 소유권을 포기하고 기꺼이 내어 주었습니다. 그 역시 이름 없는 제자였던 것입니다.

"주님께서 필요하시답니다"(루카 19,31).

그리고 이 한마디로 인해 '어린 나귀'는 졸지에 메시아를 태우는 도구로 발탁되는 영광을 입었습니다.

오늘도 예수님께서는 이 한마디로 곳곳에서 구원의 도구를 조달하십니다.

모 피자 업체 경영을 맡고 있는 한 자매가 저희 연구소를 찾아왔습니다. 연구소에서 간행하는 잡지 월간 『참 소중한 당신』을 위한 인터뷰 건으로 실무자와 협의하기 위해서였습니다. 이 자매는 인터뷰 요청에 처음에는 기꺼이 응했었다가 결국 사양할 수밖에 없는 이런저런 이유를 밝힌 연후에, 피자 상품권을 한 묶음 기부했다고 합니다.

"경영자인 저만 사용할 수 있는 상품권인데, 알아서 사용하세요. 좋은 일 많이 하는 연구소니까, 쓸 데가 있지 않겠어요?"

이 건에 대하여 실무자로부터 보고를 받은 저는 일단 이 사실을 기억 속에만 저장해 두었습니다. 그러고서 애매하게 사흘 정도 흘렀습니다. 그랬는데, 어느 아침 미사 봉헌 중에 그 사실이 번쩍하고 떠올랐습니다.

"아 참, 그 피자 상품권, 용처를 물어 왔으니 답을 해 줘야 할 텐데!"

그 순간, 한 달쯤 전에 서울 동작동 달동네에서 공부방을 운영하고 있는 수녀님들이 보내온 사연이 떠올랐습니다. 열악한 가정 형편에서 공부에 어려움을 겪는 학생들을 위해 봉사하고 있는 수녀님들 이야기였습니다. 그곳은 학생들이 고분고분 말을 잘 듣는 것도 아니고, 재정적으로도 넉넉지 못한 형편이라, 그들을 돌보는 것 자체에 대해서도 이따금 '이것이 정말 주님의 부르심인가' 하는 회의도 든다는, 허심탄회한 푸념도 섞여 있었습니다.

저는 잠시의 망설임도 없이 그 피자 상품권을 수녀님들에게 보내 주는 것이 좋겠다고 생각했습니다. 지시를 전달한 바로 그날 '정말 고맙다!'는 수녀님들의 감사 인사가 다시 저에게 전달되었습니다. 제게 되돌아온 감사의 전갈은 참으로 놀라운 것이었습니다. 제가 들은 그대로를 나눕니다.

"세상에 이런 일도 다 있군요! 사실 아이들 돌보는 것이 너무 힘들어서 오늘 아침 미사 때 주님께 징징댔거든요. 아이들에게 도움을 줄 방법도 막막하고, 재정도 힘들고 해서, 봉사를 접고 싶다고요. 이제 그만둘 때가 된 것 같다고요. 그랬는데, 이렇게 난데없이 차 신부님께서 '피자 상품권'을 보내 주라고 했다는 소식을 들은 거예요.

그것이 반가웠던 것은 '피자'가 대수여서가 아니에요. 저희에게는 그

'피자'가 마치 저희 기도에 대한 주님의 응원으로 느껴지는 것이죠. 저희 아이들에게도 그것은 단지 '피자 한 판'이 아니라, 그들을 줄곧 돌보시는 주님의 '사랑 한 판'인 거예요."

　이 이야기를 전해 듣는 순간 저는 미사 시간을 비교해 봤습니다. 그 수녀님들이 참례한 아침 미사 시간과 제가 집전한 아침 미사 시간이 얼추 같은 시간대였음을 확인하는 것은 그리 어려운 계산이 아니었습니다. 즉시 저는 주님께 경탄의 기도를 바쳤습니다.

　"당신께서 저희에게 맡겨 주셨던 그 피자 상품권을 이렇게 멋지게 당신 사랑의 도구로 사용하심에, 경탄과 감사를 드립니다. 주님께서는 찬미받으소서. 아멘!"

　주님 수난 성지 주일! '어린 나귀'를 향하여 내려진 주님의 명이 새롭게 우리의 가슴을 두드립니다.
　"주님께서 필요하시답니다"(루카 19,31).

■ 있는 그대로 속모습을

> "그리고 그 어린 나귀를 예수님께 끌고 와 그 위에 자기들의 겉옷을 걸치고, 예수님을 거기에 올라타시게 하였다"(루카 19,35).

　영국의 매우 권위 있는 문학상 가운데 '휘트브레드 상'이라는 것이 있습니다. 1989년도에 이 상을 수상했던 작품은 크리스토퍼 놀란Christopher Nolan(1970-)의 자전적 소설인 『시계의 눈 밑에서Under the Eye of the Clock』(1987)라는 이야기입니다.

작가 놀란은 나이 세 살 때 뇌성마비가 되어 오직 눈으로만 의사를 표현할 수밖에 없는 처지가 되었습니다. 그는 말도 못했고 듣지도 못했으며 손을 움직일 수도 없었습니다. 그는 이마에 작은 막대기를 붙이고 키를 누르는 방법으로 타자를 칠 수 있었습니다. 그런 방법으로 타자기 한 페이지를 찍는 데 열두 시간이 걸렸을 정도입니다.

그런데 어떻게 그는 위대한 시인이요, 소설가가 될 수 있었을까요?

그는 이렇게 고백합니다.

"주변 사람들이 나를 내 모습 그대로 받아 주었기 때문입니다(They accepted me for what I am)."

내 지금 모습 그대로를 인정하고 받아 주는 것보다 더 큰 신뢰와 애정과 사랑이 또 있을까요? 자신의 안타까운 생을 그저 한탄만 하지 않고, 그 속에서 문학이란 예술성을 꽃피워 만인의 인정을 받기까지, 놀란은 이 모든 공을 그의 곁에 있어 준 사람들에게 돌렸습니다.

오늘 복음에서 우리는 예수님의 예루살렘 입성 때 그분 곁을 지킨 이들의 모습을 살며시 엿보게 됩니다.

"그리고 그 어린 나귀를 예수님께 끌고 와 그 위에 자기들의 겉옷을 걸치고, 예수님을 거기에 올라타시게 하였다"(루카 19,35).

스승님의 분부대로 제자들은 어린 나귀를 구해다 예수님 앞에 끌고 옵니다. 진실로 그분을 믿었던 제자들은 기꺼이 자신의 겉옷을 벗을 줄도 알았습니다. 남들에게는, 지식층에게는 그저 초라한 행색의 선동꾼일 뿐이었지만 자신들에게 있어서는 스승이요 구원자요 왕이신 예수 그리스도. 그러기에 그들의 예루살렘 귀환은 환희요 기쁨의 절정이었을 터입니다.

바로 이 예수님께서 오늘 우리의 세상에, 우리의 마음 안에 귀환하십니다.

눈물겨울 만큼 행복하고 기쁜 오늘입니다.

■ **제 겉옷을 깔겠습니다**

> "예수님께서 나아가실 때에
> 그들은 자기들의 겉옷을 길에 깔았다"(루카 19,36).

사람들은 예수님께서 가시는 길에 자신들의 겉옷을 깔아 드렸습니다. 여기서 우리는 2,000년 전 의류 문화를 이해할 줄 알아야 합니다. 당시에 겉옷은 아주 귀한 것이었습니다. 부자나 되어야 겉옷을 여러 벌 가지고 있을 수 있었습니다. 겉옷은 밖에서 잠을 잘 때 이불로도 사용되었기 때문에, 담보물로도 가치를 지니는 것이었습니다.

그러므로 사람들이 예수님을 위해 자신들의 겉옷을 깔아 드렸다는 것은 자신들이 가치 있게 여기는 것을 기꺼이 내어놓았음을 의미합니다.

하느님께서는 이런 마음들을 그냥 지나치지 않으십니다. 하느님께서는 소중한 것을 내어놓을 줄 아는 믿음을 가진 사람에게 때가 되면 특별한 이벤트 선물을 주기도 하십니다.

어느 자매 두 분이 저를 찾아왔습니다. 그중 한 자매는 연구소를 위해 적지 않은 액수의 후원금을 봉헌할 뜻을 지닌 자매였고, 다른 자매는 그것을 함께 기뻐하면서 동행해 준 자매였습니다. 저는 송해붕 세례자 요한의 현양 사업과 동아시아 복음화 비전에 공감한 그 자매의 후의

厚意에 감사하며 기쁘게 받겠노라고 했습니다. 그 자매는 즉석에서 폰뱅킹으로 후원회 계좌에 입금 처리를 하고서 이렇게 말했습니다.

"신부님, 사실은 제가 경제 사정이 좋아서 봉헌하는 것이 아닙니다. 지금은 좀 답답한 일이 있지만 믿음으로 봉헌하는 거예요."

저는 얼떨결에 격려를 해 드렸습니다.

"자매님, 그 믿음을 하느님께서 기쁘게 여기셔서 반드시 좋은 일이 생길 겁니다."

이 일이 있고서 바로 이틀 후에 저는 주님께서 벌이신 특별 이벤트 소식을 접했습니다. 여수 선원동본당에서 '선교' 특강을 하던 중 잠깐 쉬는 시간에 그 자매로부터 전화 전갈이 왔던 것입니다. 놀랍게도 그 사이에 세 가지 문제가 동시에 해결되었다는 것이었습니다.

6억 원을 빚지고 잠적했던 사람이 갑자기 나타나서 상환 약속을 해 주어 다시 빚을 돌려받게 되었고, 집과 땅 문제가 동시에 해결되었다는 것이었습니다.

제 입에서는 절로 '할렐루야!' 소리가 터져 나왔습니다.

물론 이 자매의 경우는 특별한 경우입니다. 하지만 이 체험 속에는 우리를 향한 메시지가 담겨 있습니다. 즉 주님께서는 모든 정성을 어여삐 여기신다는 것입니다. 시간과 지면 때문에 다 밝히지 못해서 그렇지 제 주변에는 꼭 '거짓말' 같은 은총 체험의 사례가 차고 넘칩니다. 주님께서는 모든 기도와 정성에 반드시 응답해 주십니다. 방금 자매의 경우 그것이 속성으로 응답을 받은 점이 특이할 뿐이고, 사실 하느님께서는 누구에게든지 '하느님께서 보시기에 좋은 때'에 하느님의 방법으로 꼭 응답해 주십니다.

열쇠는 하느님의 마음을 움직일 정성입니다. 자신이 소중하게 여기는 것을 하느님을 위해 기꺼이 내어놓는 정성이 있을 때 하늘 문은 열리는 것입니다.

이렇게 묵상을 해 놓고 보니 왠지 낯설다는 느낌이 들기도 합니다. 가톨릭 신자들에게는 익숙하지 않은 용어들 때문에 그런 것 같습니다. 하지만 사실은 사실입니다. 진실은 진실입니다. 낯설다고 해서 거부하거나 반감을 가질 일은 아닌 것입니다.

함께 기도하시겠습니다.
주님, 요즘에는 무엇이 긴요히 필요하십니까? 제 눈이 예민하게 식별하게 하소서.
주님, 오늘은 무엇이 우선적으로 필요하십니까? 제 마음이 아낌없이 내어 드리게 하소서.
주님, 지금 무엇이 황급히 필요하십니까? 제 몸이 지체 없이 응답하게 하소서.
우리 주 예수 그리스도를 통하여 비나이다. 아멘!

주님 부활 대축일 - 파스카 성야: 루카 24,1-12

감출 수 없는 진실

"그분께서는 여기에 계시지 않는다. 되살아나셨다"(루카 24,6).

1. 말씀의 숲

오늘 복음은 부활의 아침에 일어난 일을 우리에게 전해 주고 있습니다.
부활의 빛은 주간 첫날 아침 일찍 비치기 시작했습니다. 여자들은 아침 일찍 미리 마련해 둔 향료를 가지고 무덤으로 갔습니다. 하지만 예수님의 시신에 향료를 바르기 위해 예수님의 무덤으로 간 여자들은 뜻밖에 빈 무덤을 발견하게 됩니다.

여인들은 빈 무덤을 보고 당황하고 있었습니다. 그때 이 침묵을 깨고 눈부시게 차려입은 남자들이 나타나서 말했습니다.

"어찌하여 살아 계신 분을 죽은 이들 가운데에서 찾고 있느냐? 그분께서는 여기에 계시지 않는다. 되살아나셨다. 그분께서 갈릴래아에 계실 때에 너희에게 무엇이라고 말씀하셨는지 기억해 보아라. 사람의 아들은 죄인들의 손에 넘겨져 십자가에 못 박히셨다가 사흘 만에 다시 살아나셔야 한다고 말씀하셨다"(루카 24,5-7).

천사들의 이 말씀은 여인들에게는 마치 처음 듣는 말씀과도 같았습니다. 적어도 이 순간에는 말입니다. 하지만 곧 여인들은 이전에 예수님께서 말씀하셨던 내용을 기억해 냈습니다. 옛날에는 알아들을 수 없었던 예수님의 말씀이 지금 여기 빈 무덤에서 천사들의 말을 통해 다시 살아나고 있었습니다.

이야기 시작 때 우리는 오늘은 "주간 첫날"(루카 24,1)이라는 말을 들었습니다. 그리고 천사들은 오늘이 '사흘째'임을 가르쳐 주었습니다.

그리스도께서는 살아 계십니다. 그리고 사람들은 살아 있는 사람을 무덤에서 찾지 않습니다. 부활하신 분이신 예수님을 만나려면, 우리는 그분을 과거나 죽은 문자들 혹은 굳어 버린 법과 계명에서 찾지 말아야 합니다. 우리는 부활하신 예수님을 우리 삶이 있는 곳에서 만나게 될 것이기 때문입니다.

천사들의 말을 들은 여자들은 즉시 사도들에게 알려 주었습니다. 그런데 사도들은 그 말이 헛소리처럼 여겨져서 믿지 않았습니다. 사도들이 수난으로 인해 충격이 너무 컸던 탓일까요? 베드로가 일어나 무덤으로 달려갔지만 사정은 마찬가지였습니다. 베드로의 눈에는 수의만 보일 뿐이었습니다. 이것은 사흘 만에 부활하신다는 예수님의 말씀이 모든 사람들, 특히 가장 잘 준비되어 있다는 사람들에게까지도 얼마나 믿기 어려운 일인가를 역력히 보여 주는 장면이었습니다. 그 누구도 부활을 믿고 이해하는 데에 탁월한 능력을 지닌 사람은 없었습니다. 그 어느 종교에서도 이런 일은 없었습니다.

이렇게 부활 사건 안에서 발견되는 첫 번째 요소는 바로 빈 무덤이었습니다. 이는 모든 복음서가 같이 전하고 있는 내용입니다. 여인들이나 제자들이 부활하신 예수님을 먼저 만난 것이 아닙니다. 예수님의 발현은 그다음의 일입니다. 곧 빈 무덤은 예수님께서 부활하셨다는 결정적 물증이고, 예수님의 발현은 그러한 물증을 재차 확인해 주는 것이라 할 수 있습니다. 복음서 저자들은 이 내용을 있는 그대로 전해 주고 있습니다.

하지만 사도 교회는 예수님의 부활 사실에 대하여 유다 지도자들이 퍼뜨린 소위 '부활 사기극설'의 흑색선전에 대항하여 사실을 사실대로 가르쳐야 하는 어려운 일에 당면했습니다. 사도 베드로가 예수님 부활 후 50일이 되는 오순절五旬節에 설교한 첫 내용은 예수님께서 죽은 이들 가운데서 부활하셨다는 것이었고, 이 복음 설파는 가식 없이 부활 당시에 있었던 일 그대로를 사람들에게 알려 주었습니다. 얼마 후 집필된 각 복음서도 부활 당시에 일어났던 사실 그대로를 순박하게 글로 전하고 있습니다.

만일 예수님의 부활에 대하여 조금이라도 가장이나 가식이 필요했다면 예수님께서 무덤 속에서 일어나 무덤 덮개돌을 열고 천사들과 함께 무덤을 나오는 굉장한 광경을 지어냈을 것입니다. 그러나 베드로의 설교나 복음서 어느 구석에도 예수님께서 부활하시는 광경을 전하는 말은 하나도 없습니다. 그리고 네 복음서는 하나같이 안식일 다음 날 아침 예수님의 무덤이 시체 없이 비어 있었다는 기사로 예수님 부활의 복음을 시작합니다.

2. 말씀 공감

■ 사흘만

> "주간 첫날 새벽 일찍이 그 여자들은
> 준비한 향료를 가지고 무덤으로 갔다"(루카 24,1).

칠흑의 밤, 여인들은 동이 트기만 기다렸습니다. 엊그제 금요일 늦은 오후에 십자가형으로 돌아가신 주님의 시신을 수습하여 무덤에 안장할 때 경황이 없어 시신에 향료를 발라 드리지 못한 것이 못내 아쉬웠으나, 그다음 날 토요일은 안식일이라 모든 활동이 금지되었기에 주간 첫날 새벽이 오기만을 뜬눈으로 기다릴 수밖에 없었던 것입니다.

막달라 여자 마리아와 다른 여인들이 향료를 준비했다는 것은 예수님의 죽음을 마지막으로 생각하고 희망을 접었다는 의미를 지닙니다. 여인들은 예수님께 더 이상의 미련도 욕심도 두지 않았지만, 지난날 그분으로부터 받은 은총에 대한 고마움의 표시로 당시에 집 한 채 값에 해당했다는 '향료'를 장만하여 무덤을 찾았습니다. 이를테면 어떤 기대도 계산도 없는 순수한 정표였던 것입니다.

이와는 대조적으로 바로 그 시간, 사도들은 자신들에게도 불똥이 튀지 않을까 하는 두려움에 사로잡혀 다락방에서 문을 닫아걸고 선잠을 자고 있었습니다. 바로 얼마 전, 예수님께서 한창 잘나가실 때, 곧 머지않아 정치적인 메시아로서 왕위에 등극하리라는 기대감이 고조되고 있을 때 그들은 서열 다툼을 했더랬습니다. 그랬던 그들이었건만, 급전직하 상황이 예상 밖으로 위태로워지니까 자신들의 목숨을 부지하려는 구차한 궁리를 하느라고 머리를 맞대고 있었던 것입니다. 어쩌면 이것이 인간적인 모습일지도 모릅니다.

　이런 사도들의 처신에 비해 여인들이 보여 준 태도는 참으로 순수하고 의리 있는 것이었습니다. 이러한 여인들의 사랑에 감복한 것일까, 주님께서는 막달라 여자 마리아에게 부활의 기쁨을 가장 먼저 누리는 영광을 선사하셨습니다. 이렇게 해서 절망이 희망으로, 죽음이 새 생명으로, 불의의 폭행이 정의의 승리로 종식되는 극적인 3일간의 역전극이 당시 남성 중심의 사회에서 여성 우대의 특별한 선택으로 장식되었던 것입니다.

　그 이후 우리는 극도의 절망이 엄습할 때마다 이 역사적인 3일을 기억합니다. 한 노인의 예화 속에서 우리는 우리 자신을 발견합니다.

　한 마을에 꽃을 파는 노인이 있었습니다. 노인은 가난했습니다. 복장은 허름했고 얼굴에 주름이 깊게 패여 있었습니다. 그러나 얼굴 전체에 항상 행복한 웃음꽃이 활짝 피어 있었습니다. 사람들은 그 노인을 '행복한 할머니'라고 불렀습니다.

　어느 날 한 사람이 노인에게 물었습니다.

　"무슨 좋은 일이 있나 보지요?"

　노인은 특유의 밝은 웃음을 지으면서 말했습니다.

　"내게 행복의 비결이 하나 있지요."

　노인의 말은 다음과 같았습니다.

　"이 나이에 어찌 좋은 일만 있겠습니까. 그렇지만 고통을 당할 때마다 저는 예수님을 생각합니다. 예수님은 금요일 날 십자가에 못 박히는 고통을 당했습니다. 그러나 사흘 만에 부활의 새벽을 맞지 않았습니까. 저는 고난이 다가올 때마다 마음속으로 '사흘만 기다리자'고 다짐합니다. 그때부터 제 삶이 한결 행복해졌지요."

　노인이 누리는 행복의 근원은 부활의 소망이었습니다. 봄이 오면 앙상한 나뭇가지에도 새순이 돋습니다. 세상에서 가장 어리석은 사람은 쉽게 좌절하고 포기하는 사람입니다. 고난이 닥칠 때 우리는 이렇게 속삭입시다. "사흘만 기다리자!"

■ 내가 사는 이유

> "어찌하여 살아 계신 분을 죽은 이들 가운데에서 찾고 있느냐? 그분께서는 여기에 계시지 않는다. 되살아나셨다"(루카 24,5-6).

　"눈부시게 차려입은"(루카 24,4) 천사들의 저 말은, 주간 첫날 향료를 들고 부지런히 주님의 무덤을 찾은 여자들에게 황당함과 놀라움을 넘어 새로운 희망의 흥분을 불러일으켰을 터입니다.

　천사들의 말을 듣자마자 여자들은 곧바로 "열한 제자와 그 밖의 모든 이에게 이 일을 다 알렸"(루카 24,9)으니 말입니다.

　복음서의 바로 저 여자들과 같은 심정으로, 저는 절망으로 가득한 이 세상에 희망을 노래하고 싶었습니다. 예수님께서 우리에게 이미 알려 주셨던 진실을 다시금 우리들 마음속에 회복했으면 하는 간절한 바람으로 말입니다.

　그리하여 출간된 졸저 『희망의 귀환』(위즈앤비즈 2013)에서 저는 이렇게 고백했습니다.

　　희망은 내 일생이었다. 희망은 지금도 나의 주제다. 나는 강아지 이름을 일부러 '희망'이라 붙여 키우기도 했다. 희망을 뜻하는 라틴어 'spes'를 내 ID 넘버의 근간으로도 삼았다.

하도 희망타령을 하니까, 한번은 모 잡지사 기자가 물었다.

"좋습니다. 감당하기 벅찬 절망이 덮치면 어떻게 하실 겁니까? 그때도 희망을 고집할 것입니까?"

나의 답변은 이랬다.

"나는 나에게 딱 3일만 절망할 시간을 줄 것입니다. 소리를 지르든지, 울든지, 술을 퍼마시든지, 신세타령을 하든지 하면서 실컷 절망하라고 말입니다. 그리고 희망을 추슬러서 다시 벌떡 일어날 것입니다!"

여기서 3일이라는 발상은 주님께서 돌아가신 지 사흗날에 부활하셨다는 사실에 기인합니다. 엄밀하게 말하면 제자들에게 주어진 절망의 기간은 이틀이었습니다. 삼 일째 되는 날 부활 소식을 들었던 것이고요. 저는 여기서 하루를 더 허락한 셈입니다. 어쨌든 좀 신축성 있는 상징의 의미로 말한 것이니, 너무 세밀하게 셈할 필요는 없겠습니다.

요는 가급적이면 민첩하게 절망을 수습하고 희망을 붙잡자는 것입니다. 이렇게 권해도 끝까지 비관적인 사람들을 위해 『희망의 귀환』 메시지는 이렇게 이어집니다.

둘러보면 숫제 희망임에도 여전히 절망의 명분만을 늘어놓는 사람들이 있다. "그럴듯하지만, 그게 현실에선 쉽지 않아요", "알아도 실행이 잘 안 돼요", "해 봤지만, 어려워요" 등등….

이런 현실적인 무력감을 염두하고서, 나는 마지막으로 내가 체득한 '우선순위의 법칙'을 소개한다. 핵심은 이렇다.

"무엇이건 우리가 매겨놓은 우선순위에서 0순위 또는 1순위에 있는 것은 '다 쉽다'!"

새벽 조찬 강의를 가 보면, 호텔마다 아침 6시부터 회사 중역들로 북적댄다. 그들은 언제 일어나서 그 이른 시간에 당도했을까? 생각만 해도 고달픈 일이다. 하지만 그들에게는 '쉽다'. 왜? 새로운 정보와 넓은 인맥이 우선순위에서 앞에 와 있기 때문에.

요즈음 아르바이트를 밤늦은 시간까지 해야 하는 학생들이 많다. 그들은 시간에 쪼들려 연애를 못할까? 잘들 한다. 왜? 그것이 우선순위에서 앞에 와 있기 때문에.

희망을 갖는 것도 행복을 누리는 것도 마찬가지다. 아무리 그 반대로 유혹하는 핑곗거리가 강력하게 잡아끌어도, 우선순위를 앞으로 당겨 놓으면 얘기는 끝난다.

그리하여 나의 결론은 단호하다.

사랑? 쉽다.
행복? 쉽다.
희망? 쉽다.

만일 그것이 내 우선순위 맨 앞에 와 있다면, 무엇이건 결코 어렵지 않다.[28]

어떻습니까, 여러분? 우리 앞에, 내 우선순위 맨 앞에 예수님께서 계신다면 무엇이건 어렵지 않습니다. 결코 안 되는 일이란 있을 수 없습니다.

그러므로 절망의 자리에서 예수님을 찾지 마십시오. 언제나 희망의 자리에서 예수님을 찾으십시오. 오늘 복음의 이 말씀을 가슴에 새기시면서 말입니다.

"어찌하여 살아 계신 분을 죽은 이들 가운데에서 찾고 있느냐? 그분께서는 여기에 계시지 않는다. 되살아나셨다"(루카 24,5-6).

■ 부활의 기쁨으로 발그레

> "그리고 무덤에서 돌아와
> 열한 제자와 그 밖의 모든 이에게 이 일을 다 알렸다"(루카 24,9).

마리아 막달레나, 요안나, 그리고 야고보의 어머니 마리아! 주간 첫날 새벽 일찍이 미리 준비한 향료를 가지고 무덤으로 갔던 여인들의 이름입니다. 오늘 복음 말씀은 이들 이외에도 몇 명의 여인들이 더 합세한 것으로 기록하고 있습니다.

이들은 나자렛에서 시작된 예수님 공생활의 드라마가 십자가상 죽음과 무덤에 묻히심으로 막을 내렸음에도, 급한 경황에 대충 수습된 예수님 시신에 향유를 발라 드리기 위하여 무덤을 찾아갔습니다. 후환이 두려워 제자들은 모두 뿔뿔이 흩어진 마당에, 위험을 불사한 여인들의 충실과 의리가 상상 초월의 감동입니다. 호시탐탐 높은 자리만을 노리던 제자들의 서열 다툼에 비추어 볼 때, 여인들의 사심없는 신앙적 일편단심은 숭고하기까지 합니다.

여하튼, 무덤에 당도한 여인들은 무덤이 비어 있음을 확인함과 동시에 '눈부시게 차려입은' 두 천사들로부터 '그분께서 되살아나셨다'(루카

24,6 참조)는 소식을 전해 듣습니다. 그들은 즉시 제자들에게 돌아가 보고 들은 사실을 그대로 전합니다.

"그리고 무덤에서 돌아와 열한 제자와 그 밖의 모든 이에게 이 일을 다 알렸다"(루카 24,9).

여인들은 아직 부활하신 예수님을 뵙지는 못했지만, 일단 부활 소식을 제자들에게 알렸습니다. 이리하여 부활의 첫 번째 증인이 되는 영광은 마리아 막달레나를 위시한 여인들의 몫이 되었습니다. 물론 이 여인들은 사명감보다는 얼떨결에 부활 소식을 전했습니다.

이후 예수님의 부활 소식은 증인들의 연쇄 고리를 거쳐 오늘 우리에게 전달되었습니다. 그리고 우리들 각자도 그 증인 역할을 하도록 부르심을 받았습니다.

오늘 복음 속 여인들은 우리들로 하여금 중요한 물음을 던지게 합니다. "과연 나는 얼마나 충실한 부활의 증인인가? 여인들처럼 사명감에서가 아니라 얼떨결에라도 부활하신 주님에게서 흘러들어온 신앙 체험을 동료들에게 증거는 하고 있는가?"

사실, 요즈음과 같은 영적 개인주의의 시대에 그러기란 결코 녹록지 않습니다. 그럼에도 주변을 두리번거려 보면 적극적인 증거자들이 곧잘 있습니다.

제가 복음을 전하기 위하여 한참 방송국을 드나들 때, 눈여겨봐 둔 PD가 한 명 있었습니다. 저는 사실, 늘 밝은 표정에 가톨릭 신자로서의 정체성이 뚜렷했던 그보다도 그의 어머니를 먼저 알고 있었습니다. 모 본당에서 주임 신부로 있을 때 눈에 띄는 열성으로 제 기억 속에 깊이 각인되었던 그 자매는 이후 제가 무슨 소임을 맡건 열혈 응원자가 되어 주었습니다.

 그랬는데, 2016년을 기해 우리에게 신선한 영적 자극이 되어 줄 튀는 신자가 그리워 추억의 필름을 돌리던 중, 불쑥 그 PD가 떠올랐습니다. 어렵사리 연락을 취하여 그의 신앙 이야기가 월간 『참 소중한 당신』에 실리도록 주선해 주었는데, 그 골자는 이렇습니다.

 〈우정의 무대〉, 〈사랑의 스튜디오〉, 〈해피타임 기분 좋은 날〉…. 아마 누구나 한 번쯤 들어 봤을 이 프로그램을 기획·연출하고, […] 〈생방송 오늘 아침〉 책임 프로듀서인 남 PD. […] 그에게는 시청률을 올리기 위해 선정적이고 자극적인 내용으로 가야 하나 하는 유혹이 늘 따라다닌다. 하지만 그는 가슴에 품은 신앙을 한순간도 잊지 않았다.

 "제가 방송 제작 현장에 몸담고 있으니까 프로그램 내용이 반생명, 무신론, 물질주의 경향으로 흐르지 않도록, 복음적인 가치인 생명과 사랑이 얼마나 소중한 것인지를 담을 수 있도록 노력해요."

 방송은 종교의 형평성을 고려해야 하지만 제작진이 찍어 온 영상 속 출연자들이 묵주반지를 끼고 있거나 곳곳에 십자가상이나 성모상이 보이면 내심 기분이 좋다는 그. 특히 다른 사람들에게 모범적인 모습을 보임으로써 복음을 전파하기 위해 애쓴다는 남 PD. […] 어릴 적부터 몸에 밴 신앙 덕인가 싶었는데, 의외로 성인이 되어서야 세례를 받았다고 한다.

 "부모님이 40대쯤, 저는 고등학생 때쯤인데, 인생에 종교가 필요하다는 걸 느끼셨던 것 같아요. 그래서 어떤 종교를 선택할까 고민하시다가 주변 사람들의 됨됨이라든지 신용을 보시곤, '훌륭한 사람들은 성당에 나가는구나' 판단하셨대요. 그래서 성당을 다니기 시작하셨는데, 저희 어머니가 미지근한 걸 싫어하세요. 어떤 것을 선택하면 딱 부러지게, 하면 하고 말면 마는, 대장부 같은 스타일이시죠. 그래서 이후 아주 열정적으로 신앙생활을 하셨어요. 저도 어머니의 권유로 세례를 받았고요. MBC에 입사하고 결혼한 1994년 성탄에요." […]

그 어머니에 그 아들이라고, 남 PD는 자신의 재능을 발휘할 수 있는 지금의 자리에 있게 된 것 모두를 하느님의 축복으로 돌렸다.[29]

그와 그의 어머니를 통해서 생활 현장 속에서도 저렇게 부활의 증인이 된다는 것이 알콩달콩 가능함에 공감이 가는 순간입니다.

함께 기도하시겠습니다.
주님, 저희에게 '3일'이라는 희망을 주셔서 감사드립니다.
주님, 저희도 여인들처럼 절망의 끝자락에서도 순수한 사랑, 끝까지 충실한 믿음의 정절로 주님의 마음을 움직이게 하소서.
주님, 저희의 가난한 마음, 그러나 모든 것을 팔아 '향료'를 살 마음만은 여전한 저희의 알량한 충절 속으로 당신의 부활을 드러내소서.
우리 주 예수 그리스도를 통하여 비나이다. 아멘!

부활 제2주일 곧, 하느님의 자비 주일: 요한 20,19-31

불신을 깨뜨리시는 분

"의심을 버리고 믿어라"(요한 20,27).

1. 말씀의 숲

우리는 오늘 부활의 두 번째 주일을 맞이했습니다. 오늘 복음에서 예수님께서는 닫혀 있는 문을 통과하여 들어오십니다. 오늘 이 시대에도 닫혀 있는 마음들이 많이 있습니다. 우리들이 그 주인공이 될 수도 있고, 믿음을 가지지 못한 이들 중에도 그런 사람들이 있을 것입니다.

요한 복음 20장 1절부터 31절은 예수님의 부활 사건과 부활하신 예수님의 발현에 대한 보도이며, 동시에 요한 복음의 마무리입니다. 누구든지 어떤 글을 쓸 때, 마지막 부분에는 자신이 하고 싶은 말을 다 담아 놓습니다. 그런 의미에서 오늘 복음 말씀은 요한 복음서 전체의 요약이라고 말할 수 있습니다.

오늘 이야기를 큰 줄거리로 보겠습니다.

그날, 곧 주간 첫날 저녁에 제자들은 문을 잠그고 있었습니다. 유다인들에 대한 두려움과 공포 때문에 심한 충격에 휩싸여 있었기 때문입니다. 그때 예수님께서 그들 한가운데로 들어오시며 인사를 건네셨습니다.

"평화가 너희와 함께!"(요한 20,19)

그런데 그 예수님께서는 다름 아닌 곧 십자가에 못 박히셨던 예수님입니다. 그렇기 때문에 제자들에게 자신의 손과 옆구리를 보여 주셨습니다. 그다음에 예수님께서는 제자들을 온 세상에 평화를 전하기 위해 파견하십니다. 뿐만 아니라 제자들이 사명을 잘 완수하도록 성령도 받게 하십니다. 이 성령의 부여는 인간의 죄를 용서할 수 있는 권한과 직결되어 있기 때문에, 부활하신 예수님께서는 공동체의 화해와 평화를 가능케 하는 생명과 그 권한을 제자들, 곧 교회 공동체에 위임하신 것입니다.

이어서 토마스의 이야기가 이어집니다. 토마스 이야기가 끝난 다음에는 이 책을 쓴 목적에 대하여 설명하고 있습니다. 요한 사도는 우선 저술의 한계성을 밝힙니다. 즉 복음사가 자신이 독자들에게 전하지 못하는 예수님에 관한 다른 자료들이 수없이 많지만 그것을 다 쓰기에는 부족하다는 내용입니다. 그리고 이 책의 저술 목적은 사람들이 예수님을 메시아로 고백하고 생명을 얻도록 하기 위함이라고 분명히 밝히고 있습니다. 바로 이것이 요한 복음의 전체적인 해설이 되는 것입니다.

2. 말씀 공감

■ 닫혔던 마음이 열리고

> "그날 곧 주간 첫날 저녁이 되자, 제자들은 유다인들이 두려워 문을 모두 잠가 놓고 있었다"(요한 20,19).

흔히 사람의 마음에 대하여 이야기할 때, 넓은 때는 바다와 같이 한

없이 넓다가도 한번 오그라들면 바늘 하나 들어가기 힘들 정도로 단단해진다고들 합니다. 그리고 한번 오그라든 마음을 다시 풀기 위해서는 오랜 시간이 걸리기도 합니다.

오늘 복음에서 제자들이 유다인들이 두려워 '문을 모두 잠가 놓고 있었다'라는 말은 겉으로는 단순히 다락방 문을 잠가 놓고 있었다고 볼 수 있지만, 한편으로 그들의 마음 상태를 나타낸 것이라 할 수 있습니다. 문을 걸어 잠근다는 것은 외부와의 관계를 모두 끊는다는 것을 말하며, 동시에 자기 자신을 '감옥'에 가두어 버리는 것과 같은 것입니다. 마음의 문을 닫아 버린 사람은 그 안에서 쉽게 나오지 못하기 때문입니다.

하지만 예수님께서는 제자들이 그렇게 닫아 버린 문도 아무런 소용이 없었습니다. 문이 모두 굳게 잠겨 있었건만 예수님께서는 홀연히 제자들이 있는 방 안으로 들어오셨습니다. 그리고 "평화가 너희와 함께!"(요한 20,19)라는 말로 인사를 건네셨습니다. 그러자 제자들은 금방 기쁨에 넘쳤다고 오늘 복음은 전해 주고 있습니다.

부활하신 주님께서 우리 마음에 오시면 닫혔던 마음의 문이 활짝 열리게 됩니다. 닫혔던 마음의 문이 열릴 때 어떤 일이 일어나는지 이○○ 님의 체험을 소개합니다. 이 자매는 2006년 12월 2일 자 '가톨릭굿뉴스' 신앙 체험 게시판에 자신의 체험을 이렇게 적고 있습니다.

오랫동안 냉담을 하다 이번 10월에 혼배를 하고 열심히 하느님을 만나러 다니고 있습니다. 신부님께서 주신 고해성사의 보속은 평일 미사 3번 참석이었습니다. 그러던 미사 참석 5번째 되는 날, 그날은 미사 중 알 수 없는 가슴 벅참과 기쁨으로 목이 메어서 기도문을 말을 할 수가 없었습니다. 미사 중 눈물이 나오려고 하는 것을 꾹 참느라 눈시

울과 제 코끝은 빨개졌었습니다. 미사 중 울면 사람들이 저를 이상하게 여길까 봐서 참았습니다.

아는 분에게 말했더니 주님의 은총이라고 하셨습니다. 그런데 부끄러웠습니다. 아주 오랫동안 냉담했던 저에게 주님의 은총이라니….

그런데 이상한 일이 일어났습니다. 제 마음속의 미움이 다 사라졌다는 걸 얼마 후 알았습니다. 10년 동안 미웠던 사람들이 그냥 편안하게 제 맘속에 자리 잡고 있었습니다. 그리고 조금씩 저를 더 변화시켰습니다. 하느님을 모르고 살던 저의 맘속에 하느님이 가득 차 있었습니다. 그로 인해서 화도 참게 되고 온유한 맘이 가득해집니다.

얼마 전 소공동체 반모임을 수원교구에 있는 H 성지로 갔었습니다. 미사 후 바로 신부님께서 오늘은 떼제 기도를 12시 30분까지 한다고 하시면서 고해소로 들어가셨습니다.

신자들과 봉사하시는 분들과 기도가 시작되었습니다. 성경 말씀과 성가, 성경 말씀과 성가가 되풀이되는 기도였습니다. 두려워 말라. 두려워 말라. 성가를 부를 때였습니다. 사람들의 눈도 의식할 수 없을 만치 순식간에 눈에서 눈물이 홍수가 나도록 흐르고 있었습니다. 아주 펑펑 눈물이 쏟아져 나왔습니다. 벗었던 미사보를 얼굴을 가리려고 다시 썼고 제대 앞에 눕혀진 십자가에 그려진 예수님 손의 못 자국에 입맞춤을 하고 기도를 할 때 잠시 소강상태였던 눈물이 또 흐르기 시작했습니다. 제 눈물의 의미가 무엇인지는 모르겠습니다. 하지만 저는 이제 다시는 냉담을 하지 않고, 하느님을 통해서 기쁨과 슬픔을 나누는 생활을 할 것이라고 다짐하고 기도합니다.[30]

■ 수치를 당하지 않을 것임을

> "성령을 받아라.
> 너희가 누구의 죄든지 용서해 주면 그가 용서를 받을 것이고,
> 그대로 두면 그대로 남아 있을 것이다"(요한 20,22-23).

평화의 인사에 이어 예수님께서는 제자들에게 엄청난 권한과 사명을 주십니다.

"성령을 받아라. 너희가 누구의 죄든지 용서해 주면 그가 용서를 받을 것이고, 그대로 두면 그대로 남아 있을 것이다"(요한 20,22-23).

예수님께서는 먼저, "성령을 받아라."라고 하시며 성령의 입김을 불어 넣어 주셨습니다. 이로써 땅끝까지 복음의 사도로 파견할 채비를 갖춰 주셨습니다.

다음으로, "너희가 누구의 죄든지 용서해 주면 그가 용서를 받을 것이고, 그대로 두면 그대로 남아 있을 것이다."(요한 20,23)라고 하시며 용서의 권한을 제자들에게 위임하셨습니다. 이는 사실상 '파견'의 핵심이 되는 사명이기도 했습니다.

왜 예수님께서는 사도들에게 뜸 들일 짬도 허락하지 않으시고, 단도직입적으로 이 용서의 명령을 내리셨을까요? 답은 명료합니다. 죄의 용서가 당신 강생의 이유요, 십자가 지심의 목적이었기 때문입니다. 그리하여 사도들의 영순위 사명 역시 죄의 용서였기 때문입니다.

죄의 용서가 이렇게 예수님과 사도들에게 무엇보다도 우선한 중대 사안이었다면, 정작 용서를 받아야 하는 우리는 이를 얼마나 더 귀하게 여겨야 할까요. 하지만 우리의 신앙이 워낙에 타성에 젖고 무디어지다

보니, 우리는 고해성사를 대충 생각하고 소홀히 여기는 불행에 빠져 있기가 다반사입니다.

천년에 한 번 나올까 말까 하는 대학자 성 아우구스티노는 '인자하신 하느님께서는 우리가 후세에서 치욕을 당하지 않게 하시려고 현세에서 죄를 고백하도록 마련하셨다. 누구든지 '나는 하느님께 직접 죄를 고백한다'든가 '하느님 앞에서 고백하겠다'는 등의 말을 하지 말아야 한다. 만일 그렇다면 '무엇이든지 너희가 땅에서 풀면 하늘에서도 풀릴 것이다'라는 말씀이나, '하늘의 열쇠를 교회에 맡기신다'는 말씀은 헛소리라는 말인가. 우리가 무엄하게도 복음서와 그리스도의 말씀을 마음대로 없애 버리겠다는 것인가?'[31]라며 우리에게 각성을 촉구합니다.

성령의 기운이 서린 그의 힘 있는 필치가 우리에게 고해성사의 은혜를 또렷이 깨우쳐 줍니다. 그저 고개를 끄덕이며 동의할 따름입니다.

■ 날로 약동하게

> "이것들을 기록한 목적은 예수님께서 메시아시며
> 하느님의 아드님이심을 여러분이 믿고, 또 그렇게 믿어서
> 그분의 이름으로 생명을 얻게 하려는 것이다"(요한 20,31).

오늘 복음은 제자들이 "유다인들이 두려워 문을 모두 잠가 놓고 있었다."(요한 20,19)라는 말씀으로 시작합니다. 문을 걸어 잠근다는 것은 그들의 마음 상태를 나타내 주고 있습니다. 그만큼 두려움이 컸던 것이죠. 처형당해 무덤에 묻히신 예수님, 그 화가 자신들에게 미치지 않을까 하는 염려, 이는 결코 괜한 걱정이 아니었습니다. 누구든지 제자들과 똑같

은 입장이 되면 그런 절망, 체념, 그리고 공포감에서 마음의 문들을 꽁꽁 닫아걸지 않을 수 없었을 것입니다.

하지만 예수님께서는 그 방어벽을 뚫고 홀연히 제자들이 있는 방 안으로 들어오셨습니다. 그리고 "평화가 너희와 함께!"(요한 20,19)라는 말로 인사를 건네셨습니다. 그러자 제자들은 금방 기쁨에 넘쳤다고 오늘 복음은 전해 주고 있습니다.

부활하신 주님께서 우리 마음에 오시면 이중 삼중으로 닫혔던 마음의 문이 활짝 열리게 됩니다.

이는 오늘날에도 여전히 유효합니다.

요즘 많은 이들이 교회에 대하여 마음의 문을 닫아거는 경우가 많이 있습니다. 본당 생활을 하면서 다른 신자들 또는 성직자나 수도자와의 관계에서 상처받고 냉담을 하고 있는 신자들이 많습니다. 교회 안에서 위로를 받지 못하고 떨어져 나간 신자들도 있습니다. 아예 처음부터 '교회는 무조건 싫다'라는 이유로 복음을 받아들이려 하지 않는 비신자들은 더 많습니다. 바로 이러한 이들이 자신들의 마음의 문을 닫아걸고 하느님과 교회와의 관계를 거부하고 있는 사람들입니다.

이처럼 꽁꽁 닫힌 문들을 통해서도 주님께서는 안으로 들어가십니다.

어떻게 들어가실까요?

그 힌트를 주님께서는 다락방에서 토마스 사도와 대화하시던 마지막 대목에서 밝히십니다.

"너는 나를 보고서야 믿느냐? 보지 않고도 믿는 사람은 행복하다"(요한 20,29).

이 말씀은 주님께서 사도들에게는 특별히 가시적인 모습으로 발현하셨지만, 그 이후의 세대들에게는 비가시적인 모습, 곧 보이지 않는 방식으로 나타나실 것임을 암시하고 있습니다.

보이지 않는 방식이라면, 우리는 마땅히 성경 '말씀'을 떠올리게 됩니다.

과연 그 이후 주님께서는 말씀을 통하여 우리의 닫힌 마음 안으로 들어오셨습니다. 그리하여 우리를 변화시키셨고, 치유하셨고, 믿도록 도우셨고, 이윽고 구원하셨습니다.

"이것들을 기록한 목적은 예수님께서 메시아시며 하느님의 아드님이심을 여러분이 믿고, 또 그렇게 믿어서 그분의 이름으로 생명을 얻게 하려는 것이다"(요한 20,31).

이렇게 말씀을 들음으로 믿음이 생겨서 구원을 받아 영원한 생명을 누리고 있는 우리들에게, 주님께서는 줄곧 일용할 양식이 되어 주시고, 살아갈 의욕과 의미와 희망이 되어 주십니다.

그 대표적인 증인들이 바로 우리인 것입니다.

함께 기도하시겠습니다.

저희가 혹은 두려움 때문에, 혹은 상처 때문에, 혹은 실망 때문에 마음의 문을 닫아걸고 이웃과도 주님과도 관계를 끊고 싶은 유혹에 빠질 때가 있습니다.

이럴 때 주님께서 저희 닫힌 마음을 투과하여 들어오십시오. 들어오시어 차가운 저희 마음을 따뜻이 덥혀 주십시오.

주님, 무미건조하고 미적지근한 저희 마음이 주님으로 인해 다시 뜨거워지게 하소서.

주님, 메말라 있던 저희 눈물샘에도 은총의 눈물이 다시 샘솟게 하소서. 우리 주 예수 그리스도를 통하여 비나이다. 아멘!

부활 제3주일: 요한 21,1-19

손수 차려 주신 밥상

"너는 나를 사랑하느냐?"(요한 21,16)

1. 말씀의 숲

오늘 복음에서는 고기를 잡는 이야기가 나오고 있습니다. 시몬 베드로와 동료들이 모두 고기잡이에 나서지만 허탕을 치고 말았습니다. 시몬은 어부면서도 언제나 고기 한 마리 못 잡고 있습니다. 그러나 주님의 말씀에 따라 그물을 치자, 또 한 번 기적적으로 고기를 잡을 수 있었습니다. 그리고 제자들은 그제서야 주님을 알아뵈었습니다. 고기를 잡기 전까지는 아무도 예수님인 줄을 모르고 있었기 때문입니다.

제자들이 뭍으로 돌아왔을 때, 주님께서는 새벽녘까지 일한 그들을 위해 식탁을 차려 주셨습니다. 숯불 위에 생선도 있고 빵도 있고 또 예수님께서 친히 다가와 차려진 빵을 집어 주셨고 생선도 집어 주셨습니다. 제자들에게는 이 모든 것이 분명했습니다. 새삼 물어볼 필요도 없이 주님이심을 알았기 때문입니다.

사실상 요한 복음서 21장의 내용은 요한 복음사가의 후계자들, 이른바 요한 학파가 최종 편집할 때 보충한 부록입니다. 요한 복음사가의 저술 요지가 담긴 대목이 완전한 결어 형태를 취하면서 독자들에게 더 이상의 것을 기대하지 않도록 해 주고 난 뒤, 21장 끝부분에서도 또 다른 형태의 결어가 나오는 것이 이를 잘 대변해 줍니다.

그렇다면 이미 끝마친 복음서에 어찌하여 새로운 장을 부가했는지, 그 첫째 이유를 생각해 보아야 합니다. 새로운 장이 부과된 이유는 단연코 부활의 현실성을 나타내 보이기 위함이었습니다. 부활하신 그리스도의 나타나심은 제자들이 본 환상에 지나지 않는다고 하는 사람들이 많이 있었습니다. 많은 사람들이 아직도 그것은 환상에 지나지 않는다고 주장했던 것입니다. 어떤 자들은 더 나아가서 그것은 환상이 아니라 환각이라고 주장했습니다. 그러나 복음서는 부활하신 그리스도는 환상이나 환각이 아니고, 더욱이 영만도 아니며, 영과 육이 결합된 참다운 인간의 육신을 지니셨다고 주장하고 있습니다. 그리고 부활하신 그리스도께서는 아직도 못 자국과 그 옆구리에 창으로 찔린 상처를 지니고 있는 실체의 몸을 가지셨다고 주장합니다.

그러나 이 이야기는 한 걸음 더 나아가고 있습니다. 환상이나 영이 어부들에게 고기 떼를 지적해 준다고 하는 것은 있을 법한 일이 아닐 것입니다. 환상이나 영이 해변에서 숯불을 피운다고 하는 것은 있을 수 없는 일입니다. 환상이나 영이 먹을 것을 만들어 나누어 준다고 하는 것은 있을 수 없는 일입니다. 그럼에도 불구하고 이 이야기가 말해 주고 있듯이 부활하신 그리스도께서는 그러한 일을 낱낱이 다 하신 것입니다.

그러므로 이 이야기의 첫째이면서도 가장 분명한 목표는 부활의 현실성을 분명하게 밝혀 주는 일입니다. 부활은 환상이 아니었습니다. 그것은 사람들의 충분한 상상에서 생기는 허구도 영이나 유령의 출현도 아니고, 죽음을 이기시고 개선하신 예수님, 바로 그분이셨던 것입니다.

2. 말씀 공감

■ 주님의 프러포즈

> "얘들아, 무얼 좀 잡았느냐?"(요한 21,5)

밤새 아무것도 잡지 못한 초라한 배 위에 모여 있던 제자들을 향해 다정한 목소리가 공기를 타고 흐릅니다.

"얘들아, 무얼 좀 잡았느냐?"(요한 21,5)

제자들은 이내 그 목소리의 지시에 따라 그물을 내리고, 그분께서 허락하신 만큼 고기를 잡아 올립니다. 미처 그물을 끌어올릴 수가 없을 만큼 많이요.

오늘, 아무 관심도 받지 못한 내 삶에, 성과 없는 하루로 풀 죽은 내 삶에, 누군가의 한줄기 도움이 간절하게 필요한 내 삶에, 그 목소리가 찾아와 귓가를 적십니다.

마음을 열기만 하면, 듣고자 하기만 하면 언제나 나를 향해 말씀하고 계신 그 목소리를 알아들을 수 있게 됩니다. 바로 예수님의 음성 말입니다.

여기 뒤늦게 예수님의 말씀을 받들며 전국을 씽씽 달리는 당찬 자매 한 사람이 있습니다. 월간 『참 소중한 당신』 2013년 3월 호에 소개된 박젬마 자매입니다.

"70세 이상 어르신을 무임승차로 모십니다."

운전석 앞 대시보드dashboard와 등받이 뒤에 이렇게 써 붙이고 영업을 하고 있는 개인택시 운전기사. 게다가 돈을 따로 모아 어르신들을 위

해 좋은 일까지 하고 있다는 모범 운전기사 박 젬마 씨. […]

홀로된 그녀는 생계를 위해 자동차 면허증을 땄고, 당시만 해도 '남자들의 세계'인 택시 업계에 뛰어들어 억척스럽게 일했다. […]

쉬는 날 없이 2교대 근무를 하면서 […] 그녀는 오랫동안 냉담을 하게 된다. 그 후 성당 다니는 동생을 만나 가깝게 지냈는데, 구역장까지 하던 그 동생 역시 일요일에 쉬지 않는 직장에 나가게 되면서 냉담 중이었다.

"언젠가 그 동생과 같이 간 명동성당에서 '언니, 나도 성사 보니까, 언니도 성사 봐' 하길래 '그래, 보자' 하고 고해소로 들어갔죠. 성사는 안 보고 펑펑 울기만 했어요. 고해소 안에서 하도 우니까 신부님이 성사를 받아 주기는 하셨죠. 얼마나 많이 울었던지 질질 짜다가만 나온 것 같아요."

그렇게 성사를 보고 다시 성당에 다녔고, […] 핸들을 잡은 지 어느덧 30년, 개인택시를 한 지 올해로 20년을 넘어섰다는 […] 그녀는 나이 50 중반이 되면 나누며 살아야겠다는 생각을 하게 된다. […]

"나라에서 65세 이상 노인들에게 무임승차를 해 주니까, 저는 70세 이상으로 해 보면 어떨까 하고 생각했죠. 2011년 1월 1일부터 시작했어요. […]"

이 일을 시작한 지 3개월 정도 뒤부터 기록을 해 나갔고, 무임승차하신 분의 요금은 영수증을 빼서 간단히 메모를 적어 노트에 붙였다. 무임승차를 할 수 없다며 준 요금은 따로 모았다. 6월부터는 모은 액수에 상관없이 매월 10만 원씩 1년 만기 적금을 들어, 이듬해 6월 적금을 탔다. […]

처음 그 돈으로 본당 어르신들에게 삼계탕을 대접했다. […]

"어르신들에게 '맛있게 잘 먹었다'는 인사도 많이 받았어요. 저도 저 자신에게 칭찬을 했지요. '잘했다. […] 앞으로 건강 더 잘 지켜서 이 일을 성실하게 해야 하겠다' 마음먹었죠." […]

노인 인구가 늘어나는 추세여서 무임승차할 분도 점차 많아지겠지만, 주님이 도와주시리라 믿고 걱정하지 않는다는 박○○ 기사. […] 가난했지만 고통과 유혹을 이겨내고 시골 처녀에서 만인의 존경을 받게 된 젬마 성녀는 분명 수호성인으로서 그녀의 꿈을 이루어 주시리라.[32]

울음뿐이던 고해였지만 그녀는 아무 조건 없이 자신을 다시 받아 주신 예수님을 깊이 체험했던 것입니다. 그녀의 이 멋진 나눔은 다시 그분의 말씀을 벗 삼아 그분의 말씀을 따라 살기 위한 작은 실천일 테고요.

■ 누구보다 먼저

> "예수님께서 사랑하신 그 제자가 베드로에게
> '주님이십니다.' 하고 말하였다"(요한 21,7).

이 말씀에서 "예수님께서 사랑하신 그 제자"(요한 21,7)는 요한 사도를 가리킵니다.

요한은 제자들 가운데에서 가장 먼저 주님을 알아보고 베드로에게 "주님이십니다."(요한 21,7)라고 말했습니다.

이는 우리에게 훌륭한 묵상거리가 됩니다.

분명히 그 자리에 있던 제자들 모두 뭍에서 말을 건네 오는 똑같은 소리를 들었고, 똑같은 모습을 보았으며, 똑같이 물고기가 배 한가득 잡히는 풍어의 기적을 체험했습니다.

그런데 뭍에서 "그물을 배 오른편으로 던져라."(요한 21,6)라고 말을 건네오신 분이 바로 예수님이심을 가장 먼저 알아본 것은 요한이었습니다.

이 사실은 무엇을 암시할까요. 그 힌트는 "예수님께서 사랑하신 그 제자"(요한 21,7)에 있습니다.

이에 대하여는 특별한 사연을 알아 둘 필요가 있습니다. 당시 요한은 미소년티를 갓 벗어난 나이였습니다. 형 야고보와 함께 예수님으로부터 처음 부르심을 받았을 때, 그는 10대의 풋풋한 소년이었습니다. 열두 사도 가운데 막둥이였던 그는 '주님의 은총을 받는다'는 뜻의 '요한'답게 예수님의 총애를 받았습니다. 워낙 어려서 예수님을 따랐기에 애처로워서였을 것입니다. 그런데 요한 복음에서 자신을 "예수님께서 사랑하신 그 제자"(요한 21,7)라고 기록하고 있는 것을 보면, 그는 저 특은을 내심 자랑스럽게 기억하면서도 자신만의 비밀로 간직하고 싶어 했던 것 같습니다. 겸덕의 발로라고도 볼 수 있겠습니다.

자신이 예수님의 특별한 사랑을 받고 있다는 사실을 알아챈 요한! 그 역시 이 은혜를 사랑으로 갚아 드렸을 것은 자명합니다. 예수님께서 십자가 처형을 받으시기 직전 제자들이 다 도망쳤을 때, 베드로와 함께 다시 돌아와 심문 현장에 잠입해 들어간 것만 봐도 그 사랑의 크기가 가늠됩니다.

그렇습니다. 그 사랑의 크기만큼 요한 사도는 자신의 모든 촉을 예수님께 향하게 하여 예수님의 일거수일투족을 감지하도록 레이더를 풀가동시켰던 것입니다. 그리하여 아주 멀찍이서도 예수님의 현존을 감지하는 민감성을 보였던 것입니다.

"예수님께서 사랑하신 그 제자가 베드로에게 '주님이십니다.' 하고 말하였다"(요한 21,7).

이 말씀에서 사랑의 진실이 고동치고 있습니다.

예수님을 향한 우리의 그리움은 예수님을 향한 우리 사랑의 크기만큼만 짙습니다.
우리를 향한 예수님 사랑의 확신은 예수님을 향한 우리 사랑의 크기만큼만 굳건합니다.
예수님 말씀을 향한 우리의 충실은 예수님 말씀을 향한 우리 사랑의 크기만큼만 우직합니다.

■ 주님, 이제 아시겠지요?

> "주님, 주님께서는 모든 것을 아십니다.
> 제가 주님을 사랑하는 줄을 주님께서는 알고 계십니다"(요한 21,17).

이 말씀을 올바로 묵상하려면 우리는 잠깐 베드로 사도가 예수님을 세 번 배반한 사실을 심리적으로 짚어 볼 필요가 있습니다.

수난을 앞두시고 예수님께서는 미구에 닥칠 사태를 예고하시면서 "오늘 밤에 너희는 모두 나에게서 떨어져 나갈 것이다."(마태 26,31)라고 말씀하셨습니다. 그때 베드로 사도가 큰소리쳤습니다.

"모두 스승님에게서 떨어져 나갈지라도, 저는 결코 떨어져 나가지 않을 것입니다"(마태 26,33).

이에 스승님께서 다시 새벽닭이 울기 전에 세 번 당신을 부인할 것이라고 예고하시자, 그는 함께 죽는 한이 있어도 결코 그런 일이 없을 것이라고 호언했습니다(마태 26,34-35 참조).

그는 믿는 구석이 있었습니다. 바로 자기 자신이었습니다. '나는 다르다. 다른 제자들은 유혹에 넘어갈지 몰라도 나는 안 넘어간다. 나는 자신 있다', '나는 강하다', '나는 능력이 있다', '나는 충실하다' 등….

주님께서는 그가 진실로 교회의 반석이 되기 위해서는 그의 자아의 세계에 개벽이 필요하다는 점을 알고 계셨습니다. 이윽고 시험의 시간이 엄습했을 때, 그의 내적 우주는 여지없이 무너졌습니다. 이열치열以熱治熱이라고 했던가. '나는'의 장벽을 무너트린 것은 '나는'이었습니다.

"나는 그 사람을 알지 못하오"(마태 26,72).

그렇게도 자신만만하던 그의 자신감은 서슬 퍼런 빌라도의 법정에서가 아니라 단지 심문의 장소에 불과했던 카야파의 집에서 이미 무너졌습니다. 그것도 칼을 든 군인들의 위협이 아니라 한갓 "하녀"(마태 26,69)의 말에 비참하게 무너졌습니다. 심지어 거짓말이라면 천벌이라도 받겠다며 발뺌하는 처절한 내면을 드러내면서 허물어졌습니다. 그날 그는 철저하게 무너져 내린 자아自我의 폐허 앞에서 슬피 울었습니다(마태 26,75 참조).

바로 이러한 심리적 정황을 전제로 할 때 우리는 오늘 복음 말씀을 올바로 묵상할 수 있습니다. 저는 오늘 복음 말씀에 대한 묵상을 이렇게 적어 둔 적이 있습니다. 함께 음미해 보겠습니다.

> 주님께서는 아신다, 그때 그의 심정이 얼마나 참담했는지, 얼마나 면목 없었고, 얼마나 낙심하고 있었는지. 주님은 다 아신다, 그가 얼마나 깊은 자괴감의 늪에서 허우적대고 있었는지.
> 모르긴 몰라도 그 고뇌의 늪은 그들이 부활하신 예수님과 마지막으

로 고기를 구워 먹었던 그 '티베리아스 호수'(요한 21,1 참조)보다도 더 깊었으리라. 그것이 그렇게도 아렸던 것은 그만큼 그가 주님을 사랑했었기 때문이었을 터. 꼭 그 사랑의 크기만큼 그는 괴로워했던 것이다. 그렇다. 괴로움은 꼭 사랑의 크기만큼 괴로운 것이다. […]

그런 베드로에게 부활하신 주님이, 어느 날 나타나셨다. 주님이 베드로에게 다가와 물으신다. […]

"요한의 아들 시몬아, 너는 나를 사랑하느냐?"(요한 21,15.16.17 참조)

이 세 번째 물음에 그의 슬픔이 폭발하고 말았다. "주님, 주님께서는 모든 것을 아십니다. 제가 주님을 사랑하는 줄을 주님께서는 알고 계십니다"(요한 21,17). […]

세 번 배반했던 그에게 세 번의 물음은 묘하게도 영약靈藥이 되었다. 이상하게도 그의 마음속 깊이 새겨졌던 상처 '세 덩어리'가 그대로 사라진 것이었다.

감쪽같이 치유된 그 자리에 주님께서는 대신 영원히 사라지지 않는 사명을 새겨 넣으셨다. 그 세 상처가 있던 바로 그 자리에 꼭 세 번 문신文身을 새겨 넣으셨다.

"내 (어린) 양들을 돌보아라"(요한 21,15.16.17).

그리고 이 문신이 그로 하여금 65년 네로 황제의 대박해 때 십자가에 거꾸로 매달려 죽게 했다. 고통스러운 운명의 순간에 그는 주님께 이렇게 기도했는지도 모른다.

"주님, 이제 아시겠지요. 제가 주님을 얼마나 사랑하는지."[33]

함께 기도하시겠습니다.

　주님, "얘들아 무얼 좀 잡았느냐?"라고 제자들에게 건네신 인사 말씀은 밤새 허탕질한 그들을 도우시려는 프러포즈였습니다.

　주님, 오늘도 주님께서는 영적으로 허탕질을 거듭하는 저희들에게 똑같은 말씀으로 다가와 주십니다.

　주님, 저희들이 그 한 말씀 듣기 위해 매양 귀 기울이고 있사오니, 가장 필요한 순간에 수시로 내려 주소서. 그러면 저희가 살겠나이다. 할렐루야!

　우리 주 예수 그리스도를 통하여 비나이다. 아멘!

부활 제4주일: 요한 10,27-30

목초지로 가자꾸나

"나는 그들에게 영원한 생명을 준다"(요한 10,28).

1. 말씀의 숲

이 말씀은 요한 복음 10장의 착한 목자 이야기의 중간 핵심적 부분으로 사도 요한의 장엄한 선언이기도 합니다.

이 말씀의 배경은 성전 봉헌 축제 기간, 곧 키슬레우 달 12월 25일에 행했던 성전 정화 기념을 배경으로 하고 있습니다. 성전 봉헌 축제는 안티오코스 에피파네스 4세에 의해 성전의 번제물 제단이 부정하게 되었을 때 기원전 164년 유다 마카베오 형제들이 시리아인들을 몰아내고 성전을 재축성하고 새로운 제단을 건립한 것을 기념하는 날입니다. 이것은 기원후 29년 12월 중간에 일어난 사건입니다.

이날 예수님께서는 솔로몬 주랑에서 유다인들로부터 "당신은 언제까지 우리 속을 태울 작정이오? 당신이 메시아라면 분명히 말해 주시오."(요한 10,24)라는 질문을 듣게 됩니다. 곧 오늘 말씀은 예수님을 거부하는 유다인들에게 예수님께서 답변하시는 내용 중 일부입니다.

오늘 말씀은 단 4절밖에 안 되는 말씀이지만 두 부분으로 나눌 수 있습니다. 앞부분은 27절과 28절입니다. 여기서는 당신과 양들에 대해서 말씀하십니다. 뒷부분은 29절과 30절로, 당신의 아버지께서 등장하십니다. 그리고 그 사이인 28절에서 "아무도 그들을 내 손에서 빼앗아 가지 못할 것이다.", 29절에서 "아무도 그들을 내 아버지의 손에서 빼앗아 갈 수 없다."라는 말씀이 반복되고 있습니다. 이렇게 양들은 결정적으로 당신과 아버지께 속해 있습니다. 그리고 양들과 아버지 사이에 당신이 계십니다.

구약성경은 목자이신 하느님을 노래하고 찬미합니다. 이스라엘 사람들은 자기들의 역사를 되돌아보면서 하느님께서 정녕 목자이시고, 자기들은 그분의 양들임을 깨닫게 된 것입니다. 그리고 신약성경은 목자이신 예수 그리스도를 선포합니다. 그렇다고 목자가 둘이라는 말은 아닙니다. "아버지와 나는 하나다."(요한 10,30)라고 예수님께서는 오늘 복음에서 말씀하십니다.

목자는 무엇보다도 먼저 양 떼를 풀과 물이 있는 곳으로 인도해야 합니다. 여기서 우리는 물과 풀이 귀한 이스라엘 땅을 생각해야 하겠습니다. 물이 귀했기에, 사람과 짐승을 위한 물을 확보하는 것이 생존에 결정적인 일 가운데 하나였습니다. 때로는 샘이나 우물을 놓고 싸움을 벌여야 하기도 했습니다. 자연히 물이 마르지 않는 우물은 번영을 보장해 주기도 했습니다(창세 26,15-22 참조). 이스라엘은 비가 적고 바위가 많을뿐더러, 광야 또는 사막과 접해 있는 지방입니다. 자연히 목초가 풍부하지 않았습니다. 그래서 목자는 항상 양 떼를 위한 풀밭을 찾아야 했습니다.

목자의 두 번째 사명은 양 떼를 보호하는 것입니다. 이 점에서도 우리는 옛날 이스라엘의 생활 환경을 생각해야 하겠습니다. 목자는 풀을 찾아 인적이 거의 없는 들판이나 광야로 양 떼로 끌고 가야 합니다. 울타리가 있는 것도 아니기 때문에 주의를 기울이지 않으면 양들이 흩어집니다. 그리고 맹수들은 물론 도적 떼나 적대적인 이민족이 곧잘 출현하기도 합니다. 이러한 여건 속에서 목자는 양 떼의 생명을 보호해야 합니다. 때로는 목숨을 걸고 양 떼를 위협하는 짐승이나 사람들에게 맞서 싸워야 합니다. 그러는 가운데 목자가 생명을 잃을 위험도 없지 않습니다. 결국 목자는 자기 양 떼를 위해서 목숨을 내놓을 각오까지 되어 있어야 합니다. 이러한 각오와 함께 목자는 자기 양들을 더욱 나은 삶으로 인도하는 것입니다.

그렇기 때문에 목자가 자기 양들을 일일이 다 알고, 양들도 역시 자기들의 목자를 잘 안다는 것은 두말할 여지가 없습니다. 더 나아가서 목자와 양 떼는 하나의 '삶의 공동체'를 이룹니다. 양들은 목자 없이는 자기들이 생존할 수 없음을 압니다. 목자 역시 자기 없이는 양 떼가 흩어지고 결국은 절멸하리라는 사실을 너무나 잘 알고 있습니다. 그렇기 때문에 목자는 양들 곁을 떠나지 않습니다. 항상 보호의 눈길과 손길을 늦추지 않습니다. 그렇기 때문에 목자와 양 떼는 하나의 '생명 공동체'를 이루는 것입니다.

하느님께서는 당신의 외아드님을 이 세상에 보내시어, 사람들에 대한 목자의 사명을 완수하도록 하셨습니다. 위에서 사람들을 이끄는 것이 아니라, 사람들 사이로 내려와 그들 가운데 서서 그들을 인도하게 하신 것입니다. 오늘 복음이 말하듯 예수님께서는 양들을 잘 아십니다. 그리고 그들을 "영원한 생명"으로 이끄십니다. 또한 하느님 아버지께서 당신께 맡기신 양 떼를 다른 누구도 빼앗아 가지 못하게 보호하십니다. 결국은 양 떼를 위해서 목숨까지 바치십니다. 양 떼에게 새로운 삶, 영원한 생명을 마련해 주시기 위해서 당신 자신을 내놓으신 것입니다.

예수님께서는 참목자이십니다. 그리고 우리는 그분의 양 떼입니다.

2. 말씀 공감

■ 저희 이름까지 기억해 주심에

> "내 양들은 내 목소리를 알아듣는다.
> 나는 그들을 알고 그들은 나를 따른다"(요한 10,27).

부활 제4주일에는 '착한 목자 주일'이라고 불리는 성소 주일을 기념합니다. 그래서 3년 주기로 돌아오는 모든 전례력에서는 항상 요한 복음 속 착한 목자에 관한 말씀이 선포됩니다.

그런데 이 말씀이 선포된 때는 유다인(지도자)들이 예수님께 부정적인 태도를 취하며 비난을 일삼던 분위기였습니다. 예수님께서 메시아인지에 관한 논쟁이 치열해지면서, 예수님을 향한 유다인들의 증오와 적개심이 더욱 고조됩니다. 그들은 이렇게 예수님께 시비를 걸었습니다.

"당신은 언제까지 우리 속을 태울 작정이오? 당신이 메시아라면 분명히 말해 주시오"(요한 10,24).

이에 대해 예수님께서는 저 말씀으로 역공을 취하셨던 것입니다.

"내 양들은 내 목소리를 알아듣는다. 나는 그들을 알고 그들은 나를 따른다"(요한 10,27).

즉, 예수님께서 아무리 진실을 말씀하셔도 알아듣지도 따르지도 않는 사람들이 있다면 이는 그들이 당신의 양 떼가 아니기 때문이라는 것입니다. 곧 당신의 양 떼가 아니기에 엉뚱한 요구만 한다는 것입니다.

참목자이신 예수님께서 똑같은 목소리로 말씀하셔도, 당신의 양 떼가 아닌 사람들은 트집과 배척을 일삼지만, 당신의 양 떼들은 목소리를 알아듣고 따른다는 것입니다.

요컨대, 예수님께서는 이 말씀으로 당신에게 딴지를 걸면서 세속적인 것만을 요구하는 유다인들을 혼쭐내고 계심을 기억할 일입니다.

그런데 주님의 양 떼임을 자처하는 우리들도 이 힐난에서 자유롭지 못합니다. 우리들 역시 자칫 사욕의 유혹에 빠지면 양 떼 아닌 자들의 꼴이 될 수 있기 때문입니다.

그렇다면 우리는 어떻게 해야 항상 예수님의 목소리를 알아듣는 양 떼로 남을 수 있을까요. 1920년대 예수 성심 수녀회 소속으로, 예수 성심의 메시지를 받아 기록한 요세파 수녀 Sr. Josefa Menéndez(1890-1923)는 『성심의 메시지 Message du Coeur de Jésus au monde et sa messagere soeur Josefa Menéndez』(1944)에서 그 답을 이렇게 제시합니다.

> 너희 본성을 기준으로 삼아 너희 하고 싶은 대로만 하겠다고 고집 부리지 마라. 너희에게 가장 중요한 것은 너희 자신을 기준 삼아 하지 말고, 하느님의 뜻을 기준 삼아 하느님의 뜻에 겸손되이 복종하여 너희 자신을 희생하는 일이다.
> 중요한 일을 행동으로 옮기기에 앞서 나처럼 먼저 하느님께 기도를 드린 후 시작하여라. 일 시작 전에 먼저 기도하는 이유는 어려운 일이 닥쳐올 때 기도로 하느님과 상통하여 힘을 얻을 수 있으며, 하느님께서 의견을 주시어 인도해 주시기 때문이다.
> 나는 고요한 곳을 찾으려고 겟세마니에 갔다. 내가 겟세마니로 간 것은 너희가 하느님을 너희 안에서 찾으려면, 세상사로 산란해진 자리를 떠나 하느님과 조용히 대화할 수 있는 고요 속으로 들어가야 한다는 것을 일깨워 주기 위해서였다.

하느님을 만나기 위해서는 하느님께서 내리시는 은총을 거부하거나 반항해서는 안 되며, 자기 본성의 욕구를 제거해야 한다. 자신만을 사랑하는 이기심과 자기 육감에 따른 판단으로 스스로 합리화하여 자신을 내세우면 하느님과 만날 수 없다.[34]

메시지는 여기서 끝납니다. 워낙에 깊은 우리 마음속 비밀을 밝히고 있기에 음미가 필요하다는 느낌입니다만, 핵심은 세상적 사욕을 떠나 하느님의 뜻을 묻고 식별하고 행하려는 순명의 덕을 쌓는 데에 부단히 노력을 기울이라는 것입니다.

그렇습니다. 주님의 목소리를 알아듣는 것과 순명의 마음가짐은 서로 떼려야 뗄 수 없는 것입니다.

복음 말씀에 귀 기울이며 그대로 이행하는 것을 매주 낙으로 삼으시는 그리스도인들은, 이런 의미에서 이미 진짜배기 주님의 양이라 할 수 있겠지요.

■ 이미 말씀으로

> "내 양들은 내 목소리를 알아듣는다"(요한 10,27).

이 말씀은 "당신은 언제까지 우리 속을 태울 작정이오? 당신이 메시아라면 분명히 말해 주시오."(요한 10,24)라며 예수님을 거부하는 유다인 지도자들에게 답변하시는 내용 중 일부입니다.

말씀의 메시지는 분명합니다.

곧 성경 말씀으로건 자연의 징조로건 주님께서 성부 하느님의 뜻을 우리에게 말씀해 주실 때 그것을 거부하거나 배척하면 주님의 양이 아니라는 것입니다.

달리 말하여 주님의 양이 아닌 사람이 처음부터 삐딱한 마음으로 주님의 말씀을 들으면 아무리 주님의 말씀이라 하더라도 엉터리 주장으로 들린다는 얘기인 것입니다.

이런 일은 비일비재합니다.

어느 날 개신교의 유명한 구약 성서학자에게 학생들 몇이 찾아와 이렇게 도전장을 냈습니다.

"우리는 성경이 지어낸 이야기라고 생각합니다. 성경은 거짓입니다. 그래서 토론을 좀 하려고 왔습니다."

박사는 빙긋 웃으며 그들에게 되물었습니다.

"토론하는 것은 좋은데 먼저 한 가지 묻겠네. 성경을 몇 번이나 읽어 보았는가?"

학생들은 얼굴을 붉히며, '한 번도 읽어 보지 못했다'고 대답했습니다.

박사는 다시 말했습니다.

"나는 적어도 40년을 밤잠 안 자면서 연구했네. 아마 몇백 번을 읽었을 거야. 그랬어도 믿지 못할 것이 없는데, 자네들은 한 번도 안 읽고서 성경을 부인한다는 말을 너무 쉽게 하는군. 최소한 우선 한 번은 읽고 와야 하지 않겠나?"

물론 그들은 자발적으로 돌아갔습니다. 그리고 다시는 그런 무례한 도전을 해 오지 않았습니다.

많은 사람들이 성경을 읽어 보지도 않고 반대합니다.

또 어떤 이들은 성경을 읽어도 무슨 '꼬투리'를 잡으려는 삐딱한 눈으로 읽습니다.

제아무리 천재라 하더라도 성경의 기록을 읽고 예수님께서 그리스도이심을 믿고 생명을 얻지 못하면 그는 헛똑똑한 사람입니다. 우리가 성경을 삐딱한 눈으로 바라볼 때 성경 말씀은 글자에 지나지 않습니다.

이런 이들은 주님의 말씀보다 세상의 해괴한 잡설들에 더 매혹되기 십상입니다. 주님께서는 이렇게 허무한 가르침으로 주님의 양들을 유혹하는 이들을 "도둑이며 강도"(요한 10,8)라고 부르셨습니다.

"내 양들은 내 목소리를 알아듣는다"(요한 10,27).

주님의 목소리를 '알아듣는' 양은 과연 어떤 사람을 일컫는 것일까요. 세상의 그럴듯한 가르침에 휘둘리지 않고, 복음을 소중히 하는 사람, 말씀을 중요하게 생각하는 사람, 그리고 그로 인한 깨달음을 기쁘게 실행하는 사람인 것입니다.

■ 썩 물러나리이다

> "아무도 그들을 내 아버지의 손에서 빼앗아 갈 수 없다"(요한 10,29).

예수님께서는 바로 앞에서 "아무도 그들을 내 손에서 빼앗아 가지 못할 것이다."(요한 10,28)라고 말씀하셨습니다. 그리고 바로 그다음 구절에서 "내 손"은 "내 아버지의 손"으로 바뀌어 강조됩니다.

그럴 수 있는 이유를 우리는 이렇게 풀어서 말할 수 있습니다.

"예수님께 양들을 주신 분은 아버지시다. 예수님과 그 양들은 모두가 함께 아버지 하느님의 수중에 있는 것이다. 그러므로 하느님의 사람들을 지키고 보호할 수 있는 예수님의 힘은 곧 아버지 하느님의 힘이다!"

게다가 당신 아들에게 양들을 주신 아버지께서는 세상의 어떤 힘보다 더욱 강하시기 때문에 아무도 그분의 손에서 양들을 빼앗아 갈 수 없습니다. 그러기에 이사야 예언서에는 이렇게 기록되어 있습니다.

"앞으로도 나는 그러하리니 내 손에 든 것을 빼내 갈 자 없으리라. 내가 하는 일을 누가 돌이킬 수 있겠느냐?"(이사 43,13)

사도 바오로의 확신에 찬 선언 역시 위와 같은 맥락에서 비롯된 것일 터입니다.

"나는 확신합니다. 죽음도, 삶도, 천사도, 권세도, 현재의 것도, 미래의 것도, 권능도, 저 높은 곳도, 저 깊은 곳도, 그 밖의 어떠한 피조물도 우리 주 그리스도 예수님에게서 드러난 하느님의 사랑에서 우리를 떼어 놓을 수 없습니다"(로마 8,38-39).

뻔한 사족이지만, 주님의 '손'은 바로 사랑의 손인 것입니다.

'빛과 어둠을 훔친 작가'로 불리는 렘브란트 Rembrandt Harmenszoon van Rijn(1606-

1669)는 성경의 이야기를 소재로 삼아 그림을 그려 명작을 많이 남겼는데, '돌아온 작은아들의 비유' 그림을 그리면서 하느님 아버지의 손을 어떻게 그려야 할지 오래도록 고뇌했습니다.

렘브란트는 돌아온 아들의 등에 얹혀 있는 두 손을 서로 다르게 그렸습니다. 한 손은 크고 힘센 아버지의 손으로 그렸습니다. 창조하시는 하느님의 섭리를 나타내는 손일 것입니다. 다른 한 손은 부드러운 어머니의 손으로 그렸습니다. 우리를 낳으시고 우리의 가슴을 부드럽게 어루만지시는 하느님의 모성적인 보살핌과 양육을 표현하기 위하여 그렇게 그렸을 터입니다.

하느님께서는 오늘도 크고 강한 아버지 손으로 우리를 온갖 위험에서 지켜 주시고 구해 주시며, 부드러운 어머니 손으로 우리를 보살피시고 보듬어 주십니다.

함께 기도하시겠습니다.

주님, 언제나 저희를 영적 강도와 도둑으로부터 지켜 주심에 감사드립니다.

주님, 하지만 스스로의 방심 때문에, 또는 자신의 무분별한 영적 방종 때문에 강도들의 손아귀에 빠져서 헤어나지 못하는 주님의 양들이 있습니다.

주님, 그들이 하루빨리 다시 주님의 음성을 알아듣고 돌아오게 하소서.

주님, 그들을 포기하지 마소서.

우리 주 예수 그리스도를 통하여 비나이다. 아멘!

부활 제5주일: 요한 13,31-33ㄱ.34-35

예수 사랑학

"내가 너희를 사랑한 것처럼 너희도 서로 사랑하여라"(요한 13,34).

1. 말씀의 숲

예수님께서 이 세상을 떠나 돌아가시기 전 마지막 순간에 제자들에게 빵과 포도주의 형상으로 당신의 몸과 피를 내주는 성체성사의 설정은 제자들과 성사를 통하여 늘 같이 계신다는 사랑의 성약이었습니다. 이것은 당신의 떠남은 육신의 작별일 뿐 하느님의 영광이 드러나는 때이며, 하느님의 사랑이 널리 퍼지는 세상을 맞게 된다는 것을 가르치는 교리입니다.

이 말씀은 세상을 떠나시기 전 주님의 마지막 고별의 말씀이 될 것이며, 이 고별의 말씀은 요한 복음서에서 13장 31절부터 시작하여 17장까지 계속됩니다.

오늘의 말씀은 이 고별 말씀의 서론으로 영광, 작별, 사랑의 계명을 내용으로 합니다. 바로 예수님께서는 오늘 당신의 승천을 예고하고 계십니다. 예수님의 말씀 중에 "내가 너희와 함께 있는 것도 잠시뿐이다."(요한 13,33)라고 하시기 때문입니다. 승천하신 이후에 당신께서는 이제 새로운 모습으로 교회에 현존하실 것입니다. 보이지 않는 모습으로 말입니다. 그때 제자들이 어떻게 행동해야 하는지를 지금 가르치고 계십니다. 가르침의 목적은 비록 그때 당신이 보이지 않더라도, 그 어느 때보다도 분명히 교회 안에 살아 계실 것이며 활동하실 것임을 보여 주시기 위해서였습니다.

  이 구절에 대하여 사람들은 너무 간단하게 줄거리를 '사랑하라'는 한마디로 요약해 버리곤 합니다. 하지만 이런 요약은 매우 성급한 요약입니다. 왜냐하면 사랑하라는 말씀이 있기 전에 하느님의 영광에 대한 이야기가 먼저 있기 때문입니다. 그렇기에 하느님의 영광이 무엇인지 모른다면 우리가 어떻게 사랑해야 하는지, 예수님의 계명이 무슨 뜻인지 모르는 것입니다.

  오늘 복음 말씀은 두 부분으로 이루어져 있습니다. 첫 번째 장면은 31절에서 32절입니다. 여기서는 사람의 아들과 하느님의 영광에 대해서 이야기합니다. 사람의 아들의 영광과 하느님의 영광은 서로 구분할 수 없는 것입니다. 나머지 33절부터는 영광이라는 말 대신에 사랑이 자리 잡고 있습니다. 여기서 예수님께서는 당신을 더 이상 사람의 아들이라고 부르지 않고 그냥 '나'라고 하십니다. 그리고 이 두 번째 장면에서 사랑은 제자들에게 집중되어 있습니다. "서로 사랑하여라."(요한 13,34)라고 말입니다.

  31절에서 유다가 나가자, 예수님께서는 이제 사람의 아들이 영광스럽게 되었다고 하십니다. 유다가 무엇을 위해 나갔는지 아시는 예수님께서 이렇게 말씀하신다는 것은 놀랍습니다. 이제 사람의 아들이 죽게 되었다고 하시는 것이 아니라 영광스럽게 되었다고 하시기 때문입니다. 그렇다면 이 영광이란 무엇일까요? 더욱이 당신에게서만 그치는 것이 아니라 하느님까지도 영광스럽게 되시는 이 영광 말입니다. 그것은 이미 시작된 당신의 수난과 죽음이 벌써 부활의 영광 안에서 이루어지고 있기 때문입니다. 예수님께서는 이 영광이 멀지 않음을 아셨던 것입니다.

그리고 이어서 예수님께서는 당신의 승천에 대해서도 이야기하십니다. 눈앞에 다가온 당신의 부활과 승천 속에서 제자들은 가만히 있을 수 없습니다. "내가 너희에게 새 계명을 준다. 서로 사랑하여라. 내가 너희를 사랑한 것처럼 너희도 서로 사랑하여라."(요한 13,34)라고 하셨기 때문입니다. 영광은 하느님의 것이고 사랑은 제자들의 몫입니다. 제자들이 이 말씀에 따라 서로 사랑을 나누면 모든 사람이 그것을 보고 그들이 당신의 제자임을 알게 될 것입니다. 제자들이 나누는 사랑을 사람들이 볼 것입니다. 단순히 보는 것만으로도 충분할 것입니다. 사랑은 숨겨지지 않고 드러날 것이기 때문입니다. 하느님의 사랑이 온 세상에 드러난 것처럼 말입니다.

예수님께서는 오늘의 가르침을 '새 계명'이라고 말씀하십니다. 진실로 이 계명은 전적으로 우리의 전부를 요구합니다. 예수님께서 당신의 벗인 우리를 위해서 당신의 생명을 바치셨으므로, 우리도 이웃에게 봉사하기 위해 우리가 가진 생명을 전부 내놓아야 하기 때문입니다. 이웃은 우리의 벗이 되어야 합니다.

이 새로운 계명은 그리스도교의 본질입니다. 그러나 이 계명을 실천하기 위해서는 끈질긴 노력이 필요할 것입니다. 그리고 그 노력의 결과는 예수님께서 말씀하신 대로 "모든 사람이 그것을 보고 너희가 내 제자라는 것을 알게 될 것"(요한 13,35)입니다. 교회의 그 어떤 다른 특성도 사람이 되신 하느님과 주 예수님의 진실된 가르침을 세상에 모두 설득시킬 수는 없습니다. 바로 그리스도인들에게서 배어 나오는 생활화된 이 사랑이야말로 교회의 모든 가르침과 교회의 윤리적이고 도덕적인 계율을 뒷받침해 줄 것입니다.

오늘 예수님에게서 이 말을 귀담아들은 요한은 나중에 자신의 어린 자녀들에게 편지를 써 보내며 거듭 자신이 들었던 이 말씀을 증언할 것입니다. "사랑하는 여러분, 내가 여러분에게 써 보내는 것은 새 계명이 아니라, 여러분이 처음부터 지녀 온 옛 계명입니다. 이 옛 계명은 여러분이 들은 그 말씀입니다. 그러면서도 내가 여러분에게 써 보내는 것은 새 계명입니다. 그것은 그리스도께도 또 여러분에게도 참된 사실입니다. 어둠이 지나가고 이미 참빛이 비치고 있기 때문입니다. 빛 속에 있다고 말하면서 자기 형제를 미워하는 사람은 아직도 어둠 속에 있는 자입니다. 자기 형제를 사랑하는 사람은 빛 속에 머무르고, 그에게는 걸림돌이 없습니다. 그러나 자기 형제를 미워하는 자는 어둠 속에 있습니다. 그는 어둠 속에서 살아가면서 자기가 어디로 가는지 모릅니다. 어둠이 그의 눈을 멀게 하였기 때문입니다"(1요한 2,7-11).

2. 말씀 공감

■ 의무 신앙이 아니라 은총 신앙

> "내가 너희에게 새 계명을 준다"(요한 13,34ㄱ).

오늘 예수님의 말씀을 통하여 우리는 새 계명을 받았습니다. 그러나 그 '새 계명'은 이전에 없던 것을 새로 만들어서 우리에게 주신 것이 아닙니다. 오히려 이전에 이스라엘 민족이 하느님으로부터 받은 '십계명'의 핵심을 뽑아서 알려 주신 것입니다. 그렇다면 이것을 왜 '새 계명'이라고 할까요?

　이스라엘 민족은 하느님의 도우심으로 이집트에서 탈출하여 시나이 산에서 십계명을 받았습니다. 하지만 그 십계명은 '돌판'에 새겨진 법이었습니다. 하느님께서 그들에게 십계명을 주신 이유는 그들이 장차 들어갈 가나안 땅에서 하느님을 믿고 자유와 기쁨을 누리는 삶을 살도록 해 주시기 위함이었습니다. 하지만 그들은 그러한 하느님의 깊은 뜻을 알아듣기가 쉽지 않았습니다. 십계명이 돌판에 새겨져 있었기 때문에 인간의 이해력이나 양심 밖에 머물 수밖에 없었던 것입니다. 결국 이 십계명을 사람들에게 가르치기 위하여 십계명에 따른 여러 가지 조항을 만들기 시작했습니다. 그것이 바로 율법입니다. 이렇게 늘어난 율법은 예수님 시대에 613개에 이르는 방대한 분량이 되었습니다.

　율법의 규정이 이처럼 늘다 보니 사람들은 점점 율법의 정신을 살기보다는 율법의 조문을 최소한으로 지키는 데 급급하게 되었습니다. 허례허식과 형식주의에 떨어지게 된 것입니다. 이제 율법은 해방과 행복을 위한 기쁜 소식이 아니라 서민의 고달픈 삶을 얽어매는 귀찮은 의무로 전락하고 말았습니다. 이런 현상을 부채질한 것은 율법주의자들과 바리사이파였습니다. 그래서 예수님께서는 이들을 향하여 다음과 같이 매서운 비판을 가하셨습니다.

　"그들은 무겁고 힘겨운 짐을 묶어 다른 사람들 어깨에 올려놓고, 자기들은 그것을 나르는 일에 손가락 하나 까딱하려고 하지 않는다"(마태 23,4).

　이러한 때에 예수님께서는 '새 계명'을 주십니다. 우리가 예수님의 이 말씀을 이해하기 위해서는 먼저 예레미야 예언자가 말하는 '새 계약'을 알아야 합니다. 예언자는 말합니다.

"보라, 그날이 온다. 주님의 말씀이다. 그때에 나는 이스라엘 집안과 유다 집안과 새 계약을 맺겠다. 그것은 내가 그 조상들의 손을 잡고 이집트 땅에서 이끌고 나올 때에 그들과 맺었던 계약과는 다르다. […] 그 시대가 지난 뒤에 내가 이스라엘 집안과 맺어 줄 계약은 이러하다. 주님의 말씀이다. 나는 그들의 가슴에 내 법을 넣어 주고, 그들의 마음에 그 법을 새겨 주겠다. 그리하여 나는 그들의 하느님이 되고 그들은 나의 백성이 될 것이다"(예레 31,31-33).

여기서 말하는 '이집트 땅에서 이끌고 나올 때에 맺은' 옛 계약의 핵심 내용이 바로 십계명입니다. 그런데 앞으로 맺을 새 계약의 내용이 매우 흥미롭습니다. 그것은 새로운 내용의 계약을 체결하는 것이 아니라 사람들의 '마음'에 '법'을 새겨 줄 것이라는 말이었습니다. 여기서 말하는 법은 십계명 자체를 뜻합니다. 그러니까 '새 계약'이란 다른 것이 아니고 '옛 계약'에서는 돌판에 새겨 외적으로 제시했던 십계명을 이제는 아예 '마음'에 새겨 주는 것을 말하는 것이었습니다.

십계명이 마음에 새겨지면 더 이상 돌판에 새겨진 옛 계명처럼 답답해지지 않습니다. 그 근본 취지와 핵심이 명확해집니다. 그래서 예수님께서는 십계명 가운데 가장 중요한 두 계명을 다음과 같이 추려 주셨던 것입니다.

"첫째는 이것이다. '이스라엘아, 들어라. 주 우리 하느님은 한 분이신 주님이시다. 그러므로 너는 마음을 다하고 목숨을 다하고 정신을 다하고 힘을 다하여 주 너의 하느님을 사랑해야 한다.' 둘째는 이것이다. '네 이웃을 너 자신처럼 사랑해야 한다.' 이보다 더 큰 계명은 없다"(마르 12,29-31).

이 말씀은 613개 규정과 십계명의 숫자에 부담감을 느끼고 있던 당시 사람들뿐 아니라 우리 모두에게 명쾌한 가르침을 주고 있습니다. 사실이지 하느님께 대한 사랑과 이웃에 대한 사랑에만 최선을 다해서 충실하면 십계명이고 613개 규정이고가 필요 없다는 말씀을 하신 셈이었기 때문입니다.

마침내 예수님께서는 이 두 계명마저도 하나로 묶으십니다.

"이것이 나의 계명이다. 내가 너희를 사랑한 것처럼 너희도 서로 사랑하여라"(요한 15,12).

이것이 바로 새 계명인 것입니다. 그리스도인들은 성령 강림을 체험하고 나서야 비로소 이 사랑을 기쁨으로 실천할 수 있었습니다. 성령을 받고 나니 단지 십계명을 지키는 데 전전긍긍하는 것이 아니라 오히려 즐기고 누릴 수 있게 되었던 것입니다.

성령을 체험한 초대 교회 신자들은 누가 자기 재산을 가져오라고 말을 하지 않았음에도 불구하고 자신들이 가진 것을 서로 나눔으로써 사랑을 실천했습니다. 모두가 '한마음 한뜻'으로 하느님께서 원하시는 것이 무엇인지를 알았던 것입니다. 그리고 그것을 통하여 모두 '큰 은총'을 누렸습니다. 이를 체험한 사도 바오로는 다음과 같이 선언했습니다.

"여러분이 성령의 인도를 받으면 율법 아래 있는 것이 아닙니다"(갈라 5,18).

■ 제 탁한 목소리를 빌려

> "내가 너희를 사랑한 것처럼"(요한 13,34ㄷ)

우리가 나 자신을 사랑하고, 내 가족을 사랑하고, 내 이웃을 사랑할 수 있는 그 모든 원천은 바로 주님께 받은 사랑! 그것입니다.

"내가 너희를 사랑한 것처럼"(요한 13,34)

이 순도 100%의 사랑이, 한없이 못난이 같고 미련스러운 나 자신을 다시 추스를 사랑이 되어 주고, 웬수 같고 꼴 보기 싫은 내 가족을 다시 감싸안을 사랑이 되어 주며, 남만 같고 별 관심 없던 내 이웃을 나와 하나로 엮어 주는 사랑이 되어 줍니다.

여기 이러한 주님 사랑을 절절하게 체험한 한 자매의 사연을 여러분과 나눠 봅니다.

> 신부님, 안녕하세요? [⋯]
> 지금으로부터 몇 년 전 [⋯] 저는 정말 삶이 너무 힘들어 5층 아파트에서 아이를 안고 밑을 내려다봤습니다. 어떻게 얻은 자식인데, 그런 못된 생각까지 할 수 있었을까요?
> 그 시절 제가 살 수 있었던 힘은 딱 하나, 주님의 목소리로 여겼던 그 테이프였습니다. 그냥 그 테이프를 들으면 숨을 쉴 수 있었기에 매일 하루 종일 듣고, 또 듣곤 했습니다. 그 테이프는 본당의 열심한 한 자매에게서 받은 것이었습니다.
> 남들보다 늦은 나이에 은총으로 혼인성사를 한 저희 부부는 시작이 좋았습니다. 남편은 직장도 좋고, 인간성이나 신앙심도 좋았지요. 그

런데 아이를 낳고 계속 제가 아프면서 경제도 점점 안 좋고, 남편 직장도 문제가 생기더니 결국 벼랑 끝까지 갔습니다. 매 끼니를 걱정할 만큼요. 남편은 술과 살다시피 했고, 저는 늦은 출산과 정신적, 육체적 고통으로 온몸이 죽을 지경이 되고 심한 우울증에 눈물도 나오지 않을 정도였습니다.

이런 제 사정을 교우들이 알게 되는 것이 부끄러워 성당 가는 것마저 고역이었고요.

하지만 결심했지요. 모든 걸 하느님께 맡기고 그분께서 주시는 것만 받을 거라고요. 저는 24시간 기도도 모자라, 자는 시간마저 아까워 성경을 가슴에 올려놓고 묵주를 손에 감고 잠을 잤어요. 그땐 정말 하루 먹고사는 일이 해결되는 것이 감사요 기적이었습니다. […] 또 […] 아픈 몸을 치장하고 죽기 살기로 성당을 다녔지요.

그런데 놀랍게도 나이를 먹을수록 제게 차츰 건강과 지혜와 능력이 생기는 것을 체험했습니다. 물질이 막혀 신문이나 TV 등의 정보를 접할 수 없었음에도 불구하고, 어느새 주변에 저보다 조건이 좋은 자매보다 제가 더 세상을 아는 위치에 와 있더라고요. 이것을 어떻게 설명할 수 있을까요?

저 자신보다 저의 모든 재능을 알고 계신 주님께서 저를 이끌어 내어 구해 주셨습니다. 남편도 조금씩 조금씩 일이 풀려 지금은 직장을 기쁘게 잘 다니고 있습니다. […] 딸아이도 어여쁜 중학생이 되었고요. […]

신부님, 저는 건강을 되찾고 삶이 나아진 것도 중요하지만 하느님을 알고, 느끼고, 저 자신이 어떤 상황에서도 버틸 수 있는 힘이 생겼다는 것이 더 행복하고 감사합니다. […]

세상에 지하보다 더 어두운 곳에서 씨름하고 있는 분들에게 주님의 은총이 함께하길 기도드리며 […] 제가 또 사랑의 하느님 말씀의 힘을 증언하는 그날까지 모두 건강하세요.

모든 것이 무너져 내린 그 시절 이 자매는 주님 사랑만 먹고, 주님 사랑만 듣고, 주님 사랑에만 의지했습니다. 그리고 이제 그 사랑이 일으킨 놀라운 신비를 증거하고 노래합니다. 우리도 각자의 자리에서 느꼈던 그 찐한 주님 사랑을 추억하며, 주님을 위한 사랑가 한 곡 멋지게 뽑아 보는 하루를 만들어 봄이 어떨까요.

■ 기꺼이 나누는 저희를 보고

> "너희가 서로 사랑하면, 모든 사람이 그것을 보고 너희가 내 제자라는 것을 알게 될 것이다"(요한 13,35).

이 말씀은, 새 계명을 행하는 것이 모든 사람이 인정하는 제자 됨의 기준이며, 세상에 하느님과 예수님의 복음을 전파하는 방편이 된다는 것을 말해 줍니다.

이는 사실 무서운 말입니다. "이들은 서로 사랑하는 것을 보니, 주님의 제자구나!", "그런데 저들은 서로 사랑하지 않는 것을 보니, 제자가 아닌 모양이로구나!"라는 단순 결론을 내려도 할 말이 없다는 뜻이기에 그렇습니다.

그러므로 우리는 감추려 해도 티 나는 그리스도표 사랑을 행할 줄 알아야 하겠습니다.

사랑이라고 다 같지 않습니다. 주님에게서 영감을 받은 사랑은 질적으로 다른 상서로움을 풍깁니다.

남미 및 아프리카를 넘나들며 오지의 사람들에게 주님 사랑을 나르는 데에 몸을 던진 어느 수녀님으로부터 직접 들은 이야기입니다.

잠깐 한국에 다니러 왔을 때 일어난 일입니다.

서울에서 지하철을 타려고 계단을 내려가는데, 어느 노숙인이 눈에 들어왔습니다. 그 노숙인은 노숙인들 가운데에서도 눈에 띄었습니다. 요 근래 노숙인들 대열에 끼이기는 했는데, 아직 모든 것이 낯설고 서러워 거기서도 그 주변을 맴도는 주변인임을 초점 잃고 내리깐 그의 시선에서 대번에 알아차렸답니다.

수녀님은 불쌍한 생각이 들어서 지갑을 뒤져 보니 한 5만 원쯤 되더랍니다. 그냥 줄 수는 없기에, 부랴부랴 편의점을 들러 봉투를 얻을 만한 것 없나 두리번거리다가 뭔가를 발견하여 샀답니다. 내용물을 꺼내 보니 훌륭한 봉투가 하나 마련된 것이지요.

수녀님은 그 5만 원을 봉투에 담아 그 초짜 노숙인에게 다가갔습니다. 노숙인의 손을 덥석 잡고서 그의 손바닥에 자신의 손을 겹쳐 온기와 함께 봉투를 쥐여 주며 말했습니다.

"아저씨, 따뜻한 밥 한 끼 사 드세요. 그리고 기운 내세요."

말할 용기도 없는 노숙인이었지만, 눈빛으로 감사의 마음을 전해 왔을 것은 당연한 일이었지요.

잠깐의 스치는 나눔이었지만, 돌아오는 길에 어스름한 빛이 노숙인의 얼굴에 감도는 것을 확인한 것만으로도 작은 보람을 느꼈답니다.

사랑은 양의 많고 적음이 아니라, 온 마음을 싣는 정성의 문제라는 사실을 깨닫게 해 주는 이야기였습니다. 이런 사랑이라면, 사람들은 주저 없이 기분 좋은 한마디로 응해 오지 않을까요.

"이런 사랑이라면, 나도 그 안에 끼이고 싶다. 그들이 믿는 분을 나도 믿고 싶다."

"너희가 서로 사랑하면, 모든 사람이 그것을 보고 너희가 내 제자라는 것을 알게 될 것이다"(요한 13,35).

함께 기도하시겠습니다.

주님, 당연히 화를 내야 할 자리에서 마음으로부터의 미소를 보이는 저희를 보고, 저희가 주님의 제자임을 세상 사람들이 알게 하소서.

주님, 저주를 토해야 마땅할 판에 축복의 말을 하는 저희를 보고, 저희가 주님의 제자임을 세상 사람들이 알게 하소서.

주님, 가난 가운데도 기꺼이 나누는 저희를 보고, 저희가 주님의 제자임을 세상 사람들이 알게 하소서.

우리 주 예수 그리스도를 통하여 비나이다. 아멘!

부활 제6주일: 요한 14,23ㄴ-29

너희의 보호자가 오리라

"나는 너희에게 평화를 남기고 간다"(요한 14,27).

1. 말씀의 숲

오늘 우리가 방금 들은 이 말씀은 이별을 염두에 두고 주님께서 우리에게 들려주신 말씀입니다. 오늘 우리가 듣지는 못했지만, 이 말씀 바로 앞선 대목에서 이스카리옷 유다가 아닌 다른 유다 사도가 예수님께 질문을 던졌습니다. "주님, 저희에게는 주님 자신을 드러내시고 세상에는 드러내지 않으시겠다니 무슨 까닭입니까?"(요한 14,22)

이 말은 예수님께서 이 사람들에게 말씀하실 때, 사람을 가려 가며 수위 조절을 하셨다는 것입니다. 예수님께서는 어떤 사람들에게는 아주 깊은 신비로운 얘기, 하늘의 비밀에 대해 마음껏 이야기하시지만, 어떤 사람들에게는 자세하게 얘기하지 않으셨습니다. 그래서 오늘 유다가 진지하게 질문했던 것입니다.

그런데 예수님께서 답변하시는 오늘 내용은 얼핏 들으면 유다의 질문에 어긋나는 동문서답과 같이 느껴집니다. 하지만 그 안에서 예수님께서는 명확한 입장을 말씀하고 계십니다. 바로 유다인들에게 모든 것을 이야기해도 소용이 없다는 뜻입니다. 왜냐하면 유다인들이 이해를 못해서 예수님을 받아들이지 못하는 것이 아니라, 그들이 예수님을 미워하기 때문에 받아들이지 않기 때문입니다. 그러하기에 그들에게 아무리 잘 설명해도 소용이 없다는 것입니다.

그렇기 때문에 예수님께서는 갑자기 사랑 이야기를 하고 계신 것입니다. "누구든지 나를 사랑하면 내 말을 지킬 것이다. 그러나 나를 사랑하지 않는 사람은 내 말을 지키지 않는다"(요한 14,23-24). 예수님의 이 말씀은 예수님을 맞아들이는 것은 이해의 문제가 아니라 감정의 문제이고 입장의 문제라는 것을 드러내는 것입니다.

우리도 생활에서 이것을 많이 체험하게 됩니다. 우리가 비신자들에게 복음을 전할 때, 그들이 못 알아들어서 예수님을 맞아들이지 않고, 복음을 안 믿는 것이 아닙니다. 오히려 그들은 지금까지의 자신의 삶을 버리기 싫어하는 것일 수 있습니다. 지금까지 자기들이 살아오던 삶의 방식에 머물러 있고 싶은 것입니다. 하느님께서 그들의 삶에 간섭하시는 것을 싫어하는 것입니다. 곧 신앙은 좋지만, 삶은 바꾸고 싶지 않다는 것입니다.

그런 점에서 예수님께서 오늘 전반적인 이야기를 하고 계신 것입니다. 그래서 이제 이별을 염두에 두고 제자들에게 말씀하고 계십니다. 예수님께서는 제자들에게 보호자를 보내 주시겠다고 약속하십니다. 곧 "내가 가면 너희를 미워하는 사람들이 나타날 것이다. 그것 때문에 너희는 조금 답답하겠지만, 그러나 너희는 홀로 있는 것이 아니다. 나는 보호자를 너희에게 남겨 두고 간다. 그리고 너희에게 평화를 남겨 두고 간다."라고 말입니다.

이러한 것을 염두에 두고 오늘 복음을 읽으면, 우리가 주님을 사랑하고 주님의 말씀을 지킨다는 것은 단지 윤리·도덕적인 문제가 아니라 관계의 문제라는 것을 알게 됩니다. 바로 하느님과 나, 그리고 예수님과 나의 관계에 대한 말씀임을 깨달을 수 있을 것입니다.

이에 대하여 요한 사도는 훗날 자신의 편지에서 이렇게 이야기하고 있습니다.

"우리가 하느님의 계명을 지키면, 그것으로 우리가 그분을 알고 있음을 알게 됩니다. '나는 그분을 안다.' 하면서 그분의 계명을 지키지 않는 자는 거짓말쟁이고, 그에게는 진리가 없습니다. 그러나 누구든지 그분의 말씀을 지키면, 그 사람 안에서는 참으로 하느님 사랑이 완성됩니다. 그것으로 우리가 그분 안에 있음을 알게 됩니다. 그분 안에 머무른다고 말하는 사람은 자기도 그리스도께서 살아가신 것처럼 그렇게 살아가야 합니다"(1요한 2,3-6).

결국 하느님을 사랑하는 것, 예수님을 사랑하는 것, 그리고 주님의 말씀을 지키는 것은 같은 말임을 이 말씀을 통하여 우리가 알게 됩니다.

2. 말씀 공감

■ 꾸물꾸물

> "누구든지 나를 사랑하면 내 말을 지킬 것이다"(요한 14,23).

『톰소여의 모험 The Adventures of Tom Sawyer』(1876) 등으로 우리에게 잘 알려진 미국 소설가 마크 트웨인 Mark Twain(1835-1910)이 어느 날 성경을 읽고 있는데, 한 청년이 그 모습을 보고 의아하다는 듯 물었습니다.

"선생님이 성경을 읽고 계실 줄은 몰랐네요. 선생님은 성경의 모든 말씀들을 정확히 이해하시나요?"

그러자 마크 트웨인이 빙그레 웃으며 이렇게 대답했습니다.

"성경을 이해한다는 것은 참 어려운 일이지요. 그런데 내가 마음 아픈 것은 이해할 수 없는 말씀 때문이 아니라, 알고 있는 말씀조차 삶에 적용시키지 못하고 있다는 것입니다."

어떻습니까, 여러분? 왠지 뜨끔하면서도 고개가 절로 끄덕여지는 대답 아닌가요?

오늘 복음에서 예수님께서는 말씀하십니다.

"누구든지 나를 사랑하면 내 말을 지킬 것이다"(요한 14,23).

우리는 아주 쉽게 '예수님을 믿는다'고 말하면서도 얼마나 성실하게 그분의 말씀을 지켜 왔는지요.

이 말씀을 곰곰 묵상하자니 프란치스코 교황님께서 새 교황이 되시어 시스티나 성당에서 드린 첫 미사 때의 강론 말씀이 문득 떠오릅니다. 여러분께 잠시 말씀드려 봅니다.

"오늘 독서와 복음에서 저는 공통점을 발견합니다. 바로 어떤 움직임입니다. 제1독서(이사 2,2-5)에서는 길을 걷는 움직임, 제2독서(1베드 2,4-9)에서는 교회를 세우는 움직임, 복음(마태 16,13-19)에서는 신앙을 고백하는 움직임이 있습니다. 걸어가고, 세우고, 고백하는 것입니다. […]

길을 걷기, 우리 삶은 하나의 여정입니다. 우리가 걷기를 멈출 때 일은 잘못 흘러갑니다. 우리는 언제나 주님 앞에서, 주님의 빛 속에서 걸어가야 합니다. […]

짓기. 교회 세우기. 여기서 주제는 돌입니다. 돌은 견고합니다. 그러나 우리는 살아 있는 돌, 성령의 기름부음을 받은 돌을 말합니다. 그리스도의 신부인 교회를, 바로 주님이신 모퉁잇돌 위에 짓는 것. 바로 이것이 우리 삶의 또 다른 움직임인 세우기입니다.

세 번째는 고백입니다. 우리는 우리가 원하는 만큼 걸어갈 수 있고, 많은 것들을 세울 수 있습니다. 그러나 예수님을 그리스도라고 고백하지 않는다면, 일은 잘못 흘러갑니다. 우리가 자선을 하는 비정부기구NGO가 될 수는 있겠지만 주님의 신부인 교회가 되지는 못할 것입니다.

걸어가지 않을 때 우리는 멈춰 서게 됩니다. 우리가 돌들 위에 건물을 짓지 않는다면 무슨 일이 생기겠습니까? 바닷가에서 모래성을 쌓는 아이들에게 일어나는 일과 똑같은 일이 일어날 것입니다. 곧, 모든 것이 무너져 내리고 견고함은 사라질 것입니다. 우리가 예수님을 그리스도라고 고백하지 않는다면, 레옹 블루아Leon Bloy의 이러한 말이 성립하는 셈입니다. '주님께 기도하지 않는 자는 마귀에게 기도하는 것이다.' 우리가 예수님을 그리스도라고 고백하지 않는다면, 마귀의 세상, 악마의 세상을 고백하는 것입니다. […]

우리가 십자가 없이 걸어간다면, 십자가 없이 교회를 세운다면, 십자가 없이 그리스도를 고백한다면, 우리는 주님의 제자가 아니라 세상의 속인들입니다. 우리가 주교, 사제, 추기경, 교황이기는 하겠지만, 주님의 제자들은 아닐 것입니다"(프란치스코 교황 성하께서 선거인 추기경단과 함께 드린 미사 강론 중, 2013년 3월 14일, 시스티나 경당).

참으로 핵심을 관통하는 통찰입니다.

결국 말씀 안에서 걸어가고, 말씀으로 기초를 세우고, 말씀을 믿노라 고백하는 것!

이것이 바로 우리들의 정체성입니다.

■ 변호자 성령

> "보호자, 곧 아버지께서 내 이름으로 보내실 성령께서
> 너희에게 모든 것을 가르치시고
> 내가 너희에게 말한 모든 것을 기억하게 해 주실 것이다"(요한 14,26).

예수님께서는 성령을 '협조자'로 소개해 주셨습니다. 이 표현은 그리스어로 '파라클레토스$_{parakletos}$', 라틴어로 '파라클리토$_{paraclito}$'에 해당하는데 변호자, 위로자라는 의미로 사용됩니다.

글과 강의로 복음을 전하는 저는 성령께서 파라클리토 곧 변호자이심을 수없이 체험합니다.

한번은 이런 일이 있었습니다. 한 수녀님의 요청으로 병원에서 어느 형제에게 임종 일주일 전에 세례를 준 적이 있습니다. 그 후 종부성사까지 제가 주게 되었습니다. 그것이 계기가 되어 또 49재 미사를 드려 달라는 요청이 왔습니다. 용어야 좀 문제가 있다 싶었지만 돌아가신 분을 위해 연미사를 봉헌해 드리는 것은 옳은 일이기에 선뜻 응했습니다.

신자 가족이 몇 명 안 되었기에 저는 그냥 편하게 위로해 드릴 요량으로 특별한 강론 준비 없이 수녀님의 안내로 미사 장소를 찾아갔습니다. 그런데 저의 예상과는 달리 고인의 친지들이 많이 와 있었습니다. 그들 가운데에는 사회 저명인사도 몇 명 끼어 있었습니다. 종교를 물어봤더니 대부분 신자가 아니었습니다. 저는 그런가 보다 하고 아무 생각 없이 미사를 시작했습니다.

그런데 갑자기 강론을 어떻게 해야 할지 막막해졌습니다. '신자 가족

들에게 편하게 위로의 말씀을 드릴까? 아니면 비신자 친지들을 위하여 몇 마디 할까? 비신자 친지들에게는 무슨 말을 해 줘야 좋을까?'

복음을 읽을 차례가 되었을 때도 아직 저에게는 딱히 떠오르는 묘안이 없었습니다. 내심 비신자를 위하여 좋은 말씀을 해 주고 싶었지만, 복음을 중간쯤 읽고 있을 때도 여전히 뾰족한 생각이 들지 않았습니다. 그때 저는 지푸라기를 잡는 심정에서 속으로 기도했습니다.

"성령님, 뭐 좋은 주제 없습니까? 좀 도와주세요."

하지만 복음을 다 읽을 때까지 응답이 없었습니다. 그래서 '에이, 하는 수 없이 신자 가족들에게 위로의 말씀이나 전해야 하겠구나.'라고 생각하고 막 "주님의 말씀입니다." 하는데 귓가에서 번쩍하고 음성이 들리는 것이었습니다.

"우도, 우도, 오른쪽 강도, 오른쪽 강도."

그 소리를 듣는 찰나 저는 한 문장도 준비가 안 된 채 비신자 친지들을 향하여 얼굴을 돌렸습니다. 바로 그 순간 말문이 열리는 것이었습니다.

"여러분, 고인께서 천국에 가셨는지 궁금하시죠?"

친지들은 고인이 평소 지독한 무신론자였으나 임종 일주일 전에 세례를 받고 천주교식으로 장례식을 치뤘다는 사실을 알고 있었기에, 모두가 이 질문을 마음에 품고 있었다는 듯이 고개를 끄덕였습니다.

"여러분, 고인께서는 지금 천국에 계십니다. 예수님께서 십자가형으로 돌아가실 때, 강도 두 명과 함께 처형당하셨습니다. 이 강도들은 극악무도한 살인, 강도죄로 사형집행을 받게 된 이들이었습니다. 당시에 십자가형은 흉악한 범죄 행위를 예방할 목적에서 백성들에게 본때를 보이려고 도입된 처형 방법이었던 것입니다. 그러니까 여기서 강도라는 말은 흉측

한 범죄자였다는 말입니다. 그런데 이 중에 오른쪽 강도가 예수님의 처형 과정에 동참하는 가운데, 예수님께서 보통 사람이 아니라는 사실을 깨닫기 시작했습니다. 자신을 못 박는 로마 병사들을 향하여 '아버지, 저들을 용서하소서. 저들은 자신들이 무슨 일을 하는지 모르나이다.'라고 기도하시는 모습을 보고, '이분이야말로 우리가 기다리던 메시아시구나.'라고 깨달았습니다. 그래서 그는 예수님께 청하였던 것입니다.

'주님, 이 다음에 왕이 되어 다시 오실 때 저를 기억하여 주십시오.'

이에 예수님께서 대답하셨습니다.

'오늘 네가 정녕 나와 함께 낙원에 들게 되리라.'

이렇게 해서 흉악범이었던 오른쪽 강도는 죽기 몇 초 전에 회개하여 천국을 가는 행운의 주인공이 되었습니다.

여러분, 천국은 착하게만 살아서 가는 곳이 아닙니다. 자신의 공로로, 즉 죄짓지 않고 선하게 살아야 천국을 가는 것이라면 우리 가운데 천국 갈 수 있는 사람은 몇 명 안 됩니다.

여러분, 천국은 예수님의 십자가 공로로 가는 것입니다. 예수님의 십자가 제사는 이런 자격 없는 우리들이 천국에 갈 수 있도록 우리의 모든 죄를 용서해 주기에 충분한 효력을 지니고 있습니다.

방금 말씀드린 오른쪽 강도는 예수님 십자가 공로의 첫 번째 수혜자였던 것입니다.

그러면 여러분, 이제 제가 여러분에게 묻겠습니다. 오른쪽 강도가 죽기 몇 초 전에 예수님을 메시아, 그리스도, 곧 구원자로 알아보고 믿음을 고백하여 구원을 받아 천국에 갔다면, 돌아가시기 일주일 전에 예수님을 주님으로 모시고 세례를 받은 고인께서는 천국에 가셨겠습니까, 안 가셨겠습니까?

여러분, 고인께서는 지금 천국에 계십니다. 이것이 우리의 신앙입니다.

다만, 고인께서 경황이 없어서 미처 회개하지 못하고 이 세상에 남겨 둔 허물과 잘못이 있을 수 있겠습니다. 이 때문에 천국에서 온전히 안식을 누리는 상태에 계시지 않고 지금 정화의 과정을 겪고 계실 수 있습니다. 그래서 우리가 오늘 이렇게 모여 고인을 위해 미사를 봉헌하며 기도해 드리고 있는 것입니다.

친지들께서는 고인을 사랑하시는 마음에서 이 미사 중에 고인을 위해 정성껏 기도를 합하여 주시기를 바랍니다. 고인께서는 천국에서 기쁘게 반기실 것입니다."

저의 강론은 얼추 이쯤에서 끝났습니다. 강론을 들은 친지들은 모두 수긍하는 표정이었고 나아가 신앙의 필요성에 공감하는 모습이었습니다.

이렇게 해서 한 문장도 미리 준비되지 않고 시작된 강론은 마치 잘 짜인 각본처럼 드라마틱하고 조리정연하게 진행되었던 것입니다.

그날 집으로 돌아오는 차 속에서 저는 성령님께 감사의 기도를 드렸습니다.

"성령님, 오늘 한 건 크게 하셨습니다. 멋졌습니다. 감사합니다. 아멘!"

■ 그러면 됐습니다

> "너희 마음이 산란해지는 일도, 겁을 내는 일도 없도록 하여라"
> (요한 14,27).

살다 보면 마음이 어수선하고 뒤숭숭할 때, 그러면서 왠지 모를 미래에 대한 두려움이 슬금슬금 나를 지배하는 느낌이 들 때가 있지요. 아니, 이런 상태가 일상이 되어 버린 것이 이 시대 우리들 삶의 모습이 아닐까 생각해 봅니다.

그런 우리들에게 예수님께서는 오늘, 당신의 평화를 선사해 주십니다. 그러시며 말씀하십니다.

"너희 마음이 산란해지는 일도, 겁을 내는 일도 없도록 하여라"(요한 14,27).

어쩐지 늘상 걱정과 근심 많은 우리들에게 "괜찮다, 괜찮다" 하시는 위로와 격려의 말씀으로도 들립니다.

저는 이에 영감을 받아, 현대인이 앓고 있는 여러 정신적 고질병들을 졸저 『희망의 귀환』 안에 "괜찮다 괜찮다"라는 코너명하에 열두 꼭지로 추려 보았습니다. 그 가운데 '두려움'에 관하여 이렇게 해결책을 제시한 바 있어 소개합니다.

2차 세계 대전 당시 전쟁으로 말미암아 죽은 청년의 수가 30만 명이었습니다. 그런데 아들과 남편을 일선에 내보내고, 두려움과 염려에 빠진 나머지 심장병으로 죽은 미국 시민들이 100만 명을 넘었다고 합니다. 총탄이 사람을 꿰뚫어 죽인 수보다 두려움과 걱정이 죽인 사람의 수가 훨씬 많았습니다.

무엇 때문에? 두려움이 우리에게 불러일으키는 상상의 크기가 실로 압도적이었던 것입니다. 떠올릴 수 있는 최악의 상황을 그리도록 부추겼던 것입니다. 그리하여 객관적인 사고나 판단에 앞서 극도의 감정이 먼저 우리의 몸과 마음을 지배하도록 주도권을 빼앗긴 것입니다.

이렇듯이 두려움은 상상으로 인해 부풀려집니다. 두려움은 어떤 특정 사실에서 출발합니다. 그것을 단초로 삼아 우리의 상상이 만들어내는 '최악의 시나리오'는 순식간에 눈덩이처럼 커집니다. 그때 두려움은 감당하기 힘든 중압으로 작용합니다. 그리하여 사실이 아닌 상상의 산물로 인하여 우리의 심신은 안절부절못하게 되는 것입니다.

이는 일상에서도 웃지 못할 해프닝을 양산합니다.

일례로 장미꽃 알레르기가 있는 사람이 강연을 하던 중 연단에 놓인 장미꽃 때문에 재채기가 계속 나와서 강연을 망쳤다고 합니다. 나중에 그것이 조화로 밝혀졌을 때, 자신도 통제할 수 없었던 신체적 반응에 한 번 더 경악했다는 얘기.

자라 보고 놀란 가슴 솥뚜껑 보고 놀란다고, 조화를 생화로 착각한 그의 상상이 빚어낸 코미디였습니다.

그렇다면 어떻게 해야 두려움을 극복할 수 있을까요?

두려움에서 벗어나는 좋은 방법 가운데 하나는 두려움의 실체를 있는 그대로 파악하는 것입니다. 그러기에 『WHO』의 작가 밥 보딘Bob Beaudine이 자신의 아버지로부터 배운 탈출법은 우리가 꼭 익혀 둘 만합니다.

헤드헌터 기업대표인 밥 보딘은 어느 날 아버지에게 잘 풀리지 않던 자신의 사업 고충을 털어놓았습니다. 그의 불평을 끝까지 다 듣고 난 아버지는 책상 서랍 속 조그만 카드 위에 그의 고민에 대한 답변이 적혀 있다고 일러 주었습니다. 밥 보딘이 그 카드를 꺼내 보았을 때, 그 위에는 딱 한 문장이 적혀 있었습니다.

'그것은 사실이 아니다.'

"뭐가 사실이 아니라는 거죠?"

그의 물음에 아버지는 답했습니다.

"나 역시 여러 골치 아픈 걱정들과 싸워야 할 때가 있었단다. 그럴 때 항상 이 카드를 꺼내 보곤 했지. 우리 마음속에서 우리를 괴롭히는 어리석고 부정적인 생각들 대부분은 현실로 나타나지 않아. 다시 말해서 그것은 사실이 아니지. 그런 생각들이 너를 괴롭히도록 내버려둔다면, 네 마음에 뿌리를 내려 크게 자라게 될 거다. 그렇게 되도록 내버려둘 거니?"

이 말은 밥 보딘에게 해방감을 동반한 깨달음을 주었습니다. 그는 두려움을 자아내는 부정적인 생각이 밀려올 때, 스스로에게 이렇게 말하라고 권합니다.

"누가 그런 말을 했니? 그것은 사실이 아니야."

바로 이겁니다.

"그것은 사실이 아니야."

십중팔구 이 진술은 맞는 것으로 드러나기 십상입니다. 설령, '그것'이 사실이 될 확률이 있다고 하더라도, 우리에게는 유비무환의 지혜가 있음을 신뢰할 일입니다. 철저히 대비하고 준비하면 두려움은 슬금슬금 뒷걸음질치게 되어 있습니다.[35]

오늘 두려움에 떨고 있는 모든 분들에게 주님의 "괜찮다."라는 음성이 함께 임하기를 간절히 바랍니다.

함께 기도하시겠습니다.

주님, 저희에게 파라클리토 성령을 보내 주셔서 감사합니다.

주님, 저희가 어려울 때, 궁지에 몰렸을 때, 말문이 막혔을 때, 성령께 귀 기울이게 하소서.

주님, 저희가 언제나 성령의 도우심을 믿고 의지하게 하소서.

그리하여 주님, "주님, 오늘 멋졌습니다. 땡큐!" 하고 감사의 기도를 드리게 하소서.

우리 주 예수 그리스도를 통하여 비나이다. 아멘!

주님 승천 대축일: 루카 24,46-53

보이지 않아도 믿는 이유

"너희는 이 일의 증인이다"(루카 24,48).

1. 말씀의 숲

 오늘 우리는 주님 승천 대축일을 맞이했습니다. 오늘 복음 말씀에서는 부활하신 예수님께서 이제 저희를 떠나서 아버지께로 올라가시는 장면을 알려 주지만, 다른 한편으로는 예수님께서 하늘로 오르시기 전에 우리를 땅끝까지 당신 증인으로 파견하시는 대목도 포함하고 있습니다. 그러면서 이제 성령을 받을 때까지 기다리라는 말씀이 주어지고 있습니다.

 우선 예수님께서는 우리를 증인으로 파견하셨습니다. 이 시대에 그리스도의 증인이 된다는 것은 무슨 말씀일까요? 갑자기 어떤 일이 생겼을 때 나는 어떻게 대처해야 할까요? 우리의 믿음은 어느 정도일까요? 이것을 가늠하게 하는 한 사건이 있었습니다.

 1999년 4월 20일 콜로라도 덴버의 고등학교에서 두 학생의 총기 난사로 13명의 학생과 교사가 사망하는 충격적인 사건이 벌어졌습니다. 사건을 저지른 이들은 히틀러의 생일을 맞아 이런 광기 어린 학살을 감행했다고 합니다. 범인 해리스와 클리볼드는 학생들을 캠퍼스의 한

곳에 모아 놓고, 한 사람씩 총구를 갖다 대며 이렇게 물었다고 합니다. "너는 하느님을 믿느냐?" 이 질문에 대부분의 학생들이 살기 위해서 '믿지 않는다'고 대답했습니다. 그러면 해리스와 클리볼드는 음흉한 미소를 띠며 그들을 살려 주었습니다. 그런데 이런 공포 분위기 가운데서도 확실한 신앙의 결단을 한 학생이 있었습니다. 그 학생의 이름은 캐시 버넬Cassie Rene Bernall입니다. 그녀는 죽음의 총구 앞에서도 담대하게 말했습니다. "그래, 하느님은 지금도 살아 계신다. 그리고 너희도 역시 하느님의 길을 따라야만 한다." 이 말을 들은 해리스와 클리볼드는 "네가 믿는 하느님의 곁으로 가라." 하며 총을 쏘았고, 결국 캐시 버넬은 그 자리에서 목숨을 잃었습니다.

그런데 이 아이가 당당하게 복음을 전한 사건은 나중에 이 미국 전역에서 학생들에게 엄청난 파문을 일으켰습니다. 바로 10대들 사이에 신앙 붐 운동이 일어났던 것입니다. 바로 캐시 버넬의 죽음이 신앙의 씨앗이 된 것입니다.

역사적으로는 우리가 한 시대의 짧은 인생으로 마감하는 것 같지만, 우리는 다시 부활합니다. 이제 우리가 그런 상황에 처하게 되면 어떨지 생각하면서 부활의 증거의 의미를 새겨 봤습니다. 어떤 사람이 갑자기 내 목에 칼을 들이대면서 '너는 하느님을 믿느냐?'라고 질문한다면, 우리는 어떤 선택을 해야 할까요? 우리는 갑자기 벌어진 상황 속에서도 항상 주님을 증거할 수 있도록 미리 대비하고 있을 필요가 있습니다.

이제 주님 승천 대축일입니다. 예수님께서는 이 땅에 오셔서 33년의 생애를 마치시고 올라가십니다. 예수님께서는 이 땅에서 아버지 하느님의 뜻을 모두 완수하시고 이제 가셔야 할 곳으로 가셨습니다. 요한 사도는 자신의 복음서에서 예수님의 일생을 한마디로 요약하고 있습니다. "나는 아버지에게서 나와 세상에 왔다가, 다시 세상을 떠나 아버지께 간다"(요한 16,28).

예수님께서는 공생활 3년 동안 사회적으로 소외받은 사람들을 불러 모으셨습니다. 죄인들이라 불리는 세리, 창녀 그리고 사회적 약자들인 여인들, 병자들을 보살펴 주셨습니다. 그렇게 하기 위해서는 예수님께서 가장 낮은 곳으로 내려가셔야 했습니다. 그리고 결국에는 당신 자신이 죄인 취급을 당하시고 십자가에 못 박혀 돌아가시고 다시 부활하신 것입니다. 그리고 오늘 예수님께서는 하늘로 올라가셨습니다.

루카 복음의 연장선이라고 우리가 평가하고 있는 사도행전을 보면, 예수님께서 승천하시는 이 모습을 그림처럼 그려 놓았습니다. 오늘 복음에서는 예수님께서 간단하게 올라가신 것으로 되어 있지만, 사도행전에서는 그들이 보는 앞에서 하늘로 오르셨는데, 구름에 감싸여 그들의 시야에서 사라지셨다고 전해 주고 있습니다.

사도행전에서는 제자들이 예수님께서 하늘로 오르시는 장면을 넋을 잃고 쳐다보니까 흰옷을 입은 두 사람이 나타나서 "갈릴래아 사람들아, 왜 하늘을 쳐다보며 서 있느냐? 너희를 떠나 승천하신 저 예수님께서는, 너희가 보는 앞에서 하늘로 올라가신 모습 그대로 다시 오실 것이다."(사도 1,11)라고 말하는 장면이 나옵니다. 바로 이 대목을 통해서 승천하시는 예수님을 바라보던 제자들의 심정이 어떠했을지 우리는 어느 정도 알 수 있습니다.

2. 말씀 공감

■ 지금 바로 그곳으로

> "갈릴래아 사람들아, 왜 하늘을 쳐다보며 서 있느냐?
> 너희를 떠나 승천하신 저 예수님께서는, 너희가 보는 앞에서
> 하늘로 올라가신 모습 그대로 다시 오실 것이다"(사도 1,11).

예수님께서 승천하시는 날, 제자들은 떠나는 스승의 모습을 하염없이 바라보고만 있었습니다. 그때 흰옷을 입은 두 사람, 곧 천사들이 나타나 그들을 "갈릴래아 사람들아,"(사도 1,11) 하고 불렀습니다. 이 이야기를 듣자마자 제자들은 갈릴래아를 떠올립니다. 그들의 마음이 갈릴래아로 가는 것입니다. 거기서부터 모든 일이 추억으로, 현실로 다가오는 것입니다. 자기들의 옛날로 다 돌아가 예수님을 떠올리는 것입니다. 갈릴래아 사람들과 그 현장에, 그 자리에 예수님을 따라가는 우리가 있습니다.

저는 그 심정을 이렇게 묵상 글로 옮겨 보았습니다.

그 슬프던 날, 홀연히 떠나시는 스승의 모습을 넋 놓고 바라보고만 있어야 했던 그 순간, '흰옷 입은 사람 둘'이 나타나 일러 준 말을 듣노라니 그들은 갑자기 가슴이 뭉클해 옴을 느꼈다.

"갈릴래아 사람들아, 왜 하늘을 쳐다보며 서 있느냐?"(사도 1,11)

갈릴래아 사람들! 정직하게 말해서 예루살렘 사람들이 이렇게 자신들을 부를 때는 뭔가 무의식 속에 도사리고 있던 '콤플렉스'가 꿈틀거렸던 것이 사실인데, 오늘 새삼 천사들이 이렇게 불러 주니 느낌이 전혀 달랐다. 이번에는 되레 '추억'이 꿈틀거렸기 때문이었다. 아니, 꿈틀

거렸던 것은 추억이 아니었다. 그것은 현재 눈앞에서 전개되는 사건이었다. 과거라고 하기에는 너무도 생생한 현실의 장면이었다.

그랬다. 갈릴래아 호수는 그들이 알고 있던 세상이었고 우주였다. 그것이 그들의 전부였다. 지중해면보다 약 200m 낮고, 남북 20km, 동서 12km, 수심 최대 228m, 면적 약 166평방미터의 이 호수, 서쪽으로는 경사가 가파르지 않은 평원이 펼쳐져 있고, 동쪽으로는 벼랑이 임해 있는 이 갈릴래아 호수는 그들의 생활 본거지였다. 풍광이 빼어나고, 계절의 변화에 따른 아름다움을 즐길 수 있는 이곳에서 그들 대부분은 고기잡이를 하며 풍족하지는 않아도 운명으로 여기고 살고 있었다.

그런 그들에게 그이가 나타났다. 온화한 얼굴의 그이가 평온하던 갈릴래아에 엄청난 소용돌이를 몰고 왔다. 그이는 엄청난 흡인력으로 그들을 빨아들였다. 열두 명의 제자 중 '카리옷' 사람 유다만 빼고 모두가 갈릴래아 출신이었으니 말이다. "나를 따르라."는 말 한마디에 홀린 듯이 그물을 버리고 따라다닌 지 어언 3년! 세월은 주마등같이 흘러갔다.

아아, 햇빛 눈부시게 비추던 날, 그이가 학처럼 배 위에 오르시어 '여덟 가지 행복'을 선언하셨을 때에, 잔디에 앉아 말씀을 듣던 그들의 눈에서는 눈물이 흘러내리고 있었다. 그이는 아주 마음이 따뜻했다. 아니 여렸다. 저마다 문제를 안고 찾아온 사람들을 그이는 빈손으로 보낸 적이 한 번도 없었다. 복음서에 언급된 33번의 기적 중 24번을 이 갈릴래아에서 행하셨던 것은 갈릴래아 사람들의 딱한 사정을 외면할 수 없었던 그이의 전적인 배려에서였다. 그들이 그이의 몰아적 사랑을 엿보았던 것은 그이가 동족 유다인의 비난을 무릅쓰고 로마 백인대장의 병을 고쳐 주실 때(마태 8,5-13 참조)였다. 그이가 오병이어의 기적을 행하셨던 날(마태 14,13-21 참조), 그들은 사람들이 굶주린 배를 움켜잡기 전에 먼저 아파하시고, 사람들이 고통 속에서 신음하기 전에 그 아픔을 먼저 헤아리시는, 그이의 고감도 사랑에 감동받았었지….

때로는 갈릴래아 호수를 건너 한적한 곳을 찾아(마르 6,45; 8,22 참조) 홀로 기도하기를 즐기셨던 그이, 예기치 못했던 광풍이 몰아쳤을 때(마태 14,25 참조) 두려움과 풍랑을 동시에 잠재우셨던 그이, 그이가 오늘 갈릴래아 호숫가를 걷고 있다. 이방인의 땅, 아무도 마음 주지 않던 버려진 촌구석, 어둠 속을 헤매는 백성들, 그 후미진 구석구석을 그이가 걷고 있다. 사랑과 평화와 위로 가득한 가슴으로, 연민 그득한 눈으로 암 하아레츠(땅의 백성)를 바라보고 있다. 사람들의 등을 두드려 주고 있다.

과거가 아니라 지금이다. 지금 그이가 갈릴래아 호숫가를 걷고 있다. 그리고 그들은 지금 홀린 듯이 그이의 뒤를 따라 걷고 있다. 평생 가야 할 길을 지금 걷고 있다.[36]

■ 쾌히 들어주심으로

> "너희는 이 일의 증인이다"(루카 24,48).

　한국천주교주교회의 시복시성위원회 신부님들이 저희 연구소가 위치하고 있는 고촌 천등고개와 연구소, 그리고 고촌성당을 방문했습니다. 저희들의 천상 후견인이신 송해붕 세례자 요한의 시복 절차상 현장 검증이 필요했기 때문입니다.

　그 자리에 본디 초대자 명단에 속하지 않았던 한 자매가 자발적으로 참석했습니다. 우리 가톨릭 교회를 대표하는 복음성가 가수 신상옥 안드레아 형제의 어머니였습니다. 그 자매는 어렸을 적에 당시 청년 송해붕 세례자 요한으로부터 일종의 계몽교육과 교리교육을 받은 최연소 증인입니다.

　당시 나이가 여섯 살이셨다고 하니, 보통은 기억조차 가물거렸을 추억을 또렷이 기억하며 송해붕 세례자 요한의 남다름을 증언했습니다.

　"선생님은 우리에게 자신을 공깃돌로 불러 달라고 하셨어요. 놀고 싶을 때 언제든지 가지고 놀아라. 내가 기꺼이 너희들과 놀아 주마. 그리고 더 이상 필요 없다 싶을 때에는 버려도 된다. 그러시면서 '버려진 돌이 모퉁이의 머릿돌이 되리라'는 말씀을 자주 들려주셨죠. 나뿐만 아니라 우리 언니, 동네 아이들 모두가 선생님을 너무나 좋아했어요. 선생님은 우리 한 아이 한 아이에게 사랑을 쏟아부어 주셨고요."

　그때 그 자매의 얼굴에는 한 어린아이가 놀라운 장면을 보고 다른 사람들에게 흥분해서 설명해 주는 표정이 역력했습니다.

　백지장 같았던 어린아이의 가슴, 그 청정 지대에 송해붕 세례자 요한의 잔영이 얼마나 깊이 새겨졌으면, 82세의 나이에도 소녀의 감동으로 기필코 증언하고 싶었을까요.

이는 하늘에 살아 있는 송해붕 세례자 요한의 매력인 동시에, 우리 인생에서 신앙의 원체험이 발휘하고 있는 힘이기도 합니다.

이럴진대, 3년 동안 예수님을 뒤따르면서 예수님의 사랑 어린 말씀과 일거수일투족에 감화를 받은 제자들의 가슴에는 어떤 은총의 금이 새겨져 있었을까요.

"너희는 이 일의 증인이다"(루카 24,48).

주님 승천 대축일을 맞이하는 오늘, 우리는 주님 부활과 승천의 증인이 되도록 초대받았습니다.

송해붕 세례자 요한은 이 초대를 자신의 평생 사명으로 여겼습니다. 그러기에 죽음도 두려워하지 않고 주님의 부활과 승천을 증언했습니다.

사실 부활과 승천이라는 낱말 자체는 다소 추상적인 느낌이 있습니다. 이에 대하여 오늘 제2독서 말씀인 에페소서는 보다 실감 나게 풀어 말해 주고 있습니다.

"하느님께서는 […] 그분을 […] 하늘에 올리시어 당신 오른쪽에 앉히셨습니다. 모든 권세와 권력과 권능과 주권 위에, 그리고 현세만이 아니라 내세에서도 불릴 모든 이름 위에 뛰어나게 하신 것입니다"(에페 1,20-21).

이 말씀에서 우리가 특히 주목해야 할 것은 "모든 권세와 권력과 권능과 주권 위에"라는 대목입니다. 우리 주 예수 그리스도께서는 이처럼 하늘과 땅의 모든 권세를 지배하는 분이시기에 우리가 청하는 모든 것을 들어주실 수 있으십니다. 그러기에 기도의 응답, 죄의 용서, 구원 등이 제약 없이 우리에게 주어지는 것입니다.

누구든지 증인이 되려면 먼저 자기 자신이 이런 것들을 체험해야 합니다.

기도의 응답을 받아 본 이라야, 기도의 은혜를 남들에게 전하는 증인이 될 수 있습니다.

죄의 용서와 구원을 느낌으로 확신하는 이라야, 이 기쁜 소식을 전하는 증인이 될 수 있습니다.

다시 원점으로 돌아갑니다만, 송해붕 세례자 요한은 자신이 먼저 예수님의 부활과 승천이 의미하는 실질적인 은총을 체험했기에 목숨 바쳐서 증언했던 것입니다.

그리고 참으로 고무적이게도 그 증언을 여섯 살 나이에 들은 저 감동의 자매는 그 은혜를 받아 누리고서 70여 성상이 지난 후에 그 사실에 대하여 증언하겠다고 기꺼이 나섰던 것입니다.

■ 강복

> "이렇게 강복하시며 그들을 떠나 하늘로 올라가셨다"(루카 24,51).

주님께서는 "강복하시며" 하늘로 올라가셨습니다.

주님의 마지막 동작은 '강복'이었습니다. 이 강복은 태초에 세상을 창조하시며 사람들에게 주신 하느님의 축복과도 맥이 통하는 강복입니다.

"하느님께서 그들에게 복을 내리며 말씀하셨다. '자식을 많이 낳고 번성하여 땅을 가득 채우고 지배하여라. 그리고 바다의 물고기와 하늘의 새와 땅을 기어 다니는 온갖 생물을 다스려라'"(창세 1,28).

주님께서 우리를 향하여 원초적으로 원하신 것도 '축복'이며, 주님께서 궁극적으로 원하신 것도 '강복'인 것입니다.

오랜 역사의 단절을 이으시고자 아브라함을 부르셨을 때도 하느님께서는 그를 통하여 인류에게 복을 주시기를 원하셨습니다.

"세상의 모든 종족들이 너를 통하여 복을 받을 것이다"(창세 12,3).

그리고 예수님께서는 우리가 서로 복을 빌어 주기를 권하셨습니다.

"어떤 집에 들어가거든 먼저 '이 집에 평화를 빕니다.' 하고 말하여라. 그 집에 평화를 받을 사람이 있으면 너희의 평화가 그 사람 위에 머무르고, 그렇지 않으면 너희에게 되돌아올 것이다"(루카 10,5-6).

서로 복을 빌어 줍시다. 복을 빌어 주면 그 축복은 상대방 안에서 열매를 맺을 뿐 아니라 반드시 자신에게 돌아옵니다.

부모가 자녀들에게 축복을 빌어 주는 것도 참 좋은 일입니다. 자녀 축복의 기도가 얼마나 은혜로운지, 김 미카엘 신부의 체험을 소개합니다.

김 미카엘 신부의 부모는 자녀들의 이름을 세례명으로 지으실 정도로 열심인 신앙인들이었습니다. 그래서 김 미카엘 신부의 이름과 세례명 모두 '미카엘'입니다.

그의 부모는 미카엘 신부가 초등학교에 입학하기 전부터 신학교에 입학하기 전까지 매일 집에서 가정 기도와 묵주기도를 바친 후, 잠언과 집회서, 지혜서를 읽고, 매일 복음 묵상을 했다고 합니다. 그리고 잠자리에 들기 전 꼭 자녀들의 머리에 안수를 해 주시면서, 하루 동안 아무런 사고 없이 지낼 수 있도록 이끌어 주신 하느님께 감사의 기도를 드리고, 내일 하루도 주님의 은총으로 지낼 수 있기를 하느님께 청하며 축복해 주셨다고 합니다.

매일 온 가족이 함께 모여 기도하는 가운데, 김 미카엘 신부의 가족은 어려운 상황이 와도 기도 안에서 힘을 얻어 잘 극복해 갈 수 있었고, 사춘기를 지날 때도 부모님과 특별한 충돌이 없이 지나갈 수 있었다고 합니다. 기도를 하면서 부모님과 많은 이야기를 할 수 있었기에, 오히려 사춘기를 지나면서 성격이 더 유순해졌다고 합니다.

김 미카엘 신부가 사제 성소를 키우는 계기가 되었던 것도 바로 이러한 가정 분위기 때문이었음을 그는 고백합니다.

오늘날도 김 미카엘 신부는 매일 기도할 때마다 가족들과 함께 기도하곤 했던 기억들이 함께한다고 합니다. 이제 그는 안수나 축복 기도의 효과에 대해 누구보다도 믿음이 강한 사제입니다.

함께 기도하시겠습니다.

주님, 저희를 매일 축복해 주셔서 감사합니다. 오늘도 복된 하루가 되게 하소서.

언제나 저희를 붙들어 주시고, 이끌어 주시고, 은총으로 도우소서.

그리고 주님, 저희의 보잘것없는 축복 기도를 들어주셔서 감사합니다. 저희가 믿음으로 기도할 때마다 저희가 기억하고 지향하는 저희의 이웃들에게 축복을 내려 주셔서 감사합니다.

주님, 매일매일 필요한 말씀의 양식을 공급해 주시고, 그로 인하여 치유와 위로를 은혜로이 만나게 하소서. 아멘. 할렐루야.

성령 강림 대축일: 요한 20,19-23

생명의 들숨

"성령을 받아라"(요한 20,22).

1. 말씀의 숲

　1908년 8월 폭풍이 심하게 부는 어느 날이었습니다. 미국 뉴멕시코 폴솜읍의 전화 교환수에게 고원 지대에 폭우가 내려 존슨 메사시가 큰 홍수를 만났다는 전화가 걸려왔습니다. 그 홍수는 폴솜읍을 향해 오고 있었습니다.

　교환수 루크 여사는 68세 곱사등이였는데, 자신이 피신할 수 있는 시간이 충분했으나 그 많은 사람들의 생명을 건지기 위해 집집마다 전화를 걸어 피신시켰고 전화가 없는 집은 로버트 펜웰 씨로 하여금 긴급히 연락하도록 했습니다. 그 많은 사람들을 피신시킨 교환수는 끝내 자신은 피신하지 못하고 홍수에 행방불명이 되었습니다.[37]

　오늘은 삼위일체 하느님 가운데 가장 신비로운 분이신 성령께서 당신을 드러내시는 날입니다.

　오늘의 본문은 두 부분으로 나누어 고찰할 수 있는데, 첫 번째 내용은 하나의 전통적 발현 이야기로 부활하신 예수님께서 바로 십자가에 못 박히신 바로 그분과 같은 분임을 입증하기 위해 손과 옆구리를 보여 주시는 장면입니다(요한 20,19-20 참조). 그리스도의 놀라운 부활 체험 사건입니다. 두 번째 내용은 부활하신 예수님께서 사도들에게 평화를 주시며 성령을 보내 주시는 소명 이야기입니다(요한 20,21-23 참조).

부활하신 예수님께서는 맨 처음으로 무덤에서 흐느껴 울고 있던 마리아 막달레나에게 나타나셨습니다(요한 20,11-18 참조). 그리고 그날 저녁에서야 제자들에게 나타나셨습니다. 신변에 위험을 느껴 문을 안으로 걸어 잠그고 숨어 있던 제자들의 은신처에 아무런 예고도 없이 예수님께서 나타나신 것입니다. 부활하신 예수님께서 평화의 인사를 건네시며 찾아오셨습니다. 그러자 제자들의 두려움은 순식간에 기쁨으로 바뀌었고, 그들은 주님을 뵙고 기뻐했습니다.

예수님께서는 평화의 선물을 건네심과 동시에 제자들에게 자리에서 일어설 것을 명령하셨습니다. 당신이 아버지로부터 오셨듯이 제자들이 당신에게서 세상으로 나아가도록 말입니다. 그리고 숨을 불어넣어 주시며 이렇게 말씀하셨습니다. "성령을 받아라. 너희가 누구의 죄든지 용서해 주면 그가 용서를 받을 것이고, 그대로 두면 그대로 남아 있을 것이다"(요한 20,22-23).

이 두 번째 대목이 바로 요한이 체험한 성령 강림 사건입니다. 부활하신 예수님의 체험과 성령의 체험은 바로 같은 체험이기도 합니다.

어쨌든 예수님께서는 성령을 선물로 주십니다. 요한은 성령을 부활하신 분의 숨소리로 제시합니다. 요한 사도는 자신의 복음서에서 성령을 호흡의 들숨과 날숨으로 표현했습니다. 예수님의 입에서 나온 날숨은 제자들에게는 들숨이 되었습니다. 성령의 이름도 두 가지였습니다. 숨결 또는 호흡이라는 이름과, 예수님의 말씀 안에서 영이라는 이름을 가지고 있었습니다. 많은 주석가들은 이것을 바로 창세기 창조 설화의 암시로 보고 있습니다. 성령께서는 바로 예수님의 생명력이며 이 생명력이 사도들에게 전이됩니다. 이러한 뜻에서 부활하신 그리스도께서는 모든 그리스도인 체험의 원천입니다. 예수님께서는 바로 제자들 곁에서 늘 계속 함께 계십니다. 더구나 예수님께서 세상에서 사도들과 계속 함께 계셨듯이 바로 그렇게 성령께서는 영혼과 같이 사도들을 살리시고 지탱해 주시는 내적 힘이라는 뜻입니다.

이 성령께서는 아들을 보내시는 아버지와, 제자들에게 사명을 전하시는 예수님을 위해서 일하고 계셨습니다. 이렇게 해서 아버지와 아들과 성령께서 그대와 함께 계시게 되었습니다. 삼위일체의 신비가 완성된 셈입니다.

여기서 또한 중요한 것이 있습니다. 바로 제자들에게 주어진, 죄를 용서할 수 있는 권한입니다. 이 권한은 성령으로부터 오는 것이었습니다. 성령의 열매는 용서와 화해 그리고 평화입니다. 사도행전에서도 이것을 이야기하고 있습니다. 성령으로 가득 찬 베드로 사도가 소리 높여 외쳤습니다. "회개하십시오. 그리고 저마다 예수 그리스도의 이름으로 세례를 받아 여러분의 죄를 용서받으십시오. 그러면 성령을 선물로 받을 것입니다. 이 약속은 여러분과 여러분의 자손들과 또 멀리 있는 모든 이들, 곧 주 우리 하느님께서 부르시는 모든 이에게 해당됩니다"(사도 2,38-39).

아버지로부터 약속받으신 성령을 오늘 예수님께서는 모든 사람이 보고 듣는 가운데서 쏟아 주셨습니다. 과연 세찬 바람으로 오시는 성령께서는 자유로운 분이십니다. 바람은 불고 싶은 곳으로 붑니다. 그 소리는 들리지만 어디서 오셔서 어디로 가시는지는 모릅니다(요한 3,8 참조). 또 성령께서는 불과 같은 혀로 나타나 각자에게 내려앉으셔서 증인들의 혀에 영성적인 불을 놓으셨습니다.

더 나아가 제자들의 혀만이 아니라 그들의 말을 듣는 청중들의 마음에도 불을 놓으셨습니다. 사람들의 마음을 사로잡아 모두가 하느님의 가르침을 알아들을 수 있도록 말입니다. 그래서 사람들은 듣고 마음이 켕겼다고 했습니다. 성령의 불이 그들의 마음을 강하게 건드렸기 때문입니다.

이 발현 사화는 부활하신 예수님께서 세기를 통해 교회 공동체와 어떤 관계를 맺고 계신지를 분명히 말해 줍니다. 예수님의 부활과 성령 강림은 예수님의 강생, 공생활, 십자가 죽음, 이 모든 것의 종합이자 결론입니다. 예수님 부활 사건과 성령 강림 체험은 바로 구원의 완결입니다. 무서워 두려움에 떨고 있는 사도들에게 주님께서는 희망, 용기, 생명, 그리고 아름다운 미래를 보장해 주셨습니다.

2. 말씀 공감

■ 갑자기

> "그런데 갑자기 하늘에서 거센 바람이 부는 듯한 소리가 나더니, 그들이 앉아 있는 온 집 안을 가득 채웠다"(사도 2,2).

제가 2008년 바오로 해를 기념하여 '터키·그리스 성지 순례'를 갔던 때의 일입니다. 초반 순례지를 돌며 느낀 감정은 아이러니하게도 그리스도교의 찬란한 유산을 보는 것이라기보다, 그리스도교의 폐허를 보러 다닌 느낌이었습니다. 웅장한 그리스 신전이나 유적, 박물관들을 돌면서 어떤 거룩한 기운을 받았다기보다, 사도 바오로가 대적했을지도 모르는 악령들의 소굴을 다니는 기분이 들었던 것입니다.

저는 저를 따라 함께 순례에 참가한 사람들을 영적으로 보호하고 싶은 마음에, 또 그들에게 강력한 성령 체험을 하게 하고 싶던 차에, 문득 기도 중에 영감을 받았습니다.

'이분들과 쉬지 않고 성가를 부르면 분명 하늘에서 성령이 쏟아질 것이다!'

이런 확신이 들었던 것입니다.

그때부터 미사를 마치기만 하면 모두가 하나 되어 큰 소리로 성가를 불러댔습니다. 주님께서는 정말로 저의 기대에 응답해 주셨습니다. 곳곳에서 사람들이 말하는 톤이 바뀌고, 뜨겁게 우는 일이 잦아지며, 얼굴에 생기 가득한 표정이 살아나는 등, 실로 '성령의 덮침'을 체험했던 것입니다.

이 현상은 한두 번 일어난 일이 아니요, 감상적으로 진행된 사건도 아니었습니다. 예기치 않던 순간에 맞은 하느님 임재 체험이었습니다.

그 이후 저는 피정을 지도할 때면 프로그램에 반드시 두 시간에 걸친 찬미를 집어넣습니다. 찬미를 드리면 제가 직접 안수하지 않아도 사람들의 감성을 어루만져 주시고, 아픔을 치유해 주시는 강력한 은혜의 손길이 하늘에서 내려옴을 알고 또 믿기 때문입니다.

예수님께서 승천하실 때 제자들에게 약속하셨던 것처럼 그분께서는 메마른 우리 영혼에 당신의 성령을 보내 주십니다. 오늘 제1독서는 이렇게 증언합니다.

"그런데 갑자기 하늘에서 거센 바람이 부는 듯한 소리가 나더니, 그들이 앉아 있는 온 집 안을 가득 채웠다"(사도 2,2).

이 '거센 바람 소리'는 하느님의 영 또는 예수님의 영이 '죽은 뼈'나 다름없는 처지의 사람들에게 생명의 숨을 불어넣어 주시는 소리였습니다(에제 37,4-6 참조). 이는 죽은 사람들의 힘줄, 살, 피부를 소생시키는 신묘한 생기였습니다.

이 기운이 "그들이 앉아 있는 온 집 안을 가득 채웠"습니다. 이내 썩은 공기, 낡은 체취들이 사라지고 새 숨결, 새 생명으로 온 방 안이 가득 찼습니다.

여기서 간과할 수 없는 사실 하나는, 그들이 그냥 가만히 있는데 이런 일이 일어나지 않았다는 것입니다. 그때 그들은 '마음을 모아 기도하는 일에 전념하고 있었다'(사도 1,14 참조)고 기록되어 있습니다. 그들이 기도하며 찬미를 드리고 있는 중에 성령 강림이 이루어졌던 것입니다.

■ 성령의 다독임

> "이렇게 이르시고 나서 그들에게 숨을 불어넣으며 말씀하셨다. '성령을 받아라'"(요한 20,22).

이 말씀 중에 특히 "숨을 불어넣으며"라는 대목에 마음이 머뭅니다. "숨을 불어넣으며!"

이 표현은 창세기의 이야기 가운데 흙으로 사람을 빚으시고 그의 코에 생명의 숨을 불어넣어 주시는 대목을 연상시킵니다. 숨은 한마디로 생명의 기운을 가리킵니다. 이 생명의 기운은 여러 차원으로 그리고 다양한 양태로 작동합니다.

죽어 가는 이에게 성령의 숨이 임하면 살아납니다.

의기소침한 이에게 성령의 숨이 부어지면 심기일전합니다.

두려움에 떨고 있는 이에게 성령의 숨이 부어지면 평화가 흐릅니다.

사랑이 고갈된 이에게 성령의 숨이 임하면 사랑이 충만해집니다.

성령의 숨은 이처럼 생명의 양태가 다채로운 것 이상으로 다양하게 역사합니다.

지난 3월 말, 한 자매에게서 전달된 체험담입니다.

이 자매는 우연한 기회에 다민족 미사에 참례하게 되었답니다. 미사 도중 이라크 교구 소속의 한 사제가 성가를 불렀는데 듣는 순간부터 뭔가 예사롭지 않은 파장을 느꼈답니다. 홀연 상서로운 기운이 전신을 휘감으면서 곡조에 맞춰 온갖 시름과 근심을 쓸어내리며 가라앉히더랍니다. 그렇게 삽시간에 마음이 차분해지면서 고요에 잠겼다는 것입니다. 물론, 그것은 공허한 고요가 아니라 홀로 주님의 임재만 느껴지는 충만한 적막이었던 것이고요.

저는 이 이야기를 전해 들으면서 금세 그 은총 사건의 전모를 공감할 수 있었습니다. 그 형언할 수 없는 침묵의 심연에서는 기쁨과 평화가 넘실대었겠지요. 그러다가 근원을 알 수 없는 곳으로부터 잔잔한 미소 꽃망울을 터뜨리며 감격의 눈물샘도 건드렸겠지요.

이것은 그 자매가 작위적으로 지어낸 감정 표출이 아닙니다. 이는 주 예수 그리스도께서 이라크 교구 사제를 통하여 주도하신 은혜의 연출인 것입니다. 미사에 참례한 이들이 서로 확인해 보지는 않았겠지만, 거의 대다수가 그 특은의 수혜자들이었을 것임은 틀림없습니다.

왜 하필이면 이라크 사제에게 그런 성가의 은사를 내리셨을까? 그 답을 미루어 짐작하는 것은 그리 어렵지 않은 일입니다.

이라크는 현재 지상에서 이슬람 종교세가 강한 나라 가운데 하나입니다. 자신들의 교파들끼리도 극한 폭력을 강행하는 종교의 격전지입니다. 역사적으로 가톨릭 교회는 이라크 내 몇몇 소수 민족에게만 허용되어 왔지만, 그나마도 온갖 박해와 차별에 시달려야만 했습니다.

그런 악조건에서 가톨릭 교회를 존속시키려면 하늘 권세의 특별한 지원이 필요한 것입니다. 그 일환 가운데 하나가 강력한 성령의 은사인 것이지요.

그 이라크 사제는 특히 성가를 통하여 상처받은 이들을 치유하고 위로하며 평화를 전하는 은사를 받았을 터입니다.

할렐루야! 열악한 교회에서 양 떼를 돌보는 사제들을 귀히 여기시며 특별한 은사로 그들을 동행해 주시는 우리 주 예수 그리스도께 찬미와 감사와 영광!

■ 간극을 메꾸시는 분

> "성령을 받아라"(요한 20,22).

본당 신앙 특강으로 강의할 때면 제가 자주 들려드리는 이야기가 하나 있습니다.

처음 미래사목연구소 소장직을 맡고 나서, 제일 먼저 저는 국내 불교, 개신교, 천주교 간의 종교 상황을 연구했습니다. 그중 신자 수를 비롯하여 그 실태가 가장 열악했던 것이 천주교였지요.

이후 가톨릭평화방송에서 저에게 TV 강의를 해 달라는 첫 부탁을 했을 때, 방송 체질이 아닌 저는 사양하고 싶었지만 끝내 응해 주었습니다. 왜냐하면 교회 안팎에 대한 안타까운 마음이 있었기 때문입니다.

그렇게 방송을 하게 되면서 강의 요청이 점점 쇄도하기 시작했습니다. 가급적 그 요청들에 응해 드리고자 했던 이유는, 역시 안타까운 마음 때문이었습니다.

이것이 바로 오늘의 제가 된 계기였습니다. 일반인들을 대상으로 한 강의와 저술, 공중파 TV 출연 등등…. 그런데 이러한 결과는 저의 소관이 아니라고 생각합니다. 모두가 성령을 통한 이끄심이었음을 굳게 믿습니다. 그렇습니다. 성령께서는 제가 가진 능력과 제 앞에 주어진 교회의 일, 이 둘 사이의 괴리를 메워 주십니다.

이 체험을 숱하게 해 왔고, 또 하고 있는 저는 신자분들에게 곧잘 이렇게 권합니다.

"'선교' 하면 어렵고 부담스러운 느낌이 먼저 드시지요? 이제는 비신자에 대해 안타까운 마음만 가져 보세요. '저 사람… 주님을 알면 참 좋을 텐데' 하는 마음 말입니다. 계속 몇 개월 그렇게 안타까워한다면, 어느 날 그 사람과 손잡고 성당 가는 자신을 발견할 수 있을 겁니다. 왜? 성령께서 도와주실 테니까! 그 사람의 마음을 움직여 주시든, 나도 알지 못하는 용기가 나오든, 하여간 어떠한 방법으로든지 말입니다.

또 가끔 주보나 본당 소식란을 통해 가난한 교회 사정을 접할 때가 있지요? 그럴 때도 함께 안타까워하는 마음을 품으세요. 그러면 성령을 통해 주님께서 이렇게 말씀해 주실 겁니다.

'사랑하는 아들딸아! 네가 그렇게 안타깝냐? 그러면 네가 하는 일이 잘돼서 너를 통해 교회에 많이 봉헌할 수 있기를, 내 너에게 강복하노라!' 하실 겁니다. 아멘!"

이런 제 얘기에 신자분들은 함박웃음을 지으며 고개를 끄덕여 주십니다.

마음만 있으면! 성령께서 우리를 도와주십니다. 성령께서 우리를 이끄십니다. 성령께서 열매를 맺어 주십니다. 성령께서 축복을 전해 주십니다.

이 성령이 우리 모두에게 함께하기를 진심으로 축원합니다.

"성령을 받아라"(요한 20,22).

함께 기도하시겠습니다.

주님, 저희 심신이 이래저래 지쳐 있을 때, 저희로 하여금 들숨 한 번 크게 쉬며 성령의 숨을 호흡하게 하소서.

주님, 저희가 호흡조차 힘겨워할 때, 저희 존재 안으로 당신 성령의 날숨 한 번 속속들이 스며들게 하소서.

주님, 저희 영혼이 근심 걱정으로 뒤척일 때, 말씀의 영으로 저희를 다독이소서.

우리 주 예수 그리스도를 통하여 비나이다. 아멘!

지극히 거룩하신 삼위일체 대축일: 요한 16,12-15

신비로운 그 실재

"아버지께서 가지고 계신 것은 모두 나의 것이다"(요한 16,15).

1. 말씀의 숲

미국 캘리포니아 뉴포트 비치에 '아베'라는 일본 식당이 있다. 그 식당 주인은 다카시 아베라는 일본인이다. 그는 일본 음식 잘 만들기 경연 대회에서 1등을 할 만큼 유명한 사람이다.

그는 주일이면 가게 문을 닫는다. 그리고 하루 종일 교회에서 봉사한다. 그는 교회의 구석구석을 보살피면서 직접 러시아에 선교를 하고 교회를 세우고 섬기고 있다. 자비량으로 러시아 선교지를 20번 이상 방문해 선교사를 도왔다. 그는 번 돈을 하느님 사업에 사용했다. 아베의 사업은 날로 번성하고 있다. 그의 음식점에는 점심과 저녁 때 몰려드는 사람들로 빈자리가 없다.

어떤 사람은 예수님을 믿는다고 소문내면 사업이 안 된다고 말한다. 하지만 굳건한 신앙과 정당한 방법 그리고 기업 윤리를 가지고 하는 사업이라면 안 될 이유가 없다. 아베는 철저한 예수쟁이로 신앙생활을 하고 있다. 그는 신앙생활을 자랑하면서 사업을 하고 있다. 우리도 예수쟁이가 돼야 한다. 그리고 믿음 때문에 당하는 고난과 핍박을 두려워하지 말아야 하겠다.[38]

예수님께서는 당신이 떠나가신 다음 제자들을 고아들처럼 남겨 두지 않고 당신과 일심동체의 성령을 보내 주시겠다고 약속하십니다. 지금까지 예수님께서는 제자들에게 약속의 성령이 오시면 제자들을 수호할 네 가지 직능을 가르쳐 주셨습니다.

첫째는 진리의 성령으로 언제나 제자들과 함께 머물 것이며(요한 14,16-17 참조), 둘째는 예수님의 이름으로 모든 것을 가르쳐 줄 것이며(요한 14,25-26 참조), 셋째는 진리의 성령으로서 예수님의 일을 증언할 것이며(요한 15,26 참조), 넷째는 세상의 잘못을 바로잡아 주실 것입니다(요한 16,8 참조).

여기서는 그 다섯 번째 직능에 대하여 말씀하시는데, 그것은 제자들의 안내자인 성령입니다. 그분께서는 제자들을 이끌어 진리를 온전히 깨닫게 해 주실 것입니다. 다시 말해 진리의 성령으로 오셔서 제자들의 스승이 되실 것입니다.

그런데 그 성령께서는 자기 생각대로 말씀하시지 않고 하느님 아들이신 예수 그리스도께 들으신 대로만 말씀하실 것입니다. 하느님의 것은 모두 아들의 것이며 아들은 아버지께서 시키시는 대로만 말씀하셨듯이, 성령께서는 아들이 한 일을 영속적으로 계속하는 일을 맡아서 제자들을 도구 삼아 하느님의 또 다른 면을 보여 주실 것입니다.

오늘 복음 말씀을 간단히 살펴보도록 하겠습니다.

예수님께서는 당신의 죽음이 다가왔음에도 불구하고 끝까지 제자들을 걱정하고 계셨습니다. 당신께서 하시는 모든 말씀을 제자들이 지금은 감당할 수 없었기 때문입니다. 그러나 예수님의 가르침은 여기서 끝나는 것이 아닙니다. 예수님의 말씀은 당신의 죽음으로 끝나지 않을 것이기 때문입니다. 더욱이 진리의 영이 오시어 당신의 가르침을 더욱 분명하게 알려 주실 것입니다. 진리의 영은 제자들을 모든 진리 안으로 인도하실 것입니다.

진리의 영을 약속하시는 예수님의 신비는 당신만이 아실 것입니다. 하느님의 신비는 모든 사람들에게 감추어져 있기 때문입니다. 단, 하느님께서 직접 그 신비를 보여 주시고, 그 안으로 초대해 주실 때는 다릅니다.

13절에서 진리라는 말이 두 번이나 나오고 있습니다. "그분 곧 진리의 영께서 오시면 너희를 모든 진리 안으로 이끌어 주실 것이다."(요한 16,13)라고 말입니다. 여기서 말하는 '진리'는 하느님께서 우리에게 당신을 보여 주시고, 또 열어 주시는 개방입니다. 하느님의 진리 너머로, 또 그 위에 다른 진리가 있을 수는 없습니다. 창조된 이 세상 안에 들어 있는 모든 진리는 단지 하느님의 그림자에 불과하기 때문입니다.

성령께서는 이 사실을 제자들에게 일러 주실 것입니다. 진리의 영이 하시는 구실이 이것입니다. 제자들을 진리 안으로 인도하고, 제자들을 가르쳐서 예수님을 영광스럽게 하시는 것입니다. 성령께서는 예수님의 것을 받아 그대로 제자들에게 알려 주실 것입니다.

훗날 요한 사도는 이 일을 더욱 분명히 하며 이렇게 기록하고 있습니다. "여러분은 거룩하신 분, 곧 성령으로부터 기름부음을 받았으니, 모든 것을 알고 있습니다. 누구든지 아들을 부인하는 자는 아버지를 모시지 못하고, 아들을 고백하는 이는 아버지도 모십니다. 처음부터 들은 것을 간직하시오. 처음부터 들은 것이 여러분 안에 머물면 여러분도 아들과 아버지 안에 머물 것입니다. 여러분은 그분께로부터 받은 기름부음을 간직하고 있으니 누가 가르칠 필요가 없습니다. 아무쪼록 그분의 기름부음이 모든 일에 관해 가르치는 그대로 또 이미 가르친 그대로, 그분 안에 머물도록 하시오. 그 가르침은 진실하고 거짓이 없습니다"(1요한 2,20-27 참조).

2. 말씀 공감

■ **성령의 도우심으로**

> "내가 너희에게 할 말이 아직도 많지만
> 너희가 지금은 그것을 감당하지 못한다"(요한 16,12).

이 말씀에서 '감당하다'로 번역된 그리스어 동사 '바스타조bastazo'는 본디 '짊어지다'라는 뜻을 갖고 있습니다. 본디 이 단어는 십자가를 '짊어지는 것'을 의미하는 동사로 사용되었습니다.

따라서 우리의 묵상 성구인 "너희가 지금은 그것을 감당하지 못한다."라는 말씀의 일차적인 의미는 결국 주님께서 제자들에게 원하는 수준의 십자가를 짊어지기에는 제자들이 아직 역부족이라는 뜻이라고 알아들을 수 있겠습니다.

지극히 거룩하신 삼위일체 대축일인 오늘, 우리의 인간적 짧음을 우리의 냉정한 현실로 인정합니다. 특히 삼위일체의 신비와 관련해서는 더욱 그렇습니다.

그렇다면 이것이 다인가?

우리의 선택 가능성은 둘 중 하나입니다. "그러고 보니 그렇네." 하고 체념하든지, "그럼에도 불구하고 주님의 도움을 청해 보자." 하며 은총을 청하든지 둘 중 하나를 택할 수 있는 것입니다.

4세기경 프랑스 지역 푸아티에 교구의 주교이자 대학자였던 성 힐라리오St. Hilarius(300-368)는 『삼위일체론De Trinitate』이라는 글에서, 왜 우리가 저런 은총을 청해야 하는지 이렇게 밝힙니다.

> 그리스도 안에 있는 은총은 하나로서 모든 이에게 똑같이 주어집니다. 그러나 은총은 없는 데가 없지만 각자의 지향에 따라 받을 수 있습니다. 우리가 받고 싶은 대로 받습니다. 이 은총은 종말까지 우리와 함께 있고 우리가 기다리는 이 시기에 우리의 위로가 되며, 그 은총의 작용을 통하여 미래에 대한 우리 희망의 보증이 됩니다. 이 은총은 마음의 빛이고 영혼의 광채입니다.[39]

성 힐라리오는 결국 "너희가 지금은 그것을 감당하지 못한다."라는 말씀으로 예수님께서 언급하신 인간적 한계도 성령의 은총에 힘입으면 조금씩 조금씩 극복될 수 있음을 증언해 줍니다.

■ 긴급 구호를 청할 때마다

> "그러나 그분 곧 진리의 영께서 오시면
> 너희를 모든 진리 안으로 이끌어 주실 것이다"(요한 16,13).

이 말씀을 통해서 성령께서 이 땅에 오신 목적이 그리스도를 증거하는 일임을 알 수 있습니다. 지극히 거룩하신 삼위일체 대축일을 지내는 오늘, 이 말씀은 삼위일체를 이해하는 데 좋은 길잡이가 되어 줍니다. 삼위일체는 신비일 뿐 아니라 아름다움이기도 합니다. 왜냐하면 성부,

성자, 성령께서는 서로 자신을 내세우시지 않고 외려 각각 다른 위격을 치켜세우고 드러내 주시기 때문입니다.

성부 하느님께서는 예수님을 자신이 특별히 사랑하는 외아들이라고 기회 있을 때마다 하늘의 음성을 들려주셨습니다. 예수 그리스도께서는 공생활 중 당신을 보내신 성부를 들어 받드셨고, 그분의 뜻을 끊임없이 물으셨습니다. 방금의 복음 말씀은 성자 예수님께서 계시하신 진리로 성령께서 우리를 이끌어 주실 것임을 언급하고 있습니다.

이 약속 말씀은 우리의 신앙생활 중에 수시로 이루어집니다.

한 자매로부터 접수된 따끈따끈한 깨달음의 이야기입니다.

이 자매는 평소 하느님을 '아빠'라고 부르고 성모님을 '엄마'라고 불렀답니다. 이런 친숙함으로 주님의 기도와 성모송을 즐겨 바쳤답니다. 그랬는데 어느 날 문득 자비를 청할 필요성을 크게 느꼈답니다.

우선, 자기 자신의 가정사를 위해 기도할라치면 크게 쌓아 온 공로도 없고 부족하고 부당하다는 자성만이 고개를 들어 '무슨 염치로 하느님의 자비를 구할 것인가' 하는 생각으로 답답한 심정이었답니다.

또 주변에서 자신에게 기도를 부탁해 오는 사연도 제법 있었는데, 거의가 아등바등 죄지으며 살아가는 약한 믿음의 사람들이, 기도조차 나오지 않아 힘들어하는 경우들이었답니다. 한마디로 절실하게 청해 드려야 할 것은 바로 '자비'였답니다.

그뿐이 아닙니다. 어쩌다가 뉴스를 봐도 살아가는 모양새들이 하느님을 떠나 방황하고 아귀다툼하는 참혹한 몰골로만 보였답니다.

그런 와중에 "아빠 하느님, 저희에게 자비를 베풀어 주세요."라고 아무리 외쳐도 응답은 '무슨 염치로'라는 내면의 웅얼거림이었답니다.

"성모 엄마, 저희를 위해 빌어 주세요."라는 기도도 마찬가지로 무기력함만 안길 뿐이었답니다.

그러다가 어느 날 아침 기도하는데 홀연 '우리 주 예수 그리스도'라는 상투적인 말귀가 떠올랐답니다.

"그래, 우리 주 예수 그리스도!

맞아, 주 예수 그리스도가 있기 때문에 우리는 하느님 아빠께 당당히 자비를 청할 수 있는 거야.

무자격, 자격 상실, 부당함, 용서받지 못할 죄, 몰염치, 이런 것들을 주 예수 그리스도께서 당신 십자가 지심으로 대신 짊어져 주시고 빚 청산을 해 주셨잖아. 그러니까 이 십자가를 믿는 사람은 누구든지 자비를 청할 권리가 있는 거야."

이런 깨달음이 꼬리에 꼬리를 물고 은총의 논리를 펼치는 동안 그 자매의 가슴에는 환한 광채가 임했답니다.

이처럼 삼위 가운데 두 번째 위격인 성자 주 예수 그리스도에 대한 온전한 깨달음만 가지고 있어도 우리는 사실상 삼위일체 신비의 황홀함에 초대받은 셈입니다.

■ **성령의 비추임**

> "그분께서 나를 영광스럽게 하실 것이다. 나에게서 받아 너희에게 알려 주실 것이기 때문이다"(요한 16,14).

예수님께서는 성령께서 당신을 영광스럽게 하실 것이라고 말씀하십니다. 이는 우리가 성령의 비추임을 받을 때 비로소 예수님의 진면목을 알게 된다는 말입니다. 곧 별 볼 일 없어 보이는 예수님께서, 평범해 보이는 예수님께서, 과거 역사에 파묻힌 예수님께서 성령의 감도를 통해서 비로소 엄청난 분으로, 독보적인 분으로, 오늘 이 시대에 살아 계신 분으로 체험된다는 말씀인 것입니다.

저 역시 성령의 감동이 없었더라면 오늘 제가 알고 있는 예수님을 결코 알지 못했을 것입니다. 오늘 제가 알고 있는 예수님께서는 더 이상 지난날 제가 알고 있다고 생각했던 예수님이 아닙니다.

저는 신학교 학업 시절에 동양 철학에 심취해 있었습니다. 노자, 공자, 심지어 부처에 대하여 열린 마음으로 탐구했고, 예수님의 가르침과 그들의 가르침 사이에 충분한 공감대가 있다고 확신했습니다.

물론 그때 당시에도 예수님께 대한 신앙은 간직하고 있었습니다. 하지만 그와 함께 하느님께서는 동양에서 또 다른 방식으로 섭리하신다는 확신을 가지고 있었습니다. 그래서 기도와 수행 방법에 있어서도 개방적인 생각을 가지고 타 종교의 장점들을 배우고자 하는 의욕에 차 두루두루 좋다고 하는 프로그램들을 직접 경험해 보았습니다. 그래서 명상을 배우기 위하여 일본의 깊은 산골에도 가 보았고, 미국 세도나와

플로리다 등지를 방문하면서 신흥 영성의 프로그램들을 직접 배워 보기도 했습니다.

그렇게 모든 정보와 자료들을 수집한 후 저는 종합을 꾀하고자 했습니다. 이제 막 위대한 영성 프로그램이 하나 탄생하려는 시점이었습니다.

그런데 바로 그즈음에 저는 심각한 영적 혼란을 겪었습니다. 말하자면 이런저런 가르침들이 뒤섞이면서 혼란 상태에 빠져 버리게 된 것입니다. 그 가르침이 그 가르침인 것 같고, 노자와 공자와 석가와 예수님이 모두 비슷비슷한 인물들 같았습니다.

그런 와중에 저에게 뚜렷한 기준이 떠올랐습니다. 바로 '인간의 죄에 대한 궁극적 문제를 과연 누가 해결하는가?'에 대한 물음이었습니다. 지금 와서 돌이켜 보면, 이는 성령께서 비춰 주신 빛줄기였습니다.

이 물음을 붙들고 씨름하던 어느 날, 기도 중에 저의 내면에서 예수님의 음성이 분명하게 들려왔습니다.

"내가 너희에게 준 복음으로 부족하단 말이냐? 그래서 너는 네가 수집한 자료들로 복음을 보충하려는 셈이냐?"

순간 제 눈은 번쩍 뜨였습니다. 저는 얼떨결에 주님께 응답했습니다.

"아닙니다. 주님, 두루두루 다 체험해 보니 주님 복음이 얼마나 귀한 것인지 이제야 깨달았습니다. 지금 제가 모아 놓은 이 자료들은 주님의 복음 앞에서 모두 쓰레기들입니다. 세리, 죄인, 창녀, 심지어 강도들의 죄까지도 용서할 권한을 지니신 주님의 십자가 능력에 비할 때, 이 모든 것들은 공허한 것들입니다. 이제부터는 더 이상 방황하지 않겠습니다. 복음만이 인간을 죄의 구렁에서 해방시킬 수 있습니다."

물음도 응답도 영락없는 성령의 비추임이었습니다. 이 체험은 저의 기억에 너무도 강력하게 각인되었습니다. 그 체험을 통하여 저는 예수님을 진정한 그리스도로 다시 발견하게 되었고, 복음의 진가를 제대로 알게 되었던 것입니다.

그리고 그동안 제가 두루두루 알아본 여러 종교의 수행법들을 통하여 결론적으로 알 수 있었던 것은, 주님의 십자가 능력에 근거한 용서의 복음에 비할 때 모두가 무력한 인간적 노력들이라는 사실이었습니다. 그리고 신흥 영성의 지도자들은 하나같이 제사에는 관심이 없고 젯밥에만 관심이 있었다는 사실이었습니다. 신흥 영성에서 행하는 수많은 방법들은 사람들을 도와주고 올바른 길로 이끌어 주는 것이 아니라 바로 자신들의 돈벌이 수단이었다는 것입니다. 하지만 주님께서는 무상으로 용서를 해 주시고, 무상으로 치유를 베풀어 주십니다.

함께 기도하시겠습니다.

저희 생명의 시작과 끝을 결정하시는 성부 하느님을 찬미합니다. 할렐루야, 아멘.

저희를 이미 구원하셨고, 절박한 처지에서 긴급 구호를 청할 때마다 응답해 주시는 성자 예수님을 찬미합니다. 할렐루야, 아멘.

항상 저희 명오를 열어 주시고 성부와 성자 하느님과 일치를 이루도록 매개하시는 성령님을 찬미합니다. 할렐루야, 아멘.

우리 주 예수 그리스도를 통하여 비나이다. 아멘!

지극히 거룩하신 그리스도의 성체 성혈 대축일: 루카 9,11ㄴ-17

구수한 빵 안에 든 생명

"너희가 그들에게 먹을 것을 주어라"(루카 9,13).

1. 말씀의 숲

미사는 가톨릭 신앙의 중심을 이룹니다. 가톨릭 신자는 미사의 힘으로 산다고 해도 과언이 아닙니다. 제2차 세계 대전 중 영국과 미국의 연합군 포로들의 이야기가 이를 감동적으로 증언해 줍니다.

그들이 맨발에 누더기를 걸친 초라한 모습으로 일본인의 포로 수용소에서 60마일이나 되는 길을 걸어 태평양에 있는 수용소로 옮기게 되었을 때의 이야기입니다. 그들이 일본인에게 가장 첫 번째로 요구한 것은 놀랍게도 먹을 것이나 입을 것, 목욕, 붕대나 진찰 등이 아니었습니다.

그들이 진지한 자세로 윌레이 중위를 대표로 뽑아서 자기들의 가장 긴요한 요구 사항을 전달했는데, 첫 번째가 다름이 아닌, 미사에 참례할 수 있도록 해 달라는 것이었습니다. 그들의 요구는 받아들여져서 지친 다리를 끌고, 혹은 덮을 것이나 갈아입을 깨끗한 옷도 없이, 목욕이나 굶주림을 해결하지 못한 채 지칠 대로 지친 몸을 제대 앞에 꿇고는 모두 미사에 참례했습니다. 그들은 어느 때보다도 경건하게 미사에 참례하고 성체를 영했습니다.[40]

오늘 우리는 지극히 거룩하신 그리스도의 성체 성혈 대축일을 맞이하고 있습니다. 오늘 지내는 그리스도의 성체 성혈 대축일은 성체와 성혈에 대한 우리의 사랑과 믿음을 공개적으로 고백하는 유일한 날입니다. 우리가 미사 때 받아 먹는 성체는 한갓 밀가루를 구운 빵 조각에 불과한 것이 아니라 우리에게 생기를 불어넣어 주고 살아갈 힘을 주는 예수님의 몸이요, 사랑인 것입니다.

오늘 우리가 듣는 복음 말씀은 루카 복음 9장 11절부터 17절까지의 말씀으로, 빵 다섯 개와 물고기 두 마리로 오천 명을 먹이신 기적 이야기를 전해 주고 있습니다. 더욱이 오늘 복음 말씀은 예수님의 정체에 대해 질문하는 헤로데의 이야기와 예수님의 정체에 대해 고백하는 베드로의 이야기 사이에 위치합니다. 따라서 이 부분에서 루카의 의도는 루카 복음 9장 10절부터 17절의 '오천 명을 먹이신 기적'이 '예수님은 과연 누구인가?'라는, 그분의 정체에 대한 질문에 해답을 주려는 것이 아닐까 하고 예상해 볼 수 있습니다.

9장 1절부터 6절에서 예수님께서는 열두 제자를 파견하십니다. 그들은 예수님으로부터 권능을 받고 나아가 복음을 전하고 질병을 고쳐 주었습니다. 이는 인간의 힘이나 경영 전략을 통해서 된 일이 아닙니다. 그리고 헤로데는 예수님에 대한 소문을 듣고, 그분을 만나 보고 싶어 했습니다. 그만큼 제자들의 활동이 사회적으로도 반향을 일으킬 만큼 예수님을 크게 증거한 것입니다.

제자들은 그런 활동 후에 예수님께 돌아와서 그동안 한 일을 다 보고했습니다. 그리고 예수님께서는 그들과 함께 홀로 계시려고 벳사이다로 물러가셨습니다. 오늘 복음은 군중들이 예수님을 따라가는 데서부터 시작합니다. 어디서부터 따라왔느냐보다 어떻게 해서 따라오게 되었느냐를 볼 필요가 있습니다. 제자들이 "이 마을 저 마을 돌아다니며, 어디에서나 복음을 전하고 병을 고쳐 주었"(루카 9,6)기 때문에 군중이 예수님을 찾아 나서고 따르게 된 것입니다. 그들이 따라와서 예수님께서는 개인적으로 홀로 있을 시간을 빼앗기신 것입니다. 그러나 그분께서는 그들을 환영하셨습니다. 그들이 말씀을 듣고 싶어 하고 치유를 구하기 때문이었습니다.

11절에서 예수님께서는 군중에게 하느님 나라에 관해 말씀하시고 치료받아야 할 사람들을 고쳐 주고 계셨습니다. 그러나 이야기는 상세하게 말하지 않습니다. 단지 예수님께서 그 두 가지 일을 하고 계셨다는 사실을 말했습니다.

그러나 날이 저물기 시작하자 열두 제자들이 한 가지 문제가 있음을 여쭈었습니다. "군중을 돌려보내시어, 주변 마을이나 촌락으로 가서 잠자리와 음식을 구하게 하십시오. 우리가 있는 이곳은 황량한 곳입니다"(루카 9,12).

날이 저물기 시작하는 이때, 여기는 외딴곳(황량한 곳)입니다. 제자들의 걱정은 이것이었습니다. 이 황량한 곳에서는 잘 곳도 마땅치 않고 식량을 구할 수도 없었기 때문입니다. 결국 군중을 모두 헤쳐 보낼 수밖에 없습니다. 그들의 생각대로 말입니다. 그러나 예수님의 생각은 전혀 달랐습니다. "너희가 그들에게 먹을 것을 주어라"(루카 9,13).

그러나 제자들이 가지고 있는 것이라고는 자신들이 먹기에도 부족한 빵 다섯 개와 물고기 두 마리뿐이었습니다. 어른 남자만도 오천 명쯤이나 되는 이 사람들 앞에서 제자들이 무엇을 할 수 있겠습니까? 속수무책인 제자들에게 예수님께서는 두 번째 명령을 하셨습니다. "대충 쉰 명씩 떼를 지어 자리를 잡게 하여라"(루카 9,14).

제자들이 사람들을 앉히자 예수님께서는 빵 다섯 개와 물고기 두 마리를 들고 하늘, 곧 당신 아버지를 향해서 눈을 들어 우러러보셨습니다. 하늘을 우러러 축복의 말씀, 곧 감사의 기도를 드리신 다음 떼어 제자들에게 주면서 군중에게 나누어 주도록 하셨습니다. 그러고 나서 즉시 이야기는 그 결과만을 전하고 있습니다. 모두들 배불리 먹었고 남은 빵 조각이 열두 광주리나 되었다고 말입니다.

이야기는 우리가 기대하는 방식으로 전혀 말하지 않습니다. 남자 어른만도 오천 명이나 되는 사람들에게 고작 열두 사람이 나누어 주는데도 빵이 어떻게 해서 나누어졌는지, 사람들이 얼마나 기뻐했는지, 아무것도 말하지 않습니다.

이야기가 말하고 싶어 하는 것은 그런 것이 아니기 때문입니다. 무수히 많아지는 빵들 안에서 우리는 당신을 아낌없이 내어 주고 계시는 아버지의 사랑을 볼 수 있습니다. 예수님께서 하늘을 우러러 빵을 축복하심은 아버지께 당신의 모든 것을 내어 맡기고 지금 당신께 주어진 것에 감사하는 행위입니다. 그런 예수님이셨기에 하느님 아버지께서는 아들에게 모든 것을 맡기셨고, 하늘의 축복을 부여하는 능력까지도 주셨습니다. 그리고 예수님께서는 빵을 떼어 나누어 주셨습니다. 빵은 떼어졌습니다. 이것은 예수님께서 고통 속에서 이 빵처럼 부서질 것이란 점을 지적할 뿐만 아니라, 당신이 빵처럼 떼어짐으로써 당신을 무한히 나누어 주실 것임을 암시하고 있습니다. 무궁무진하게 많은 이 은총은 모든 성체성사의 거행 안에서 성령을 통해 이루어질 것입니다. 빵이 많아지는 이 기적은 삼위일체이신 하느님의 사랑이 예수님의 성체성사 안에서 이루어짐을 보여 주고 있습니다.

2. 말씀 공감

■ 더욱 섬세하고 자애롭게

> "그 무렵 살렘 임금 멜키체덱이 빵과 포도주를 가지고 나왔다.
> 그는 지극히 높으신 하느님의 사제였다"(창세 14,18).

지극히 거룩하신 그리스도의 성체 성혈 대축일인 오늘 제1독서 말씀은 살렘 임금 멜키체덱 이야기를 전합니다. 멜키체덱이 그리스도인들에게 중요한 인물로 공경받는 것은 초기 교회에서 그를 십자가 희생 제사를 바친 예수님 사제직의 원조로 여기기 때문입니다. 히브리서는 시편 110편 4절 말씀을 인용하며 예수님의 사제직을 이렇게 표현합니다.

"너는 멜키체덱과 같이 영원한 사제다"(히브 7,17).

도대체 멜키체덱은 어떤 인물이었기에 "영원한 사제"로 불렸으며, 예수님 대사제직의 역사적 원형으로 드높임을 받은 것일까요. 히브리서는 오늘 독서 말씀인 창세기의 이야기를 요약하면서 이렇게 그를 소개합니다.

멜키체덱은 "살렘 임금"이며 "지극히 높으신 하느님의 사제"로서, 여러 임금을 무찌르고 돌아오는 아브라함을 만나 그를 축복했습니다. 그리고 아브라함은 "모든 것의 십분의 일을" 그에게 나누어 주었습니다(창세 14,17-20 참조). 먼저, 그의 이름은 '정의의 임금'이라는 뜻입니다. 그는 또한 살렘의 임금, 곧 평화의 임금이었습니다.

"그가 얼마나 위대한지 생각해 보십시오. 선조 아브라함도 가장 좋은 전리품에서 십분의 일을 그에게 바쳤습니다. [...] 이를테면 십일조를 받는 레위도 아브라함을 통하여 십일조를 바친 셈입니다. 멜키체덱이 아브라함을 만났을 때, 레위가 자기 조상의 몸속에 있었기 때문입니다"(히브 7,4.9-10).

한마디로, 멜키체덱은 전통적 사제 계보인 레위인들보다도 크며, 아브라함보다도 위대하다는 것입니다. 이런 멜키체덱의 사제직이 예수님 대사제직의 역사적 근원이라는 것입니다.

그렇다면 왜 예수님 자신이 스스로 대사제가 될 수는 없는가? 왜 꼭 멜키체덱과 연관 지어야만 예수님의 사제직이 성립하는가?

역사적 계보와 율법에 준하는 합법성을 중히 여기는 유다인들에게 이는 매우 중요한 물음입니다.

본디, 유다인의 모든 사제직은 레위 가문의 계보를 통해서만 대물림됩니다. 여기에는 예외가 없습니다. 그런데 예수님께서는 유다 지파의 다윗 가문의 후손으로 이 땅에 태어나셨습니다. 그러기에 율법의 관점에서 봤을 때 십자가 희생 제사를 치르신 예수님의 직분을 '대사제'로 명명하는 것은 결코 용인될 수 없는 일이었습니다.

이런 이유로 초기 교회 사도들은 예수님의 대사제직의 합법적 근원을 구약에서 "영원한 사제"로 추앙받던 멜키체덱에게서 찾았던 것입니다.

그런데 이는 억지가 아니었습니다. 성경 말씀을 좀 더 면밀히 성찰해 보면, 우리는 하느님께서 바벨탑의 대재앙 이후 인류 구원을 위해 아브라함을 부르실 때, 구세사적 안목에서 예수 그리스도의 십자가 제사를 내다보면서 멜키체덱을 대사제의 예형으로 미리 세워 두셨음을 확인할 수 있습니다.

단어 선정에 매우 정밀한 사유를 하는 유다인들이 멜키체덱을 "영원한 사제"라 이름 붙인 것은 예사로 보아 넘길 일이 아닙니다. 이 호칭은 그가 말 그대로 과거와 현재와 미래에 유효한 사제라는 것을 가리키는 것입니다. 더구나 히브리서 7장 3절은 매우 심오한 사실을 전합니다.

"그는 아버지도 없고 어머니도 없으며 족보도 없고 생애의 시작도 끝도 없는 이로서 하느님의 아들을 닮아, 언제까지나 사제로 남아 있습니다"(히브 7,3).

표현에 신중을 기해야 하는 사실을 감안하더라도, "아버지도 없고 어머니도 없으며 족보도 없고 생애의 시작도 끝도 없는 이"라는 표현은 그가 이 세상에서 태어난 사람이 아니라는 말입니다. 곧 하늘에서 내려온 인물이라는 말입니다. 마치 엘리야 예언자가 족보도 아버지 이름도 밝혀지지 않은 채 불쑥 역사의 무대에 나타나더니 어느 날 하늘로 승천하여 무덤을 남기지 않은 것처럼, 여기 이 멜키체덱도 비슷한 경우인 것입니다.

나아가 아득한 아브라함 시대의 인물을 두고 "하느님의 아들을 닮아, 언제까지나 사제로 남아 있습니다."라고 찬사를 붙인 것은, 오로지 성부 성자 성령께서만 아시는 '하늘 인물'로서의 그의 정체성을 시사해 주는 것입니다.

■ **아무리 답이 없고 길이 막혀 있어도**

> "너희가 그들에게 먹을 것을 주어라"(루카 9,13).

날이 저물기 시작하자 제자들은 군중의 끼니가 걱정되기 시작했습니다. 숙의 끝에 예수님께 현실적인 해결책을 제시합니다.

"군중을 돌려보내시어, 주변 마을이나 촌락으로 가서 잠자리와 음식을 구하게 하십시오. 우리가 있는 이곳은 황량한 곳입니다"(루카 9,12).

제자들의 눈에 장정만도 오천 명가량이나 되는 군중에게 현장에서 음식을 제공한다는 것은 불가능해 보였습니다. 그러나 예수님께서는 제자들에게 무리한 주문을 내리십니다.

"너희가 그들에게 먹을 것을 주어라"(루카 9,13).

이는 확실히 현실적으로 제자들을 당황스럽게 하는 분부였습니다. 제자들은 사실 그대로 답변합니다.

"저희가 가서 이 모든 백성을 위하여 양식을 사 오지 않는 한, 저희에게는 빵 다섯 개와 물고기 두 마리밖에 없습니다"(루카 9,13).

같은 내용을 전하는 요한 복음 6장 1절부터 14절을 따르면, 이 문장은 두 사람의 의견이 합쳐진 것이라고 볼 수 있습니다. 앞 구절은 필립보 사도의 사실적 현실 판단을 반영합니다. 그는 '오천 명 이상을 먹일 수 있는 빵을 사 와야 문제가 해결되는데, 그 많은 양을 파는 곳도 없고 돈도 없다'는 식으로 말했습니다. 바로 이런 상황에서 '일단 어느 소년에게서 받아는 왔는데, 이것들이 무슨 소용이 있겠느냐고' 미련을 보인 인물이 안드레아 사도였습니다.

여기서 우리의 묵상 주제는 '왜 예수님께서는 먼저 "너희가 그들에게 먹을 것을 주어라."(루카 9,13)라며 사실상 실행이 벅찬 명령을 내리셨을까' 입니다.

이로써 주님께서는 무엇을 말씀하시고자 하신 것일까요? 답은 "주어라"라는 단어에 있습니다. 이 짧은 동사의 심층적인 의미는 이렇습니다.

"배고픈 사람이 너희 앞에 있거들랑, 일단 뭔가 베풀고 싶은 간절한 마음을 품어라. 너희에게 그 마음이 없으면 하늘 아버지께서는 아무것도 행하실 수 없다. 일단 주고 싶어 하는 너희의 연민이 먼저다. 그다음에는 기도 여하에 따라 어떤 기적도 일어날 수 있다. 그러니 너희가 먼저 그들에게 먹을 것을 주어라."

그리고 보면 필립보 사도를 위시한 다른 사도들도 불가능한 현실에서 보이지 않는 해결책을 찾으며 고심하는 동안 '뭔가 도움이라도 주어야 할 텐데' 하며 안타까워했을 터입니다. 당연히 안드레아 사도는 '혹시 이거라도 도움이 되지 않을까' 하여 소년으로부터 보리 빵 다섯 개와 물고기 두 마리를 받아 왔을 것입니다.

제자들의 이런 마음들이 결집되자, 예수님께서는 그것을 출발점으로 삼아 기적을 행하셨습니다. 제자들의 나눔 정성을 상징하는 빵 다섯 개와 물고기 두 마리를 하느님께 봉헌하며 축복의 기도를 바치시니, 군중을 배불리 먹이는 놀라운 기적이 일어났던 것입니다.

여기서 우리가 놓치지 말아야 하는 것은 예수님께서는 빵의 기적을 행하시기 전에 "너희가 그들에게 먹을 것을 주어라."(루카 9,13)라고 일부러 분부하셨다는 사실입니다. 거듭 밝힙니다마는, 핵심 메시지는 이것입니다.

"기적에는 딱하게 여기는 마음, 곧 연민, 나아가 어떻게 해서든지 도움이 되어 보려는 안타까움 등이 요구된다! 이런 마음이 없이는 아예 굶주린 이들을 위해 기도할 생각을 하지 마라."

■ **그 사랑 지속하시기 위하여**

> "예수님께서는 빵 다섯 개와 물고기 두 마리를 손에 들고 하늘을 우러러 그것들을 축복하신 다음 떼어 제자들에게 주시며, 군중에게 나누어 주도록 하셨다"(루카 9,16).

지극히 거룩하신 그리스도의 성체 성혈 대축일을 지내는 오늘, 우리에게 성체성사의 신비를 풍요롭게 깨닫게 해 주는 결정적인 묵상 주제는 바로 이 구절입니다.

이에 앞서 주님께서는 제자들의 의혹에도 불구하고 오천 명가량이나 되는 무질서한 군중들을 "대충 쉰 명씩 떼를 지어 자리를 잡게 하여라."(루카 9,14) 하고 명령하십니다. 군중들은 모두 자리를 잡습니다(루카 9,15 참조). 여기서 '자리를 잡다'라는 동사는 그리스어 '카타클리노kataklino'로, 편하게 기대어 옆으로 '눕다'라는 뜻을 갖고 있습니다. 이 용어는 엠마오로 가는 제자들에게 나타나신 주님께서 "그들과 함께 식탁에 앉으셨을 때, 예수님께서는 빵을 들고 찬미를 드리신 다음 그것을 떼어 그들에게 나누어 주셨다."(루카 24,30)라고 전하는 구절에서 식탁에 '앉으셨다'라는 동사와 같습니다.

그러니까 '자리를 잡아 앉는다'는 것은 상차림을 받을 준비가 되어 있음을 의미한다고 볼 수 있습니다. 여기서 '상차림'은 복음서에서 '주님의 성찬례'를 암시합니다. 그렇다면 결과론적인 얘기지만 오늘 복음에서 빵을 많게 하신 기적은 성목요일 최후의 만찬 때 비로소 제정된 '성찬례'의 예표라고 볼 수 있습니다.

사실, 놀랍게도 오천 명을 먹이신 빵의 기적에는 성찬례의 기본적 요소가 모두 드러납니다. '빵', '들고', '하늘을 우러러', '축복하시고', '떼어', '주시며', '나누고', '모두', '먹었다'라는 표현들은 바로 주님께서 성목요일 제자들과 함께 파스카 음식을 먹을 "방"(루카 22,11)에서 이루어진 모습을 드러냅니다.

"예수님께서는 또 빵을 들고 감사를 드리신 다음, 그것을 떼어 사도들에게 주시며 말씀하셨다. '이는 너희를 위하여 내어 주는 내 몸이다. 너희는 나를 기억하여 이를 행하여라'"(루카 22,19).

단어들의 놀라운 중복을 통해서 우리는 오천 명을 먹이신 기적이 성목요일 만찬 성체성사를 위한 예표였음을 확인하게 됩니다.

그런데 겹치는 것들 가운데 가장 중요한 것은 "하늘을 우러러 그것들을 축복하신 다음"(루카 9,16)과 사실상 같은 표현인 "빵을 들고 감사를 드리신 다음"(루카 22,19)입니다.

이는 성찬례에서 빵을 성체 곧 예수님의 몸으로 변화시키는 것이 바로 여기 이 축복 기도 또는 감사 기도이기 때문입니다. 과분하게도 예수님께서는 이 엄청난 축복 기도 또는 감사 기도를 주교님들을 통하여 사제들에게 위임하셨습니다. 이를 '성체 축성'이라 부릅니다.

사제는 다른 것은 다 차치하더라도 '성체 축성'의 권한과 의무를 지니고 있다는 사실로 지상 어떤 권위와도 비교를 허락지 않는 존재인 것입니다.

그러기에 아시시의 프란치스코 성인 St. Francesco d'Assisi (1182-1226)께서는 "내가 사제와 천사를 만난다면, 사제에게 먼저 인사를 드리고, 그다음에 천사에게 인사를 드릴 것입니다. 사제가 없다면, 예수님의 수난과 죽으심이 우리에게 도움이 되지 못할 것입니다. 보물함에 금이 가득 들어 있다고 하여도, 아무도 이를 열어 주지 않는다면 무슨 소용이 있겠습니까? 사제는 천상 보물함의 열쇠를 가지고 있습니다."라고 우리를 깨우쳐 줍니다.

여기서 열쇠는 당연히 '성체 축성'의 권한을 가리킵니다.

함께 기도하시겠습니다.

주님, 당신께서는 저희가 생각으로도 짐작으로도 느낌으로도 가늠할 수 없을 만큼 저희를 사랑해 주셨습니다. 감사드립니다.

주님, 그 사랑 "성체와 성혈"로 꼴을 취하여 저희가 그중 쬐끔은 알아 뫼시게 해 주셨습니다. 감사드립니다.

주님, 그 사랑 지속하시기 위하여 저희에게 세대마다 '사제'를 세워 주십니다. 감사드립니다.

우리 주 예수 그리스도를 통하여 비나이다. 아멘!

연중 제10주일: 루카 7,11-17

내 아들의 숨을 돌려주소서!

"젊은이야, 내가 너에게 말한다. 일어나라"(루카 7,14).

1. 말씀의 숲

오늘 제2독서는 사도 바오로의 갈라티아서 말씀입니다.

"어머니 배 속에 있을 때부터 나를 따로 뽑으시어 당신의 은총으로 부르신 하느님께서 기꺼이 마음을 정하시어, 내가 당신의 아드님을 다른 민족들에게 전할 수 있도록 그분을 내 안에 계시해 주셨습니다"(갈라 1,15-16).

오늘 복음의 예수님께서는 나인이라는 고을에서 과부의 외아들을 살리십니다. 이 이야기는 오로지 루카 복음에만 기록되어 있습니다.

죽음 앞에서 무력할 수밖에 없는 인간. 하지만 예수님께서는 죽음도 생명으로 바꾸어 놓으셨습니다. 우리는 이 예수님을 통하여 죽음을 뛰어넘을 수 있습니다.

2. 말씀 공감

■ 혼신을 다하는 간절한 기도를

> "주 저의 하느님, 이 아이 안으로 목숨이 돌아오게 해 주십시오"
> (1열왕 17,21).

성경 속에서 한 인물이 등장할 때는 거의 예외 없이 그의 출신과 계보에 대한 기록이 따라옵니다. 그가 가공인물이 아니라 확실한 역사적 실재임을 밝히기 위해서입니다. 그런데 유독 지난주 복음 묵상에서 언급한 대로 멜키체덱 사제와 엘리야 예언자에게는 그러한 기초적 묘사가 생략되어 있습니다.

엘리야는 아합 임금과 그의 아내 이제벨 왕비가 한창 우상 숭배에 빠진 상황에서, 뜬금없이 나타납니다. 불쑥 역사의 한 무대에 등장해서는 우상 숭배에 빠진 아합 임금에게 가뭄을 예언합니다.

"이제 앞으로 몇 해 동안 가뭄이 올 것입니다"(1열왕 17,1 참조).

이어 우상 숭배자들과 유명한 카르멜산 대결에서 완승을 거둔 후, 저들의 끈질긴 살해 위협을 피해 호렙산 동굴로 피신했다가, "여기에서 무엇을 하고 있느냐?"라는 하느님의 물음에 이렇게 답합니다.

"저는 이스라엘 백성들이 당신과 맺은 계약을 저버리는 것을 보고 만군의 하느님 야훼를 생각하여 가슴에 불이 붙고 있습니다. 이 백성은 당신의 제단을 헐었을 뿐 아니라 당신의 예언자들을 칼로 쳐죽였습니다"(1열왕 19,10. 공동번역).

이 발설에서는 '하늘 사람'의 고뇌가 묻어납니다. 어느 '땅 사람'이 하느님 마음을 헤아리며 저토록 안타까워할 수 있겠습니까. 이후 엘리야는 하느님의 분부를 따라 남은 임무를 완수한 후, 불수레를 타고 승천합니다(2열왕 2,11 참조). 워낙에 당시 우상 숭배의 정도와 규모가 고약스러워 하늘에서 비상 사명을 띠고 이 땅에 내려졌으니, 그렇게 초자연적으로 귀향하는 것은 당연한 일이었습니다.

그가 행한 이적이 얼마나 하늘스러웠는지, 집회서는 그에게 다음과 같은 헌사를 바쳤습니다.

"당신을 본 사람들과 (당신) 사랑 안에서 잠든 사람들은 행복합니다. 우리도 반드시 살아날 것입니다"(집회 48,11).

오늘 독서 말씀의 엘리야 이야기는 그의 등장 직후 초창기에 해당하는 활약상을 전합니다. 엘리야는 자식의 죽음 앞에서 자신에게 매달리는 과부의 탄원을 듣고 소정의 치유 절차를 밟은 후 이렇게 기도했습니다.

"주 저의 하느님, 이 아이 안으로 목숨이 돌아오게 해 주십시오"(1열왕 17,21).

주님께서는 엘리야의 기도를 들으시고 그 아이 안으로 목숨이 돌아오게 하시어, 아이는 다시 살아났습니다(1열왕 17,22 참조).

구약에서 거의 유례를 찾아볼 수 없는 이 기적은 예수님께서 사람을 살리신 기적의 예표로 여겨집니다. 하지만 다음 묵상에서 밝혀지듯이, 엘리야가 기도를 통하여 천심을 움직여서 하느님께서 살리시도록 했다면, 예수님께서는 '말씀'의 권능으로 직접 죽은 이를 살려 내셨습니다. 이것이 추월을 불허하는 차이입니다.

여하튼, 신약의 시대에도 엘리야는 강력한 기도의 독보적 모범입니다. 그러기에 야고보 사도는 우리에게 이렇게 권면합니다.

"그러므로 […] 서로 남을 위하여 기도하십시오. […] 의인의 간절한 기도는 큰 힘을 냅니다. 엘리야는 우리와 똑같은 사람이었지만, 비가 내리지 않게 해 달라고 열심히 기도하자 삼 년 육 개월 동안 땅에 비가 내리지 않았습니다. 그리고 다시 기도하자, 하늘이 비를 내리고 땅이 소출을 냈습니다"(야고 5,16-18).

■ 무죄한 눈물을 흘리고 있는 우리 모두는

> "주님께서는 그 과부를 보시고 가엾은 마음이 드시어 그에게, '울지 마라.' 하고 이르시고는"(루카 7,13),

과부의 외아들이 죽었다는 사실은 예수님께 반사적으로 "가엾은 마음"이 들게 했습니다.

"주님께서는 그 과부를 보시고 가엾은 마음이 드시어 그에게, '울지 마라.' 하고 이르시고는"(루카 7,13),

과부 처지도 딱한데 그 외아들까지 죽었으니, 예수님께서는 그 슬픔을 몇 갑절로 공감하셨던 것입니다. 예수님의 이런 모습은 그대로 하느님의 자비가 어떠한지를 극명하게 드러내 줍니다. 이는 시편이 폭로하는 우상들의 무자비, 무감각, 무반응과는 극단적인 대조를 이룹니다.

"입이 있어도 말하지 못하고 눈이 있어도 보지 못하며 귀가 있어도 듣지 못하고 코가 있어도 맡지 못하네. 그들의 손은 만지지 못하고 그들의 발은 걷지 못하며 그들의 목구멍으로는 소리 내지 못하네"(시편 115,5-7).

우상들에 대한 묘사인 이런 무감각과는 완전 딴판으로, 예수님께서는 과부를 "보시고 가엾은 마음이 드시어" 그 외아들을 살리시기 위해 '앞으로 나아가시는' 살아 계신 주님이십니다.

주님께서 과부에게 "울지 마라."라고 말씀하신 것은, 말도 안 되는 억지 위로가 아니었습니다. 자식의 죽음을 앞에 두고 울지 않는 부모가 어디 있겠습니까?

그러나 이 말씀으로 '울지 않게 될' 극적인 반전을 암시하신 것입니다. 마침내 예수님께서는 "울지 마라."라는 말씀이 공허한 격려가 아님을 과부의 죽은 외아들을 살려 내심으로써 입증하셨습니다.

오늘 복음의 주인공 과부는 다행히도 사별의 슬픔으로 몹시 괴로워할 때 예수님을 만나, 상상 초월의 위로를 받아 누렸습니다. 오늘의 우리 역시 자신만의 슬픔으로 인해 심히 존재가 흔들리는 아픔을 시시때때로 겪습니다. 이럴 때 우리는 어떻게 해야 할까요? 여러 기회에 소개한 바 있습니다마는, 우리는 『닥터 지바고Doctor Zhivago』(1857)의 한 대목에서 답을 만납니다.

러시아의 작가 보리스 파스테르나크Boris Pasternak(1890-1960)는 그의 소설 『닥터 지바고』에서, 부유한 변호사에게 유혹을 당한 라라가 절망적인 상태가 되어 교회로 도망치는 장면을 이렇게 묘사합니다.

> 라라는 신앙인이 아니었다. 그녀는 교회의 전례를 믿지 않았다. 그러나 때때로 삶을 지탱하기 위해 내면의 음악을 연주해야 했다. 그녀는 이러한 음악을 자기 자신의 힘으로는 결코 작곡할 수 없었다. 그 음악은 하느님 생명의 말씀이었고, 그녀가 교회에 간 것은 그 음악으로 울기 위해서였다.[41]

교리도 믿지 않는, 전례도 믿지 않는 라라가 교회에 갔습니다. 교회는 곧 하느님의 품입니다. 그러기에 교리를 잘 몰라도, 전례를 잘 몰라도 그냥 가서 내면에 속삭이는 그분의 말씀을 들으면, 거기서 음악이 나오는 것입니다. 순간적으로 작곡되는 곡조 없는 흐느낌의 음악이.

■ 축복의 말씀 선언해 주소서

> "내가 너에게 말한다. 일어나라"(루카 7,14).

이제, 주님께서는 "가엾은 마음이 드시어", '앞으로 나아가 손을 대시어'(루카 7,13-14 참조) 죽음에서 생명으로 전이시키는 당신 말씀의 능력을 보여 주십니다.

"젊은이야, 내가 너에게 말한다. 일어나라"(루카 7,14).

이는 주님의 말씀에 생명을 불어넣는 창조적 힘이 내재되어 있다는 사실을 나타냅니다. 성령으로 충만해 있던 엘리야도 죽은 이를 살리기 위해 "주 저의 하느님, 이 아이 안으로 목숨이 돌아오게 해 주십시오."(1열왕 17,21)라고 하느님께 탄원했고, 엘리사도 하느님께 기도드렸습니다(2열왕 4,33 참조).

엘리야와 엘리사와는 달리, 주님께서는 권위를 갖고 직접 "내가 너에게 말한다. 일어나라."(루카 7,14) 하고 명령하십니다. 그리고 젊은이는 거짓말처럼 살아 일어납니다. 주 예수님의 말씀은 하느님의 말씀이기에 이처럼 사람을 살리는 권능을 발산하는 것입니다.

주님께서는 말씀 한마디로 마귀를 쫓아내시고, 병자를 치유하시고, 풍랑을 잠재우시더니, 이제는 죽은 이를 살려 내셨습니다.

주님의 말씀이 이토록 큰 권능을 지녔다면, 우리 모두에게 주신 약속 말씀 역시 반드시 결실을 맺을 것입니다.

'행복하여라! 주님의 말씀을 밤낮으로 묵상하는 이. 그는 하는 일마다 잘되리라!'(시편 1,1-3 참조)

여러분께서 더 열심히, 보다 진지하게 복음 말씀을 묵상하시어, "하는 일마다 잘되리라!"(시편 1,3)라는 약속 말씀이 이루어지기를 기원합니다.

함께 기도하시겠습니다.

주님, 저희가 혹은 절망으로 혹은 자괴감으로 혹은 무기력으로 생의 바닥에 엎어져 있을 때, 저희를 살리는 것은 주님 말씀이오니, "일어나라." 하시는 한 말씀 내려 주소서.

주님, 저희가 때론 자격지심으로 때론 회의심으로 신앙의 길에서 갈팡질팡하고 있을 때, 저희에게 응원이 되는 것은 주님 말씀이오니, "뚜벅뚜벅 가라." 하시는 한 말씀 들려주소서.

주님, 저희가 생업에서 일시적인 저조나 침체로 기죽어 있을 때, 저희에게 희망이 되는 것은 주님 말씀이오니, "하는 일마다 잘되리라." 하시는 축복의 말씀 선언해 주소서.

우리 주 예수 그리스도를 통하여 비나이다. 아멘!

연중 제11주일: 루카 7,36─8,3

향유 옥합 깨뜨려서

"이 여자는 그 많은 죄를 용서받았다"(루카 7,47).

1. 말씀의 숲

오늘 복음 말씀은 루카 복음사가가 세례자 요한과 예수님의 관계에 대해 서술한 다음의 이야기입니다. 여기서 루카 복음사가는 예수님께서 죄인들의 친구이심을 보여 주고 있습니다. 오늘 복음의 중심 주제들은 바리사이 시몬이 예언자이신 예수님께서 죄 많은 여자와 상대하시는 것을 문제시한 것, 비천한 봉사와 희생으로 입증되는 믿음, 죄의 용서와 구원의 토대인 믿음, 죄 많은 여자의 헌신적 사랑에 대한 것입니다.

오늘 복음 말씀은 두 부분으로 나누어 볼 수 있습니다. 첫째 부분은 7장 36절부터 39절까지로, 바리사이 시몬이 예수님의 발에 향유를 발라 드린 여자를 비난하는 내용입니다. 두 번째 부분은 7장 40절부터 50절까지로, 죄 많은 여자의 사랑과 예수님의 죄사함에 대한 내용입니다.

오늘 복음 말씀을 간단히 살펴보면, 죄 많은 여자는 예수님께 극진한 정성과 사랑을 바쳐 죄를 용서받았습니다. 예수님께서는 그 여자가 잔칫상에 앉아 계시는 당신께 비천한 자세로 사랑을 표현하는 것을 받아들이셨습니다. 그녀는 하느님과 예수님께 대한 믿음을 사랑으로 표현하고 그 사랑의 힘으로 죄를 용서받았습니다. 그녀는 죄인을 가까이하시는 예수님과의 관계를 통해 하느님께 죄의 용서와 구원을 받았습니다. 이와 반대로 죄 많은 그녀를 부정한 사람으로 여겨 접촉하지 않는 바리사이 시몬은 예수님께 식사 대접만 했을 뿐 그 여인처럼 회개와 사랑을 보이지 않았습니다. 시몬은 하느님께서 예수님을 통해 그녀의 많은 죄를 사하시고 구원하시리라고는 기대하지도 않았습니다. 예수님께서는 하느님의 율법을 알고 누구보다도 하느님 가까이 산다고 자부하는 유식한 사람들의 편에 서지 않으시고, 자기 죄를 승복하고 구원을 갈망하는 멸시받는 비천한 사람들과 함께 계신다는 것을 보여 주셨습니다. 그러나 시몬과 그의 손님들은 예수님께서 하느님의 전권인 사죄권을 행사하시고 구원을 베푸시는 것을 문제시했습니다. 오늘의 독자들도 그들의 전철을 밟지 말고 죄 많은 그 여자의 사랑을 본받아야 죄의 용서를 받습니다. 죄의 용서를 받기 위한 조건인 회개는 사랑으로 표현되어야 하는 것입니다.

그런데 오늘 복음에 등장한 예수님께 극진한 사랑을 표시하며 처음으로 등장한 이 여자는 누구일까요? 루카는 이 기사 후에 예수님의 선교 생활 동안 줄곧 따라다니며 시중든 여자들을 소개하고 있습니다(루카 8,2-3 참조). 그중에 마리아 막달레나(막달라의 마리아)가 있습니다. 이 여자는 전통적으로 회개한 죄녀로 알려져 있고, 간음하다 들켜서 돌에 얻어맞아 죽을 뻔했을 때 예수님의 개입으로 살아난 여자로 알려져 있으며, 예수님의 어머니와 함께 십자가 밑에 서 있었고, 예수님의 무덤을 먼저 가 본 여자와 동일시되어 온 여자입니다.

오늘 이야기의 주인공 죄 많은 여인은 마리아 막달레나와 동일시되는 경향이 있습니다. 그도 그럴 것이, 예수님께 기름을 부어 드린 이야기는 조금씩 차이점이 있지만, 네 복음서에 모두 들어가 있기 때문입니다.

마르코 복음에서는 이름이 제시되지 않은 한 여자가 베타니아의 나병 환자 시몬의 집에서 예수님의 머리에 삼백 데나리온 이상의 비싼 향유를 부었습니다. 그것이 언제인지는 본문에 제시되지 않았지만, 문맥상 예수님께서 예루살렘에 입성하신 후 돌아가시기 전, 파스카 축제 이틀 전이었던 것 같습니다. 예수님께서는 그녀의 행위에 대해 성을 내는 제자들 앞에서 그녀를 변호하시고 이 행위가 당신의 장례를 준비하는 예언적 행위라고 평가하셨습니다. 마태오 복음은 마르코 복음의 진술에 의존한 것입니다.

요한 복음에서는 마리아가 예수님의 예루살렘 입성 이전인 파스카 축제 엿새 전에, 베타니아의 어느 집에서 예수님의 발에 삼백 데나리온어치의 비싼 향유를 붓고 그분의 발을 자기 머리카락으로 닦았습니다. 예수님께서는 그녀의 행위에 대해 성을 내는 유다 앞에서 그녀를 변호하셨습니다.

대중들의 생각으로는 베타니아의 여자(마르코 복음)가 베타니아의 마리아(요한 복음)로 명시되고 갈릴래아의 죄 많은 여자(루카 복음)와 동일시되기 쉬웠습니다. 세월이 흘러가면서 죄 많은 베타니아의 마리아는 일곱 악마에 사로잡혔다가 예수님을 통해 치유된 마리아 막달레나와 동일시되었습니다. 그러다 결국 가톨릭 교회의 전례력에서는 갈릴래아의 여자, 베타니아의 마리아와 마리아 막달레나를 한 성녀로 공경하기에 이르렀습니다. 그것은 대 그레고리우스 교황 성인 시대 이후 두 여자를 한 여자로 혼동한 데 기인한 것입니다. 이러한 전통에서 마리아 막달레나가 머리카락을 길게 드리운 회개한 창녀로 묘사되기까지 했습니다. 그러나 네 복음서에서 베타니아의 여자나 갈릴래아의 죄 많은 여자가 창녀였을 것이라는 암시는 전무합니다.

이제 각 복음서에 제시된 기름부음에 대한 이야기의 차이점을 살펴보면 다음과 같습니다.

루카 복음에서는 갈릴래아의 죄 많은 여자가 갈릴래아의 바리사이인 시몬의 집에서 눈물을 흘리면서 예수님의 발에 향유를 부었습니다(루카 7,38 참조). 그러나 마르코 복음에서는 베타니아의 어떤 여자가 나병 환자 시몬의 집에서 예수님의 머리에(마르 14,3 참조), 요한 복음에서는 베타니아의 마리아가 루카 복음에서처럼 그분의 발에 기름을 부었습니다(요한 12,3 참조). 루카 복음에서는 예수님께서 죄 많은 여자의 죄를 용서하셨다고 했는데, 이 점이 다른 공관복음과 요한 복음에는 제시되지 않았습니다. 루카 복음에서는 향유의 가격에 대한 언급이나 그의 행위가 예수님의 장례를 위한 것이라는 진술은 나오지 않습니다.

또한 루카 복음에서는 시몬이 예수님께서 죄 많은 여자가 당신 발에 향유를 바르도록 허용하신 것을 비난했습니다. 그러나 다른 세 복음에서는 예수님의 제자들이 그 여자가 가난한 사람들을 고려하지 않고 값비싼 향유를 낭비한다고 그녀를 나무랐습니다. 루카 복음사가의 주된 논지는 예수님께서 그 여자의 사랑과 믿음을 보시고 죄를 용서해 주시는 것인데, 이 주제가 다른 세 복음에서는 나오지 않습니다. 마지막으로, 루카 복음에서는 예수님의 죄사함이 바리사이들 가운데 논란을 불러일으킨 반면, 마르코 복음과 마태오 복음에서는 그 여자의 행위가 기억될 것이라고 했습니다. 이렇게 루카 복음의 서술은 위의 세 복음에 제시된 것과는 구별되는 사건이 아닐까 하는 추측이 가능합니다.

2. 말씀 공감

■ 눈

> "예수님을 초대한 바리사이가 그것을 보고, '저 사람이 예언자라면, 자기에게 손을 대는 여자가 누구이며 어떤 사람인지, 곧 죄인인 줄 알 터인데' 하고 속으로 말하였다"(루카 7,39).

 같은 눈이지만, 어떤 눈은 상대방의 단점만 보고 어떤 눈은 장점을 봅니다.
 같은 눈이지만, 어떤 눈은 겉모습만 보고 어떤 눈은 속사정을 봅니다.
 같은 눈이지만, 어떤 눈은 비딱한 눈으로 보고 어떤 눈은 자애 어린 그윽한 눈으로 봅니다.
 바리사이의 눈은 약점을 찾는 눈, 단죄하는 눈, 심판하는 눈이었습니다.
 반면, 예수님의 눈은 속내를 헤아리는 눈, 이해하는 눈, 용서하는 눈이었습니다.

 이런 대조는 오늘날 우리 주변에서 언제나 발견됩니다.
 오래전 뛰어난 젊은이들이 미국 중서부의 한 대학교를 다녔습니다. 이들은 문학적으로 재능이 탁월했기 때문에 자신들이 미국을 대표하는 작가가 되리라는 것을 추호도 의심하지 않았습니다. 주변 사람들의 평가도 크게 다르지 않았습니다. 젊은이들은 문학 비판 클럽을 조직하고 서로의 작품을 읽고 비판하는 시간을 가졌습니다. 그들은 모임의 명칭처럼 상대방의 작품에 대해서 철저하게 비판을 가했습니다. 젊은이들은 이렇게 가혹한 비판을 통해서 자신들의 문학적 재능이 성장할 수 있다고 생각했습니다. 모임은 전쟁터와 피차일반이었습니다.

그 젊은이들이 다니던 학교에 또 다른 문학 모임이 있었습니다. 역시 서로의 작품을 주제로 모임을 가졌지만 진행 방식은 전혀 달랐습니다. 이들은 상대방의 작품을 읽되 긍정적으로 받아들이고 격려했습니다. 어떤 사소한 작품도 그 모임에서는 의미가 있었습니다. 따라서 모임의 분위기는 언제나 따뜻했습니다. 이들은 자신들의 모임을 문학 토론 클럽이라고 불렀습니다.

세월이 흘렀습니다. 그 대학의 교무 당국이 졸업생들의 경력을 조사하는 과정에서 흥미로운 사실이 밝혀졌습니다. 문학적인 재능이 누구보다 탁월한 학생들로 구성되었던 비판 클럽 출신자 중에는 변변한 작가가 한 명도 없는 반면, 평범하지만 서로를 격려하고 인정하던 토론 클럽 출신 가운데는 여섯 명의 뛰어난 작가가 배출되어 높은 명성을 유지하고 있었습니다.

그렇습니다.

어떤 눈으로 볼 것인가가 매우 중요합니다.

바리사이의 눈처럼 비판적 시각으로만 보는 눈은 결국 사람의 가능성과 재능을 죽입니다. 결국 사람을 죽이는 것입니다.

예수님의 눈처럼 긍정적 시각으로 바라보는 눈은 결국 사람의 장점과 고유성을 살립니다. 결국 사람을 살리는 것입니다.

■ **날로 뜨거워지게**

> "이 여자는 그 많은 죄를 용서받았다.
> 그래서 큰 사랑을 드러낸 것이다"(루카 7,47).

바리사이 시몬의 속마음을 읽은 주님께서는 시몬과 그 여인을 3가지 경우로 비교하시면서, 이렇게 결론 내리십니다.

"이 여자는 그 많은 죄를 용서받았다. 그래서 큰 사랑을 드러낸 것이다. 그러나 적게 용서받은 사람은 적게 사랑한다"(루카 7,47).

"발 씻을 물"(루카 7,44), '입맞춤'(루카 7,45 참조), '머리에 기름을 부어 주는 행위'(루카 7,46 참조)는 손님을 접대하는 행위지만, 주님께서 의도하신 것은 시몬이 그 부분을 소홀히 했다는 지적이 아닙니다. 이들에 대해 언급한 것은 죄인이라고 단죄받은 여인의 행동에서 얼마나 큰 사랑이 표출되었는지를 강조하기 위함이었습니다.

"이 여자는 그 많은 죄를 용서받았다. 그래서 큰 사랑을 드러낸 것이다"(루카 7,47).

죄를 용서받아 하느님의 사랑으로 충만해지면, 이는 주님께 되돌려 바쳐지거나 나눔을 통하여 다시 주님께 환원되거나 합니다. 이것이 용서와 사랑의 선순환입니다.

이 은혜로운 선순환의 출발점은 하느님의 자비입니다. 이는 이번 '자비의 특별 희년'에 상기해야 할 자비의 명제인 것입니다. 이를 전제로 주님께서는 우리에게 권하셨습니다.

"너희 아버지께서 자비하신 것처럼 너희도 자비로운 사람이 되어라"(루카 6,36).

이 명령의 말씀 앞에 저는 냉철히 성찰해 봅니다.

왜 우리는 큰 사랑을 드러내지 못하는가?

한마디로 자비의 은혜를 모르기 때문입니다.

우리가 주님으로부터 받은 자비의 은혜를 제대로 헤아린다면, 분명 우리는 달라질 것입니다.

왜 천주교 신자들은 개신교 신자들에 비하여 봉헌금을 적게 내는가?

이미 받은 은혜와 자비를 모르기 때문입니다.

현재 우리가 누리고 있는 모든 것, 시간, 생명, 재물, 이 모든 것들이 주님으로부터 받은 엄청난 축복이라는 것을 만일 우리가 제대로 안다면, 우리는 확실히 달라질 것입니다.

현재 우리의 신분이 언젠가 죗값을 치르고 심판받아야 할 불안한 존재가 아니라, 예수 그리스도의 십자가 피 흘리심으로 모든 죄를 용서받고 새로 태어난 '하느님 자녀'라는 사실만 제대로 안다면, 우리는 복음과 사랑을 세상에 전하지 않고는 못 배길 것입니다.

그렇습니다. 많이 받은 사람이 큰 사랑을 드러내는 것입니다.

■ 기도의 끈을 놓지 않게 하소서

> "네 믿음이 너를 구원하였다"(루카 7,50).

우리가 기도할 때, 우리는 간혹 '이렇게 기도하면 되는 것인가' 하고 자신이 없을 때가 있습니다. 하지만 주님께서는 오히려 그런 겸손한 기도를 귀하게 여겨 주십니다. 수필가 권 로사 자매의 고백입니다.

아침에 일어나서 가장 먼저 하는 저의 기도는 '주님, 오늘 저의 생각과 말과 행위를 예수 마리아의 생활과 합하여 주님께 드립니다. 수호천사와 주보 성인은 저를 도와주소서'입니다. 이 기도는 어머니께서 늘 하시는 기도였고, 어머니를 따라서 제 안에 새겨진 기도입니다. […]

저의 기도는 참으로 한심했습니다. 늦게 낳은 아들의 병고는 날이 갈수록 더했고, 마침내 수녀병원을 찾게 되었습니다. 3년이 넘도록 날마다 통원 치료를 하면서 온갖 부작용과 고통에 아이의 모습은 날로 쇠약해 갔습니다. 의사 선생님도 "내 의술로는 최선을 다했다."고 하시면서, 아이를 하나 더 낳으라고 권고하셨습니다. 그러고는 "엄마의 믿음이 아이에게 생명을 주실지 모르겠다." 하시면서 창밖을 내다보며 눈물을 훔치셨습니다. 지친 저는 눈물도 나지 않았습니다. 다만 수없이 묵주의 기도를 반복하며 '주님의 뜻대로 하소서'라는 말밖엔 별다른 도리가 없었습니다. […]

기도는 각을 뜨듯이 정확하게 지향을 가지고 해야 한다고 합니다. 그런데 저는 지향도 없이 묵주기도로 마음을 달랠 뿐이었습니다.

끝내 아들이 퇴원을 하게 되자, 볼을 타고 줄줄 흘러내리는 눈물은 버스를 타고 오는 내내 부끄러움도 모르고 주체할 길이 없었습니다. 아들은 건강을 되찾았고 자라서 첫영성체를 하였습니다. […]

'갖가지 질병을 앓는 많은 이들을 고쳐 주시고, 다음 날 새벽 아직 캄캄할 때 외딴곳으로 나가시어 그곳에서 기도하셨다.'(루카 4,40-42 참조)는 성경 말씀을 묵상하며 지난날들이 아스라이 떠오릅니다. 어리석고 나약한 저를 위해 마련하신 시련과 고통은 보다 큰 겸손과 순명을, 그리고 매사에 감사하는 마음을 갖게 했습니다. […] 모든 것은 제가 하는 것이 아님을 터득한 것입니다.

저의 기도는 단순하고 참으로 미약합니다. 가장 어려울 때나 기쁠 때, 저는 손을 모으게 됩니다. 그렇게 하는 기도는 '오! 주님, 나의 하느님!'입니다. 그러고는 머리를 숙이고 눈물을 뚝뚝 흘리기도 하고, 하늘을 향해 반은 울고 반은 웃는, 참으로 이상야릇한 모습이 됩니다. 그렇지만 주님은 알고 계십니다, 내 마음을. 하느님은 사랑이시니까요.[42]

수줍은 듯 자신의 기도를 '한심하다', '미약하다'라고 평하는 이 자매의 고백이 더욱 가슴에 와닿는 것은 왜일까요. 우리의 기도 역시 별반 다르지 않기 때문입니다.

그럼에도, 그토록 모자라고 어수룩한 우리의 작은 기도마저 주님께서 기꺼이 응답해 주심을 체험할 때, 우리는 이 자매처럼 그분의 사랑을 진하게 느낍니다. 그 사랑 속에 깊이깊이 머물게 됩니다.

아주 작은 믿음이라도, 보잘것없는 내 기도라도, 주님께서는 기쁘게 들어주신다는 것을 믿고, 오늘도 조용히 두 손 모아 주님께 기도드리는 여러분이 되시길 빕니다.

"네 믿음이 너를 구원하였다"(루카 7,50).

여러분 모두 주님의 이 말씀의 주인공이 되시길 빕니다.

함께 기도하시겠습니다.

주님, 제가 단순한 기도의 사람이 되게 하소서. 필요할 때 청하고 그 응답을 바위처럼 버티며 기다릴 줄 아는 사람이 되게 하소서.

주님, 마치 광야를 지나는 듯한 제 인생 여정에서도 끼니가 떨어지면 하늘을 바라보며 만나와 메추라기를 갈망하는 기도를 바치게 하소서.

우리 주 예수 그리스도를 통하여 비나이다. 아멘!

연중 제12주일: 루카 9,18-24

스승 예수의 참제자

"너희는 나를 누구라고 하느냐?"(루카 9,20)

1. 말씀의 숲

　오늘 제2독서는 사도 바오로의 갈라티아서 말씀입니다.
　"여러분이 그리스도께 속한다면, 여러분이야말로 아브라함의 후손이며 약속에 따른 상속자입니다"(갈라 3,29).
　오늘 복음의 예수님께서는 당신의 '첫 번째 수난과 부활 예고'를 하십니다. 이를 통해 당신을 따르는 제자들의 본질도 밝히십니다. '당신께서 누구이며, 당신께서 하시려는 일은 무엇인가' 하는 점은, 필연적으로 '당신을 따르는 제자들은 누구이며, 그들에게 요구되는 것은 무엇인가'와 밀접하게 연결되어 있기 때문입니다.

2. 말씀 공감

■ 매번 심금을 흔드는

> "예수님께서 혼자 기도하실 때에 제자들도 함께 있었는데, 그분께서 '군중이 나를 누구라고 하느냐?' 하고 물으셨다"(루카 9,18).

예수님께서 "군중이 나를 누구라고 하느냐?"(루카 9,18)라는 질문을 던지신 장소로 마태오 복음이나 마르코 복음이 "카이사리아 필리피"(마태 16,13; 마르 8,27) 지방을 언급하고 있음에 반해, 루카 복음의 오늘 말씀은 단지 "예수님께서 혼자 기도하실 때에"(루카 9,18)라고만 언급합니다.

루카가 "카이사리아 필리피" 지방에서의 그 사건을 알았는지 몰랐는지는 여기서 문제가 안 됩니다. 단지 루카는 지명을 생략한 채 "예수님께서 혼자 기도하실 때에"(루카 9,18)를 강조하고 있음에 주목할 필요가 있습니다.

요컨대, 우리는 '기도할 때에' 비로소 주님이 누구이신지를 깨달을 수 있다는 사실을 본문은 깨우쳐 주고 있습니다. 그러기에 오늘 본문은 예수님께서 기도하실 때 제자들도 함께 있었음을 언급하고 있는 것입니다.

여기서 예수님께서 몸소 기도하신 사실도 중요합니다. 제자들은 곁에서 함께 기도하면서 성부 하느님의 귀 기울이심과 성령의 비추임을 직접 느꼈을 터입니다. 이런 예수님의 기도 못지않게 중요한 것이 제자 자신들의 기도입니다. 그들이 기도할 때 비로소 눈이 열려, 배우지 못한 제자들이 율법 학자나 바리사이보다 더 지혜로워지는 것입니다.

"아버지, 하늘과 땅의 주님, 지혜롭다는 자들과 슬기롭다는 자들에게는 이것을 감추시고 철부지들에게는 드러내 보이시니, 아버지께 감사를 드립니다. 그렇습니다, 아버지! 아버지의 선하신 뜻이 이렇게 이루어졌습니다"(루카 10,21).

철부지와 같이 자신이 부족하다고 느끼기에 주님께 전적으로 의탁하고 신뢰하는 사람에게 천상의 신비가 열리는 기적! 우리가 예수님을 '하느님의 아들 그리스도'로 고백하는 데에도 사실 이 기적이 필요합니다.

하지만 율법 학자, 바리사이, 나아가 헤로데 영주 등 스스로 잘났다고 교만을 떨고 겸허히 기도하지 않는 이들에게는 예수님의 정체가 철저히 가려져 있었습니다.

이런 대비는 우리 시대 사람들에게서도 똑같이 확인됩니다.

스스로 지식인입네 권력가네 하면서 거드름을 피우는 사람일수록 예수님에 대한 상식은 많아도 예수님을 그리스도로 알아 모시지 못합니다.

그러나 스스로 부족하다고 인정하면서 하느님의 도움을 청하는 이들일수록 성령께서 명오를 열어 주시어 단박에 예수님을 그리스도로 여기며 그분께 의탁하는 삶을 살게 합니다.

오늘 복음 말씀이 강조하듯이 이 차이를 가져오는 것은 '기도'입니다. 여기서 기도는 명상이나 수행 같은 것을 의미하지 않습니다. 저런 기도는 스스로 깨달으려 하지만, 예수님께서 가르쳐 주신 기도는 성부 하느님께 모든 문제를 맡기고 성령의 지혜와 권능을 청합니다.

이 대목에서 우리는 정신을 바짝 차려야 합니다. 별것 아닌 것 같은 저 차이가, 실상은 죽음과 삶, 거짓 행복과 참행복, 일시적 평화와 영원한 평화로 우리의 현재와 미래를 갈라놓기 때문입니다.

'예수님께서는 그리스도시다'라는 단순한 고백을 할 줄 모르는 사람은, 그가 이 세상의 온갖 종교적 지식으로 무장되어 있어도, 여전히 불행하고 불쌍한 존재일 뿐입니다.

'예수 그리스도'라는 이 쉬운 발음조차 어려워하는 사람은 아무리 잘난 체해도 실상은 가장 못난 사람일 뿐입니다.

■ 가장 강한 사람

> "그러면 너희는 나를 누구라고 하느냐?"(루카 9,20)

이제, 예수님께서 제자들에게 물으십니다.

"그러면 너희는 나를 누구라고 하느냐?"(루카 9,20)

알려져 있듯이 베드로가 즉시 답합니다.

"하느님의 그리스도이십니다"(루카 9,20).

정답입니다. 다른 제자들도 모두 같은 생각이었을 것입니다. 베드로가 빨랐을 뿐입니다. 이어 예수님께서는 '그리스도'의 의미를 성경적으로 확실히 이해시키기 위해서 수난 예고를 하시지만, 여기서 중요한 것은 예수님께서 일단 제자들의 영적 진도에 흡족해하셨다는 사실입니다.

"하느님의 그리스도이십니다"(루카 9,20).

이 고백은 사실 신앙 고백입니다. 하지만 아직 베드로는 이 신앙 고백이 지닌 엄청난 영적 파워를 모르고 있었습니다. 그는 훗날에야 열두 사도의 수장으로서 이 고백을 숱한 기적의 은사를 발휘하는 열쇠로 사용합니다.

"나자렛 예수 그리스도의 이름으로 명한다! 사탄아 물러가라."

"나자렛 예수 그리스도의 이름으로 명한다! 일어나 걸어라."

베드로 사도는 이런 식으로 자신의 신앙 고백을 기초로 '그리스도'라는 이름에 내장된 영적 위용을 한껏 드러냈습니다.

사도 베드로는 예수님의 이름이 얼마나 능력 있는지 수없이 체험하고 나서 이렇게 선포했습니다.

"사람들에게 주어진 이름 가운데에서 우리가 구원받는 데에 필요한 이름은 하늘 아래 이 이름밖에 없습니다"(사도 4,12).

그러기에 예수님께서는 우리에게 재차 권면하십니다.

"너희가 내 이름으로 청하는 것은 무엇이든지 내가 다 이루어 주겠다"(요한 14,13).

이 말씀은 이런 약속인 셈입니다.

"이제 기도할 때 그냥 '주세요' 하지 말고 내 이름을 팔어! 그러면 다 주셔!"

우리가 예수님을 혹은 그리스도로 혹은 주님으로 부르면서, 그 안에 내재된 엄청난 하늘의 기운을 알아채기만 한다면, 우리의 기도 역시 강력한 힘을 발휘할 것입니다. 우리는 사도행전의 이야기(사도 3,1-10 참조)에서 예수님의 이름에 담긴 힘이 얼마나 큰지 알 수 있습니다.

베드로와 요한이 예루살렘 성전으로 갈 때의 일입니다.

태어날 때부터 불구였던 사람이 있었습니다. 사람들은 그를 딱하게 여기기는 했지만, 그렇다고 해서 그를 거두어 보살피고 좋은 옷을 입히며 먹여 살리지는 않았습니다. 그들 역시 그럴 만한 여력이 없었기 때문입니다. 궁여지책 삼아 그를 성전 앞으로 데려가고, 해질녘에 데려와 주었을 뿐입니다.

그는 매일같이 성전에서 구걸했으나, 성전에 들어가는 모든 사람이 그에게 자선을 해 주지는 않았습니다. 그저 하루하루 근근이 굶어 죽지 않을 정도만 얻을 뿐이었습니다.

그런 그에게 성전에 들어가는 두 젊은이가 보입니다. 좋은 옷을 입은 것도 아니고, 남루한 행색을 하고 있는 두 젊은이입니다. 그런데 왠지 모르게 그들의 눈에 힘이 있어 보입니다. 그는 자신도 모르게 그들에게 이끌려 가게 되었습니다.

'저들의 행색이 그리 넉넉해 보이지는 않지만, 안색이 비범하군. 혹여나 뭔가 얻을 수도 있겠다.' 하는 요량으로 말했습니다.

"한 푼 줍쇼."

그런데 두 젊은이는 전혀 다른 이야기를 합니다.

"나는 은도 금도 없습니다. 그러나 내가 가진 것을 당신에게 주겠습니다. 나자렛 사람 예수 그리스도의 이름으로 말합니다. 일어나 걸으시오"(사도 3,6).

평생 들어 본 적도 없던 '예수 그리스도!' 그는 순간 오늘 구걸을 공쳤다는 기분이 들었습니다.

그런데 이어서 놀라운 일이 벌어집니다. 그 말을 한 젊은이가 자기 손을 잡아 일으키는 순간, 평생 불구로 살았던 그의 몸에 감각이 생기고, 발과 발목이 차츰 자유로워지더니 일어설 수 있게 된 것입니다.

그가 눈이 튀어나오도록 놀란 것은 두말할 필요가 없을 것입니다. 더욱이 성전 문을 들어가며 구걸하던 그를 오랫동안 봐 온 사람들도 역시 경악을 금치 못했습니다.

그는 즉시 기뻐 뛰며 하느님을 찬미하는 사람으로 거듭났습니다. 그리고 자신을 일으킨 '예수 그리스도'라는 이름을 평생 뇌리에 기억하며 살았습니다.

그렇습니다. 행여나 그분의 이름을 잊어 먹으면 큰일 납니다. 혹여 그 이름을 버리면 그것은 대재앙입니다. 설사 치매에 걸리더라도 우리가 반드시 기억해야 할 이름은 '예수 그리스도'입니다.

■ 위대한 종자

> "정녕 자기 목숨을 구하려는 사람은 목숨을 잃을 것이고, 나 때문에 자기 목숨을 잃는 그 사람은 목숨을 구할 것이다"(루카 9,24).

당신을 따르기 위해 주어진 오늘 예수님의 이 주문은, 사실 들을 적마다 '뜨끔'하기도 하고, '답답'하기도 하고, 여러모로 복잡한 심정마저 듭니다.

남들처럼 거창한 것이 아니라도 뭐 어떻습니까. 하루하루 조금씩 나를 그분 뜻에 맞추어 가고자 하는 의지와 노력, 그 성실한 인내 역시 그분께서 기뻐하실 우리의 모습일 텐데요.

『가톨릭평화신문』에서 만난, 치과의사 강 라우렌시오 형제가 자신 없어 하는 우리를 응원합니다.

> 33년. 결코 짧지 않은 세월. 주말이면 진료 가방을 둘러메고 그는 전국 한센인 정착촌을 찾았다. 무료 진료 봉사였다.
> 틀니가 필요한 이들을 만나면 본을 떠와 자신의 치과 한 귀퉁이에 마련된 작업실에서 틀니를 제작했다. 치과 기공사를 썼다면 힘이 덜 들었겠지만, 인건비가 아까워 자신이 직접 제작했다. 시내버스도 못 타고, 식당에서 밥도 못 먹고, 여관에도 들어가지 못해 묘지를 찾아 새우잠을 자야 했던 한센인들은 그의 봉사에 감격의 눈물을 흘렸다. […]
> 지난해 9월 세월을 이기지 못해 봉사를 접어야 했지만 그는 이제 기도로 한센인들과 함께한다.

서울 서대문 영천시장 입구 '강대건 치과' 하면, 서울대교구 사제나 수도자, 신학생들은 1977년 이후 37년간 자신들에게 무료 구강 검사와 진료를 해 준 의원으로 기억한다. 하지만 한센인들은 다르다. 강 원장은 자신들에게 4,000여 개의 틀니를 무료로 제작해 주고 치과 진료를 해 준 한센인들의 벗으로 기억한다.

1970년대 후반 경기도 포천 한센환우정착촌에서 첫 무료 진료를 한 후 한 달에 한 번 쉬는 걸 제외하면 주말마다 […] 전국 9곳 가톨릭 한센인정착촌과 병원에서 1만 5,000여 명에 이르는 한센 환우들을 돌봤다.

이에 6일 전국 가톨릭한센인들의 모임인 가톨릭자조회원들이 강대건 치과를 찾았다. 팔순을 넘긴 노구에도 여전히 봉사의 삶을 살아가는 강 원장에게 감사패를 전하기 위해서였다. 이제 고령에다 난청으로 잘 듣지 못하지만 강 원장은 반듯한 모습으로 따뜻하게 한센인들과 자조회원들을 맞았다. 월세 40만 원짜리 비좁은 건물 […] 자신과 가족, 병원을 위해선 돈을 쓰지 않고 한센인들을 위해 봉사하느라 번듯한 병원 하나 마련하지 못한 그의 병원은 현대식 치과하고는 거리가 멀다. 환자대기실은 두세 평이 될까 말까 한 공간에 낡은 소파와 간이 의자 몇 개가 고작이다. […]

강 원장은 "한센 환우 봉사가 가능했던 건 묵묵히 나를 도와준 아내(김 레지나) 덕분이었다"며 "30년 넘게 봉사를 할 수 있도록 도와주신 분들께 제가 오히려 일일아 찾아다니며 감사패를 드려야 할 텐데 제가 받아 송구스럽다"고 겸양의 인사를 전했다.[43]

한두 번도 아니고 30년 이상을 하루같이 의료 봉사로 살아온 강 원장.

이 감동스러운 글을 읽다 보니, 저에게도 까맣게 잊혀졌던 추억 한 자락이 아스라이 되살아났습니다.

"아, 그분!"

네, 제 신학생 시절, 저 역시 차례를 기다리다 신학교 교실 한편에서 그분께 이를 점검받던 장면이 뭉클하게 떠올랐으니 말입니다.

"정녕 자기 목숨을 구하려는 사람은 목숨을 잃을 것이고, 나 때문에 자기 목숨을 잃는 그 사람은 목숨을 구할 것이다"(루카 9,24).

예수님의 이 말씀이 강 원장에게는 불변의 월계관이 아닐까요.

함께 기도하시겠습니다.

주님, 쭈뼛쭈뼛 건네는 저희의 초라한 나눔의 손길, 사랑의 대견한 걸음마로 여겨 주소서.

주님, 저희의 어설픈 봉사 활동, 투신의 첫걸음으로 받아 주소서.

주님, 저희의 어눌한 신앙 권면, 복음 증거의 위대한 종자로 삼아 주소서.

우리 주 예수 그리스도를 통하여 비나이다. 아멘!

연중 제13주일: 루카 9,51-62

예루살렘을 응시하며

"너는 가서 하느님의 나라를 알려라"(루카 9,60).

1. 말씀의 숲

오늘 복음은 예루살렘을 향해 가시는 예수님의 여행길을 그리고 있습니다. 예수님께서는 당신의 운명에 물러서지 않고 오히려 그 운명을 향해 결연히 걸어가십니다. 예수님께서는 당신의 운명이 어떤 결말을 맞이할지 알고 계셨습니다. "너희는 이 말을 귀담아들어라. 사람의 아들은 사람들의 손에 넘겨질 것이다"(루카 9,44).

오늘 복음 말씀은 예수님의 비장한 마음으로 시작됩니다. "하늘에 올라가실 때가 차자, 예수님께서는 예루살렘으로 가시려고 마음을 굳히셨다"(루카 9,51). 당신께서 하늘에 올라가실 때란 수난과 죽음을 암시합니다. 그 장소는 예루살렘입니다. "오늘도 내일도 그다음 날도 내 길을 계속 가야 한다. 예언자는 예루살렘이 아닌 다른 곳에서 죽을 수 없기 때문이다"(루카 13,33).

오늘 복음은 두 부분으로 나누어지는데, 51절에서 56절까지가 첫 장면입니다. 앞부분인 51절부터 56절에서 예수님께서는 갈릴래아에서 운명의 도시 예루살렘을 향해 시선을 옮기시고 사마리아를 통과하시며 순회 설교를 하십니다. 사마리아 사람들이 예루살렘을 향해 올라가시는 예수님의 제자들을 배척하자, 제자들은 그들에게 심판으로 보복하시라고 그분께 간청했습니다. 제자들은 아직도 왜 예수님께서 예루살렘으로 올라가시는지 깨닫지 못했던 것입니다. 그들은 예수님의 꾸중을 들을 수밖에 없었습니다. 제자들은 유다인들뿐 아니라 사마리아인들도 구원하러 오신 예수님의 계획과, 자기들이 사람 낚는 어부로 부르심을 받은 것의 의미를 깨닫지 못했습니다. 제자들은 제자 직분이 단죄하고 심판하기 위함이 아니라 구원하기 위한 것임을 알아야 했습니다. 예수님께서 부활하신 후 사마리아인들은 제자들의 복음을 믿고 따를 것입니다.

루카 복음 9장 57절부터 62절은 마태오 복음 8장 19절부터 22절의 말씀과 병행합니다. 여기서 두 부분을 비교해 보면, 마태오와 루카가 지닌 자신들만의 독특한 관심을 엿볼 수 있습니다. 루카 복음의 9장 57절부터 62절은 다시 세 개의 대화로 나누어지는데, 모두 예수님의 제자가 되기 위해 어느 정도의 극단적 삶의 형태를 가져야 하는지 설명하고 있습니다.

이 세 대화는 각각 독립적인 것처럼 보이지만, 앞으로 서로서로 절묘한 형태로 맞물려 있습니다. 우선 첫째와 셋째 대화에서는 예수님께 질문하는 사람이 스스로 예수님을 따를 의지를 표시하는 반면, 가운데 놓인 둘째 대화에서는 예수님께서 부르심의 주체입니다. 그리고 예수님을 따르는 사람들이 해야 하는 '하느님 나라의 선포' 사명은 이 중심이 되는 둘째 대화에만 명시되어 있습니다. 첫째 대화에서 예수님께서는 그분을 따르는 사람들이 받게 될 어려움에 대해 설명하고 계시며, 둘째와 셋째 대화에서는 반대로 제자가 되려는 이들이 어떤 어려움의 해결을 요청하고 있습니다.

예수님께서는 여우나 하늘의 새들보다 더 가진 것이 없으셨습니다. 예수님께서는 전적으로 불안전 속에 사셨습니다. 머리 둘 곳조차 없는 불안전 말입니다. 당신께서 가지신 것이라고는 눈앞에 다가온 당신의 십자가뿐이었습니다. 그러면서도 예수님께서는 두 번째 사람에게 "나를 따라라."(루카 9,59) 하고 부르셨습니다. 그러나 이 사람은 먼저 자기 아버지의 장사를 지내야 한다고 했습니다. 그러나 생명의 주님께서 대답하시기를, "죽은 이들의 장사는 죽은 이들이 지내도록 내버려두고, 너는 가서 하느님의 나라를 알려라."(루카 9,60) 하셨습니다. 예수님께서 삶과 죽음 위로 들어 높여지신 것, 곧 그분께서 돌아가시고 부활하신 것은 바로 죽은 이들과 산 이들의 주님이 되시기 위해서였습니다.

그리고 세 번째 사람은 자기 가족과 먼저 작별 인사를 하기를 원했습니다. 그러나 예수님께서는 "쟁기에 손을 대고 뒤를 돌아보는 자는 하느님 나라에 합당하지 않다."(루카 9,62)라고 대답하셨습니다. 부르심을 받은 사람에게는 자신의 가족과 하늘 나라를 위한 결단 사이에 타협이 있을 수 없기 때문입니다. 지금 당장 즉시 실천해야 하는 일이기 때문입니다.

이 둘째와 셋째 대화에서 예수님께 전해진 제자의 요청은 '하느님 나라 선포'라는 사명의 중대성과 시급성으로 인해 모두 거절당합니다.

당신을 배척하는 사마리아, 죽은 이의 장사를 먼저 치르겠다는 사람, 살아 있는 이들과 먼저 작별 인사를 하겠다는 사람, 이 모든 것들이 사람의 아들로 하여금 머리 둘 곳조차 없는 고독을 안겨다 주었습니다. 모두들 자신의 것만 추구하지, 예수 그리스도의 것은 추구하지 않았기 때문입니다. 사람의 아들의 이 고독을 달래 줄 수 있는 것은 유일하게 당신을 맞아들이는 하늘뿐이었습니다.

2. 말씀 공감

■ 천상 거래

> "주님, 저희가 하늘에서 불을 불러 내려
> 저들을 불살라 버리기를 원하십니까?"(루카 9,54)

하느님 현존의 상징인 예루살렘을 향한 여정은 주님의 파스카 신비가 이루어지는 마지막 종착지입니다. 그래서 "마음을 굳히셨다."(루카 9,51)라는 의미는 주님께서 걸어가실 방향의 확고한 결정을 뜻합니다.

이제 주님께서는 이 여정에서 사마리아인들의 한 고을로 들어가려 하십니다. 그런데 당신에 앞서 "심부름꾼들"(루카 9,52)을 보내어 당신 자리를 마련하려 하시지만, 사마리아인들은 주님을 맞아들이지 않습니다(루카 9,53 참조). 혼혈족인 그들의 이스라엘에 대한 적개심이 순수 이스라엘인들에 대한 적개심으로 표출되었던 것입니다.

이에 야고보와 요한 제자는 분노를 터뜨리며 묻습니다.

"주님, 저희가 하늘에서 불을 불러 내려 저들을 불살라 버리기를 원하십니까?"(루카 9,54)

이 청원에 대하여 예수님께서는 외려 제자들을 나무라십니다(루카 9,55 참조).

이로써 예수님께서는 메시아 곧 그리스도께서 가셔야 할 길을 확실히 밝히신 셈입니다.

"내가, 그리고 나를 따르는 너희가 가야 할 길은 모든 이로부터 환영받거나 승리만을 구가하는 '영광의 길'이 아니다. 오히려 우리가 가야 할 길은 어떤 배척과 박해도 기꺼이 감내하면서 급기야 패배까지 수용하며 우직하게 가야 하는 '순명의 길'이다. 이것이 아버지의 뜻이기 때문이다. 결국, 영광의 길은 죽음으로 치닫지만, 순명의 길은 생명에 이른다. 알겠느냐?"

실제로 예수님께서는 이 말씀처럼 사셨습니다. 갖은 배척과 모욕, 그리고 모함과 수난도 예수님으로부터 거친 저항을 이끌어 내지 못했습니다. 예수님께서는 아버지의 뜻에 순명하시며 뚜벅뚜벅 고난의 길을 가셨던 것입니다.

제자들은 지는 것이 이기는 것이며, 죽는 것이 사는 길임을 예수님의 십자가 죽음과 부활 다음에나 깨달았습니다.

그 이후 숱한 그리스도인이 예수님을 본받아 신앙 탄압자들의 잔인하고 불합리한 박해에 항거하는 대신에 감연히 수난의 길을 택했습니다. 그 가운데 기원전 100-110년 사이에 팔레스티나 이교 가정에서 태어나 훗날 그리스도교 첫 번째 호교론자이며 또 그리스도교에 대한 장문의 글을 남긴 최초의 평신도인 성 유스티노 St. Justinus(100?-165?)가 순교 직전 보여 준 최후의 모습은 '저항', '보복', '승리'의 논리에 익숙한 우리들을 숙연케 합니다.

유스티노와 그가 돌보던 교인 일행은 강경한 그리스도교 탄압자 루스티쿠스 로마 집정관의 앞으로 끌려갔습니다. 법정에서 루스티쿠스는 유스티노에게 '대체 어떤 신을 믿으며, 믿는 바가 무엇인가?'를 심문합니다. 유스티노가 당당히 자신들이 믿는 바, 곧 그리스도교 신앙을 밝히 고백하자, 집정관은 권력을 앞세워 그 신앙을 버리고 자신들이 믿는 신들을 믿을 것을 강요합니다. 유스티노 일행은 단호히 거부합니다.

그러자 집정관은 더욱 강하게 겁박합니다.

"내가 말한 대로 하지 않는다면 너는 무자비하게 고문당할 것이다."

유스티노는 주저 없이 대답합니다.

"우리 주 예수 그리스도를 위해서 고문당함으로 구원에 이르는 것, 그것이 우리 소원입니다. 이 고통은 우리에게 구원을 얻어 주고 우리가 구세주이신 주님의 준엄하고 공정한 심판대 앞에 나아갈 때 자신감을 줄 것입니다."

그와 함께한 동료 그리스도인들도 똑같이 말합니다.

"귀하가 원하는 대로 하십시오. 우리는 그리스도인입니다. 우상에게 제사 지내지 않겠습니다."

구차한 항변 대신에 어떤 처분도 달게 수용하려는 유스티노 일행의 결연한 모습에, 집정관은 마침내 최종 판결을 내립니다.

"이자들은 우리들의 신들을 숭배하기를 거부하고 또 황제의 명령에 복종하기를 거부했다. 이자들을 끌어내어 매질을 하고 법에 따라 사형을 집행하라."

성 유스티노와 그 동료들은 하느님을 찬미하면서 기쁘게 형장으로 나아갔습니다. 그곳에서 구세주께 대한 신앙을 고백하면서 참수형을 당함으로써 순교자의 월계관을 얻었습니다.

이렇듯이 예수님과 사도들 그리고 순교자들은 이김의 논리, 지상 목숨에 대한 집착, 승리주의를 버리고 대신에 져 줌의 논리, 영원한 삶에 대한 희망, 십자가의 길을 취했습니다. 그리하여 참승리, 참생명 그리고 부활의 주인공이 되었습니다.

너무 거창하고 진지하여 다소 부담스럽게 느껴지는 이 진리는 사실 우리 일상에서도 흔히 체험됩니다. 일례로, 부부 싸움을 할 때 일부러 져 주는 쪽이 나중에 보면 이긴 셈이 됩니다. 성질을 있는 대로 부리는 쪽은 나중에 꼭 후회합니다. 결과적으로 진 것입니다.

패배와 죽음의 상징인 십자가가 믿는 이의 힘이라는 사실을 가슴으로 시인하고 입술로 고백할 줄 아는 그리스도인은 참으로 복됩니다.

■ 한 사람

> "여우들도 굴이 있고 하늘의 새들도 보금자리가 있지만, 사람의 아들은 머리를 기댈 곳조차 없다"(루카 9,58).

올 상반기 몇 달 동안, 한창 '말씀 치유 피정' 강의를 했을 때의 일입니다. 저와 복음을 전하는 현장에 함께하며 찬양을 맡고 있는 김 요한 선교사가 본격적인 강의 시작을 알리며 저를 소개할 때 꼭 빼먹지 않던 표현이 하나 있었습니다.

"대한민국에서 가장 불쌍한 사람, 차동엽 신부님을 모시겠습니다!"

허허 웃으며 단상에 올라갔습니다마는, 그 말이 실제로 기분 나쁘지는 않았습니다. 그렇습니다. 저는 사실 겉보기에 충분히 '불쌍한 사람'입니다. 이미 KTX나 비행기 우수 회원이 된 지는 오래일 만큼 하루가 멀다 하고 방방곡곡을 돌며 바쁜 일정을 소화하고 있기에도 그렇고, 취미나 휴식이라는 개념은 아예 존재치 않을 만큼 쉬는 날도 거의 없기에 그렇습니다. 사도 바오로 역시 그랬듯 이런 것이 아마도 복음을 전하는 사람의 운명인가 봅니다.

그런데 예수님이야말로 원조 '불쌍남' 아니겠습니까. 오늘 복음에서 당신의 저 말씀처럼 말입니다.

"여우들도 굴이 있고 하늘의 새들도 보금자리가 있지만, 사람의 아들은 머리를 기댈 곳조차 없다"(루카 9,58).

사람의 아들 예수님께서는 머리를 기댈 곳조차 없으셨지만, 저는 그래도 저녁때면 돌아와서 머리 둘 곳은 있으니 얼마나 감사한지요.

오히려 제 마음을 무겁게 하는 것은 따로 있습니다. 여전히 교회 밖으로부터 강의 요청이 쇄도하고 있지만 일일이 응할 수 없다는 사실입니다. 밀린 연구를 위해, 또 신학생들을 가르치기 위해서도 확보해야 하는 시간 탓에 어쩔 수 없이 거절하게 되는 경우 참 난감합니다.

주변에서는 '다닐 만큼 다닌 거 아니냐', '건강을 돌봐야 하지 않겠느냐' 등의 조언들을 해 주십니다만, 제 생각은 조금 다릅니다.

따지고 보면, 밖으로부터 강의 요청이 곳곳에서 복음을 전할 기회인데 그 기회를 거절하는 것이 매우 안타까운 것이지요. 진정 제 사지를 잘라내는 듯한 기분마저 들 때가 한두 번이 아닙니다.

'내가 더 건강하고 내가 더 시간만 있다면 복음을 전할 기회를 이렇게 놓치지는 않을 텐데!'

이런 회한에 마음 저밀 때마다 제 머릿속에 오버랩되는 장면 하나가 있습니다. 영화 〈쉰들러 리스트 Schindler's List〉(1994)의 끝 장면입니다.

영화를 보지 못한 분들을 위해 줄거리를 간단히 소개하자면 이렇습니다. 유대인 탄압이 절정에 이르던 히틀러의 독재 시절, 오스카 쉰들러 Oskar Schindler(1908-1974)는 폴란드 유대인 수용소에서 한 사람씩 자신이 경영하는 군납 그릇 공장 일꾼으로 위장하여 구해 냅니다.

후반부에서 쉰들러는 수용소의 나머지 유대인들이 죽음의 수용소 아우슈비츠로 이송될 거란 이야기를 듣고 독일군을 매수하여 최대한으로 구해 낼 결심을 하게 됩니다. 쉰들러 리스트에 속한 사람들은 우여곡절을 겪지만, 독일군의 손에서 구출됩니다. 그 후 독일의 패배로 전쟁은 끝이 나고, 독일인이었던 쉰들러는 연합군을 피해야 하는 입장이 됩니다. 공장을 떠나기 직전 유대인들은 탈무드의 한 구절을 새긴 반지를 만들어 그에게 선물로 줍니다.

"한 생명을 구하는 자는 세상을 구하는 것."

쉰들러는 유대인의 따뜻한 환송에 감동과 아쉬움을 교차하며 오열합니다.

"더 살릴 수 있었어…. 좀 더 구할 수도 있었을 거야."

"당신 덕에 1천 명이 살았어요."

"아니야, 더 살릴 수 있었어. 이 차를 팔았으면 10명은 구했을 텐데…, 이 (금) 핀은 두 명 아니 한 사람, 한 사람을 더 구했을 텐데…. 더 많이 구할 수 있었는데 내가 안 한 거야."

그렇게 한 사람을 더 구하지 못한 자신을 자책하는 쉰들러의 눈물을 보며, 사제인 저의 신원을 다시금 확인하였던 것입니다.

"한 사람, 한 사람, 한 사람, 한 사람, 한 사람…"

■ 경고등을 켜 주소서

> "쟁기에 손을 대고 뒤를 돌아보는 자는
> 하느님 나라에 합당하지 않다"(루카 9,62).

예수님께서 예루살렘 여정에 막 오르려 하실 즈음, 웬 사람이 주님을 따라나서겠다고 결심을 밝힙니다.

"주님, 저는 주님을 따르겠습니다. 그러나 먼저 가족들에게 작별 인사를 하게 허락해 주십시오"(루카 9,61).

이 청원은 오늘 제1독서의 엘리야의 부르심을 받은 엘리사의 소명을 연상케 합니다. 그때 엘리야는 "아버지와 어머니에게 작별 인사를 한 뒤에 선생님을 따라가게 해 주십시오."(1열왕 19,20)라는 엘리사의 청원을 들어주었습니다. 그리고 엘리사는 엘리야를 떠나 돌아가서 겨릿소를 잡아 제물로 바치고, 쟁기를 부수어 그것으로 고기를 구운 다음 사람들에게 주어서 먹게 했습니다(1열왕 19,21 참조). 결과는 나쁘지 않았습니다.

그렇다면 예수님께서도 허락해 주지 않으실 이유가 없었습니다. 하지만 주님께서는 엘리야와는 달리 단호하게 거절하십니다.

"쟁기에 손을 대고 뒤를 돌아보는 자는 하느님 나라에 합당하지 않다"(루카 9,62).

이유는 '즉시!' 곧 주님을 따름에 있어서 '결단'은 유예할 수 없는 절대적인 우선순위라는 것입니다. 더 깊이 이해하면, 이는 사랑의 긴급성을 말해 주기도 합니다. 제자들과 세상 안에 주님께서 지르신 불이 타오르기(루카 12,49 참조) 위해서는 긴급하고 확고한 결단이 선행되어야 합니다.

훗날 사도 바오로는 그 강압을 이렇게 표현합니다.

"그리스도의 사랑이 우리를 다그칩니다"(2코린 5,14).

그리스도의 사랑이 우리를 복음을 전하는 사명으로 내몬다는 것입니다. 그러기에 지체할 수도, 한눈팔 수도, 뒤를 돌아볼 수도 없다는 것입니다.

과거에도 매이지 말며, 미래를 두려워하여 두리번거리지 말며, 오로지 현재에만 몰두하라는 것입니다.

예수님의 저 요청은 사명의 긴급성을 강조하는 측면 외에도, 사명 수행의 몰아적 기쁨을 보장하기 위한 측면도 있습니다. 곧 사명에 몰입하다 보면 어떤 고충과 난관도 거뜬히 뚫고 나가면서 보람과 황홀을 맛볼 수 있게 되는 것입니다.

유명한 미국 영화 〈포레스트 검프 Forrest Gump〉(1994)라는 작품에서, 주인공 포레스트가 그 경지를 극적으로 보여 주고 있습니다.

영화의 스토리가 흥미진진하게 전개되는 가운데, 주인공 포레스트는 쓰러진 동료들을 구하기 위해 총알이 빗발치는 현장으로 달려갑니다.

그 순간 포레스트에게는 오직 한 가지, 동료를 구해야 한다는 생각 외에는 어떠한 것도 떠올릴 겨를이 없었습니다.

동료를 들쳐 업고 구하기를 여러 번, 그러다가 그도 빗발치는 총알에 엉덩이를 맞았습니다. 이때 포레스트는 그게 총알이 아니라 벌에 쏘였다고 생각했습니다. 이 정도쯤은 아무런 문제가 되지 않는다고 생각했습니다.

그가 총탄을 맞고도 동료들을 더 구출해 낼 수 있었던 것, 총탄의 아품을 아무것도 아닌 것으로 만들어 버린 그것은, 동료에 대한 전우애에서 비롯된 몰아적 투신이었습니다. 포레스트에게는 '쟁기를 손에 들고 뒤를 돌아보게 하는' 허튼 마음이 비집고 들어올 틈이 없었던 것입니다.

함께 기도하시겠습니다.

주님, 지금 즉시 저희의 새로운 신앙 행보 첫발을 떼기를 원하오니, 저희 등을 밀어 주소서.

주님, 오직 앞서가시는 주님만 바라보며 곧장 가기를 원하오니, 저희를 이끌어 주소서.

주님, 어떤 유혹이 저희의 시선을 교란하더라도 뒤를 돌아보지 않기를 원하오니, 그때그때 저희에게 경고등을 켜 주소서.

우리 주 예수 그리스도를 통하여 비나이다. 아멘!

연중 제14주일: 루카 10,1-12.17-20

일꾼의 자세

"너희 이름이 하늘에 기록된 것을 기뻐하여라"(루카 10,20).

1. 말씀의 숲

17세기에 프랑스 파리 근교의 가르멜 수도원에 로렌스 형제Brother Lawrence라는 평신도 수도사가 있었습니다. 그는 수도원의 주방 요리사로, 15년 동안 주방에서 접시 닦기, 채소 씻기, 달걀 부치기, 바닥 청소 등 산더미 같은 일을 하면서도 언제나 그 가운데서 하느님의 임재를 경험했습니다. 바로 일상생활 속에서 하느님께서 함께하심을 느꼈던 것입니다.

조셉 드 뷰포트Joseph de Beaufort가 로렌스 형제의 생애를 기록한 것을 보면 그가 생각한 일상의 영성을 확인해 볼 수 있습니다.

"나는 가장 분주한 시간이나 조용한 기도 시간이나 본질적으로 다르지 않다고 봅니다. 그릇 부딪히는 소리와 소음이 가득하고 많은 사람들이 동시에 내게 무엇인가를 요구하는 부엌에서도 나는 정해진 시간에 기도할 때처럼 평화롭게 하느님의 임재를 유지합니다. […] 나는 하느님을 사랑하는 마음으로 프라이팬 속의 달걀을 뒤집습니다. 그리고 그것이 끝나고 더 이상 할 일이 없으면 나는 내게 일할 수 있는 은혜를 주신 그분께 내 전부를 바치는 예배를 드립니다. 나는 하느님을 사랑하는 마음으로라면 땅에서 지푸라기를 하나 줍는 일에서도 만족을 느낍니다."[44]

비록 그가 하느님의 임재를 특별히 체험하기 위해 주방 밖으로 나가 본 적도 없었고 여행을 하거나 신학을 공부한 적도 없었음에도 불구하고, 그가 쓴 책은 유럽의 많은 사람들에게 큰 감명을 주었을 뿐만 아니라 오히려 그들이 하느님의 임재를 구경하고자 로렌스의 주방으로 몰려들곤 했습니다.

하루는 수도원을 찾은 어느 방문객이 그에게 물었다고 합니다. "당신은 매일 부엌에서 청소하고 그릇을 씻고 음식 만드는 일만 하는데 그것 때문에 불평한 일은 없습니까?"

그때 그는 이렇게 대답했습니다. "나는 불평할 시간이 없습니다. 나는 음식을 만들면서 계속 기도합니다. '이 음식을 먹는 이에게 하느님의 평화를 채우소서.' 그리고 청소하면서는 이렇게 기도합니다. '하느님의 아름다운 동산을 더욱 아름답게 하소서.' 그래서 저는 하느님께 기도하는 시간 외에 남는 시간이 없습니다." 그래서 사람들은 그를 부엌의 성자라고 부릅니다.

이렇듯 하느님을 만나는 데는 거창한 행사나 명분이 따로 필요 없습니다. 부엌에서, 학교에서, 가게에서, 학교에서, 또는 시장에서 우리는 언제라도 그분께 찬양과 기도를 드릴 수 있는 것입니다.

오늘 복음 말씀에서 예수님께서는 일흔두 제자를 선발하여 앞으로 당신이 가실 고장으로 파견하십니다. 그런데 이 파견이 이루어진 때는 예수님께서 갈릴래아에서 복음 선포 사명을 마치시고 예루살렘으로 올라가실 때입니다. 곧 이제 복음의 씨앗은 뿌려졌고 추수할 때가 다가온 것입니다. 그러나 시간이 얼마 없습니다. 우리가 쉽게 말하는 '시간은 없고 할 일은 많은' 때입니다. 비록 일흔 두 명이나 되는 제자들을 파견하셨지만 일손이 턱없이 부족한 상황입니다. 그렇기 때문에 예수님께서는 제자들에게 "수확할 것은 많은데 일꾼은 적다. 그러니 수확할 밭의 주인님께 일꾼들을 보내 주십사고 청하여라."(루카 10,2)라고 기도하라 명하신 것입니다.

그와 동시에 예수님께서는 제자들에게 이 사명이 얼마나 어려운 일인지를 경고하십니다. "가거라. 나는 이제 양들을 이리 떼 가운데로 보내는 것처럼 너희를 보낸다"(루카 10,3). 마태오 복음서에서 예수님께서는 이 말씀을 열두 제자를 파견하시면서 하십니다. 그러면서 "그러므로 뱀처럼 슬기롭고 비둘기처럼 순박하게 되어라."(마태 10,16)라고 말씀하십니다. 예수님의 이러한 말씀은 제자들로 하여금 갈림길에 서게 했습니다. 비록 무기력한 양들을 약탈하는 사나운 야생 이리들이 그들을 기다리고 있다 하더라도, 제자들은 하느님께서 그런 위험에서 지켜 주실 것을 신뢰해야 합니다. 그러기 위해서 여행을 위해 기본적으로 필요한 물품들을 갖는 것도 금지되었습니다. 돈도, 여벌 옷도, 식량 주머니도, 심지어 먼 길을 걷는 데 필요한 여분의 신발조차 가질 수 없었습니다. 하느님께서 그들에게 필요한 것들을 공급해 주실 것이기 때문입니다.

또한 제자들이 받은 사명은 시급한 것입니다. 따라서 제자들은 인사치레를 일일이 갖추고, 악의로 복음 선포를 받아들이지 않는 사람들을 설득하는 데 부질없이 시간을 낭비해서는 안 됩니다. "평화를 빕니다!"라는 인사는 축복해 주는 양식으로서, 하느님 나라의 선포가 평화를 가져다주는 자비와 정의를 실현함을 뜻합니다. 평화는 성경에서 인간에 필요한 모든 조건이 충족됨을 의미합니다.

그러나 제자들을 거부하고 그들의 삶을 힘들게 하는 자는 하느님의 축복을 받지 못할 것입니다. 그러므로 선교사들의 방문은 집주인을 역시 갈림길에 서게 합니다. 그리스도의 제자들을 어떻게 대하느냐에 따라 그 사람의 삶의 성격이 결정될 것이기 때문입니다. 한편 그 사자들은 한곳에 머물고 더 나은 곳을 찾으러 나가지 말아야 합니다.

제자들의 필요를 채우는 것은 집주인의 책임입니다. 제자들은 하느님의 추수를 위해 일하는 이들이며 일한 대가를 받아야 합니다. 그러나 더 좋은 살 곳을 찾음으로써 그 대가의 수준을 올리려 하지 말아야 합니다.

제자들에게 주어진 사명은 단순합니다. 병을 고치고 하느님의 나라를 전파하는 것입니다. 하느님의 나라가 가까이 왔습니다. 그리스도의 일꾼들의 단순한 활동으로 인해 사람들은 자신들이 하느님의 나라 한가운데 있는 것을 발견합니다. 그 나라는 시공간상으로 멀리 떨어져 있는 것이 아닙니다. 그것은 하느님의 능력이 역사하는 것을 보는 이들에게는 현재적 실재입니다.

2. 말씀 공감

■ 저희 능력과는 아랑곳없이

> "수확할 것은 많은데 일꾼은 적다"(루카 10,2).

성당에서 '일꾼'이 모자라기는 어제나 오늘이나 비슷한 사정입니다. 일반적으로 개신교에서는 '일꾼'으로 뽑히는 것을 큰 명예로 여기는 듯합니다. 어쩌다 개신교 신자들과 인사를 나눌 경우, 대부분 "저는 권사입니다.", "저는 집사입니다.", "저는 장로입니다."라며 자랑스럽게 스스로를 소개합니다.

얼마 전 어렵사리 공대 동기를 만나던 자리에서, 저와 절친으로 지냈던 개신교 신자 친구가 불쑥 이렇게 말하는 것이었습니다.

"나 얼마 전에 남성 속장이 되었어!"

속장이란 우리식으로 반장 또는 구역장을 의미합니다. 크게 자긍심이 느껴지는 어투였습니다. 그는 사회에서 잘나가는 교수였습니다.

그런데 성당의 사정을 살펴보면 전혀 다른 풍경을 보는 듯합니다. 반장, 구역장, 단체장, 사목위원 등 여러 직책이 있지만, 이를 명예보다는 짐으로 여기기 십상입니다.

제가 알고 지내는 어느 형제가 갑자기 이사를 가야 할 사정이 생겼습니다. 그 형제는 어떤 직책이 주어지건 책임감과 기쁨으로 일해 왔었습니다. 본당 신부는 그의 그런 열성을 보고 몇몇 직책을 겹치기로 맡겼습니다. 그랬는데, 이제 본당을 옮겨야 할 사정이 생긴 것입니다. 어느 날 저녁 미사 직전 그 형제는 송구스러워하며 본당 신부에게 소식을 알렸습니다. 본당 신부는 크게 한숨을 내쉬더니 아무 말도 안 하더랍니다.

그리고 미사를 드리는 내내 침울한 표정은 바뀌지 않더랍니다. 미사 후 본당 신부가 애써 건네 온 한마디에 그 형제는 몸 둘 바를 몰랐답니다.

"정말 가시는 거예요? 다시 올 순 없는 거죠?"

열심한 일꾼 하나가 귀한 성당의 현실을 그대로 반영해 주는 이야기 아닐까 싶습니다.

굳이 두리번거리지 않아도, 우리 주위에는 아직도 '수확할 것'에 해당하는 사람들이 많이 있습니다. 가깝게는 내 가족부터 멀리는 신앙의 불모지대에 사는 알지 못하는 이웃까지. 이들을 구원하기 위해서는 여전히 많은 '일꾼'이 필요합니다.

왜 우리에게는 일꾼이 부족할까? 사람들이 하느님에게 '일꾼'으로 뽑힌다는 것이 얼마나 큰 행운인지를 모르기 때문입니다. 주님께서는 일찍이 하느님 나라 '일꾼'의 특권에 대하여 힘주어 언급해 놓으셨습니다. 그중 두 말씀만 주목해 보겠습니다.

우선, "너희가 나를 뽑은 것이 아니라 내가 너희를 뽑아 세웠다"(요한 15,16).

이는 일꾼의 모든 것을 책임져 주신다는 약속의 말씀입니다. 얼마나 든든한 약속입니까.

다음으로, "너희 이름이 하늘에 기록된 것을 기뻐하여라"(루카 10,20).

이는 세상의 어떤 훈장과도 바꿀 수 없으며, 세상의 어떤 VIP 명단에 이름이 게재된 것과도 바꿀 수 없는 특은입니다.

이들 두 가지 특은에만 눈이 떠도, 우리는 서로 앞을 다투어 교회 '일꾼'으로 자원할 것입니다. 모르고 지내는 것이 안타까울 따름입니다.

교회 공동체 언저리에서 그저 방관자로만 무사안일하게 지내려 하는 것은 지혜로운 선택이 못 됩니다.

불세출의 어른 동화 『어린 왕자Le Petit Prince』(1943)를 쓴 생텍쥐페리Antoine Marie Roger De Saint Exupéry(1900-1944)는 '구경꾼'의 배역을 싫어한다고 합니다. 구경꾼은 어떤 일이든 참여하지 않으면서 방관할 뿐입니다. 사람은 구경만 해서는 아무것도 이루어 낼 수가 없습니다. 하느님을 증거하는 사람이 되든, 교회 공동체의 협조자가 되든, 어떠한 책임을 짊어지든, 함께 행동하며 책임을 공유해야 하는 것입니다. 생텍쥐페리는 '그렇지 않은 사람은 사람의 자격이 없다'고까지 말합니다.

■ 온 세상이 알도록

> "어떤 집에 들어가거든 먼저 '이 집에 평화를 빕니다.' 하고 말하여라"(루카 10,5).

언제나 웃음으로 상대방을 대하는 사람이 있습니다. 어떤 상황 속에서도 온화한 말씨로 차분한 청량감을 느끼게 해 주고, 매 순간 편안한 배려로 모두에게 귀감이 되는 사람! 우리 주변의 이러한 이들 모두를 '평화의 작은 사도'라 부를 수 있지 않을까요?

여기, 그리스도인으로서 누리는 평화를 자신이 속한 자리에서 은은하게 퍼뜨리는 한 신앙인 이야기를 『가톨릭평화신문』에서 옮겨 봅니다.

"선생님 지금 뭐하세요?"

박 아가타 서울 C 초등학교 교장이 서울 A 초등학교 교사로 재직하던 1999년 어느 날이었다. 점심 식사를 하기 전 정성스럽게 십자성호를 긋고 기도를 하는 박 씨 모습을 유심히 지켜보던 여름이가 호기심을 보였다.

박 씨는 미소만 지으며 대답을 하지 않았다. 공립 학교에서 아이에게 종교에 관한 이야기를 하면 학부모에게 민원이 들어오는 일이 빈번해 선뜻 말하기가 조심스러웠기 때문이다.

여름이는 박 씨가 기도하는 모습을 볼 때마다 질문을 던졌다. […] 마침내 박 씨는 "여름이가 자꾸 물어보니까 선생님이 대답해 주는 거야."라고 전제한 뒤 […] 설명을 해 줬다.

"선생님은 천주교 신자란다. 기도는 내가 믿는 하느님께 '맛있는 점심을 먹을 수 있게 허락해 주셔서 감사합니다' 하고 고마움을 표시하는 거야. 또 너희들과 함께할 수 있게 해 주셔서 감사드리는 거란다."

여름이는 '잘 알았다'는 표정으로 고개를 끄덕였다. 그리고 그해 예수 성탄 대축일 얼마 전 '성탄절에 세례를 받는데 선생님이 오셔서 꼭 축하해 주셨으면 좋겠다'면서 직접 만든 초대장을 들고 왔다. 박 씨는 뛸 듯이 기뻤다. […]

교육주간(20-26일)을 앞두고 만난 박 교장은 "교사의 말과 행동 하나하나는 학생들에게 큰 영향을 끼친다."며 "가톨릭 교사들이 학교 현장에서 신앙을 적극적으로 드러내며 천주교 신자답게 살아간다면 여름이 같은 아이가 얼마든지 더 나올 수 있다."고 말했다. […]

신자 아닌 사람들과 식사할 때면 눈치 보며 십자성호를 제대로 긋지 못하는 소심한 신자이기도 했던 […] 그에게 변화가 찾아온 건 1998년이었다. […] 동료 교사가 '같이 가 보자'고 권한 […] 2박 3일 피정은 미지근했던 신앙을 뜨겁게 타오르게 만들었다.

피정 이후 박 씨는 다른 사람이 됐다. […] 매일 아침 '교육자의 기도'

를 바치며 하루를 시작했고 대림 시기에는 교장실에 대림초를 밝혀뒀다. […] 신자 교사들과 매일 기도 모임을 갖기도 했다.

신자 아닌 사람들은 호기심을 보이며 천주교에 대해 질문을 했고, 예전의 박 씨처럼 십자성호를 긋는 둥 마는 둥 했던 미지근한 신자들은 자신 있게 신앙을 드러내기 시작했다.

오랫동안 냉담 중이었던 동료 교사들이 그에게 묵주기도 하는 법을 물어보고, 성당에서 자녀를 결혼시키며 신앙생활을 다시 시작했다. '성당을 다니라'고 전교를 한 적은 한 번도 없지만 스스로 교리교육을 받고 박 씨에게 대모를 서 달라고 부탁하는 후배 교사도 있었다. 그녀는 말한다.

"가톨릭 신자 교사들은 자신의 신앙을 눈치 보지 말고 드러내야 해요. 공립 학교에서 선교할 수는 없지만 우리나라는 종교의 자유가 있잖아요. 식사 전 십자성호를 당당하게 긋는 것만으로 큰 전교활동이 될 수 있어요. 교사들 모습을 보고 자란 아이들이 언젠가는 신앙인이 될 수 있어요."[45]

많은 신자분들이 흔히들 조심스러워하는 것 중 하나가 '저 사람이 내가 신자인 걸 알면 어쩌지? 혹시나 거북해하지는 않을까?' 하는 두려움입니다. 하지만 박 아가타 교장은 사람들의 눈치를 보지 않고 예수님을 자랑스럽게 드러냈습니다. 그리고 그 열매는 실로 풍요로웠습니다. 그의 당당한 증거를 통해 사람들은 다시 신앙을 회복하기도 하고, 세례를 받기도 했던 것입니다.

"어떤 집에 들어가거든 먼저 '이 집에 평화를 빕니다.' 하고 말하여라"(루카 10,5).

오늘, 예수님께서 제자들에게 말씀하신 저 당부가 우리의 일상이 되어야 할 이유는 이렇듯 분명합니다.

■ 제 입술이 말끝마다

> "그 집에 평화를 받을 사람이 있으면 너희의 평화가 그 사람 위에 머무르고, 그렇지 않으면 너희에게 되돌아올 것이다"(루카 10,6).

오늘 복음 말씀은 우리가 우리의 이웃들에게 평화를 빌어 줄 것을 명하고 있습니다. 놀라운 사실은 설령 그 평화가 그 당사자에게 임하지 않더라도 빌어 주는 자신에게 돌아온다는 얘기입니다.

그런데 한두 번은 몰라도 한결같이 남들에게 평화를 빌어 주기란 그리 쉽지 않은 일입니다. 이에 관한 인상 깊은 배움을 故 최기산 주교님으로부터 얻은 기억이 있습니다.

최기산 주교님 서거 1주기를 맞을 즈음 후임 교구장이신 정신철 주교님으로부터 유고집 발간 건을 위임받아 유고를 정리하게 되었을 때의 일입니다.

최기산 주교님의 영성이 깊게 배어 있는 글들 가운데에서 유머러스한 필치로 적은 경험담 하나가 지금도 또렷이 그림으로 상기됩니다.

주교품을 받기 전 강화도 신학교에서 영성신학을 가르치실 때, 당시 '최기산 신부'는 강화도 일대 목사들과 즐겨 교류를 하셨답니다. 어느 목사 댁에서 모임이 있던 날, 그는 가장 먼저 당도하여 기다리면서 다른 목사들을 맞이하는 형국이 되었답니다. 그런데 이후 일어난 일은 당황의 연속이었습니다.

딩동댕! 초인종 소리에 문 앞으로 나아가 반갑게 악수를 청하는데 막 도착한 목사 한 분이 문을 들어서자마자 무릎을 꿇고서는 그 댁을 위해서 축복 기도를 바치더랍니다. 그러고서 두루두루 인사를 나누고 함께 앉아 있는데, 또 딩동댕 소리가 울렸습니다.

최기산 신부는 습관처럼 벌떡 일어나서 환영하러 나갔습니다. 자동적으로 환영의 손이 나가는데, 또 당황스러운 일이 벌어졌습니다. 문을 열자마자 곧장 무릎을 꿇고 축복 기도를 하는 통에 내민 손만 겸연쩍게 되었답니다.

나중에 가서야 그것이 한두 목사의 튀는 행동이 아니라 개신교 목사들의 미풍임을 깨닫고는, 신부로서 크게 부끄러움을 느꼈답니다.

"그 집에 평화를 받을 사람이 있으면 너희의 평화가 그 사람 위에 머무르고, 그렇지 않으면 너희에게 되돌아올 것이다"(루카 10,6).

이 말씀을 글자 그대로 이행하는 목사들에게 경의를 표합니다.
저는 우리 천주교 신자들이 성경 말씀을 글자 그대로 실행하는 개신교 신자들에게 그 어떤 평가도 내리면 안 된다고 생각합니다.
"너무 위선적인 것 아니야? 실제로 살지도 못하면서, 입술로만 그러는 척하는 것 아니야. 너무 튀는 것은 좀 그렇지 않아?"
천주교 신자들 사이에서 이런 식의 촌평을 이따금 들어 왔기에 냉정하게 성찰해 보는 것입니다.
어쨌든 오늘 주님께서 우리에게 주신 말씀은 참으로 기묘한 이치를 전해 줍니다. 일단 말은 그 말을 듣는 사람 안에서 열매를 맺습니다. 설사 거절당한다 하더라도 그 말을 하는 당사자 마음 안에서 메아리가 되어 열매를 맺습니다.

과연 어떤 이치로 그렇게 될까요? 이를 우리는 이렇게 설명할 수 있습니다.

말은 생각을 형성하고 생각은 행동을 결정하며 인생을 만들어 갑니다. 이것은 우리 대뇌의 지령을 받아 자율 신경계가 작용한 결과입니다.

여기에서 중요한 것은 자율 신경에는 자타의 구별이 없다는 점입니다. 내가 아닌 누군가에게 '당신은 잘할 수 있습니다', '○○씨는 훌륭합니다'라고 칭찬할 때도 자율 신경계는 '할 수 있다', '훌륭하다'는 말만 받아들여 유쾌한 상태가 됨과 동시에 그 말에 어울리는 행동을 만듭니다. 주어가 '나'이든 '당신'이든 상관없다는 말입니다. 따라서 상대를 칭찬하는 말은 곧 자신을 축복하는 말입니다.

주의할 것은 나쁜 말 역시 이와 같은 원리로 자기에게 적용된다는 사실입니다. 결국 누군가에게 '이래서 안 된다니까', '엉망이군'이라고 말하는 것은 자기에게 말하는 것과 같습니다.

이런 이유로 오늘 주님의 말씀을 글자 그대로 실행하는 이는 참으로 복됩니다.

"집에 들어가면 그 집에 평화를 빈다고 인사하여라. 그 집이 평화를 누리기에 마땅하면 너희의 평화가 그 집에 내리고, 마땅하지 않으면 그 평화가 너희에게 돌아올 것이다"(마태 10,12-13).

함께 기도하시겠습니다.

주님, 주님께서는 저희에게 말의 권세를 주셨습니다. 저희가 무심코 하는 말이 때로는 사람을 죽이기도 하고, 때로는 살리기도 합니다.

주님, 제 입술에서 감사와 평화와 행복의 언어가 늘상 떠나지 않게 하소서.

주님, 제 입술이 말끝마다 '할렐루야, 아멘!'을 연호하게 하소서. 아멘, 할렐루야!

우리 주 예수 그리스도를 통하여 비나이다. 아멘!

연중 제15주일: 루카 10,25-37

선한 이방인

"가서 너도 그렇게 하여라"(루카 10,37).

1. 말씀의 숲

당나라 때 두드러진 개성으로 많은 문학 작품을 남긴 백거이白居易(772-846)가 항주 지사로 있을 때입니다. 한번은 그가 항주에 덕이 높다고 소문이 자자한 도림道林이라 하는 고승을 찾았습니다. 백거이가 도림에게 물었습니다.

"도道의 핵심이 무엇입니까?"

"악한 일은 아무리 작은 것이라도 행하지 않는 것이요, 선한 일은 아무리 작은 것이라도 행하는 것이오."

너무나 평범한 대답을 들은 백거이가 어이없다는 듯이 응대했습니다.

"그런 거야 세 살 먹은 아이들도 아는 소리가 아니겠소?"

그 말을 듣고 도림은 엄숙하게 말했다.

"그러하오. 세 살배기 아이들도 아는 것이지만, 팔십 노인도 행하기 어려운 것이오."

그러자 백거이는 진심으로 절하여 예를 갖추고 도림을 스승으로 섬겼습니다.[46]

오늘 복음 말씀을 통하여 우리는 영원한 생명을 얻는 방법과 '누가 우리의 이웃인가?'에 대하여 듣게 됩니다. 그래서 오늘 복음 말씀은 크게 두 부분으로 나누어집니다.

첫 번째 장면은 25절부터 28절까지로 한 율법 교사가 예수님을 떠볼 목적으로 "스승님, 제가 무엇을 해야 영원한 생명을 받을 수 있습니까?"(루카 10,25)라고 질문하면서 시작됩니다. 그러나 예수님께서는 어떤 특별한 것이나 새로운 것을 말씀하지 않으십니다. 다만 그가 율법에 기록되어 있는 말씀을 어떻게 읽고 있는지 물어보셨습니다. 그러자 율법 교사는 "'네 마음을 다하고 네 목숨을 다하고 네 힘을 다하고 네 정신을 다하여 주 너의 하느님을 사랑하고' '네 이웃을 너 자신처럼 사랑해야 한다.' 하였습니다."(루카 10,27)라고 대답하고, 예수님께서는 "옳게 대답하였다. 그렇게 하여라. 그러면 네가 살 것이다."(루카 10,28)라고 대답하십니다.

사실 이야기는 여기서 끝날 수도 있었습니다. 그런데 율법 교사의 계속되는 질문 덕분에 우리는 아름다운 비유 이야기를 듣게 됩니다. 바로 29절에서 이어지는 두 번째 장면이 그것입니다. 이 비유 속에는 새로운 무대에 새로운 사람들이 등장합니다. 우선, 한 사마리아 사람이 있습니다. 유다인들의 눈에는 종교적인 의무라고는 전혀 지키지 않는 나쁜 사람인 그가 반쯤 죽은 사람을 보고는 내장이 끊어지는 고통을 느꼈습니다. 그러고는 그를 보살피기 위해 자신의 몸을 아끼지 않았습니다. 그러나 이 사마리아 사람보다 먼저 그 길을 지나간 제관과 레위 사람은 오히려 길 건너편으로 피해 멀리 지나갔습니다.

비유는 이렇게 동정심과 단장의 아픔을 느껴야 했을 제관과 레위 사람은 그냥 지나쳐 버렸고, 한 이방인이 죽어 가는 사람을 끝까지 책임졌음을 보여 주었습니다. 그리고 이 사실을 통해 예수님께서는 이웃이 누구인가 하는 질문에서 벗어나 이웃이 되어 주는 법을 배우도록 촉구하셨습니다. 이웃이 되어 주기 위해서는 먼저 그를 사랑하지 않을 수 없습니다. 사랑하지 않고는 이웃이 되어 줄 수가 없습니다. 사마리아 사람은 망설임 없이 다가갔고, 그가 누구인지 알려고 애쓰지도 않았습니다. 오로지 그를 살리기 위해 돌보는 것 외에 다른 목적은 아무것도 없었습니다. 이 사람의 관대함과 자기 희생은 하느님의 사랑을 보여 주었습니다. 자신의 개인적인 구원을 찾지 않았던 그는 이웃이 되어 주는 데에 혼신의 힘을 다했기 때문입니다(루카 10,30-37 참조).

예수님께서는 이 비유를 통하여 율법 교사가 이스라엘 백성만을 이웃으로 여기는 좁은 생각을 버리고 도움을 필요로 하는 모든 사람에게 사랑을 베푸는 인류 형제애를 가지도록 그를 이끌어 주십니다. 이웃 사랑은 민족적, 인종적, 종교적, 문화적 상황을 포함한 모든 장애물을 극복하게 하고 모든 사람을 일치시키는 힘입니다. 이웃 사랑은 우리가 죄인들과 병자들을 보살피고 사람들을 위해 목숨을 바치신 그리스도와 일치하고, 사랑을 명하신 하느님과 인격적 관계를 맺고 영원한 생명을 얻는 길입니다.

교부 오리게네스Origenes(185?-253?)는 이 비유에서 상징적인 의미를 발견했습니다. 길 가던 사람은 아담을, 예루살렘은 낙원을, 예리코는 세상을, 강도들은 악인들을, 제관은 율법을, 레위인은 예언자를, 착한 사마리아인은 그리스도를, 상처는 죄악을, 짐바리 짐승은 주님의 몸을, 여인숙은 교회를, 여인숙 주인은 교회의 수장을 가리킨다고 해석했습니다.

2. 말씀 공감

■ 묻고 또 묻습니다

> "스승님, 제가 무엇을 해야 영원한 생명을 받을 수 있습니까?"
> (루카 10,25)

우리는 살면서 수많은 질문을 던집니다. 무엇을 하면 돈을 많이 벌지? 무엇을 하면 출세하지? 무엇을 하면 이득을 얻지?

물론 이런 물음들이 세상적인 성공을 위해서는 필요할 것입니다. 하지만 이들은 순간적인 것에 지나지 않습니다.

좀 더 의미 있는 인생을 살고자 하는 그리스도인이라면, 인생에 대한 궁극적 질문을 던질 줄 알아야 하지 않을까요?

오늘 복음에서 예수님을 향한 율법 교사의 질문처럼 말입니다.

"스승님, 제가 무엇을 해야 영원한 생명을 받을 수 있습니까?"(루카 10,25)

이 질문은 굳이 점수를 매기자면 100점을 주어도 괜찮을 질문이었습니다. 물론 그 저의는 예수님을 시험하기 위함이었다고 복음서는 기록하고 있습니다만 질문 자체는 좋은 질문이었습니다.

그러기에 예수님께서는 이 질문을 계기로 삼아 저 유명한 착한 사마리아인의 비유를 들려주셨습니다. 그 비유에 담긴 깊은 뜻에 대해서는 이미 앞에서 소상히 풀어 드렸습니다.

궁극적으로 예수님께서 제시하신 답변은 열린 가르침이었습니다. 여기에 다른 관점의 지혜들도 나름 일리가 있다는 얘기입니다.

"스승님, 제가 무엇을 해야 영원한 생명을 받을 수 있습니까?"

이에 대하여 독일의 신앙 미담은 또 하나의 비결을 전합니다.

한 도둑이 있었습니다. 그는 생계를 위하여 남의 물건을 훔쳐다가 팔아서 연명했습니다. 하지만 그에게도 신심이 있었습니다. 그는 평소 성모송을 자주 바쳤습니다.

"은총이 가득하신 마리아님, 기뻐하소서. 주님께서 함께 계시니 여인 중에 복되시며 태중의 아들 예수님 또한 복되시나이다. 천주의 성모 마리아님, 이제와 저희 죽을 때에 저희 죄인을 위하여 빌어 주소서. 아멘!"

배운 것이 많지 않았기 때문에 그가 줄곧 바쳤던 기도는 이것뿐이었습니다. 하지만 기도를 바칠 때는 꼭 무릎을 꿇고 경건하게 정성으로 바쳤습니다.

그러면서도 그는 도둑질을 버리지는 못했습니다. 워낙 궁핍했기 때문이었습니다. 이윽고 그는 절도 현장에서 체포되어 법에 따라 교수형에 처해지게 되었습니다. 몸이 꽁꽁 묶인 채 목에 밧줄이 당겨진 채 그는 허공에 매달리게 되었습니다.

그로부터 3일이 지난 후 집행관들은 시신을 수습하기 위해 형장으로 갔다가 깜짝 놀랐습니다. 그 도둑이 죽지 않고 살아 있었기 때문입니다. 그들이 그에게 자초지종을 묻자 그는 이렇게 대답했습니다.

"당신들이 나를 매달고 발밑의 사다리를 치워 버렸을 때 나는 '죽는구나' 하고 생을 포기했소. 하지만 그때 지극히 아름다운 한 여인이 내 앞에 나타났소. 그 순간 나는 전혀 내 몸의 무게를 느끼지 못하였소. 그 여인이 나와 함께 있는 동안 나는 너무 행복했기 때문에 시간이 흐르는 것도 모를 지경이었소. 그 여인은 내게 미소를 지으며 이렇게 말했소.

'네가 나를 얼마나 경외하는지 나는 잘 알고 있다. 그러니 너의 사랑에 내가 어떻게 보답하는지 잘 보려무나. 네가 그토록 헤아릴 수 없이 성모송을 많이 바쳤는데, 내 어찌 너를 돕지 않을 수 있겠느냐. 그래서 네가 여기에 홀로 매달리게 되었을 때 기꺼이 너와 함께 있고 싶었단다.'"

이 놀라운 기적은 사람들에게 경건한 마음을 불러일으켰습니다. 그 도둑은 풀려나 수도원에 입회하여 살게 되었고, 소문을 들은 주위 사람들은 더욱 열심히 성모송을 바쳤다고 전해집니다.

네, 영원한 생명을 얻는 비결 중의 비결이 기도임을 우리는 부인할 수 없을 것입니다. 물론, 예수님의 저 감동적인 가르침 역시 영원한 생명을 얻는 길로서 여전히 유효한 것일 테고요.

■ 기왕에 베푸는 사랑

> "그런데 여행을 하던 어떤 사마리아인은 그가 있는 곳에 이르러 그를 보고서는, 가엾은 마음이 들었다"(루카 10,33).

예루살렘에서 예리코로 내려가는 길에서 강도를 만나 치명상을 입은 한 유다인!

사마리아인은 자신들을 경멸하던 유다인의 딱한 처지를 보고 가엾은 마음이 들어 가까이 다가가서 적극적으로 도움을 베풀었습니다. 더구나 사마리아인은 자신의 비용으로 이 부상자의 치료를 여관 주인에게 부탁하고, 추가 비용은 돌아오는 길에 갚겠다는 말을 남긴 채 다시 길을 떠난 것으로 보아 용무상 갈 길이 바쁜 사람이었습니다.

하지만 그 유다인과 같은 겨레인 사제와 레위인은 그냥 못 본 체하고 지나쳤습니다. 사제는 예루살렘 성전에서 하느님께 제사 지내는 직분을 맡고 있었고, 레위인은 그 제사를 준비하고 정리하는 보조 직분을 맡고 있었으니, 명실상부하게 '하느님을 사랑하라'(신명 6,5 참조)는 계명을 충실히 지키는 사람들이었습니다. 그들은 또한 "네 이웃을 너 자신처럼 사랑해야 한다."(레위 19,18)라는 계명을 누구보다도 더 잘 알고 있었습니다. 그럼에도 불구하고 그들 사제와 레위인은 긴급 재난에 처한 부상자를 피해 갔습니다.

이들 사이에서 뚜렷이 드러나는 대조가 오늘 묵상의 중심입니다.
이웃 사랑의 계명을 사람들에게 가르칠 권한을 지녔고, 스스로도 부끄럼 없이 실행하고 있다고 자부하던 유다인 사제와 레위인. 이들은 딱히 길을 재촉할 필요가 없는 퇴근길에 만난 동포의 위급상황을 못 본 체 외면했습니다.
한편, 사마리아라는 혼합 종교 문화 지대에서 십계명조차 제대로 배웠을까 말까 하는 사마리아인, 그는 업무상 갈 길이 바쁜 도상에서 자신들을 경멸하던 유다인 부상자를 멀리서 보고 가까이 다가가 적극적으로 도움의 손길을 펼쳤습니다.
이처럼 명백한 대조를 통해서 예수님께서는 무엇을 말씀하고자 하셨을까요. 한마디로, 입술로만 번지르르하게 사랑의 이중 계명을 떠벌리는 유다인의 고약한 위선을 폭로하고자 하셨습니다.
이는 사실상 오늘 우리를 향한 일침이라고도 볼 수 있습니다.
사랑의 종교라고 자부하는 우리 그리스도인들이 때론 사랑에 대하여 전혀 강론도 들어 보지 못한 비신자보다 사랑의 실행에 굼뜬 경우를 드물지 않게 보게 됩니다. 오직 인간적인 동정심에서 사랑에 헌신하거나, 희생으로 선행을 베푸는 이들 앞에서, 혹시 우리들은 교회 안에서 조차 서로 미움과 반목을 일삼는지는 않았는지, 아니면 집단 이기주의에 빠져 교회 울타리 밖에서 발생한 생존의 위기 국면을 무덤덤하게 바라보지는 않았는지 부끄러워지는 순간입니다.

■ 어찌 다 갚으오리오

> "너는 이 세 사람 가운데에서 누가 강도를 만난 사람에게 이웃이 되어 주었다고 생각하느냐?"(루카 10,36)

영원한 생명을 얻는 길을 물어온 율법 교사는 "율법에 무엇이라고 쓰여 있느냐?"(루카 10,26)라고 반문하시는 예수님께 사랑의 이중 계명을 똑똑히 언급함으로써, 기분 좋게 예수님으로부터 인정받습니다. 그는 자신의 옳음을 더 드러내고 싶은 욕심에서 그다음 단계의 질문을 던집니다.

"그러면 누가 저의 이웃입니까?"(루카 10,29)

사실 이 물음에는 예수님을 시험하려는 저의가 슬쩍 내포되어 있었습니다. 왜냐하면, 유다인들에게 '이웃'은 전통적으로 일단 '혈족' 곧 일가친척을 가리켰고, 크게 보면 지파, 나아가 민족까지 아우르는 것이었습니다. 그렇기에 이방인 또는 이민족은 명백히 이웃의 범주를 벗어난다고 보는 것이 관례였습니다. 그러니까 아무리 가까이서 이방인이나 이민족이 궁지에 처해 도움을 청해도 굳이 도와줄 의무가 없다고 생각했던 것입니다. 그런데 골치 아픈 것은 사마리아인의 경우였습니다. 그들은 유다인의 피가 반만 흐르는 혼혈족이었기에 이웃으로 쳐 주어야 할지 말지 애매했던 것입니다.

저랬는데 듣자 하니 예수님께서는 이방인에게 대단한 호의를 베풀고 있다는 얘기가 나돌고 있었습니다. 가나안 여인의 딸(마태 15,21-28 참조), 로마 백인대장의 하인(마태 8,5-13 참조) 등 이방인들의 병을 고쳐 주시는가 하면, 야곱의 우물가에서 사마리아 여인과 격의 없는 대화(요한 4,1-26 참조)를 나누시는 모습 등등, 이런 행태가 유다인의 율법 전통에 반하는 것으로 비추어졌을 것임은 두말할 나위가 없었습니다.

이런 배경에서 율법 교사는 예수님의 입장을 공개리에 묻고 싶었던 것입니다.

당연히 예수님께서는 이 정도의 질문 올무에 말려들지 않으셨습니다. 오히려 이 물음에 깔린 그릇된 태도를 나무랄 심산이셨습니다.

그리하여 착한 사마리아인의 비유를 들려주신 것입니다. 그 비유를 들려주신 것은, 이를 토대로 아주 중요한 물음을 하나 던지기 위함이었습니다. 드디어 결정적인 대목에서 물으십니다.

"너는 이 세 사람 가운데에서 누가 강도를 만난 사람에게 이웃이 되어 주었다고 생각하느냐?"(루카 10,36)

이렇게 함정 물음에 대오각성을 촉구하는 물음으로 응대하셨습니다. 이 물음은 답변의 여하와 상관없이 그 자체로 하나의 큰 가르침입니다. 이 물음으로 예수님께서는 율법 교사의 이기적 태도를 이렇게 꼬집고 계신 것입니다.

"하느님을 섬기는 사람은 모름지기 물음을 잘 던져야 한다. 너는 나에게 어떻게 물었느냐? '누가 저의 이웃입니까?' 하고 묻지 않았느냐. 그렇게 물음으로써 너는 네 의무의 선을 이기적으로 그으려 했다. '누구까지, 어디까지가 제 의무입니까?' 하는 식으로 말이다. 그런 식으로 물으면, 사랑의 행위는 이제 짐스러운 의무일 뿐 전혀 기쁨이나 보람이 되지 못하느니라.

그러면 어떻게 묻는 것이 바람직할까? 내가 방금 너에게 물은 물음에 힌트가 있다. '누가 강도 만난 사람에게 이웃이 되어 주었는가?' 이렇게 묻는 것은 결국 '내 주변에서 곤경에 처한 사람을 보면, 나는 어떻게 그의 이웃이 되어 줄 수 있을까?' 하고 묻는 것과 같다.

여기서 한 걸음 더 나아가면 '나는 어떻게 하면 주변 사람들에게 더 좋은 이웃이 될 수 있을까?'라는 물음이 된다. 이런 식으로 묻는 것이 습관화되면 사랑의 실행 그 자체가 벅찬 기쁨과 행복이 될 수 있느니라. 알겠느냐?"

예수님의 저 마지막 질문에는 이런 속뜻이 있었던 것입니다.

요컨대, '착한 사마리아인의 비유'는 수비적 사랑과 적극적 사랑의 대조를 극적으로 보여 줍니다. 우리의 선택은 당연히 적극적 사랑이어야 할 것입니다.

부끄럽게도 저는 입술로만 '적극적 사랑'을 권했습니다만, 최근 제가 전하여 들은 어느 수녀님의 이야기는 제게 둔탁한 자극이었습니다.

한 노 시객의 증언입니다. 그분이 아는 수녀님이 나이 70세가 되어 은퇴하시면서, 여생을 치열한 사랑에 바치겠다며 필리핀 오지로 선교를 떠났답니다. 근래 그곳에서 전해온 기별이 '날이 하도 더워 온몸에 땀띠가 나서 진물을 달래기 위해 약을 바르며 적응하고 있다'는 소식이었답니다. 딱히 위로해 줄 말이 궁하여, "몸에 그리스도의 열꽃이 피었네요. 기쁨으로 견디세요."라고 전했는데, 영 마음이 쓰이더랍니다.

이 짧은 이야기는 제게 그 어떤 긴 사연보다도 격한 감동이 되었습니다. 선교 현장의 수녀님이나 "그리스도의 열꽃"이라는 시상을 떠올린 시객이나 두 분 다 참사랑의 경지에 거하고 있다 하겠습니다.

함께 기도하시겠습니다.

주님, 입때껏 입술로만 되뇌인 거짓 사랑, 어찌 몸 사랑으로 다 갚으오리오.

주님, 이제라도 새출발하고자 하오니, 그동안 떠벌린 빈 수레 사랑 다 탕감하여 주소서.

주님, 행하지 못할 사랑이라면 지금부터라도 말하지 않게 하소서.

우리 주 예수 그리스도를 통하여 비나이다. 아멘!

연중 제16주일: 루카 10,38-42

듣는 마음과 봉사하는 마음

"필요한 것은 한 가지뿐이다"(루카 10,42).

1. 말씀의 숲

마더 데레사St. Mother Teresa(1910-1997)는 우리가 이미 그 행적을 익히 들어 알고 있는 분입니다. 인도의 콜카타에서 평생 가난한 이들을 위해 애쓴 마더 데레사의 힘은 대체 어디에서 나왔을까요? '시설이 낙후되었다', '돈이 없다', '시간이 없다'는 지극히 인간적인 필요에 있어 보통 사람이 라면 누구나 세상적인 해결 방법을 모색하려고 할 것입니다. 하지만 마더 데레사는 그 모든 필요와 고뇌를 우리와는 전혀 다르게 해결했다는 사실을 알 수 있습니다.

하루는 아침 회의 중에 여러 수녀들이 건의했습니다.

"마더(=어머니)! 요즈음 일거리가 주체할 수 없을 만큼 많아졌어요. 돌보아야 할 사람들이 막사가 넘치도록 몰려와서 하루 종일 일만 해도 일손이 모자랍니다. 그러니 아침 기도 시간을 한 시간에서 반 시간으로 줄이면 어떨까요?"

마더 데레사가 대답했습니다.

"그래요? 할 일은 많고 일손이 모자란다고요? 그러면 기도 시간을 조정해야 되겠군요? 이 문제를 해결하기 위해서 기도 시간을 두 시간으로 늘려야 하겠어요. 주님의 도움이 없이는 우리는 아무 일도 할 수가 없지요."

그렇습니다. '사람'의 계산법과 '믿음'의 계산법은 전혀 다릅니다. 마더 데레사의 처방이 오히려 문제를 해결하는 묘안이었음을 훗날 동료 수녀들은 체험했습니다.

지난주 '착한 사마리아인의 비유'에 이어서, 오늘 우리는 마르타와 마리아 자매에 대한 이야기를 들었습니다. 이 두 이야기는 모두 루카 복음서만이 제시하고 있는 대목입니다. 오늘 복음 말씀을 잘 묵상하기 위하여 지난주 복음을 살펴보는 것이 좋을 것 같습니다.

지난주 예수님께 한 율법 교사가 "제가 무엇을 해야 영원한 생명을 받을 수 있습니까?"(루카 10,25)라고 질문했습니다. 이 질문에 대하여 예수님께서는 율법 교사로부터 '하느님을 사랑하고 이웃을 사랑하라'(루카 10,27 참조)라는 대답을 이끌어 내셨습니다. 그러면서 이웃 사랑에 대하여 '착한 사마리아 사람의 이야기'를 통하여 가르침을 주셨습니다.

38절 이하, 곧 오늘 복음 말씀은 예루살렘으로 가던 중 들르셨던 어느 마을에서의 이야기를 다루므로 착한 사마리아 사람 이야기와는 연결되지 않습니다. 그러나 25절의 질문, 즉 어떻게 하면 영원한 생명을 물려받을 수 있는가에 대한 두 대답 가운데 이웃에 대한 문제를 착한 사마리아 사람에 대한 예화로 풀이하였듯이, 오늘 복음은 하느님을 사랑하라는 대답을 풀어 나가는 이야기로 볼 수 있습니다. 곧 손님 대접이라는 이웃 사랑은 목숨에 관련된 일까지는 아닌 만큼, 하느님의 말씀을 듣는 것이 더 중요함을 가르치고 있는 것입니다.

예수님께서는 예루살렘으로 올라가시는 도중에 마르타의 집에 들르시게 됩니다. 비록 루카 복음사가는 그 마을에 대하여 이야기하지 않고 있지만, 우리는 요한 복음서를 통하여 마르타, 마리아와 라자로의 집이 베타니아에 있었다는 것을 알고 있습니다. 그리고 이들이 예수님과 가까운 사이였음을 알고 있습니다. 또한 마리아는 요한 복음에 의하면 예수님께 향유를 부은 장본인(요한 12,3 참조)이기도 합니다. 그렇다고 베타니아의 마리아가 죄녀와 동일시될 수 없다는 점은 이미 전에 말씀드린 적이 있습니다.

예수님께서는 그 가정을 방문하셨습니다. 마르타는 주님을 대접하기 위해 부엌에서 분주하게 일하고 있습니다. 한편 마리아는 예수님과 대화하며 그분의 말씀을 귀담아듣고 있습니다. 그리고 예수님께서는 당신께 대한 마르타와 마리아의 태도를 통해 제자 직분의 우선순위가 어디에 있는지를 밝히셨습니다. 예수님의 말씀을 경청하는 데 몰두하는 마리아의 자세가 그분을 대접할 음식을 준비하느라고 그분의 말씀을 들을 겨를이 없는 마르타의 자세보다 더 우선적인 자세라는 것입니다. 마리아의 본보기는 영원한 생명이 말씀을 경청하고 실천하는 제자에게 베풀어진다는 것을 가르칩니다.

오늘의 복음은 짧지만 던지는 질문은 다양합니다. 전통적으로 말씀의 봉사와 활동적 봉사는 교회의 임무를 대표합니다. 여기서 관상 생활이 활동적인 것보다 우선하느냐 아니면 보완하느냐는 문제를 비롯하여 마르타와 마리아가 보여 주는, 여성의 교회 안에서의 역할의 가능성과 실제에 대해서도 문제와 반성을 제기합니다.

그리스 문화권의 영향을 받은 오리게네스는 루카 복음에 대한 강론에서 마르타의 태도는 활동적 삶을, 마리아의 태도는 관상 생활을 상징한다고 설명했습니다. 대 그레고리우스는 「에제키엘서에 대한 강론Homiliae in Ezechielem」에서 '마리아의 자세는 수도자의 관상 생활을 상징하고 마르타의 자세는 활동 위주의 생활을 상징하는데, 마리아의 자세가 마르타의 자세보다 우월하다'고 해석했습니다. 중세 시대에도 이러한 해석이 널리 퍼져 있었습니다. 그 후 마이스터 에크하르트Meister Eckhart(1260?-1327?)는, 마리아는 예수님의 가르침을 들었으며 마르타는 가르치고 봉사하기 위해 파견된 것이라고 해석함으로써 마르타를 두둔했습니다. 그러나 예수님께서는 위의 여러 가지 해석들처럼 마르타와 마리아의 구실을 구분하지 않으시고 오직 말씀을 듣고 실천하기를 요구하셨습니다.

2. 말씀 공감

■ 덤으로 생존의 지혜까지

> "마르타에게는 마리아라는 동생이 있었는데, 마리아는 주님의 발치에 앉아 그분의 말씀을 듣고 있었다"(루카 10,39).

최근 한 청년으로부터 들은 얘기입니다.

어느 생일 파티에서 어쩌다 어머니의 친척이신 주부들과 한자리에 앉게 되었답니다. 서로 열심히 말들을 주고받는데, 대화가 참 재미있었답니다. 각자 자신들이 할 말만 하는 통에 주제가 종잡을 수 없이 흐트러지는데도 대화가 자연스럽게 진행되더랍니다.

하도 신기해서 이 청년이 끼어들며 한마디 했답니다.

"참 신기하네요. 제가 들어 보니까 각자 자기 말만 하는데, 어떻게 그렇게 대화가 자연스럽게 진행되죠?"

이 말에 모두가 한바탕 웃으며 똑같은 얘기를 하더랍니다.

"다 들어. 들으면서, 할 말을 잊어버릴까 봐 떠올랐을 때 곧바로 얘기했을 뿐이지."

네, 한쪽 귀로 들으면서 자기 할 말에 골몰하는 대화! 사정이야 어떻든 이것이 오늘 우리들의 평균적인 이야기가 아닐까 싶습니다. 평균적이라고 말씀드린 것은 서로 두 귀를 다 막고서 나누는 대화와 그 반대로 두 귀로 경청하면서 나누는 대화도 있을 수 있음을 염두에 두었기 때문입니다.

오늘 복음에서 마리아는 주님의 발치에 앉아서 주님 말씀을 들었습니다. 발치에 앉는 것은 예수님 제자들에게 허락된 특권이기도 했습니다. "듣고 있었다"는 표현은 마리아가 다른 일에는 나 몰라라 한 채 예수님의 말씀을 경청하는 데에 몰두하고 있었음을 가리킵니다.

마리아의 이런 적극적 경청에 마르타는 불만을 품었습니다. 혼자서 접대 일로 바빠진 마르타는 참다못해 주님께 상식적인 조치를 청했습니다.

"주님, 제 동생이 저 혼자 시중들게 내버려 두는데도 보고만 계십니까? 저를 도우라고 동생에게 일러 주십시오"(루카 10,40).

하지만 마르타에게 돌아온 대답은 기대 밖이었습니다.

"마르타야, 마르타야! 너는 많은 일을 염려하고 걱정하는구나. 그러나 필요한 것은 한 가지뿐이다. 마리아는 좋은 몫을 선택하였다. 그리고 그것을 빼앗기지 않을 것이다"(루카 10,41-42).

이 말씀은 우리로 하여금 '봉사와 활동이 먼저냐, 말씀 경청과 기도가 먼저냐'라는 물음을 묻게 합니다. 전통적인 견해를 따르면 '절대적으로 말씀 경청과 기도가 먼저다'라는 입장이 우위를 점합니다.

이랬는데 근대에 와서 마르타의 입장을 두둔하는 견해들도 하나씩 둘씩 생겨나기 시작했습니다. 들어 보면 일리가 있기도 합니다. 만일 마르타가 예수님 일행에게 물과 요깃거리를 대접하지 않았다면, 예수님께서는 어떻게 가르침의 자락을 펴실 수 있었을까요? 이렇게 생각해 본다면, 마르타 덕에 마리아는 말씀을 들을 수 있는 기회를 얻었다고도 볼 수 있겠습니다.

이를 참고할 때, 오늘 우리에게는 통합적 관점에서 입장을 취하는 지혜가 필요하다고 여겨집니다.

마르타냐 마리아냐를 꼭 택해야 하는 양단논법을 피하고, 상황과 중요도의 요구에 따라서 때로는 마르타적 선택을, 때로는 마리아적 선택을 하는 것이 바람직하지 않겠느냐는 것입니다.

이런 균형을 전제하면서, 지금 우리가 살고 있는 시대 정황에서는 마리아적 선택이 더 요긴하다는 직관을 얻곤 한다는 것이 저 자신의 영적 감수성입니다.

왜냐? 너도나도 사회봉사와 활동을 중시하고 있고, 대체로 행동주의로 기울어져 가고 있는가 하면, 경청의 부재를 말할 만큼 저마다 자기주장만 내세우는 세태이기 때문입니다. 이런 시대적 변수들이 점점 우리를 말씀과 기도로 초대하고 있는 것입니다.

말이 나온 김에 말씀을 경청함으로써 얻는 가장 큰 힘에 대해서 짚어 보면 좋겠습니다.

주님의 말씀에 마음으로 경청할 때, 우리는 지혜를 얻게 됩니다. 이 지혜를 얻으면 천하의 모든 것을 얻은 셈이 됩니다. 잠언에서 현자는 말합니다.

"지혜는 산호보다 값진 것 네 모든 귀중품도 그것에 비길 수 없다. 지혜의 오른손에는 장수가, 그 왼손에는 부와 영광이 들려 있다. 지혜의 길은 감미로운 길이고 그 모든 앞길에는 평화가 깃들어 있다"(잠언 3,15-17).

요즈음 우리는 너나 나나 할 것 없이 여러 가지 양태로 생존의 위기를 느끼고 있습니다. 이럴 때 우리를 살려 주는 것이 지혜입니다.

마리아처럼 주님 말씀을 경청할 때에 우리는 이 지혜를 얻을 수 있습니다.

이런 의미에서 여러분은 복된 분들입니다. 여러분은 참 좋은 몫을 택했습니다.

"필요한 것은 한 가지뿐이다. 마리아는 좋은 몫을 선택하였다"(루카 10,42).

■ 선택의 지혜

> "그러나 필요한 것은 한 가지뿐이다.
> 마리아는 좋은 몫을 선택하였다"(루카 10,42).

마리아가 말씀을 듣고 있을 때, 마르타는 "갖가지 시중드는 일로 분주"(루카 10,40)합니다. 일거리가 점점 많아지자 마르타가 예수님께 불평합니다.

"주님, 제 동생이 저 혼자 시중들게 내버려 두는데도 보고만 계십니까? 저를 도우라고 동생에게 일러 주십시오"(루카 10,40).

이 말에는 마르타의 복잡한 심사가 반영되어 있었습니다. 마리아에 대한 간접적인 책망, 주의를 자신에게 돌려 주지 않는 예수님을 향한 원망, 그리고 자신의 수고에 대해 칭찬받고 싶은 욕심 등.

하지만 예수님의 답변 말씀은 마르타가 전혀 기대하지 않았던 것이었습니다.

"마르타야, 마르타야! 너는 많은 일을 염려하고 걱정하는구나. 그러나 필요한 것은 한 가지뿐이다"(루카 10,41-42).

주님을 접대하는 데에 경황이 없었던 마르타는 맞아들인 주님과 그 일행을 위해 외적인 일에 전념하느라고 마음은 오히려 부산스러워졌습니다. "마르타야, 마르타야!"(루카 10,41) 하고 두 번 부르시는 주님의 음성은 "모세"(탈출 3,4)나 "사무엘"(1사무 3,10)이나 "사울"(사도 9,4)의 부르심처럼, 마르타를 부르고 또 불러서 마르타의 소명을 일깨우시는 모습입니다. 주님께서는 일견 냉정하게 말씀하십니다.

"마리아는 좋은 몫을 선택하였다. 그리고 그것을 빼앗기지 않을 것이다"(루카 10,42).

이 말씀에 관해 성경 주해서들을 보면 대체로 마리아의 태도에 손을 들어 주는 일방적이고 폐쇄적인 결론으로 기웁니다.

하지만 오늘 복음 말씀을 곰곰 뜯어서 새겨 보면, 예수님께서 마르타를 나무라시면서도 뭔가 열린 여백을 남기신 것을 확인하게 됩니다.

일반적으로 '몫'은 획일이 아닌 다양성을 시사합니다. '선택'은 결단이나 결심과는 달리, 이것도 고를 수 있고 저것도 고를 수 있음을 전제합니다. 그러기에 이 말씀은 결코 마르타의 '몫'과 '선택'을 틀렸다고 결론짓지 않습니다. 다만 마리아의 선택에 불만을 품고 다른 선택을 하도록 종용해 달라고 투덜거린 마르타의 태도에 문제가 있음을 지적하고 있습니다.

기도와 덕행! 이는 양자택일이 아니라 양자 병행을 요구합니다. 사실상 마리아의 노선에서 관상 기도의 경지에 이른 아빌라의 데레사가 실행 영성의 대표인 마르타를 다음과 같이 두둔하고 있는 것은 바로 저런 까닭에서일 것입니다.

"확신컨대, 마르타와 마리아는 함께 주님을 집에 모셨고, 주님께서 둘 중 하나가 아니라 둘 다와 함께 영원히 계셔 주시도록 역할을 했습니다. 그렇지 않았다면, 주님께서는 홀대받았을 것이고 굶으셔야 했을 것입니다. 만일 마르타가 예수님께 대신 접대를 하지 않았다면, 예수님 발치에서 줄곧 앉아 있기만 했던 마리아는 어떻게 예수님께 음식을 대접할 수 있었을까요? 마르타가 없었더라면 마리아가 말씀 경청하는 일을 포기하고 예수님을 접대해야 했을 것입니다."[47]

■ 좋은 몫을 택했더니

> "마리아는 좋은 몫을 선택하였다"(루카 10,42).

신앙생활에 있어서 가장 좋은 몫이란 무엇일까요?

오늘 예수님께서는 마르타와 마리아의 이야기를 통해 우리에게 "좋은 몫"이 무엇인지를 가르쳐 주십니다. 바로 당신 앞에 나와 당신 말씀을 새기며 당신을 찬양하는 것!

여기 세속의 잡다함과 분주함에 이리저리 휘둘려 가던 한 중년의 직장인도, 결국 마리아처럼 좋은 몫을 포기하지 않고 택함으로써 하느님 은총의 주인공이 되었습니다.

월간 『사목정보』 2013년 6월호에서 만난, 인천교구 꾸르실료 사무국 교수부장 및 주간을 역임한 윤○○ 형제의 고백입니다.

1984년에 세례를 받고 대략 6년간의 그저 주일만 지키는 발바닥(?) 신자로 지내다가 1990년 레지오 마리애를 시작하면서부터 […] 여러 형제, 자매들을 만나고 신앙의 성숙도 더해 가고 […] 점점 하느님을 알게 되었습니다. […]

두 번째 하느님 체험은 꾸르실료 첫 봉사를 할 때였습니다. […] 1999년에 첫 봉사를 했는데, 그때는 1997년 말의 IMF 금융위기로 인해 […] 각 직장마다 명예퇴직을 시키던 때였습니다. 제가 다니던 직장도 예외는 아니어서 1,2차에 걸쳐 정리를 하고, 마지막 3차 정리를 하던 때였습니다. (3차 명단에 제가 포함되어 있다는 것을 어렴풋이 알게 되었지만…)

봉사자학교 10주를 지내고 봉사를 해야 하는데 걱정이 생겼습니다. 휴가 기간도 아닌데 3일간의 휴가를 내려고 하니 마음이 무거워졌습니다. […] 휴가원을 작성하여 직장 상사와 조심스럽게 면담하였습니다. […] 상사는 "지금 때가 어느 때인데…" 하면서 일언지하에 안 된다는 것이었습니다.

다음 날, 직장 상사에게 휴가원을 다시 제출하니 직장 상사 왈, "당신 잘려도 나는 책임 없어!" 하는 것이었습니다. 그 소리를 들으니 오기가 생겼습니다. "나에게는 하느님 일이 먼저야…" 하면서 꾸르실료 봉사를 하기로 결심하였습니다. '직장을 그만두게 되면 어떻게 하나?' 하는 생각도 들었지요. 하지만 하느님께서 나의 모든 사정을 아시고 저의 편이 되어 주실 것이라는 것을 믿었습니다.

꾸르실료 봉사를 시작하면서 시간이 있으면 항상 성체조배실에 가서 기도를 하였습니다. "주님, 주님의 부르심을 받고 봉사에 들어왔습니다. 하지만 직장일 때문에 마음이 편치 않습니다. 주님께 모든 것을 맡겨 드리오니 주님의 뜻대로 하소서." 하며 기도하였습니다.

3박 4일의 봉사가 끝나고 월요일 출근해 보니 과연 몇 명의 동료들이 명예퇴직을 당하여 없었습니다만, 제 자리는 그대로 남아 있었습니다.

그때부터 꾸르실료 봉사를 하라는 연락이 오면 무조건 "예" 하고 대답하였던 기억이 납니다. 그 후 지금까지 20여 차례의 봉사를 하면서 저 자신의 신앙심도 커졌으며, 봉사를 통해 얻는 주님의 체험은 주위 신자들에게 살아 계신 하느님을 증거할 수 있는 좋은 계기가 되었습니다.[48]

"마리아는 좋은 몫을 선택하였다"(루카 10,42).
이 예수님의 정감 어린 칭찬이, 오늘 이야기의 주인공 형제에게뿐 아니라 여러분 한 분 한 분을 향한 응원이 되기를 빕니다.

함께 기도하시겠습니다.
주님, 저희에게 마리아처럼 주님 발치에 앉아 말씀을 듣는 특은을 주셨으니, 저희는 참 복됩니다.
주님, 저희에게 말씀을 경청하며 주님의 뜻을 먼저 헤아리는 특은을 주셨으니, 저희는 참 복됩니다.
주님, 저희에게 그 덤으로 생존의 지혜까지 때맞추어 주시니, 저희는 참 복됩니다.
우리 주 예수 그리스도를 통하여 찬미드리나이다. 아멘!

연중 제17주일: 루카 11,1-13

주님께서 친히 명하시니

"청하여라, 너희에게 주실 것이다"(루카 11,9).

1. 말씀의 숲

우루과이의 한 작은 성당 벽에 다음과 같은 기도문이 있다고 합니다.

"하늘에 계신" 하지 마라, 세상일에만 빠져 있으면서.
"우리"라고 하지 마라, 너 혼자만 생각하며 살아가면서.
"아버지"라고 하지 마라, 아들딸로 살지 않으면서.
"아버지의 이름이 거룩히 빛나시며"라 하지 마라, 자기 이름을 빛내기 위해서 안간힘을 쓰면서.
"아버지의 나라가 오시며"라고 하지 마라, 물질 만능의 나라를 원하면서.
"아버지의 뜻이 이루어지소서"라고 하지 마라, 내 뜻대로 되기를 기도하면서.
"오늘 저희에게 일용할 양식을 주시고"라고 하지 마라, 죽을 때까지 먹을 양식을 쌓아두려 하면서.
"저희에게 잘못한 이를 저희가 용서하오니 저희 죄를 용서하시고"라 하지 마라, 누구에겐가 아직도 앙심을 품고 있으면서.

"저희를 유혹에 빠지지 않게 하시고"라 하지 마라, 죄지을 기회를 찾아다니면서.

"악에서 구하소서"라 하지 마라, 악을 보고도 아무런 양심의 소리를 듣지 않으면서.

"아멘"이라고 하지 마라, 주님의 기도를 진정 나의 기도로 바치지 않으면서.

지난주 복음에서 우리는 예수님의 말씀을 경청하는 것의 중요성에 대하여 들었습니다. 그리고 오늘 복음 말씀에서는 기도의 중요성에 대해서 듣게 됩니다.

오늘의 복음은 기도에 대한 예수님의 기본적 자세를 루카가 압축하여 종합한 내용입니다. 오늘 복음은 세 부분으로 구성되어 있습니다. 보통 우리가 기도하는, 마태오가 전하는 주님의 기도와는 달라서 조금은 생소하게 들리는 주님의 기도 부분(루카 11,1-4 참조)과 끊임없이 기도할 것을 고무하는 완고한 친구의 비유 부분(루카 11,5-8 참조), 그리고 신뢰를 가지고 기도할 것을 강조하는 부분(루카 11,9-13 참조)으로 구성되어 있습니다.

주님의 기도는 예수님께서 우리에게 직접 가르쳐 주신 기도문으로 우리가 올려야 할 기도 중에서 중요한 내용이 여기에 잘 요약되어 있습니다. 그리고 이 요약된 주님의 기도는 사도 시대 때부터 교회 안에서 공동체 기도를 올릴 때 사용되었습니다. 1세기 교회 상황을 알려 주는 『열두 사도들의 가르침Didache』을 보아도, '주님의 기도'는 그리스도교 전례의 일부가 되었고, 초대 그리스도인들은 이 기도를 하루에 세 번 바치도록 되어 있습니다. 또 미사 때 마태오 복음의 '주님의 기도'를 바치는 전통이 교부 시대부터 시작되어 오늘날에까지 이르고 있는 것입니다.

루카 복음의 '주님의 기도'를 병행구인 마태오 복음 구절과 비교하면, 다음의 경우 이외에는 거의 글자 그대로 서로 일치합니다. 마태오 복음사가는 주님의 기도문을 산상 설교 안에 제시한 반면, 루카 복음사가는 그것을 평지 설교와는 무관하게 제자 직분에 대한 가르침에 연결했습니다. 루카 복음사가는 부정 과거 '주소서' 대신에 현재 명령형 '주소서'를, '매일' 대신에 '날마다'를, '저희의 잘못' 대신에 '저희 죄들'을, '저희도 용서했습니다' 대신에 '저희도 용서합니다'를, '저희에게 잘못한 이' 대신에 '저희에게 잘못하는 모든 사람'을 사용했습니다.

이러한 차이는 마태오 복음에 나오는 '주님의 기도'가 현재의 상황을 서술하는 루카 복음의 경우보다 세상 종말의 차원을 더 강조한 것임을 드러냅니다. 또 다음과 같은 요소들, 즉 '하늘에 계신 우리의'라는 말, 하느님의 뜻이 하늘에서와 같이 땅 위에서 이루어지기를 기도하는 것과 악에서의 구원을 위한 간청이 루카 복음에 생략되었습니다. 이러한 차이들 때문에 학자들은 루카 복음의 짧은 '주님의 기도'와 마태오 복음의 긴 '주님의 기도' 가운데 짧은 것이 「예수 어록」에 더 가까운 것이라고 여깁니다. 왜냐하면 기존의 기도문 가운데서 생략하기보다 덧붙였을 가능성이 더 많기 때문입니다. 그리고 각 복음사가가 제시한 '주님의 기도'는 자신이 속한 교회에서 사용한 주님의 기도문을 대변하는 것 같습니다.

주님의 기도의 순서에 주목해야 할 필요가 있습니다. 개인적인 요구를 행하기 전에 먼저 하느님과 그 영광과 그분께 의당히 드려야 할 존경을 선행시킵니다. 하느님을 하느님으로서 숭상할 때 비로소 다른 모든 것이 그에 합당한 위치를 차지하게 되는 것입니다.

또한 하느님께 찬미와 영광을 드린 다음 바치는 '개인적인' 청원은 현재와 과거, 그리고 미래의 문제들을 요청하고 있습니다.

그 청원들은 현재의 필요를 커버하고 있습니다. 우리 매일의 양식을 위해 기도하라고 가르치고 있습니다. 그러나 그 기도는 그날 하루의 양식이라는 것에 주의해야 합니다. 이것은 광야의 만나에 관한 옛 이야기로 되돌아갑니다. 거기에서는 다만 그날에 필요한 것만을 모으면 족했습니다. 우리는 알지 못하는 미래에 대해서 걱정할 것이 아니라 그때그때 그날을 귀하게 살아가야 할 일입니다.

또한 그것은 과거의 죄를 커버하고 있습니다. 기도하는 데 있어서 우리는 용서를 간구하는 기도 외에 다른 것을 할 수 없다는 것입니다. 그것은 아무리 선량한 인간이라도 하느님의 정결하심 앞에서는 하나의 죄된 인간에 지나지 않기 때문입니다.

그것은 미래의 시험을 커버하고 있습니다. 신약성경에 있는 시험이란 모든 것을 시험하는 상황을 의미합니다. 즉 그것은 단순한 죄로의 꾐 그것보다 훨씬 그 이상의 의미를 내포하고 있습니다. 그것은 한 개인의 인간성과 정직함과 충성, 아니 그 사람의 전 인격에 도전해 오는 모든 상황까지도 내포하고 있습니다. 우리는 그것을 피할 수 없지만, 하느님의 힘을 얻어서 거기에 직면할 수 있습니다.

루카 복음사가는 '주님의 기도' 다음에 염치없이 집요하게 간청하는 이의 비유를 제시하여 아버지께 지속적으로 청원 기도를 올려야 한다는 것을 강조했습니다. 하느님 아버지께서 제자들의 끈질긴 간청을 확실히 들어주는 분이시라는 것을 의롭지 못한 재판관과 끈질기게 간청하는 과부의 비유(루카 18,1-8 참조)에서 다시 가르칩니다.

2. 말씀 공감

■ 당신의 마지막 글

> "저희에게도 기도하는 것을 가르쳐 주십시오"(루카 11,1).

2015년 6월 2일 최기산 주교님의 장례 미사가 인천교구 답동주교좌 성당에서 봉헌되었습니다. 지금에 와서 추모의 슬픔을 되살리는 것은 부질없는 노릇이겠습니다마는, "저희에게도 기도하는 것을 가르쳐 주십시오."(루카 11,1)라는 제자들의 청원을 묵상하자니 문득 생전 주교님이 떠올랐습니다.

다른 것은 다 생략하더라도, 최 주교님은 스스로 기도의 본이 되심으로써 교구 모든 사제들에게 기도하는 법을 가르쳐 주신 분입니다.

기도의 중요성을 누구보다도 잘 아셨던 주교님의 배려로, 저는 잠시 연구 기간을 지내며 말씀 묵상 및 기도에도 충실을 기할 수 있었습니다. 그리고 그 결실로 『성경인물들의 기도』라는 책을 발간하게 되었을 때, 주교님께서는 매우 기뻐하시며 이렇게 추천의 글을 써 주셨습니다.

인간은 기도하는 존재입니다.
시인하건 부정하건, 알건 모르건, 말로써건 직관으로건, 누구나 '절대'를 향하여 속바람을 털어놓습니다.
무신론자라 자처하는 이조차도, 깊이를 알 수 없는 마음 바닥 후미진 곳에서는 자신도 모르게 기도하고 있다고 말하는 것이 옳습니다.
냉담을 공공연히 선언한 이 역시, 고집스러운 항의로써 일정한 아쉬움을 하느님께 토로하고 있는 셈입니다.

이럴진대 명색이 신앙인인 우리야 얼마나 더 절박한 기도의 명분들을 쌓아놓았겠습니까.

저마다 기도할 이유는 넘치도록 있습니다.

문제는 "어떻게 기도해야 할지" 잘 몰라서 여태 시행착오를 거듭해 온 것이 평균적인 안타까움이라는 사실입니다.

"어떻게 하면 기도를 잘할 수 있을까?"

두말할 것도 없이, 무작정 기도하기보다는, 먼저 기도하는 법을 충실히 배우는 것이 상책입니다.

기도의 으뜸 스승은 당연히 예수님이시고, 최고의 기도는 의당 '주님의 기도'입니다.

하지만 우리는 신앙 선배들을 통해서도 기도하는 법을 배울 수 있습니다. 그들은 우리에게 척박한 삶의 터에서 살아남는 생존 기도, 실전 기도를 가르쳐 줍니다.[49]

모르긴 몰라도 공식적으로는 이 글이 당신의 마지막 추천 글이 아닐까 합니다. 그러기에 그분에 대한 기억이 소중한 만큼, 기도가 더욱 소중히 느껴지는 순간입니다.

여전히 열린 관심이었습니다만, 저는 구약과 신약의 신앙 주역들에게서 기도하는 법을 배우고자 했습니다.

최 주교님께서는 우리가 기도를 사실상 서로에게서 배울 수 있다는 겸허한 태도를 보여 주셨습니다.

그리고 오늘 제자들은 주 예수님께 기도하는 법을 청하여 배우고자 합니다.

놀랍게도 주님께서 가르쳐 주신 '주님의 기도'는 이런 모든 것들을 집약하고 있습니다.

■ 마음이 불끈

> "그가 줄곧 졸라 대면 마침내 일어나서
> 그에게 필요한 만큼 다 줄 것이다"(루카 11,8).

이 말씀은 주님께서 제자들에게 '주님의 기도'를 가르쳐 주신 다음에 주신 말씀입니다. 결론부터 말하자면 이 말씀은 '그렇다면 우리는 '주님의 기도'를 어떻게 바쳐야 옳을까' 하는 물음에 대한 답변입니다.

'주님의 기도'를 바치되 "줄곧 졸라" 대는 끈질김으로 바치라는 것입니다.

주님께서는 "줄곧 졸라" 대는 집요함을 가르치시기 위하여 한밤중에 벗을 찾아가 "여보게, 빵 세 개만 꾸어 주게."(루카 11,5)라고 졸라 대는 사람을 비유로 등장시키십니다. 그는 자신의 뜻을 관철시키기 위하여 친구의 거절을 이겨 내야 합니다.

"나를 괴롭히지 말게. 벌써 문을 닫아걸고 아이들과 함께 잠자리에 들었네. 그러니 지금 일어나서 건네줄 수가 없네"(루카 11,7).

이 정도의 물리침이면 보통 사람은 자존심 때문에 그만 물러서고 말 것입니다. 하지만 기도하는 사람은 이에 아랑곳하지 않고 줄곧 졸라 대야 합니다. 그러면 "필요한 만큼"(루카 11,8) 받게 됩니다.

이 가르침을 마무리하면서 주님께서는 기도에 관해 가장 유명한 말씀에 속하는 권고를 주십니다.

"청하여라, 너희에게 주실 것이다. 찾아라, 너희가 얻을 것이다. 문을 두드려라, 너희에게 열릴 것이다. 누구든지 청하는 이는 받고, 찾는 이는 얻고, 문을 두드리는 이에게는 열릴 것이다"(루카 11,9-10).

이 말씀에서 "청하여라", "찾아라", "문을 두드려라"는 같은 말의 반복이 아니라 점점 세기가 강해지는 점층적 주문이라는 사실에 주목할 필요가 있습니다. 이 세 동사를 합하면 "이루어질 때까지 줄곧 졸라 대라."는 말씀이 됩니다.

어떤 기도를 바치든 기도에서 가장 중요한 것은 청하는 것을 받아 누리는 것입니다. 그러기 위해서는 '정성'과 '인내'로 끈질기게 기도하는 것이 필요합니다. 이것이 바로 "줄곧 졸라" 대는 기도인 것입니다.

주님께서는 이와 똑같은 취지에서 이렇게 권고하십니다.

"낙심하지 말고 끊임없이 기도해야 한다"(루카 18,1).

반갑게도 이와 관련된 체험담을 태평양 저쪽에 살고 있는 데레사라는 자매가 보내왔습니다. 응원 삼아 함께 들어 보고자 합니다.

안녕하세요?
저는 캘리포니아 스프링빌에서 사는 데레사입니다. 신부님의 복음 묵상을 들으면서 주님의 말씀 안에서 살아가려고 노력하고 있습니다. […]
지난 위령 성월에 마침 쉬는 날이라 겸사겸사 쇼핑도 하고 친구도 만나고 미사에 참석하려고 시내에 나갔습니다. 여기서 쇼핑을 위해서는 한 30분 운전하고 갑니다. 그래서 한국에서 하던 매일 미사도 못 하고 미사도 많지 않아 늘 아쉬움 속에 살아갑니다. […]

하여간 오랜만에 쇼핑을 하던 중에 저의 핸드폰을 잃어버렸어요. 산 지 한 달밖에 안 되는 800달러 뉴모델 제품입니다. 참으로 난감하더 군요. 핸드폰 비가 아니라 거기에 제 채팅 주소가 다 있으니 말입니다. 기분도 좋지 않고 해서 쇼핑 사무실에 이야기를 하고 모든 것을 포기 하고 집으로 갈까 생각했는데, […] 빨리 성당에 갔습니다. 그리고 묵 주기도를 올리고 저의 부주의로 다른 사람을 유혹에 빠지지 않게 해 주십사고 절절히 기도를 했습니다.

기도를 마치고는 친구를 방문했습니다. 그런데 그 친구가 전에 제가 한 무슨 말 때문에 마음에 상처를 받아 속을 끓이고 있었다네요. 우 리는 서로 오랜 시간 이야기를 하면서 오해를 풀었습니다. 집으로 돌 아오면서 얼마나 감사를 했는지요. 제가 핸드폰을 잃어버리고 그냥 집으로 왔다면 이 친구와의 사이가 다시 좋아지지 않았을 텐데…. 한 사람의 오해를 풀고 서로 마음으로 다시 연결할 수 있는 기회를 주심 에 말입니다.

집으로 돌아오니 남편이 말하더군요. 쇼핑몰 사무실에서 연락이 왔 는데 누가 전화기를 주워서 사무실에 맡겼다고. 할렐루야, 아멘!

오늘 제가 이 편지를 쓰는 이유는 기도가 얼마나 힘이 강한지 그리 고 각자의 사람들에게 얼마나 영향력을 주는지를 이야기하기 위해서 입니다.

다시 감사합니다. 주님께서 신부님의 영육에 크신 은총을 주시어 더 많은 사람들에게 복음을 전할 수 있기를 기도합니다. 주님과 함께 매 일 좋은 날입니다!

■ 이것은 기복 기도 아니에요?

> "누구든지 청하는 이는 받고, 찾는 이는 얻고,
> 문을 두드리는 이에게는 열릴 것이다"(루카 11,10).

대개 신자들을 보면 자신의 문제, 현실적인 문제에 대해 기도를 하지 못하는 일들이 많이 있습니다. 이것은 기복 기도에 대해 사제들이 너무 지나치게 그리고 과장되게 '하지 말라'는 교육을 한 부작용 탓입니다. 물론 해야 할 윤리적·영성적 도리는 안 하면서 미신적으로 복만 빌지 말라는 의미겠지만, 이것을 신자들은 '세속적인 일을 위해서는 아예 기도하지 말라'는 말로 소화하고 있는 듯합니다.

'기복 기도祈福 祈禱'를 글자 그대로 풀면 '복을 구하는 기도'가 됩니다. 복을 구하는 것이 과연 잘못인가? 아닙니다. 성경은 온통 축복의 약속으로 채워져 있고, 축복을 청하는 기도로 가득합니다.

얼마 전, 어떤 한 신자가 연구소로 찾아왔습니다. 그 사람은 사회에서 기업 강의를 하는 소위 인간계발 전문 강사였는데, 필자에게 찾아와서 대뜸 '신부님께 정말 감사하다'는 인사를 하는 것이었습니다. 이유인즉슨, 자기는 지금껏 자기 자신을 위해 기도하는 것은 기복 기도라 생각하여 감히 할 생각을 못 했다는 것입니다. 그런데 필자의 가톨릭평화방송 TV 강의나 여러 원고들에서 '자신의 어려움을 하느님께 청하는 것은 당연하다', '정상적으로 복을 구하는 것은 기복이 아니다'라는 요지의 내용을 보고 변화할 수 있었다고 했습니다. 즉, 자신의 현실 문제에 대해 '청하고, 찾고, 두드리는' 용기를 갖고 기도하였다는 것입니다. 얼마나 열심히 했던지 9일 기도에 빛의 신비까지 포함하여 꾸준히 기도한 결과, 결국 응답을 받을 수 있었다고 했습니다. 자신이 갖고 있던 문제를 해결했다는 것입니다. 이렇게 자신에게 새로운 신앙관을 찾아 주고, 기도의 참 기쁨을 알게 되었기에 그 신자는 필자에게 큰 감사를 느꼈던 것입니다.

오늘 복음에서 예수님께서는 제자들에게 끈질기게 간구할 것을 가르치십니다.

"청하여라, 너희에게 주실 것이다. 찾아라, 너희가 얻을 것이다. 문을 두드려라, 너희에게 열릴 것이다"(루카 11,9).

이 말씀은 기도를 점층적으로 해야 한다는 말씀입니다. "우선 '달라고' 얘기해 봐라. 웬만해서는 받을 것이다. 그래도 못 받으면 '찾아 나서라'. 온몸을 동원해서 백방으로 나서라. 기도의 방법을 총동원해 봐라. 얻게 될 것이다. 그래도 못 얻으면, 하는 수 없다. 문을 두드리고 주인이 잠을 못 자게 요란을 떨어라. 그러면 열릴 것이다." 이런 의미가 있다고 묵상할 수 있겠습니다.

수준 높은 기도를 하는 것도 좋지만, 어려울 때는 도와 달라고 청하는 것이 오히려 믿음의 기도가 될 수도 있습니다. 성경은 "우리가 얻지 못하는 까닭은 하느님께 구하지 않기 때문"이며, "구해도 얻지 못한다면 그것은 욕정을 채우려고 잘못 구했기 때문"이라고 말하고 있습니다(야고 4,2-3 참조).

바로 지금 내 안에 있는 선한 바람을 주님께 아뢰어야 합니다. 그분께서는 '청하고, 찾고, 두드리는' 이에게 정확하게 주실 것입니다.

"누구든지 청하는 이는 받고, 찾는 이는 얻고, 문을 두드리는 이에게는 열릴 것이다"(루카 11,10).

함께 기도하시겠습니다.

주님, 저희에게 끈질김의 기도, 곧 생떼 기도를 몸소 권면해 주셔서 기도할 용기를 얻었습니다. 감사합니다.

주님, 저희에게 극적인 기도 응답의 증언을 들려주셔서 기도하고 싶은 마음이 불끈 일었습니다. 감사합니다.

주님, 특히 "문을 두드려라, 너희에게 열릴 것이다."라시며 주신 응답의 약속이 지금 저희가 바치고 있는 기도의 지향에 더욱 집착할 힘이 되고 있습니다. 감사합니다.

우리 주 예수 그리스도를 통하여 찬미드리나이다. 아멘!

연중 제18주일: 루카 12,13-21

공수래공수거

"사람의 생명은 그의 재산에 달려 있지 않다"(루카 12,15).

1. 말씀의 숲

옛날 어느 왕이 한 사람에게 사자使者를 보내어 오라고 명했는데, 그에게는 세 명의 친구가 있었습니다. 첫째 친구는 가장 친한 친구이고, 둘째 친구는 그렇게 친하지는 않지만 좋아하는 친구였으며, 셋째 친구는 친구이기는 하지만 그다지 가까운 사이는 아니었습니다.

그는 왕이 틀림없이 자신에게 벌을 주려고 자신을 오라는 것으로 생각했습니다. 그는 혼자 가기가 무서워서 친구들에게 동행해 달라고 부탁했습니다. 첫째 친구는 쌀쌀맞게 거절했습니다. 둘째 친구에게 가니 "왕궁 문 앞까지는 같이 가 주겠네." 하고 조건을 달았습니다. 그러나 셋째 친구는 "가고 말고, 자네에게 무슨 죄가 있나. 함께 가서 왕을 만나기로 하세!" 하고 말했습니다.

이는 『탈무드Talmud』에 나오는 죽음에 대한 비유로, 첫째 친구는 '재산'이며, 둘째 친구는 '친척'입니다. 그들은 기껏해야 죽음을 애도해 줄 뿐입니다. 그러나 그의 생전에 셋째 친구인 '선행'은 죽은 뒤에도 남습니다.

오늘 복음 말씀은 어리석다 못해 온갖 자만과 허영심에 가득 찬 한 부자의 이야기입니다만, 매우 진지하고 현실적인 말씀이 담긴 이야기입니다. 예수님께서는 제자들에게 탐욕을 경계하라고 명하시면서 이 이야기를 하셨습니다.

루카 복음사가가 바리사이들의 위선을 경계하고 박해 가운데서도 하느님을 신뢰하라는 가르침(루카 12,11-12 참조) 다음에 이 명령을 제시한 의도는 다음과 같습니다. 하느님을 신뢰하기 위해 제자들은 재물에 의지하지 말고, 또 박해로 재산을 몰수당하고 사회에서 추방되어 가난한 처지에서 탐욕에 빠질 위험을 조심해야 한다는 것입니다. 예수님께서는 참된 생명이 많은 물질을 소유하는 데 있지 않고 생명의 원천이신 하느님만을 믿고 따르는 데 달려 있다고 가르치십니다.

이제 우리는 재물의 소유에 눈먼 이 사람을 통해 세상에서 가장 아름다운 것을 배우게 될 것입니다. 바로 우리 자신이 존재한다는 사실의 의미와 행복을 말입니다. 우리 자신이 있다는 것보다 더 값진 것은 이 세상에서 아무것도 없기 때문입니다.

"사람이 온 세상을 얻고도 제 목숨을 잃으면 무슨 소용이 있겠느냐? 사람이 제 목숨을 무엇과 바꿀 수 있겠느냐?"(마태 16,26)

한 사람이 예수님께 자기 형에게 이야기를 해서 자신의 유산을 나누어 주도록 청하는 것으로 오늘 복음 말씀은 시작하고 있습니다. 하지만 예수님께서는 금전에 관해서 여하한 사람의 논쟁에도 끼어들기를 단호히 거절하셨습니다. 그러나 그러한 요청을 그분을 따르는 제자들에게 물질적인 것에 대해서 마땅히 취해야 할 태도가 무엇인지를 가르쳐 주실 기회로 삼으셨습니다. 예수님께서는 물질적인 소유물을 차고 넘치도록 넉넉히 가진 사람에게 하실 말씀이 있으셨습니다.

소유물을 넉넉하게 가진 사람들에게 예수님께서는 어리석은 부자의 비유를 말해 주셨습니다. 이 사람에 대하여 두 가지 내용이 뚜렷하다 하겠습니다.

첫째로, 그는 자기 일밖에는 안중에 없었습니다. 이 비유만큼 '나에게', '나의', '나의 것'과 같은 어휘로 가득 찬 비유는 없었습니다. 이 사람은 막대한 재산을 가지고 있으면서도 그 얼마라도 나누어 주겠다는 생각은 조금도 해 보지 못했습니다. 이 사람이 가진 전반적인 태도란 그리스도교와는 정반대입니다. 자신을 부정하는 대신 강력하게 자신을 내세웠고, 남에게 나누어 줌으로써 자신의 행복을 찾고자 하는 대신에 그것을 간직해 둠으로써 행복을 확보하려고 했습니다.

둘째로, 그는 결코 이 세상의 일밖에는 안중에 없었습니다. 그의 모든 계획은 이 세상의 삶에 바탕을 두고 있었습니다.

그러하기에 그리스도인이 되기 위한 첫걸음은 바로 온갖 욕심, 특히 재물욕으로부터 탈피하는 것입니다. 인간의 삶에서 재물은 필수적입니다. 그러나 '재물욕을 넘어서라'는 교훈은 인생의 궁극 목적이 과연 무엇인가를 깨달아야 한다는 교훈입니다. 신앙인에게 있어서 가장 중요한 것은 우리가 얼마나 많은 것을 가졌는지가 아닙니다. 그보다 더 중요한 것은 바로 우리의 존재 자체입니다.

하지만 오늘 비유에 나오는 부자는 오직 자신을 위해 더 많이 가지려고 보물을 쌓았습니다. 그러나 자신을 포기한 사람은 하느님 안에 있는 자신의 존재를 생각할 것입니다. 하느님께서 보물이기 때문입니다. "사실 너의 보물이 있는 곳에 너의 마음도 있다"(마태 6,21). 하느님의 무한한 풍요로움은 사랑으로 이루어져 있고, 더욱이 이 사랑은 당신을 포기하고 비움으로써 이루어진 진리이기 때문입니다. 하느님의 부요함은 모든 것을 악착같이 가지려는 탐욕과는 정반대입니다. "자 이제, 부자들이여! 그대들에게 닥쳐오는 재난을 생각하며 소리 높여 우십시오. 그대들의 재물은 썩었고 그대들의 옷은 좀먹었습니다. 그대들의 금과 은은 녹슬었으며, 그 녹이 그대들을 고발하는 증거가 되고 불처럼 그대들의 살을 삼켜 버릴 것입니다. 그대들은 이 마지막 때에도 재물을 쌓기만 하였습니다"(야고 5,1-3).

2. 말씀 공감

■ 기도 장애물

> "군중 가운데에서 어떤 사람이 예수님께, '스승님, 제 형더러 저에게 유산을 나누어 주라고 일러 주십시오.' 하고 말하였다"(루카 12,13).

예수님께 청원한 이 사람의 모습처럼, 우리는 세속적인 차원에서 사람들끼리 해결해야 하는 문제를 주님께 청할 때가 있습니다. 야고보서는 이를 '육의 욕심에 따라 기도했다'고 표현합니다(야고 4,3 참조). 그럴 때는 주님께서 침묵하십니다. 사람들끼리 해결하도록 맡기시는 것이지요.

물론 주님께 복을 구하는 기도가 나쁜 것은 아닙니다. 다만 이기적으로 복을 구할 때가 문제라는 것입니다.

제가 가톨릭평화방송 〈향주삼덕〉 강의를 준비하며 참고삼아 읽은 여러 책 가운데 하나는 '기도 장애물 7가지'를 다룬 것이었습니다. 그 내용이 공감할 만하여 함께 나누고 싶습니다. 기도 응답을 받지 못했다면 과연 그 이유가 무엇인지 깨달아 보시기 바랍니다. R.A. 토레이 Reuben Archer

Torray(1856-1928)가 쓴 『이렇게 기도하자 How to Pray』(1900)에 의하면, 기도 장애물은 다음과 같은 7가지입니다.

첫째, 이기적으로 구하기 때문입니다.
"여러분은 청하여도 얻지 못합니다. 여러분의 욕정을 채우는 데에 쓰려고 청하기 때문입니다"(야고 4,3).
여기서 욕정이라는 것은 포괄적인 의미로 욕심, 사욕을 뜻합니다. 우리는 '욕정'과 '거룩한 욕심'을 구분해서 청해야 합니다.

둘째, 우리의 죄악 때문입니다.
"주님의 손이 짧아 구해 내지 못하시는 것도 아니고 그분의 귀가 어두워 듣지 못하시는 것도 아니다. 오히려 너희 죄악이 너희와 너희 하느님 사이를 갈라놓았고 너희의 죄가 너희에게서 그분의 얼굴을 가리어 그분께서 듣지 않으신 것이다"(이사 59,1-2).
응답을 못 받을 때는 내가 뭔가 잘못한 게 있는 것입니다. 하느님과 관계가 단절되었다면 우선 관계를 회복한 다음 기도하면 응답이 빨라집니다.

셋째, 우상을 숭배하기 때문입니다.
"사람의 아들아, 이 사람들은 자기 우상들을 마음에 품고, 자기들을 죄에 빠뜨리는 걸림돌을 제 앞에다 모셔 놓은 자들이다. 내가 어찌 이러한 자들의 문의를 받을 수가 있겠느냐?"(에제 14,3)
한마디로 자꾸 왔다 갔다 하는 사람은 응답을 못 받는다는 말씀입니다. 주님께서는 우리가 점집에 몇 번 갔다 왔는지 다 알고 계시며, 또 그런 사람한테는 응답을 안 주십니다. 급하다고 여기서 못 받으면 또 저기 갈 것이 뻔하기 때문입니다. 그러니 끝까지 그런 데에 현혹되어서는 안 될 것입니다.

넷째, 너무 인색해도 문제입니다.
"빈곤한 이의 울부짖음에 귀를 막는 자는 자기가 부르짖을 때에도 대답을 얻지 못한다"(잠언 21,13).
누가 "저 요즘 좀 힘듭니다." 하면, 외면하지 말아야 합니다.

다섯째, 용서하지 않아서입니다.
"너희가 서서 기도할 때에 누군가에게 반감을 품고 있거든 용서하여라. 그래야 하늘에 계신 너희 아버지께서도 너희의 잘못을 용서해 주신다"(마르 11,25).
용서하지 않고 청하는 마음을 주님께서는 보아 주시지 않습니다.

여섯째, 부부 사이의 잘못된 관계 때문입니다.
"남편들도 자기보다 연약한 여성인 아내를 존중하면서, 이해심을 가지고 함께 살아가야 합니다. 아내도 생명의 은총을 함께 상속받을 사람이기 때문입니다. 그렇게 해야 여러분의 기도가 가로막히지 않습니다"(1베드 3,7).
이 말은 부부 사이에서뿐만 아니라 우리 주변에 연약한 자들을 깔보아선 안 된다는 뜻입니다. 그들을 잘 예우하면 응답을 받게 됩니다.

일곱째, 의심하기 때문입니다.
"의심하는 사람은 바람에 밀려 출렁이는 바다 물결과 같습니다. 그러한 사람은 주님에게서 아무것도 받을 생각을 말아야 합니다"(야고 1,6-7).

기도하면서 "과연 한다고 주시겠어?" 하고 의심하는 이들이 종종 있습니다. 확신을 해도 받을까 말까인데 거기다가 의심까지 곁들여 기도하면 절대 응답받지 못합니다.

그러니 생각으로 기도하지 말고, 말로 찔러놓고 이미 이루어진 듯 기도하는 자세가 필요합니다.[50]

저 역시 제일 잘하는 기도가 있습니다. 네 글자로, '단순무식'한 기도입니다. 복잡한 생각을 버리고 기도하면 결국 응답을 받습니다.

■ 영원한 생명 언저리에서

> "나 자신에게 말해야지. '자, 네가 여러 해 동안 쓸 많은 재산을 쌓아 두었으니, 쉬면서 먹고 마시며 즐겨라'"(루카 12,19).

비유 속에 등장하는 어리석은 부자의 이 독백은 사실, 현재 우리들이 보통 살아가는 삶의 방식 내지 추구하는 내용이 고스란히 담겨 있다 해도 과언이 아닐 터입니다.

가진 것이 넉넉해야 인상이 펴지고, 뼈 빠지게 노력하여 자수성가한 만큼의 보상은 당연하고, 어쨌거나 인생 후반전은 두 다리 쭈-욱 펴고 노닥노닥거리며 살기를 바라는 우리들!

그런데 결국 그것은 정답이 될 수 없다는 것이 오늘 비유 속 예수님 메시지의 핵심입니다. 여기 이 진리를 새삼스럽게 깨달은 한 자매를 소개합니다. 월간 『참 소중한 당신』 2013년 7월 호에서 만난 서 유스티나 자매의 사연입니다.

30년 전 스물두 살 때 친구를 따라 처음 성당에 나갔습니다. […] 세례 받은 지 한 달 되었을 때 신심이 없고, 어떻게 기도해야 하는지 몰랐던 저는 부끄럽게도 […] 지금 받고 있는 월급이 적으니 돈을 많이 벌게 주님께 전구해 달라고 기도했습니다. 그런데 주님께서는 그런 말도 안 되는 기도를 들어주셨습니다. 일주일 후 지방으로 파견 근무를 가게 되었습니다. 물론 출장비가 월급보다 많았지요. […] 그런데 회사에 사표를 낸 이후 주님과 멀어지고 냉담하게 되었습니다. […]

믿었던 남편이 외도까지 하자 저는 이혼을 결심했고 이혼 판결을 기다리는 동안 가까운 성당을 찾아갔습니다. 그런데 주님께서 기다리고 계셨다는 듯이, 미사 시간에 신부님께서 강론 중에 이혼하지 말라고 하셨습니다. 하지만 그때 철이 없어서 고집을 꺾지 않았습니다. […]

다시 재결합했지만, 예전처럼 행복하지가 않았습니다. 저는 일을 해야 했고 남편은 술주정까지 하였습니다. 답답한 저는 무당집을 찾기 시작했고 근처에 용하다는 곳은 다 찾아다녔습니다. […]

그러다가 하루는 […] '내가 천주교 신자지?'라는 생각이 들면서 정신을 차리게 되었습니다. 저는 갑자기 기도를 하고 싶었습니다. […] 묵주 알을 하나씩 돌렸습니다. 그리고 잠이 들었는데 꿈에 우리 집 마당으로 빛이 내려왔습니다.

주일에 성당에 나갔습니다. […] 십 년 동안 꽉 막혀 있던 가슴이 시원하게 뚫렸습니다. […] 회개하고 주님 곁으로 돌아오니 […] 비록 경제적으로 가난은 하지만 남편은 우리 가족에게 꼭 필요한 든든한 가장으로 변했고, 아들도 빗나가지 않고 바르게 커 주었습니다. […]

제가 주님을 배신했기에 주님께서도 저를 버리신 줄 알았습니다. 그러나 어떠한 경우라도 주님께서는 항상 우리와 함께 계시다는 것을 알게 되었습니다. 오히려 주님께서는 아픈 자녀에게는 더더욱 눈을 떼지 못하신다는 것을 알았습니다. […] 주님 품이 바로 천국입니다.[51]

세상적인 부만을 추구했던 아가씨 시절, 미움으로 가득 차 남편과 이혼까지 행했던 결혼 초, 그리고 경제적으로나 심적으로 불우했던 생활 가운데 찾아다닌 무당집….

그럼에도 불구하고 다시 하느님을 향하여 돌아서고 기도의 끈을 놓지 않은 이 자매에게 주님께서는 언제나 그렇듯 자비를 베푸셨습니다. 결국 가장 큰 평화는 그분 안에 있음을 이 자매가 깨달았음은 물론입니다.

우리의 삶의 방식도 내 재산, 내 능력, 내 환경에 머물 것이 아니라 바로 저 주님 품을 향해 모아져야 하지 않을까요.

"나 자신에게 말해야지. '자, 네가 여러 해 동안 쓸 많은 재산을 쌓아 두었으니, 쉬면서 먹고 마시며 즐겨라'"(루카 12,19).

이 말씀은 부자들만의 속사정을 드러내고 있는 것이 아니라, 부자가 되고 싶어 하는 모든 이들의 바람을 담고 있기도 합니다. 오늘 복음에서 예수님께서는 이런 발상이 결국 얼마나 공허한 것인지를 깨닫게 해 주신다는 사실을 우리는 놓치지 말아야 할 것입니다.

■ 아까 그것

> "자신을 위해서는 재화를 모으면서 하느님 앞에서는 부유하지 못한 사람이 바로 이러하다"(루카 12,21).

어리석은 부자의 비유를 들려주시기 바로 전, 예수님께서는 이렇게 말씀하셨습니다.

"아무리 부유하더라도 사람의 생명은 그의 재산에 달려 있지 않다"(루카 12,15).

이는 '탐욕'을 경계해야 할 이유였습니다. 재산이 생명을 보장해 주지 못한다는 것은 사실 그리 심오한 가르침이 아닙니다. 그럼에도 사람들은 마치 이를 모르는 듯이 살아갑니다. 비유로 든 '어리석은 부자'가 꼭 그랬습니다. 그는 자신의 풍작을 더 큰 창고를 지어 저장해 놓을 계획을 세워 놓고는 만족한 듯이 독백합니다.

"그리고 나 자신에게 말해야지. '자, 네가 여러 해 동안 쓸 많은 재산을 쌓아 두었으니, 쉬면서 먹고 마시며 즐겨라'"(루카 12,19).

이는 앞에서 한 예수님의 말씀에 반하여, 재산이 생명을 보장해 줄 것으로 여기는 태도입니다.

하지만 '생명'에 관한 한 최후의 카드는 주님께서 쥐고 계십니다. 예수님께서는 결론적으로 뒤집을 수 없는 선언을 하십니다.

"어리석은 자야, 오늘 밤에 네 목숨을 되찾아 갈 것이다. 그러면 네가 마련해 둔 것은 누구 차지가 되겠느냐?"(루카 12,20)

"오늘 밤에 네 목숨을 되찾아 갈 것이다"(루카 12,20). 생명의 주권을 쥐고 계신 분의 결정 앞에 재산은 무력할 뿐입니다. 뿐만 아니라, 뼈 빠지게 모은 재물은 급작스러운 '죽음'과 더불어 남들의 손에 넘어가게 마련입니다. 미리 나누면 목숨까지 구할 것을, 그러지 못하여 목숨도 재산도 잃어버리는 꼴이 되고 마는 것입니다.

이런 모양새의 사람에 대한 경고로 예수님께서는 이렇게 비유를 마무리하십니다.

"자신을 위해서는 재화를 모으면서 하느님 앞에서는 부유하지 못한 사람이 바로 이러하다"(루카 12,21).

우리는 어떻게 하면 하느님 앞에 부유해질 수 있을까요? 19세기 말과 20세기 초에 활약한 미국 시인 마가렛 엘리자베스 생스터 Margaret Elizabeth Sangster(1838-1912)는 '하지 않은 죄 The Sin of Omission'라는 시를 통하여 우리가 무엇을 해야 마땅할지에 대해서 역설적으로 깨우쳐 줍니다. 곰곰 우리의 일상을 되짚어 보며 들으시겠습니다.

당신이 하는 것이 문제가 아니다.
당신이 하지 않고 남겨 두는 것이 문제다.
해 질 무렵,
당신의 마음을 아프게 하는 것이 문제다.

잊어버린 부드러운 말
쓰지 않은 편지
보내지 않은 꽃
밤에 당신을 따라다니는 환영들이 그것이다.

당신이 치워 줄 수도 있었던
형제의 길에 놓인 돌
너무 바빠서 해 주지 못한
힘을 북돋아 주는 몇 마디 조언
당신 자신의 문제를 걱정하느라

시간이 없었거나 미처 생각할 겨를이 없었던
사랑이 담긴 손길
마음을 끄는 다정한 말투

인생은 너무 짧고
슬픔은 모두 너무 크다.
너무 늦게까지 미루는
우리의 느린 연민을 눈감아 주기에는

당신이 하는 것이 문제가 아니다.
당신이 하지 않고 남겨 두는 것이 문제다.
해 질 무렵,
당신의 마음을 아프게 하는 것이 문제다.

시인은 우리의 심금에 묻습니다.
"해 질 무렵 내 마음을 아프게 하는 것, 오늘은 무엇이 있지?"
아까 그것, '사랑'으로 했나? 아까 그 빵 한 조각에 '내 사랑'이 담겼나?
오늘 복음 말씀, '사랑'을 다하여 경청했나? 뭐, 이런 것들이 아닐까요.

함께 기도하시겠습니다.
주님, 저희가 한순간을 살더라도 '사랑'의 힘으로 살게 하소서.
주님, 저희가 빵 한 조각을 나누더라도 '사랑'을 담아 나누게 하소서.
주님, 저희가 주님 말씀 한마디를 듣더라도 사랑의 귀로 경청하게 하소서.
우리 주 예수 그리스도를 통하여 비나이다. 아멘!

연중 제19주일: 루카 12,32-48

겸손한 주인의 역설

"주인은 띠를 매고 […] 그들 곁으로 가서 시중을 들 것이다"(루카 12,37).

1. 말씀의 숲

13세기 이탈리아의 유명한 탐험가였던 마르코 폴로Marco Polo(1254?-1324)는 그 당시 미지의 세계였던 중국으로 건너가서 17년 동안 살았습니다. 그 뒤 조국으로 돌아가서 유명한 『동방견문록Livres des merveilles du monde』(1296?)이라는 책을 썼습니다. 그가 임종이 가까워졌을 때 그의 친구들이 찾아와서는 이렇게 다그쳤습니다.

"자네는 그 책에서 도무지 우리가 믿을 수 없는 이야기들만 잔뜩 기록해 놓지 않았나? 이제라도 진실을 밝혀 주면 좋겠네. 그 책의 모든 내용이 상상에 의해서 꾸며졌다는 사실을 말일세."

그때 그는 이렇게 말했습니다.

"아닐세. 내가 책에 쓴 것은 모두 진실일세. 사실 나는 내가 보고 겪었던 것의 절반도 채 기록하지 못했다네."

하늘 나라도 마찬가지입니다. 하늘 나라는 상상으로 꾸며진 곳이 아니라 실제로 존재하는 곳입니다. 신실하신 예수 그리스도께서는 우리에게 거듭 하늘 나라에 대해서 말씀해 주셨습니다.

예수님께서 선포하신 복음에서 행복한 사람은 가난한 사람이었고, 세속에 마음을 빼앗기지 않고 하느님 나라와 그 의를 추구하는 사람이었으며, 그리고 오늘의 이야기에 나오는 늘 주님을 기다리며 깨어 있는 사람입니다. 왜냐하면 가난한 사람에게는 하늘 나라가 약속되었고, 하느님 나라와 그 의를 추구하는 사람에게 그 소원이 이루어질 것이며, 늘 깨어 기다리는 사람은 놀랍게도 주님의 상 심부름을 받을 것이기 때문입니다.

오늘 복음 말씀은 바로 주님을 기다리며 깨어 있는 사람들에 대한 내용입니다. 이 대목은 루카가 '갑작스럽게 오시는 주님의 오심을 깨어 기다리라'는 권고들을 모아서 전해 주고 있는 루카 복음 12장 35절부터 59절까지의 첫 부분입니다. 여기에 나오는 권고들은 앞의 대목들에 나왔던 갖가지 탐욕에 대한 경고와 깊은 관련이 있습니다. 마치 이 세상이 전부인 듯이 하느님도 이웃도 알아보지 못하고 이 세상 재물만을 쌓아 올리기에 급급한 사람들에게 예수님께서는 '주님이 언제 오실지 모르니 깨어 있으라'고 권고하시는 것입니다. 오늘 주일 복음에 나오는 권고들은 신앙인들이 주님을 기다리며 가져야 할 태도에 대하여 비유로 말씀을 전하고 있습니다.

오늘 복음은 두 개의 비유 이야기로 구성되고 있습니다. 첫째 부분은 언제 올지 모르는 주인을 깨어 기다리는 종의 비유이고, 둘째 부분은 야경하며 집 지키는 집주인의 비유입니다. 루카는 이 두 가지 비유를 연결하면서 늘 깨어 준비하라는 교훈으로 제시했지만, 마르코는 깨어 있는 종들의 비유만을, 반면 마태오는 야경하는 주인의 비유만을 제시하면서 종국에 가서 낭패를 당하지 않으려면 늘 깨어 있으라는 교훈으로 삼았습니다.

종들은 주인이 돌아와 문을 두드리자마자 곧 열어 줄 수 있어야 합니다. 이야기는 두 번씩이나 "행복하여라, 주인이 와서 볼 때에 깨어 있는 종들!"(루카 12,37)이라고 했기 때문입니다. 그런데 이 대목에서 매우 뜻밖의 부분이 있습니다. 그것은 깨어 기다리다 주인을 맞이한 종이 주인으로부터 칭찬을 받는 것은 이해가 가지만, 돌아온 주인이 오히려 그 종에게 시중을 들어 준다는 부분입니다. 우리는 여기서 말하는 주인이 바로 신앙인들이 이 세상 삶을 충실히 마치고 주님을 만나게 될 때 그들을 사랑과 자애로 기다려 주실 분이시요, 천상 잔치에 참여케 하실 주님을 두고 하는 말임을 알 수 있습니다. 이는 성경 말씀 그대로입니다. "보라, 내가 문 앞에 서서 문을 두드리고 있다. 누구든지 내 목소리를 듣고 문을 열면, 나는 그의 집에 들어가 그와 함께 먹고 그 사람도 나와 함께 먹을 것이다"(묵시 3,20).

이렇게 사람의 아들은 생각지도 않은 시각에 오실 것입니다. 그러니 허리를 동여매고 등불을 켜둔 채 깨어 있어야 합니다. "하느님의 일곱 영과 일곱 별을 가진 이가 말한다. 나는 네가 한 일을 안다. 너는 살아 있다고 하지만 사실은 죽은 것이다. 깨어 있어라. 아직 남아 있지만 죽어 가는 것들을 튼튼하게 만들어라. 나는 네가 한 일들이 나의 하느님 앞에서 완전하다고 보지 않는다. 그러므로 네가 가르침을 어떻게 받아들이고 어떻게 들었는지 되새겨, 그것을 지키고 또 회개하여라. 네가 깨어나지 않으면 내가 도둑처럼 가겠다. 너는 내가 어느 때에 너에게 갈지 결코 알지 못할 것이다"(묵시 3,1-3).

2. 말씀 공감

■ 생명의 젖줄로

> "너희들 작은 양 떼야, 두려워하지 마라"(루카 12,32).

사자도 어린 새끼는 귀엽고 사랑스럽습니다. 대체로 '어린 것', '작은 것'은 돌보아 주고 싶은 우리의 본능을 자극합니다.

오늘 주님께서 우리를 바라보시는 시선은 "작은 양 떼"를 바라보는 목자의 그것입니다. 바라보시니 순하디순한 양 떼, 그것도 여리고 약한 "작은 양 떼"가 거칠고 험한 죽음의 지대에서 가까스로 목숨을 부지하며 살아가고 있는 형국입니다. 남의 처지가 아니라 바로 우리의 형편이 그렇습니다. 요즈음, 젊은이는 젊은이대로, 노령자는 노령자대로 생존을 위해 지불해야 하는 염려와 수고가 큽니다. 이런 우리에게 주님께서는 친절히 격려의 말씀을 주십니다.

"너희들 작은 양 떼야, 두려워하지 마라"(루카 12,32).

오늘 이 말씀은 긴 복음 서두에 있는 말씀입니다. 여기서 "두려워하지 마라."라는 말씀은 명령의 말씀이 아니라 '하느님 나라'의 약속을 굳건히 믿고 마음의 평화를 누리라는 격려의 말씀입니다.

이 말씀이 성경 속 한 문장이 아니라 지금 나에게 주시는 주님의 육성으로 들리는 이는 복됩니다. 이 말씀을 주님의 육성으로 듣는 이에게 두려움은 안도로 바뀔 것이며, 두려움의 대상은 극복될 대상으로 바뀔 것입니다.

반#유목민 아브라함을 선택하셔서 그로부터 '당신 백성'을 키워 내신 주님께서는 자주 유목민의 시각에서 당신의 사랑을 묘사하십니다. 그러기에 당신의 자애를 양 떼를 돌보는 목자의 심정으로 표현하시곤 합니다. 이 점에 있어서는 구약이나 신약이나 큰 차이가 없습니다.

구약, 특히 에제키엘 예언서는 이스라엘 백성에 대한 하느님의 보우하심을, 목자로서 친히 양 떼를 돌보시는 모습으로 그립니다.

"자기 가축이 흩어진 양 떼 가운데에 있을 때, 목자가 그 가축을 보살피듯, 나도 내 양 떼를 보살피겠다. 캄캄한 구름의 날에, 흩어진 그 모든 곳에서 내 양 떼를 구해 내겠다"(에제 34,12).

신약에서는 당신을 따르는 군중을 바라보시는 예수님의 자애 어린 시선을 이렇게 묘사합니다.

"예수님께서는 […] 많은 군중을 보시고 가엾은 마음이 드셨다. 그들이 목자 없는 양들 같았기 때문이다"(마르 6,34).

실로, 예수님께서는 "양들을 위하여 자기 목숨을 내놓는"(요한 10,11) 착한 목자셨습니다. 그렇거늘 "작은 양 떼"에게는 오죽 더하시겠습니까.

모 시골 본당의 자매가 제게 직접 들려준 신앙 체험담입니다. 그 자매는 당시 유난히 근심거리가 많았답니다. 생계 문제도 그렇고 어느 비신자의 악의와 음해 문제도 그렇고 해서, 며칠 잠자리가 뒤숭숭했답니다. 어느 날 새벽에는 자신을 노려보는 눈에 시달리다가 화들짝하고 잠에서 깨어났는데, 그것이 악령의 시선 같은 생각이 들면서 두려움의 영이 엄습하더랍니다. 온몸이 얼어붙은 듯하고, 온 방 안이 싸늘해지더랍니다. 어쩔 줄 몰라 하던 중, 저에게서 들은 강의 메시지가 생각나더랍니다.

"언젠가 신부님께서 말씀하신 것이 생각났어요. 청년 시절, 어느 새벽 가위에 눌려 깨어났을 때 마귀의 기운에 시달리다가, 주님의 기도를 반복해서 바쳤더니 이내 성령의 기운이 돌면서 온 방 안에 따뜻한 평화의 기운이 넘쳤다고 하셨지요. 그 말씀이 생각나서 저도 그냥 주님의 기도만 바쳤어요. 천천히 또박또박 세 번쯤 바쳤더니, 온몸에서 냉기가 빠져나가는 거예요. 그러고는 정말 거짓말처럼 따뜻한 기운과 함께 평화가 임했어요. 곧바로 잠에 떨어졌죠. 아침에 일어나니까 너무 고요하고 행복한 거예요. 정말 주님께서는 어떤 두려움도 몰아내 주시는 분이에요."

저의 맞장구는 짧았습니다.

"할렐루야, 아멘!"

무슨 말이 더 필요하겠습니까. 정녕 주님 앞에 우리는 언제나 도우심과 보호가 필요한 "작은 양 떼"일 뿐입니다. 그리고 주님께서 우리를 굽어보시는데 그 무엇이 두렵겠습니까.

■ 진리로 허리를 동이고

> "너희는 허리에 띠를 매고 등불을 켜 놓고 있어라"(루카 12,35).

오늘 복음 말씀은 우리에게 가장 친숙한 말씀인 동시에 낯선 말씀입니다. '친숙하다'는 것은 너무 자주 들어서 식상할 지경이라는 의미입니다. '낯설다'는 것은 '도대체 어떻게 해야 깨어 있는 것인지 자신 있게 말하기 어렵다'는 뜻이며, 또 '누구도 스스로 깨어서 산다고 자신할 수 없다'는 의미입니다.

그런데 예수님께서는 깨어 있음을 가능케 해 주는 하나의 방편을 제시하십니다.

"너희는 허리에 띠를 매고 등불을 켜 놓고 있어라"(루카 12,35).

예수님께서는 우리에게 우선 허리에 띠를 매라고 하셨습니다. 우리는 자세를 추스르고 어떠한 일을 본격적으로 시작하고자 할 때, 허리띠를 고쳐 매곤 합니다. 영적으로 허리에 띠를 맨다는 말은 느슨해진 우리의 신앙 상태를 다시금 추스르는 것이라 말할 수 있습니다. 사도 바오로는 에페소서 6장 14절에서 '진리로 허리를 동이라'고 했습니다. 우리가 신앙을 추스르기 위해서 가장 먼저 해야 할 일은 바로 진리, 곧 주님의 말씀에 비추어 자신을 성찰하는 것입니다.

다음으로 등불을 켜 놓으라고 하셨습니다. 등불을 지속적으로 켜 놓기 위해서는 기름이 필요합니다. 기름은 주님의 말씀입니다.

요컨대, 예수님께서 우리에게 일러 주신 깨어 있음의 방편은 진리의 말씀으로 허리를 동이는 것입니다.

실제로 우리가 진리를 얻게 되면 깨어 있음은 훨씬 수월해집니다.

깨어 있음의 개념이 잡히는 것은 물론이요, 깨어 있음의 방법까지 진리가 알려 주기 때문입니다. 과연 이러한 진리로써 여태 우리는 무엇을 알고 있었을까? 기억 속을 더듬어 추적하다 보니 문득 옛날 봉헌경이 떠올랐습니다.

이것을 알게 된 에피소드를 저는 일찍이 저의 책 『여기에 물이 있다』 (미래사목연구소 2007)에서 소개한 바 있습니다. 우리 믿음의 선조들은 매일 아침이면 '봉헌경'을 봉독하며 기도했습니다.

그 전문은 이렇습니다.

봉헌경

천주여, 너 너(당신)을 위하여 나(저희)를 내셨으니,

나 나를 가져 너를 받들어 섬기기를 원하는지라.

그러므로 이제 내 영혼과 육신 생명과,

내 능력을 도무지 네게 받들어 드리오니,

내 명오明悟(신앙적 깨달음)를 드림은 너를 알기 위함이요,

내 기함記含(기억)을 드림은 항상 너를 기억하기 위함이요,

내 애욕愛慾을 드림은 너를 사랑하고 감사하기 위함이요,

내 눈을 드림은 네 기묘奇妙한 공부工夫 보기 위함이요,

내 귀를 드림은 네 도리道理 듣기 위함이요,

내 혀를 드림은 네 거룩한 이름을 찬송讚頌하기 위함이요,

내 소리를 드림은 네 아름다움을 노래하기 위함이요,

내 손을 드림은 각가지 선공善功하기 위함이요,

내 발을 드림은 천당天堂 좁은 길로 닫기 위함이요,

무릇 내 마음의 생각과 내 입의 말과 내 몸의 행위와,

나의 만나는 괴로움과, 받는 바 경천敬天히 여기며 능욕凌辱함과,

내 생명에 있는 바 연월일시年月日時와, 내 생사화복生死禍福을

도무지 네게 받들어 드려, 일체 네 영광에 돌아가기를 간절히 바라며,

천주 성의天主聖意에 합하고 천주의 명命을 순順히 하고,

도무지 나와 모든 사람의 영혼 구함에,

유익有益하기를 지극至極히 원하나이다.

우리 천주여,

죄인(들)이 죄가 크고 악이 중重하여, 드리는 바 당치 못하오나,

네 불쌍히 여기심을 바라고, 네 인자仁慈하심을 의지依支하여

비오니, 나 드리는 것을 받아들이소서.

아멘.[52]

이 봉헌경을 맑은 정신으로 읽으며 기도를 바치면 내면에서 어떤 일이 일어날지 생각해 봅니다.

깨알 같은 신체적 언어가 하나하나 살아나면서 게으름에 방치되었던 신체의 모든 지체들이 깨어나지 않을까, 억지스럽지 않게 상상됩니다.

그리고 보니 전신 마취를 했던 환자가 마취에서 깨어날 때 우리는 '발가락이 깨어났다', '손가락이 깨어났다', '후각이 깨어났다', '청각이 깨어났다' 등등의 표현도 쓰고 있듯이, 깨어남이란 온몸 모든 지체의 소관인 것입니다.

이렇게 헤아려 볼 때 봉헌경이야말로 깨어 있기 위하여 우리의 허리에 동여매져야 할 대표적 진리 아닌가 사료됩니다. 분명 매일 아침 봉헌경을 바친 사람들은 하루 종일, 그리고 자는 시간에도 깨어 있었을 것입니다. 암~요, 그렇고 말고요.

■ **하늘스러운 행복**

> "행복하여라, 주인이 와서 볼 때에 깨어 있는 종들!"(루카 12,37)

"꿈이 무엇입니까?"

이렇게 물으면, 요즘 사람들은 대답 대신 냉소로 화답합니다.

"꿈요? 가진다고 이루어집니까? 이뤄지지 않을 걸, 왜 부질없이 꿈꿔야 합니까? 그런 거 나한텐 없어요."

굳이 젊은 층이 더 그렇다고 지정하여 표현하는 것도 이제는 무의미합니다. 낙심의 병을 앓고 있기는 모든 연령층이 오십보백보의 처지에 있기 때문입니다.

하지만 저는 냉소와 낙심에서도 희망의 본능이 도사리고 있음을 봅니다. 꿈이 이루어지지 않기에 아예 '없다'고 답하는 이나, '이젠 꿈을 접었다'고 말하는 사람에게도 입술로 고백되지 않은 내밀한 바람이 있는 것입니다.

누구에게나 '살고 싶다', '살아남고 싶다'는 바람이 있습니다. 뿐만 아니라 누구나 최소한 오늘보다 더 나은 내일을 맞이하고 싶은 바람이 있습니다.

사람이 어떤 처지에서든 최소한으로 가질 수 있는 꿈! 우리는 그것을 '행복 욕구'라고 이름 붙일 수 있겠습니다. 그렇습니다. 말로 표현되었건, 우리 본능 안에 잠복하고 있건, 모든 꿈의 궁극적인 종착점, 그것은 행복입니다.

예수님께서는 이 사실을 통찰하고 계셨습니다. 그러기에 당신 가르침의 절정에 '참된 행복 여덟 가지'를 배치하셨습니다.

오늘 복음에서 역시 예수님께서는 행복의 비결 한 수를 우리에게 가르쳐 주십니다.

"행복하여라, 주인이 와서 볼 때에 깨어 있는 종들!"(루카 12,37)

오늘 우리가 배워야 할 행복의 비결은 "행복하여라"라는 말뜻 자체에 숨어 있습니다.

'행복하다'를 뜻하는 그리스어 '마카리오스$_{makarios}$'는 본디 하느님으로부터 축복받은 상태를 가리키며, '복되다', '복 받았다'로도 번역될 수 있습니다. 그러니까 이 행복은 세상의 것(먹을 것, 마실 것, 입을 것)이 줄 수 없는 특별한 행복이라고 할 수 있습니다. 이미 살짝 언급된 바와 같이 이 행복은 하느님의 은총에서 기인합니다. 앞에서 충분히 강조한 '하느님 나라'의 약속을 여기서 다시 상기할 필요가 있겠습니다.

실제로, 복음서 본문은 행복의 이유를 이렇게 밝힙니다.

"내가 진실로 너희에게 말한다. 그 주인은 띠를 매고 그들을 식탁에 앉게 한 다음, 그들 곁으로 가서 시중을 들 것이다"(루카 12,37).

종이 주인으로부터 융숭한 식탁 대접을 받는다는 것은 파격입니다. 그 정도로 깨어 있는 사람을 위한 하늘 나라의 상급이 크다는 것입니다.

오늘의 말씀은 우리가 일상에서 누리는 소소한 행복을 무시하거나 부정하지 않습니다. 그 자체로 깨소금 맛인 '알콩달콩 행복'입니다. 하지만 이런 행복은 그냥 그저 지나가는 행복입니다. 그러기에 찰나적인 행복이 아니라 오래가는 행복, 나아가 영원한 행복을 추구하는 것도 삶의 지혜 가운데 하나이겠습니다.

자기만족의 행복 너머 주님으로부터 오는 행복!

이는 우리가 신앙에 충실하면서 주님을 기쁘게 해 드릴 때 우리에게 임하는 행복입니다.

이 행복은 주님 말씀을 듣는 우리에게 현재 임하는 행복이며, 우리의 미래를 위해 약속된 행복이기도 합니다.

함께 기도하시겠습니다.

주님, 주님께서 저희에게 이미 베푸신 행복 앞에 저희가 땀으로 일군 행복이 얼마나 옹색한지, 세상 사람들은 모릅니다.

주님, 주님께서 저희에게 셈하여 인정해 주시는 보람 앞에 저희가 야망으로 일군 보람이 얼마나 초라한지, 세상 사람들은 모릅니다.

주님, 이 하늘스러운 행복과 보람, 저희 믿는 이들에게 특별히 내려 주시고 계시오니, 감사에 감사를 올립니다.

우리 주 예수 그리스도를 통하여 비나이다. 아멘!

연중 제20주일: 루카 12,49-53

적대자들에 꺾이지 않는 믿음

"나는 세상에 불을 지르러 왔다"(루카 12,49).

1. 말씀의 숲

오늘 복음 말씀은 우리에게 충격을 안겨 줍니다. 많은 분들이 이 복음을 들으면 이렇게 물을 수도 있겠습니다. "이렇게 강하고 거친 말씀이 어떻게 복음서에 있느냐! 이 말이 진실이라면 예수님을 평화의 전달자로 묘사하는 신약성경의 다른 말씀들은 어떻게 되는 것이냐!" 왜냐하면 이 말씀들은 사람들이 일반적으로 자애로우신 예수님으로부터 기대하던 말씀과는 정반대의 말씀이기 때문입니다. 바로 이런 이유에서도 이 복음이 전하고자 하는 뜻이 무엇인지를 아는 것이 필요합니다.

사실 오늘 복음 말씀은 너무 충격적이고 격렬하여 어떻게 받아들여야 할지 난감한 점이 없지 않습니다. 오늘 복음 말씀은 우선 "나는 세상에 불을 지르러 왔다."라는 말씀으로 시작하여 "그 불이 이미 타올랐다면 얼마나 좋으랴?"라는 어리둥절한 말씀으로 이어집니다(루카 12,49 참조). 그리고 "내가 받아야 하는 세례가 있다."(루카 12,50)라는 말씀은 무슨 뜻인지 종잡을 수가 없습니다.

예로부터 이 세상은 하느님의 말씀으로 생겨나서 존속해 왔습니다. 그러다가 노아의 시대에 이르러 세상은 홍수에 잠겨 망해 버렸습니다.

그런데 이제는 불에 태워질 차례입니다. 온 세상이 불에 타 녹아 없어질 때를 위해 예수님께서는 오신 것입니다. 이 불은 당신이 받으셔야 할 세례, 곧 수난과 죽음의 때에 걷잡을 수 없이 타오를 것입니다.

하느님의 이 불은 권력과 권세의 악신들, 어두운 세력의 지배자들, 하느님을 거스르는 악한 영들을 불살라 버릴 것입니다. 또 피와 살을 가진 인간들이 악을 혐오하고 선에 애착하도록 해 줄 것입니다. 거짓 없는 사랑으로 형제들을 대해 주고 불타는 영에 이끌려 주님을 섬기도록 말입니다. 그럼으로써 인류가 악에 정복당하지 않고 선으로 악을 정복하게 할 것입니다.

주님의 말씀은 여기서 멈추지 않았습니다. 더욱 충격적인 말씀을 하실 것이기 때문입니다. 예수님께서는 이어서 평화를 위해 오신 것이 아니라 불화를 일으키러 오셨고, 그 불화는 가공스럽게도 부자간, 모녀간, 고부간의 반대와 적대시를 일으키러 왔다는 말씀입니다.

이와 같은 말씀을 하시는 예수님의 마음도 사람들에게 좋은 말씀만 해 주지 못하시는 것에 못내 아프셨겠지만, 이 말씀은 시대의 표징을 알리는 말씀이고, 그 시대의 표징은 구약의 미카서에 예언된 것의 현실화라고 할 수 있습니다.

미카는 구약 시대의 열두 소예언자 중 여섯 번째이며 기원전 8세기 사람입니다. 그 예언서는 온갖 죄악을 저지른 이스라엘 왕국의 중심지 사마리아와 유다 왕국의 수도 예루살렘의 멸망을 예고하고, 그러나 자비의 주님께서 구원자로 오실 것임을 예언한 책입니다. 그 죄상 폭로의 글은 상당히 격렬합니다.

들어 봅시다. "너희는 선을 미워하고 악을 사랑하며 사람들의 살갗을 벗겨 내고 뼈에서 살을 발라낸다. 그들은 내 백성의 살을 먹고 그 살갗을 벗기며 그 뼈를 바순다. 내 백성을 냄비에 든 살코기처럼, 가마솥에 담긴 고기처럼 잘게 썬다"(미카 3,2-3). "친구를 믿지 말고 벗을 신뢰하지 마라. 네 품에 안겨 잠드는 여자에게도 네 입을 조심하여라. 아들이 아버지를 경멸하고 딸이 어머니에게, 며느리가 시어머니에게 대든다. 집안 식구가 바로 원수가 된다"(미카 7,5-6). 망조가 든 세상입니다. 이것이 미카가 하느님께 불충한 한 세대가 마지막으로 벌이는 작태를 내다본 것이며, 이러한 사태 묘사는 악한들이 하느님의 아들을 십자가에 못 박는 흉악한 때가 왔다는 것을 알리는 묵시적인 예언입니다. 미카는 그 패륜에도 불구하고 하느님께서 보내실 메시아의 시대가 도래하리라고 예언했습니다.

이 분열은 새로운 세상으로 나아가기 위해서 반드시 거쳐야 하는 과정입니다. 한처음에 이 세상이 어떻게 이루어졌는지, 어떻게 생겨났는지 생각해 보십시오. 하느님께서는 어둠에서 빛을 갈라놓으셨고, 물과 물 사이를 갈라놓으셨습니다. 궁창 아래에 있는 물과 궁창 위에 있는 물을 갈라 하늘을 만드셨습니다. 하느님의 이 창조는 거기서 그치지 않고 이제 한 가족 안에서도 이루어질 것입니다. 이 세상의 편에서 무질서하게 살던 인류를 세상으로부터 갈라놓을 것입니다.

예수님께서 부활하신 후 "나는 너희에게 평화를 남기고 간다. 내 평화를 너희에게 준다. 내가 주는 평화는 세상이 주는 평화와 같지 않다."(요한 14,27)라고 하실 때, 그리스도의 평화는 세상이 전쟁과 총칼로 평정한 평화와는 근본적으로 다르고, 박해를 이겨 내고 속죄의 희생을 바친 대가로 얻어지는 귀중한 평화라는 것을 말씀하십니다. 이런 의미에서 "내가 세상에 평화를 주러 왔다고 생각하느냐? 아니다. 내가 너희에게 말한다. 오히려 분열을 일으키러 왔다."(루카 12,51)라는 말씀은 '나로 말미암아 사람들이 분열될 것이다'라는 뜻으로 알아들어야 합니다. 즉,

악의 세력이 판치는 세상에 선의 목소리가 끼어들면 악은 분열되고 격해집니다. 같은 뜻으로 마태오는 "평화가 아니라 칼을 주러 왔다."(마태 10,36)라고 했습니다.

2. 말씀 공감

■ 흐드러진 열매를 맺게

> "나는 세상에 불을 지르러 왔다"(루카 12,49).

잠실 핸드볼 경기장에서 서울대교구 삼성산성령봉사회 주최로 열린 '한반도의 평화를 위한 대피정'에 저는 첫 번째 강연자로 자리를 함께 했습니다. 저를 포함한 5명의 사제가 강사로 참여하고 만여 명 가까이 되는 신자분들이 모인 그날은 그야말로 대대적인 피정 현장이었지요.

눈부신 조명을 받으며 강단에 서는 저의 마음에는 '이렇게 은혜로운 자리의 첫 시작을 맡았으니 그 출발부터 모두의 마음에 성령께서 임하실 수 있도록 희망의 불을 확 댕겨야겠다. 그리하여 이 피정이 끝날 때까지 한 사람의 예외도 없이 성령의 은혜를 충만히 느끼고 돌아갈 수 있도록 도와야겠다'는 바람뿐이었습니다.

이런 저의 희망에 누구보다도 성령께서 먼저 응답하셨습니다. 강의 내내 객석 반응은 뜨거움 그 자체였고, 곳곳에서 '아멘!'을 외치는 소리가 그칠 줄을 몰랐으니 말입니다.

그날 청중들의 마음을 활짝 열어 주었던 말씀은 이 두 말씀이었습니다.

"희망은 우리를 부끄럽게 하지 않습니다"(로마 5,5).

"희망은 우리에게 영혼의 닻과 같아, 안전하고 견고하며 또 저 휘장 안에까지 들어가게 해 줍니다"(히브 6,19).

그렇습니다. 요즘 신앙인이고 비신앙인이고 할 것 없이 수많은 사람들이 차디차고 냉랭한 가슴으로 살아가고 있음을 압니다. 그 가장 큰 근본 원인 중 하나가 바로 저 희망의 부재 때문일 터입니다.

그런데 그 놓아버렸던 희망이 붙잡기만 하면, 붙잡아 당기기만 하면 저 휘장 안, 곧 천국까지 도달되는 닻이 된다니요!

결국 '희망을 가지고 사는 사람은 천국을 보장받았다는 것을 믿습니다'라는 저의 메시지에 모두의 마음이 열리고 뜨거운 '아멘!'이 튀어나왔던 것입니다.

이처럼 성령의 손길로 회복된 희망, 뜨거움, 열정, 환희….

강의 단상을 내려오며 저는 '오늘의 이 열기가 우리 신앙인들의 가슴속에 새로운 불을 지피는 계기가 되었으면 좋겠다'는 바람을 가져 보았습니다.

이튿날 다른 강의 현장에서 우연히 그 피정에 참석했던 한 자매를 만나게 되었는데, 그 자매가 하는 말이, '그날 신부님께서 성령의 불을 확 댕겨 주셨기에, 오늘 일반 강의인 걸 알면서도 신부님이 얘기하는 '희망'에 관해 듣고 싶어 이곳에 왔다'는 것이었습니다.

앞으로도 저는 이렇게 여러분들의 가슴속에 성령의 불을 지르는 역할을 충실히 하고자 합니다. 2,000년 전 오늘 예수님께서 제자들에게 하신 저 말씀의 참뜻을 더 깊이 묵상하며 말이지요.

"나는 세상에 불을 지르러 왔다"(루카 12,49).

■ 성령의 불 지피기 위하여

> "나는 세상에 불을 지르러 왔다"(루카 12,49).

이 말씀을 묵상하려는 지금 이 순간, 연초에 성경 말씀을 읽다가 특별히 마음에 와닿아 줄을 쳐 두었던 코헬렛의 한 대목이 떠오릅니다.

"나는 또 태양 아래에서 보았다. 경주가 발 빠른 이들에게 달려 있지 않고 전쟁이 전사들에게 달려 있지 않음을. 또한 음식이 지혜로운 이들에게 달려 있지 않고 재물이 슬기로운 이들에게 달려 있지 않으며 호의가 유식한 이들에게 달려 있지 않음을"(코헬 9,11).

아무리 발이 빨라도 경주에서 이기지 못하며, 아무리 군사가 많아도 전쟁에서 승리하지 못하며, 지혜롭다고 꼭 음식 솜씨가 뛰어난 것은 아니며, 슬기롭다고 재물을 모은다는 보장은 없으며, 유식하다고 반드시 호의 곧 선한 마음을 품는 것은 아니더라!

솔로몬의 이 깨달음은 결국 무엇을 의미할까요? 한마디로 '모든 것의 운명은 하느님의 결정에 달려 있다'는 사실을 뜻한다고 말할 수 있겠습니다. 그러기에 세상의 뛰어난 재주와 첨단 지식을 이기는 것이 성령의 은사들인 것입니다.

오늘 예수님께서는 당신의 제자들이 험한 세상, 신앙과 비신앙의 격전지에서 살아남기 위하여 성령의 뜨거운 은사가 필요함을 절실히 느끼십니다. 그리하여 이를 "불"이라는 상징어로 토로하십니다.

"나는 세상에 불을 지르러 왔다"(루카 12,49).

"불"(pur: 퓌르)은 성경에서 많은 경우 '심판'을 상징합니다. 구약에서 하느님께서는 불로 소돔과 고모라를 심판하셨고(루카 17,29 참조), 종말의 때에 불이 심판의 도구(말라 3,19 참조)가 될 것이라 기록되어 있습니다. 신약에서도 그 표상은 여전히 유효합니다. 이미 몇 주 전 복음 말씀에 등장합니다만, 야고보와 요한이 예수님을 거부하는 사마리아 사람들을 불로 심판하실 것을 간청한 일(루카 9,54 참조)을 대표적인 경우로 말할 수 있겠습니다.

하지만 오늘 말씀에서 "불"은 성령을 상징합니다. 예수님께서는 당신의 예루살렘 여정이 점점 막바지에 이르고 있음을 예감하시고 제자들에게 이 성령의 불길이 곧 내리기를 기대하셨습니다. 제자들의 믿음이 성령의 불을 받아 보다 굳건해지고 뜨거워져야 했기 때문입니다.

평상심을 잃지 않던 주님께서도 지금 호랑이 굴인 예루살렘 입성이 점점 가까워 옴을 느끼시면서 당신 마음을 단단히 추스르고 계십니다.

"그 불이 이미 타올랐으면 얼마나 좋으랴?"(루카 12,49)

이 말씀에는 이런 바람이 슬며시 숨겨져 있었을 터입니다.

"단단히 마음들을 먹어라. 어떤 배척도 견딜 수 있게 너희 믿음은 굳셈과 뜨거움으로 무장되어야 한다. 스스로는 안 될 것이다. 하지만 성령께서 오시면 된다."

머지않아 이 말씀은 현실을 지나 과거가 되었습니다. 그리고 바오로 사도는 주님께서 제자들에게 저토록 염원했던 것을 앞으로도 부디 간직해 주기를 미래 세대에게 호소합니다.

"성령의 불을 끄지 마십시오"(1테살 5,19).

루카 복음은 예수님의 십자가 처형 이후 엠마오로 내려가던 제자들을 통하여 이 불이 어떻게 활활 타오를 수 있는지를 가르쳐 줍니다.

"길에서 우리에게 말씀하실 때나 성경을 풀이해 주실 때 속에서 우리 마음이 타오르지 않았던가!"(루카 24,32)

■ 거뜬히 견뎌 낼 수 있습니다

> "내가 세상에 평화를 주러 왔다고 생각하느냐? 아니다.
> 내가 너희에게 말한다. 오히려 분열을 일으키러 왔다"(루카 12,51).

예수님께서는 이제 제자들의 마음을 단단히 추슬러 주십니다.

"내가 세상에 평화를 주러 왔다고 생각하느냐?"(루카 12,51)

예수님께서 사람들 사이의 "평화"를 원하신다는 사실을 모르는 제자는 없을 것입니다. 심지어 예수님께서는 제자들에게 이 평화를 사람들에게 빌어 주도록 명하기도 하셨습니다.

"집에 들어가면 그 집에 평화를 빈다고 인사하여라"(마태 10,12).

이럼에도 주님께서는 오늘 이 말씀을 뒤집는 말씀을 하십니다.

"아니다. 내가 너희에게 말한다. 오히려 분열을 일으키러 왔다"(루카 12,51).

예수님께서 이렇게 역설적인 선언을 하신 것은 당신이 주시는 평화의 성격을 분명히 하시기 위함입니다. 예수님께서 주시고자 한 평화는 적당한 협상과 타협에 입각한 미봉적 평화가 아닙니다. 또한 구약에서 거짓 예언자들이 입바른 소리로 선언했던 그런 평화가 아닙니다.

"정녕 낮은 자부터 높은 자에 이르기까지 모두 부정한 이득만 챙긴다. 예언자부터 사제에 이르기까지 모두 거짓을 행하고 있다. 그들은 내 백성의 상처를 대수롭지 않게 다루면서 평화가 없는데도 '평화롭다, 평화롭다!' 하고 말한다"(예레 6,13-14).

저 의도적인 부정의 말씀으로 예수님께서는 이런 평화를 주시기 위하여 오시지 않았음을 단호히 선언하시는 것입니다. 대신 예수님께서는 다른 차원의 평화를 주시기를 원하십니다.

"나는 너희에게 평화를 남기고 간다. 내 평화를 너희에게 준다. 내가 주는 평화는 세상이 주는 평화와 같지 않다. 너희 마음이 산란해지는 일도, 겁을 내는 일도 없도록 하여라"(요한 14,27).

이 평화는 부활하신 주님께서 성령과 함께 내려 주시는 평화입니다.

"평화가 너희와 함께!"(요한 20,19)

부활하신 주님께서 성령과 함께 주시는 평화! 이 평화를 누리려면, 주님께 대한 믿음에 끝까지 충실하여 '하느님의 자녀', '천국의 시민', '하느님의 새 백성'으로 남아 있어야 합니다. 어떤 박해와 수난과 죽음도 이겨 내야 하는 것입니다. 그러기에 오늘 복음의 마지막 부분은 살을 에는 가족 간 '분열'도 견뎌 내야 함을 강조하고 있는 것입니다.

"이제부터는 한 집안의 다섯 식구가 서로 갈라져, 세 사람이 두 사람에게 맞서고 두 사람이 세 사람에게 맞설 것이다"(루카 12,52).

참평화는 이런 분열의 때에 화평을 빙자한 타협이 아니라 마지막까지 그리스도께 대한 믿음을 지켜 내어 누리는 평화인 것입니다.

함께 기도하시겠습니다.

주님, 저희가 신앙으로 인하여 가정 안에서 감당해야 하는 일시적인 분열도 당신이 주시는 참평화 앞에는 무력할 뿐입니다.

주님, 저희가 그리스도인이라는 이유 때문에 세상에서 치러야 하는 박해도 당신이 내리시는 참평화에 힘입어 거뜬히 견뎌 낼 수 있습니다.

주님, 그 무엇도 이 평화를 앗아 가지 못하도록 저희에게 줄곧 성령의 불로 임하소서.

우리 주 예수 그리스도를 통하여 비나이다. 아멘!

연중 제21주일: 루카 13,22-30

좁은 문을 지나면

"너희는 좁은 문으로 들어가도록 힘써라"(루카 13,24).

1. 말씀의 숲

러시아 작가 톨스토이Leo Tolstoy(1828-1910)는 대학에서 계속 낙제 점수를 받았습니다. 교수들은 그에게 '배우기를 포기한 젊은이'라고 말했습니다. 그러나 성경을 통해 지혜를 얻은 그는 『전쟁과 평화Voina i mir』(1864-1869)라는 명작을 남겼습니다.

프랑스 조각가 로댕Auguste Rodin(1840-1917)은 예술학교 입학을 세 번이나 거부당한 꼴찌였습니다. 그의 아버지는 이렇게 통탄했습니다. "이런 바보가 왜 우리 집에서 태어났는가." 그러나 그는 조각가로서 세계적인 명성을 얻었습니다.

아인슈타인Albert Einstein(1879-1955)은 선생님으로부터 '정신 발달이 느리고 환상에 사로잡힌 아이'라고 무시당했습니다. 그러나 그는 지금 천재로 평가받고 있습니다.

미국 흑인들의 애환을 그린 『뿌리』의 작가 알렉스 해일리Alex Haley는 자신의 사무실에 이상한 그림을 걸어 놓았다고 합니다. 거북이가 높은 담장의 꼭대기에 올라가 있는 그림입니다. 사람들이 질문을 합니다. "왜 이상한 그림을 걸어 놓았소?" 해일리는 이렇게 대답합니다. "난 내가 쓴 작품을 볼 때 '어떻게 이런 위대한 글을 쓸 수 있었는가, 어디서 이런 영감을 얻을 수가 있었는가' 생각하며 스스로 교만심이 들 때가 있습니다. 그럴 때마다 저는 저 그림을 보고 생각합니다. '저 거북이가 제힘으로 스스로 저 높은 담장에 올라갈 수 있었을까? 누군가의 도움으로 올라갔을 것이다. 내가 이렇게 올라올 수 있었던 것은 오로지 하느님의 도우심이 있기 때문에 가능한 것이었다.' 이런 생각을 함으로써 스스로 교만하지 않고 하느님께 감사하는 마음을 잊지 않도록 하기 위함입니다."

하느님은 겸손한 사람을 크게 사용하십니다.[53]

오늘 복음 말씀을 통하여 예수님께서는 도처에서 사람들이 하늘 왕국의 잔치에 몰려올 것이라고 약속하셨습니다. 이것은 우리를 위한 복음입니다. 구원은 각자의 노력에 달린 것이 아니라 오직 하느님의 은총과 자비에 달려 있기 때문입니다. 그러나 문은 좁고, 게다가 닫힐 것입니다.

어떤 사람이 중요한 질문을 했습니다.
"주님, 구원받을 사람은 적습니까?"(루카 13,23)
예수님께서는 이 질문에 대하여 대답하시기 위해 하느님 왕국으로 들어가는 좁은 문의 비유를 제시하셨습니다. 구원에 이르는 문은 좁고, 이 문이 열려 있는 기간도 한정되어 있다는 것입니다.
그런데 이러한 예수님의 설교 목적은 단순히 구원받을 사람들의 수에 있는 것이 아니었습니다. 그래서 예수님의 대답은 세 가지 점을 강조하고 있습니다.

첫째는 구원받기 위해서는 인고의 노력이 필요하다는 것입니다. 구원을 받기 위해서는 좁은 문으로 들어가야 하기 때문입니다. 그러니 좁은 문으로 들어가도록 온 힘을 쏟아야 합니다.

둘째는 말씀을 듣기만 하는 것으로 구원받는 것이 아니라 마음으로부터 회개하고 예수님을 따라가는 사람이 구원된다는 것입니다. 물론 구원의 좁은 문 안으로 들어가고 안 들어가고는 주인이 판정을 내립니다. 그런데 그 기준은 주님과 함께 먹고 마시며 친분을 쌓았는가에 있지 않고 얼마나 옳고 정의롭게 살았는가에 달려 있습니다. 주님과 함께 먹고 마시고, 그분을 따라다니며 가르침을 들은 사람도 주님을 본받아 살지 못하고 정의롭지 못하게 살 수 있기 때문입니다.

셋째는 하느님의 선택받은 조상들을 가지고 있다는 자부심에 젖어 있던 유다인들 중에는 극소수가 구원되겠지만, 세계 만방의 이방인들이 주님의 잔치에 들어갈 것이라는 점입니다. 이는 이방인일지라도, 주님의 말씀을 따라 살아간 사람들에게는 구원의 문이 진배없이 열려 있음을 알려 주는 것입니다.

사실 이스라엘은 하느님의 선택된 백성이라는 특권 의식에 젖어 있었기 때문에, 다른 민족과 백성에게 구원의 은총이 넘어간다는 예언자의 말씀을 받아들일 수 없었습니다. 이 진리를 수용하지 않는 이스라엘에게 이름도 모르는 수많은 사람들이 동쪽과 서쪽에서 또 북쪽과 남쪽에서 모여들어 이스라엘 조상들과 함께 하느님 나라 잔칫상에 자리 잡게 될 것이라고 예수님께서는 말씀하셨습니다.

이 사실을 도저히 받아들일 수 없는 이스라엘은 끝내 울며 이를 갈 것입니다. 과연 모세가 말한 대로 "나 또한 내 백성이 아닌 자들로 그들을 질투하게 하고 어리석은 민족으로 그들을 분노하게 하리라."(신명 32,21)

라고 말입니다. 또 나아가 이사야가 "묻지도 않는 자들에게 나는 문의를 받아 줄 준비가 되어 있었고 나를 찾지도 않는 자들에게 나는 만나 줄 준비가 되어 있었다."(이사 65,1)라고 했던 것처럼 말입니다.

더군다나 첫째 사람들인 이스라엘 백성은 말째 사람들이 될 것이고, 심지어 그들은 잔칫집 안으로 들어가지도 못할 것입니다. 그들은 자신들의 특권 의식 때문에 잔칫집 주인으로부터 불의를 일삼는 자들로 낙인찍혀 버렸습니다. 그들이 비록 예수님과 함께 먹고 마시며 저잣거리에서 그분이 가르치는 모습을 보았을지라도 그들은 악행을 일삼는 자들에 불과할 것입니다.

그러나 예수님의 이 엄격한 경고 말씀은 이스라엘을 사랑하는 마음에서 나온 말씀이셨습니다. "나는 반항하는 백성에게 날마다 팔을 벌리고 있었다."(이사 65,2)라고 말입니다. 결국 이스라엘이 말째의 사람으로 떨어지겠지만, 이것은 단지 굴욕적인 자리일 뿐 절망적인 자리는 결코 아니었습니다. 이스라엘을 위해서도 희망은 존재하기 때문입니다.

2. 말씀 공감

■ 알겠느냐

> "어떤 사람이 예수님께 '주님, 구원받을 사람은 적습니까?' 하고 물었다"(루카 13,23).

예수님께서 예루살렘을 향해 여행하실 때 한 사람이 다가와 "구원받을 사람은 적습니까?" 하고 묻습니다. 예수님께서는 그 물음을 듣고

'문'의 비유를 들어 제자들에게 에둘러 말씀하십니다.

"너희는 좁은 문으로 들어가도록 힘써라. 내가 너희에게 말한다. 많은 사람이 그곳으로 들어가려고 하겠지만 들어가지 못할 것이다"(루카 13,24).

이 말씀을 얼핏 들으면 마치 예수님께서 '구원받기는 쉽지 않다'고 답변하신 것으로 오해할 수 있습니다.

예수님께서는 단선적 사고, 또는 단답형으로 답변하지 않으셨습니다.

예수님께서는 총체적 관점에서 답변하신 것입니다. 즉, 여러 변수와 양태를 포괄적으로 반영하여 답변하신 것입니다.

이를 잘 이해하려면 프란치스코 교황님께서 강조하시는 자비를 충분히 고려할 필요가 있습니다. 프란치스코 교황님께서는 교구장으로 소임하셨던 부에노스아이레스대교구의 한 사제를 기억하십니다. 그 사제는 교구의 명망 높은 사제이며, 성직자며 평신도며 할 것 없이 그 사제에게 고해성사를 보고 싶어 했다고 합니다.

그런데 어느 날 그 사제는 교황님과 면담 중에 자신이 너무 쉽게 사죄경을 읊어 주는 것이 아닌가 하는 고민을 털어놓았다고 합니다. 그 주제로 대화가 이어지던 중, 그 사제는 이러한 의심이 이어질 때면, 감실 앞으로 나아가 '예수님, 당신께서 나쁜 본보기를 보이셨으니 이것은 당신의 탓입니다.' 하고 기도한 뒤 편안한 마음으로 나오곤 한답니다.[54]

네, 감동적인 얘깁니다. 그런데 여기서의 '나쁜 본보기'란 뭘까요? 예수님께서는 당신을 찾아오는 이들에게 아무것도 따져 묻지 않고 조건 없이 맞이하고 용서하는 자비를 보여 주셨습니다. 그러한 자비를 세상 기준으로 보면 '나쁜 본보기'가 되는 것입니다. 이처럼 구원의 문은 언제나 우리에게 활짝 열려 있습니다.

여기까지는 참 좋습니다.
이 이야기만 고려하면, 구원받기는 쉽습니다. 주님께서는 늘 자비롭게 우리를 용서해 주시니까요.
하지만 우리는 이것과 함께 주님께서 좁은 문에 대하여 언급하신 까닭까지 이해해야 합니다. 그러면 얼추 통합적인 결론이 내려집니다.
"너희는 좁은 문으로 들어가도록 힘써라. 내가 너희에게 말한다. 많은 사람이 그곳으로 들어가려고 하겠지만 들어가지 못할 것이다"(루카 13,24).
이건 또 무슨 말씀이실까요?
조금만 생각해 보면 어렵지 않게 이해됩니다.
오늘의 교회 현실이 그 말씀을 이해하는 데 도움을 줍니다. 전 세계 교회가 냉담자 증가, 선교율 감소, 교회 공동화 등의 침체에 빠져 있습니다. 시간이 흐를수록 점점 더 심해집니다. 그래서 온갖 방안을 강구합니다. 교회 대문을 활짝 열고 예비 신자를 대대적으로 초대하고 신자들에게는 선교를 거듭 강조하고 선교에 도움이 될까 하여 지역 사회 봉사도 열심히 해 보는 등 온갖 방법을 총동원합니다. 그러나 사람들은 곧 비신자들은 반응하지 않습니다. 문을 활짝 열었지만 자발적으로 들어오는 이가 가뭄에 콩 나듯 할 뿐입니다. 외려 기존 신자들이 신앙생활에서 일탈하여 다른 종교들을 기웃기웃거리기도 합니다.

그 많은 사람들은 다 어디로 간 것일까요?
그 많은 젊은이들은 다 어느 지대에서 자신들의 소중한 인생살이를 펼치고 있는 것일까요?

어쩌면 그들은 구원이라는 문제에는 전혀 관심을 기울이지 않은 채 오직 현실의 편안한 심신을 추구하며 세속과 유행에 매몰된 채 살아가고 있는지도 모릅니다. 대체로 이것은 예수님께서 내다보신 모든 시대 인간의 병폐이기도 합니다. 그래서 "좁은 문" 말씀을 꺼내셨던 것이지요.

결국 말씀의 요지는 이것입니다.

"나 너희의 주님이 아무리 너희에게 자비를 베풀고 용서를 해 줘도 사람들은 본인의 탓으로 스스로 멸망의 길을 간다. 관심을 잘못 쏟고 선택을 안이하게 하기 때문이다. 그러므로 구원에 관한 한 마치 좁은 문을 통과하려는 집중력과 몰입으로 슬기로운 결단을 내리고 결심한 바를 실행해야 한다. 거듭 말한다. 천국에 이르는 문은 사실 좁지 않다. 하지만 오직 집중된 선택을 하는 이라야 그 문을 통과하게 된다. 알겠느냐."

■ 저를 도우소서

"너희는 좁은 문으로 들어가도록 힘써라"(루카 13,24).

중년의 한 여인이 현관문 밖을 나와 보니, 그녀의 집 정원 앞에 하얗고 긴 수염을 가진 3명의 노인이 앉아 있었습니다. 여인이 그들에게 다가가 말했습니다.

"저는 당신들을 잘 모릅니다만, 지금 많이 배고파 보이는군요. 저희 집에 들어오셔서 뭔가를 좀 드시지 않겠어요?"

노인 중 한 사람이 물었습니다.

"집에 다른 사람이 있습니까?"

"남편과 아들은 지금 외출 중이고 저와 며느리가 있어요."

"그렇다면 우리가 함부로 들어갈 수는 없지요."

저녁이 되어 여인의 남편이 집에 돌아오자, 여인은 낮에 일어난 일을 남편에게 이야기해 주었습니다. 그 얘기를 들은 남편이 아내에게 말했습니다.

"무척 예의 있는 양반들이구먼. 여보, 이제 내가 돌아왔으니 아직 그들이 밖에 있다면 안으로 모시구려."

부인은 밖으로 나가 그 노인들을 초대하였습니다. 그러자 한 노인이 말했습니다.

"우리는 절대 함께 집으로 들어가지 않습니다."

"왜죠?" 여인이 묻자, 노인이 답했습니다.

"내 이름은 '부富'이고, 이 친구의 이름은 '성공'이올시다. 또 저 친구의 이름은 '사랑'이지요. 자, 이제 집에 들어가서 남편과 상의해 보시구려. 우리 셋 중에 누가 당신의 집에 초대되기를 원하는지."

여인이 집에 들어가 그 말을 전하자 그녀의 남편은 매우 즐거워하며 말했습니다.

"거참 굉장하네! 여보, 그렇다면 우리 '부'를 초대합시다. 그를 안으로 들게 해서 우리 집을 '부'로 가득 채우자고."

아내는 한술 더 떠 말했습니다.

"여보, 왜 '성공'을 초대하지 않으세요? 성공은 자연스레 부를 동반하지 않겠어요?"

그런데 그때까지 잠자코 그들 부부의 대화를 엿듣던 며느리가 말했습니다.

"아버님, 어머님, '사랑'을 초대하는 것이 어떨까요? 무엇보다 우리 집이 사랑으로 가득 차면 부와 성공이 줄 수 없는 최고의 행복을 누릴 수 있을 거예요."

듣고 보니 며느리의 말이 일리가 있었습니다.

"우리 며느리의 조언을 받아들여 '사랑'을 손님으로 맞아들입시다."

그렇게 하여 여인은 사랑을 초대했습니다. 그런데 '사랑'이 일어나 그들 집안으로 걸어가기 시작하자, 다른 두 사람 '부'와 '성공'도 함께 그를 뒤따르기 시작했습니다. 부인이 놀라서 그들에게 물었습니다.

"저는 단지 '사랑'만을 초대했는데 두 분은 왜 따라 들어오시는 거죠?"

두 노인이 같이 대답했습니다.

"만일, 당신이 '부' 또는 '성공'을 초대했다면, 우리 중 다른 두 사람은 밖에 그냥 있었을 게요. 그러나 당신은 '사랑'을 초대했고, '사랑'이 가는 곳 어디나 우리 '부'와 '성공'이 그 뒤를 따르지요. '사랑'이 있는 곳 어디에도 또한 부와 성공이 있는 것처럼 말이오."[55]

탈무드에 나올 법한 이야기였지만, 음미해 볼수록 고개가 끄덕여집니다. 한마디로 부보다는 성공, 성공보다는 사랑이 더 포괄적이며 선행적인 가치라는 교훈이었습니다. 원리는 간단합니다. '사랑' 하나면 되는 것입니다. '사랑'을 택하기로 한 이들에게는 당연지사 '부'와 '성공'도 뒤따르게 마련이기 때문이지요.

하지만 사랑의 길은 결코 쉽고 만만한 길이 아닙니다. 그러기에 오늘 예수님의 말씀이 있는 것입니다.

"너희는 좁은 문으로 들어가도록 힘써라"(루카 13,24).

좁은 문! 힘들더라도 개척의 길, 고독의 길, 심지어 고난의 길을 갈 때 그 길이 좁은 문으로 이어집니다.

방금 들은 이야기에 빗대어 묵상해 보자면, 부를 추구하는 것은 '넓은 문'을 택한 격이요, 성공을 추구하는 것은 '중간 문'을 택한 격이며, 사랑을 추구하는 것은 '좁은 문'을 택한 격일 터입니다.

■ 말씀을 주셨습니다

> "보라, 지금은 꼴찌지만 첫째가 되는 이들이 있고,
> 지금은 첫째지만 꼴찌가 되는 이들이 있을 것이다"(루카 13,30).

지난 6월 중순, 반가운 기별이 제게 전달되었습니다.

잘 알고 지내던 형제의 승진 소식이었습니다.

"신부님, 왠지 가장 먼저 전해 드려야 할 것 같아서 알려 드립니다. 이게 무슨 영문인지 저도 얼떨떨합니다만, 제가 총괄국장으로 승진했습니다. 함께 기뻐해 주십시오."

저는 흡사 제 일인 것처럼 흥분했습니다.

"세상에 이런 일도 다 있네. 그토록 왕따를 받으며 변두리로 몰리더니, 듣던 중 오래간만에 통쾌한 반전인 걸!"

사실 유수 교회 기관에서 잔뼈가 굵은 그 형제는 복음 선교의 사명감도 교회에 대한 애정도 남달랐습니다. 거기에다 자질까지 두루 갖췄지만, 너무 순수하여 업무처리 방식이 '과하게 복음적인' 것이 문제였습니다. 세속의 잣대로 봤을 때, 비효율적이라는 비난을 듣기에 딱이었던 것이지요. 그런 이유로 그는 조직에서 온전히 평가받지 못한 채, 한직을 전전하다시피 했습니다.

저는 그의 이런 사정을 꽤 오래전부터 알아 왔던지라, 그와 만날 기회가 있을 때마다 한결같이 격려해 주었습니다.

"내가 보기에, 하느님의 관점에서는 형제야말로 쓸 만한 재목일 겁니다. 당장 눈앞의 현실에 낙심하지 말고 멀리 보십시오. 형제는 언젠가 반드시 유용하게 쓰임받을 것입니다."

그 역시 이런 말을 해 주는 저를 잘 따라 주었습니다. 그러더니 이런 좋은 날이 온 것입니다. '인생사 새옹지마'라고 그것이 그에게 축배일지 독배일지 아직 속단하기에는 이르지만 말입니다.

하지만 저는 확신합니다. 세상의 관점에서 그가 자신의 직무를 탁월하게 이행할지는 장담할 수 없다 해도, 하느님의 관점에서 봤을 때 그는 결국 자신의 소명을 훌륭히 수행해 낼 것이라고 말입니다. 하느님의 안목에서는 세상에서의 실패가 실패가 아니고 세상에서의 명예가 명예가 아닌 경우가 허다하기 때문입니다.

"보라, 지금은 꼴찌지만 첫째가 되는 이들이 있고, 지금은 첫째지만 꼴찌가 되는 이들이 있을 것이다"(루카 13,30).

이 복음 말씀은 종말에 일어날 수 있는 궁극적인 반전에 대한 진실을 전해 줍니다. 앞에서 예로 든 형제의 경우는 중간 평가에서 일어난 순위 반전에 해당됩니다. 하지만 결정적으로 중요한 순위 매김은 마지막 때의 그것입니다. 그것으로 영원의 운명이 판가름 나는 최후의 평가이기 때문입니다. 절망 중의 절망은 '더 이상 기회는 없다'이기 때문이지요.

참신앙의 길은 결코 어영부영 가는 길이 아닙니다. 기회주의적 신앙은 여지없이 탈락인 것입니다. 그러기에 최후의 선고는 엄정합니다.

오늘 복음에서 "꼴찌"는 구원의 역사에서 유다인들보다 늦게 복음을 믿고 따른, 사방에서 온 이방 민족을 가리킵니다. "첫째"는 당연히 가장 먼저 복음을 들은 유다인을 가리킵니다. 예수님께서는 이 현실의 순위가 마지막 때에는 뒤집힐 것이라고 하셨습니다.

유다인은 기득권자를 상징합니다. 오늘 우리 교회에서도 태중 교우, 유아 세례, 또는 세례의 선배라는 이유로 아직 세례 받지 못한 이들보다 앞서 있다고 자만했다가는 종국에 낭패를 겪게 될 수도 있음을 기억하고 정신을 바짝 차려야 할 것입니다.

함께 기도하시겠습니다.

주님, 저희의 인생을 평가할 마지막 잣대는 주님께 있습니다. 찬미받으소서.

주님, 저희가 그 주님의 잣대를 이미 세상에서 충분히 알아볼 수 있도록 인간에게만 고유한 양심을 주셨습니다. 찬미받으소서.

주님, 그리고 그 기준을 보다 더 선명히 드러내시기 위하여 저희에게 특별히 말씀을 주셨습니다. 찬미받으소서.

우리 주 예수 그리스도를 통하여 비나이다. 아멘!

연중 제22주일: 루카 14,1.7-14

낮은 데로 임한 사랑

"자신을 높이는 이는 낮아지고 자신을 낮추는 이는 높아질 것이다"(루카 14,11).

1. 말씀의 숲

오늘 복음에서 우리는 윗자리를 추구하는 바리사이들을 만나게 됩니다. 그들이 윗자리를 탐내는 것은 바로 자신의 권위와 명예를 드러내고자 하는 마음 때문이었습니다.

사실 바리사이들이 높은 자리를 추구했던 것은 그들 조상의 영예로운 과거 때문이었습니다. 우리 한국 역사로 치자면 바리사이는 신사참배를 거부한 독립 유공자들의 후예로서 그 숭고한 애국 충절을 계승한 사람들이었습니다. 그러니 사회적으로 큰 존경을 받을 것은 당연지사였습니다.

당시 이들의 지위로 보아 바리사이는 스스로 윗자리를 탐하지 않아도 일반 대중들이 그들에게 윗자리를 만들어 주는 것이 통례였을 것입니다. 익숙하다 보니 그들이 어디를 가든 윗자리를 자신들의 자리로 여겼을 것은 자명합니다.

오늘 예수님께서는 이러한 역사적인 사실을 배경으로 해서 바리사이의 예를 들면서 청중들에게 '윗자리'를 탐하지 말 것을 가르치십니다.

윗자리는 여러 자리 중에서 가장 훌륭한 사람이 앉는 자리입니다. 서로 윗자리에 앉겠다고 다투는 사람들은 자신들이 인격자임을 나타내고자 애쓰는 사람입니다. 그러나 이들의 행동에는 모순이 있습니다. 자신이 훌륭한 사람이라고 내세우지만 그들이 다투는 행위는 결코 훌륭한 인격자의 모습이라 할 수 없기 때문입니다. 그렇기에 예수님께서는 겸손하게 낮은 자리를 택하여 앉으라고 말씀하시는 것입니다.

이어지는 예수님의 말씀은 여기에 한 가지 주문을 보탭니다. "네가 잔치를 베풀 때에는 오히려 가난한 이들, 장애인들, 다리저는 이들, 눈먼 이들을 초대하여라"(루카 14,13). 사실 친구, 친척, 형제들, 부자 이웃들을 초대하여 식사하는 것은 일상생활에서 늘 있는 일이고, 잘잘못을 따질 것이 못 됩니다. 하지만 예수님께서는 여기서 한 걸음 더 나아가야 함을 가르치십니다. 보답을 받지 않는 자선을 베풀라는 것입니다. 이 말씀은 사도 바오로의 다음과 같은 권고를 떠올리게 합니다.

"서로 뜻을 같이하십시오. 오만한 생각을 버리고 비천한 이들과 어울리십시오"(로마 12,16).

복음 말씀에서 열거된 가난한 사람, 장애인, 다리저는 이, 눈먼 이 등은 바리사이파 사람들 사회에서는 죄인 취급을 당하면서 사회적 접촉에서 제외되었던 사람들입니다. 그들은 성전 예배에서도 제외되었습니다. 예수님께서는 바로 이런 사람들을 초대하여 같은 상에서 식사하라고 교훈을 주셨습니다. 이 초대는 천상 잔치 식탁으로의 초대를 모상으로 나타낸 교훈입니다. 이 교훈은 산상 설교에서 '자비를 베푸는 사람은 행복하다'(마태 5,7 참조)고 한 교훈의 구체적인 실천 방법이라고 할 수 있습니다.

2. 말씀 공감

■ 저희의 엉덩이가

> "끝자리에 가서 앉아라"(루카 14,10).

　자고로 우리 조상들은 '군사부일체君師父─體'라 하여 나라의 군주, 스승, 그리고 부모의 권위를 동일하게 인정하고 존경해 왔습니다. 이는 긴급하거나 결정적인 판단을 내려야 할 때 혼란 없이 최선의 결정이 내려지도록 하기 위한 지혜의 방편이었습니다. 그러기에 판단의 절대 척도가 일정하게 이들에게 위임되어 있었습니다. 나라가 어지러울 때는 군주에게 절대 명령권이 주어졌으며, 학생들 가치관의 형성기에는 학교 스승들에게 그 가치관의 교육 권한이 위탁되었으며, 가정에서 질서가 필요할 때는 부모에게 훈육의 권한이 부여되었던 것입니다.

　그런데 요즈음에 와서는 권위주의 타파의 이름으로 이 귀한 권위들이 여지없이 무너진 형국입니다. 민주주의의 이름으로 통치자의 비상 결정권도, 가르치는 이의 교권도, 부모의 말발도 무참하게 허물어진 지 오래됩니다.

　사실 권위를 지나치게 인정해 주다 보면 그것이 남용되어 간혹 권위주의에 빠질 수 있습니다. 직분에 합당한 지혜로운 처신을 통해서 권위를 발생시키는 것이 아니라, 직분은 엉터리로 수행하면서 권한만 누리려 하는 부작용이 생길 수 있는 것입니다.

　오늘 복음 말씀에 나오는 "초대받은 이들이 윗자리를 고르는 모습"(루카 14,7)이 꼭 그랬습니다. 바리사이들의 이런 행태에 대하여 주님께서는 기회 있을 때마다 호되게 경고하신 바 있습니다.

"불행하여라, 너희 바리사이들아! 너희가 회당에서는 윗자리를 좋아하고 장터에서는 인사받기를 좋아하기 때문이다"(루카 11,43).

윗자리를 좋아하는 모습은 율법 학자들에게도 해당하는 경고입니다.

"율법 학자들을 경계하여라. 그들은 긴 겉옷을 입고 나다니기를 즐기고, 장터에서 인사받기를 좋아하며, 회당에서는 높은 자리를, 잔치 때에는 윗자리를 좋아한다"(루카 20,46).

이런 앞뒤의 정황에서 예수님께서는 거침없이 말씀하셨습니다.

"초대를 받거든 끝자리에 가서 앉아라"(루카 14,10).

이어서 그 이유까지 마저 말씀해 주십니다.

"그러면 너를 초대한 이가 너에게 와서, '여보게, 더 앞 자리로 올라앉게.' 할 것이다. 그때에 너는 함께 앉아 있는 모든 사람 앞에서 영광스럽게 될 것이다"(루카 14,10).

이야기의 마무리로서 주님께서는 더 이상의 해설이 필요 없는 말씀을 주십니다.

"자신을 높이는 이는 낮아지고 자신을 낮추는 이는 높아질 것이다"(루카 14,11).

이처럼 주님께서는 세상에서 권위를 행사할 위치에 있는 사람들에게 특히 '겸손'의 덕이 필요하다고 가르치십니다. 인간관계에서 겸손한 사람은 하느님 앞에서도 겸손하고 모든 것을 그분의 선물로 여깁니다.

이 겸손의 훌륭한 본보기는 사도들입니다. 대표적으로 사도 바오로는 편지글에서 스스로를 낮추어 이렇게 고백합니다.

"내가 생각하기에, 하느님께서는 우리 사도들을 사형 선고를 받은 자처럼 가장 보잘것없는 사람으로 세우셨습니다"(1코린 4,9).

그는 오늘 복음의 핵심 구절인 주님의 권고를 글자 그대로 따랐던 것입니다.

"끝자리에 가서 앉아라"(루카 14,10).

머지않은 훗날, 실로 "보잘것없는" 사도들 안에서 주님의 영광이 드러났습니다.

오늘 복음이 권하는 "끝자리"는 주님께서 앉으신 자리이며 주님께서 드러나시는 자리입니다. 십자가를 지기 위해서 밑바닥의 극치까지 내려가신 예수님께서 하느님의 영광을 누리시듯, 예수님을 본받는 사람은 찬란히 빛나는 하느님의 품속으로 들어 높여집니다. 참된 영예는 스스로 차지하는 것이 아니라 다른 사람들이 그에게 부여하는 것입니다.

■ 표리 일치한

> "누구든지 자신을 높이는 이는 낮아지고
> 자신을 낮추는 이는 높아질 것이다"(루카 14,11).

〈불후의 명곡〉은 제가 가급적이면 꼭 챙겨서 시청하는 TV 프로입니다. 좋아하는 이유가 있습니다. 한 시대를 풍미했던 명곡들을 내로라하는 가수들이 열심히 연습해서 열창하는 감동이 크기 때문입니다. 노래도 노래려니와 부수적으로 최선을 다하는 마음가짐을 다질 수 있어서 좋습니다.

그 프로에 지난 7월 말 가수 바비 킴이 출연했습니다. 반가웠습니다. 제가 알기로 그는 천주교 신자입니다. 부모도 그런 것으로 알고 있습니다. 이 사실을 몰랐을 때도 그의 노래를 좋아했었지만, 알고 나서부터 더 좋아하고 있습니다.

그랬는데, 평소 좀 도도한 모습이었던 그가 눈에 띌 만큼 겸손해진 모습이었습니다. 그 겸손의 자세는 말에서, 눈빛에서 느껴졌습니다.

진행자들이 우승 욕망 등등을 자극하여 오락성 질문을 던져도, 그는 일관되게 우승 욕망이라는 답변을 피한 채 그저 '최선을 다하여 노래를 부르겠습니다.'라고만 답변했습니다. 다른 출연자의 말들에도 경청하는 태도였습니다. 그는 무대에 서서 윤시내의 '인생이란' 노래를 자신의 독보적인 소울 음성으로 열창했습니다. 가사가 폐부에 와닿을 만큼 소름 끼치는 공감을 느꼈습니다.

안방의 저만 느낀 것이 아니라 현장의 관중들도 똑같이 공감되었던 모양인지 여기저기서 눈시울이 젖은 모습들이 많이 포착되었습니다.

결국 그는 그날 우승했습니다. 다소 감상적인 결론이 되겠으나 그것은 저의 작은 기쁨이기도 했습니다. 그날 마음가짐은 오늘 복음서의 예수님 말씀과 너무도 일치합니다.

"누구든지 자신을 높이는 이는 낮아지고 자신을 낮추는 이는 높아질 것이다"(루카 14,11).

무슨 사족이 더 필요하겠습니까.

부디 가수 바비 킴이 이 체험을 슬기로 간직하여서 향후 가수 활동에 꾸준함을 보여 주기를 바랍니다. 첨언하자면 저는 가톨릭 정체성을 주변인들에게 소신껏 커밍아웃하고 활동하는 모든 공인들과 연예인들을 귀하게 여깁니다. 어느 기회에 어느 선의와 어느 말 하나가 주님의 영광을 드러내는 격이 될지, 그들은 일반인보다 훨씬 더한 특권을 갖고 있기 때문입니다. 그럴 수 있도록 저는 제가 아는 공인들과 연예인들을 위해서 기도를 드리곤 합니다.

■ 그 황홀함에

> "네가 잔치를 베풀 때에는 오히려 가난한 이들, 장애인들, 다리저는 이들, 눈먼 이들을 초대하여라"(루카 14,13).

아시는 분도 계실 테고 또 모르시는 분도 계실 터입니다만, 2013년 7월 23일부터 28일까지는 전 세계 가톨릭 젊은이들의 신앙 대축제인 제28차 '세계청년대회'가 브라질 리우데자네이루에서 있었지요. 신문에 난 사진들 속 청년들의 함박웃음에서 하나 된 그리스도인의 아름다움을 찾아볼 수 있어 기뻤습니다.

그런데 제 마음을 더욱 뜨겁게 적신 것은, 바로 대회 기간을 이용하여 브라질 동부의 한 빈민가를 찾은 교황님의 기사였습니다. 자칫 신변이 위험해질 수 있음에도 불구하고 수백 명의 어린이들에게 일일이 입 맞추고 미소로 포옹하시던 교황님의 그 거룩한 행보에는 바로 오늘 복음 속 예수님의 말씀이 그대로 살아 숨 쉬고 있었던 것입니다.

"네가 잔치를 베풀 때에는 오히려 가난한 이들, 장애인들, 다리저는 이들, 눈먼 이들을 초대하여라"(루카 14,13).

결코 '그들'만의 화려한 축제로 흘려보내지 않을 수 있게끔, 몸소 당신께서 가장 낮은 곳을 찾아 방문하시어 인사를 나누셨던 프란치스코 교황님.

앞서 그분의 로마 밖 첫 사목 방문지 역시, 소외된 이들의 땅 이탈리아 최남단 '람페두사Isola di Lampedusa'라는 섬이었다 하지요. 그 섬은 전쟁과 가난으로 고통받는 아프리카 주민들이 자유와 일자리를 찾아 유럽에 가기 위해 경유하는 곳으로, 지난 25년간 약 2만 명의 아프리카인들이 낡은 배의 난파 등으로 사망한 자리라고 합니다.

그곳에서 야외 미사를 주례하시며 교황님은 이런 말씀을 남기셨다 합니다.

"지난 6월 뉴스에서 바다에 빠져 죽는 이주민들의 소식을 보고 이 섬을 방문하기로 마음먹었습니다. 누가 그들을 위해 울어줄 것입니까? 자신만을 생각하는 웰빙 문화에 젖어 타인들의 눈물 어린 호소에 무감각하고, '무관심의 세계화' 속에 이주민들의 죽음을 보고도 눈물을 흘리지 못하는 이들이 우리 가운데는 많습니다. 세계화를 따라간다는 명목으로 이런 비극을 초래하는 그들의 무관심에 용서를 청하고 기도합시다." [56]

이 방문이 어떠한 의미를 지닌 것인지는, 그 섬의 시장인 주시 니콜리니의 소감에서 잘 드러납니다.

"교황님의 방문은 지중해를 건너오는 아프리카 난민 문제를 책임지지 않으려는 유럽 사회를 바꾸는 데 큰 힘이 될 것입니다. 교황님께서는 모든 나라가 부정했던 난민들의 존엄을 회복시키셨습니다."

예수님의 지상 대리자 교황님의 행보는 웅변적으로 오늘 복음 말씀을 메아리치게 하는 듯합니다.

"네가 잔치를 베풀 때에는 오히려 가난한 이들, 장애인들, 다리저는 이들, 눈먼 이들을 초대하여라"(루카 14,13).

이번 한 주 동안, 그분의 사랑을 담은 초대장을 기쁨으로 이웃에게 전하는 날들을 만들어 봄이 어떨까요.

함께 기도하시겠습니다.

주님, 혹여 겸손을 빌미로 복음을 전하는 기회를 박정하게 거절하는 어리석음을 저희로 하여금 범하지 않게 하소서.

주님, 너무 겸손에 집착하여 자신을 한없이 낮추려 하기보다, 그냥 눈앞의 한 사람 한 사람을 귀한 존재로 여기는 안목을 지녀 거짓 없는 겸손의 태도를 취하도록 저희의 말과 눈과 행동을 주장하여 주시옵소서.

주님, 저희가 항상 표리 일치한 겸손의 삶을 살도록 겸손의 실효적인 롤 모델인 예수님의 십자가가 항상 저희의 시야에 어른거리게 하소서.

우리 주 예수 그리스도를 통하여 비나이다. 아멘!

연중 제23주일: 루카 14,25-33

모두 내려놓는 결단

"자기 소유를 다 버리지 않는 사람은 내 제자가 될 수 없다"(루카 14,33).

1. 말씀의 숲

"누구든지 나에게 오면서 자기 아버지와 어머니, 아내와 자녀, 형제와 자매, 심지어 자기 목숨까지 미워하지 않으면, 내 제자가 될 수 없다"(루카 14,26).

예수님의 이러한 말씀은 충격적입니다. 우리네 유교 윤리에서는 부모 형제가 모든 생활의 첫째 자리에 오며 효가 모든 덕행의 으뜸 자리에 옵니다. 그뿐이 아닙니다. 인간이 금수와 다른 점이 바로 부모에게 효도를 할 수 있다는 데 있습니다. 부모의 원수를 갚기 위해서는 잘 때도 칼을 베개 밑에 깔고 자라고 공자는 말했습니다. 부모의 원수를 갚는 것은 자식의 도리이며 효를 행하기 위하여는 살인도 무방하다는 이야기입니다.

조상의 핏줄을 귀하게 생각하는 유다인들에게도 효는 동양인에 못지 않게 중요한 덕목이었습니다. 그래서 십계명 제4계명에서는 '부모에게 효도하라'고 못 박아 놓았던 것입니다.

그렇다면 예수님의 이 말씀은 십계명에 위배되는 말일까요?

그렇지 않습니다. 오늘 복음 말씀은 십계명에서 그 1계명인 하느님을 흠숭하는 것과 그 4계명인 부모를 공경하는 것 사이의 우선순위를 가리키고 있습니다. '실제로 하느님을 섬기는 것과 부모를 공경하는 문제가 충돌할 때 무엇을 선택해야 옳겠는가?' 하는 물음에 대한 답인 것입니다.

사실 예수님께서도 아버지이신 하느님의 뜻을 실천하기 위하여 당신의 부모와 형제들, 친척들을 모두 포기하셨고, 끝내 머리 기댈 곳조차 없으셨으며, 결국에는 친히 당신의 십자가를 지셨습니다.

예수님께서 친히 당신 자신으로 하여금 모범을 보이셨기에 당신을 따르는 제자들도 예수님께서 가신 길을 함께 걸어가야 합니다. 하지만 모든 것을 버리고 예수님을 따른다고 해서 자기 자신만의 구원을 추구하는 것은 아닙니다. 오히려 우리 자신들의 투신을 통하여 우리 부모와 친척, 형제들 역시도 주님께 나오게 될 것이기 때문입니다.

이렇듯이 예수님을 따르기 위해서는 전적인 투신이 필요합니다. 그렇기에 예수님께서는 탑을 지으려는 한 농부의 이야기와 전쟁을 치러야 하는 한 임금의 이야기를 쌍으로 든 비유로 말씀하고 계십니다. 탑을 세우기 위하여 앉아서 공사 비용을 미리 셈해 볼 것입니다. 여기에는 치밀하고 합리적인 예산 탐색이 필요하며, 강한 적군을 요리해야 하는 현명성과 재치 있는 판단력이 필요합니다. 그 후 농부는 탑을 세우는 데 자신의 모든 것을 투자하고, 임금은 사신을 보내는 결단력을 행하는 것처럼, 우리가 주님을 따르기 위해서는 확실한 결단력이 필요한 것입니다.

예수님을 따르는 데도 여러 가지 방법이 있습니다. 자기 죄를 뉘우치고 예수님의 말씀을 받아들이는 믿음을 가지는 사람, 세상일을 처리하는 데 자기 판단에만 의지하지 않고 예수님의 정신을 따르는 사람, 일생을 예수님의 일에 몸 바치는 사람, 이 사람들은 다 예수님을 따르는 사람들의 유형입니다.

사도들은 맨 나중 부류에 속하는 제자들입니다. 주님의 포도원에 탑을 짓고, 주님의 전쟁에서 백성을 보호하는 일에는 현명함과 사랑이 동시에 필요합니다. 그런데 자기를 버리지 않으면 현명과 사랑은 나올 수 없습니다.

2. 말씀 공감

■ 그 사랑 알 길이 없습니다

> "누구든지 나에게 오면서 자기 아버지와 어머니, 아내와 자녀,
> 형제와 자매, 심지어 자기 목숨까지 미워하지 않으면,
> 내 제자가 될 수 없다"(루카 14,26).

이 말씀은 아무리 예수님 말씀이라 해도 결코 반갑게 들리지 않습니다. "미워하지 않으면"이라는 표현 때문입니다.

"아무리 그래도 그렇지, 어떻게 피를 나눈 가족들을 미워해. 난 못해. 이건 아냐."

설령 이런 거부감을 품는다 해도 무례가 아닐 것입니다.

하지만 원어인 그리스어를 확인하게 되면, 그 거부감이 금세 사라집니다.

'미워하다'라고 번역된 그리스어 동사 '미세오_miseo_'는 사전적 의미로 '미워하다', '증오하다'라는 뜻을 넘어 '덜 사랑하다', 나아가 '뒤로 돌리다', '제2차적으로 생각하다'라는 뜻을 지닙니다.

그러니까 '미워하다'라는 단어 대신에 '덜 사랑하다', '우선순위에서

뒤로 돌리다'라는 식의 번역이 보다 예수님의 의중에 부합한다고 볼 수 있습니다. 곧 다른 누구보다도 예수님께 선택의 우선순위를 드려야 한다는 뜻이지요.

요컨대, 예수님의 제자가 되어 뒤따르기 위해서는 우리가 소중히 여기는 가족들보다 예수님을 우선적으로 선택하는 결단력이 필요합니다.

왜 그래야 하는가? 당연히 예수님께서 그 누구보다도 소중한 분이기 때문입니다. 그런데 성 이레네오 St. Irenæus(130?-202?) 주교는 『이단자를 거슬러 Adversus hæreses』에서 이 물음에 대하여 보다 영성적인 답변을 제공합니다. 함께 음미해 보겠습니다.

> 예수님께서 당신을 따르라고 말씀하셨을 때 그것은 당신이 우리의 도움을 필요로 해서가 아니라 우리에게 구원을 베푸시기 위해서였습니다. 구세주를 따르는 것은 구원을 얻어 누리는 것이며 빛을 따르는 것은 그 빛의 조명을 받는 것입니다. 빛 안에서 사는 이들은 자신들이 그 빛이 빛나도록 광채를 주는 것이 아니고 오히려 그 빛으로 인해 조명되고 빛납니다. 즉, 그들은 주는 것이 하나도 없고 그 빛으로 인해 조명됨으로 은혜를 받습니다.
>
> 우리가 하느님을 섬기는 것도 이와 같습니다. 우리가 하느님께 드리는 것이 하나도 없습니다. 하느님께는 인간의 봉사가 필요하지 않습니다. 오히려 그분은 당신을 따르고 섬기는 이들에게 생명과 불사불멸과 영원한 영광을 주십니다. 그렇게 함으로써 그분은 당신을 섬기는 이들에게 그 섬김 때문에 은총을 주시고 당신을 따르는 이들에게 그 따름 때문에 은총을 주십니다. 이렇게 하신다 해도 그들한테서 받는

이익이 조금도 없습니다. 그분의 풍요함은 완전하고 부족함이 없는 풍요함입니다.

선하시고 자비로우신 하느님은 당신을 항구히 섬기는 이들에게 은총을 주시기 위해서 사람들로부터 섬김을 요청하십니다.[57]

참으로 아름답고 참신한 깨달음의 글입니다. 한 문장 한 문장이 감동입니다.

하느님께서만 주실 수 있는 그 무엇을 우리에게 베푸시기 위하여, 그 대신 우리에게 추종과 섬김과 사랑을 요구하시는 하느님!

은혜로운 역발상에 탄복할 따름입니다.

■ 들을 귀가 있는 이에게

> "너희 가운데 누가 탑을 세우려고 하면, 공사를 마칠 만한 경비가 있는지 먼저 앉아서 계산해 보지 않느냐?"(루카 14,28).

예수님께서는 당신을 따르기 위해서는 자신의 모든 것을 투신해야 한다는 의미에서 탑을 세우는 사람의 비유를 드셨습니다. 이는 곧 예수님을 따르기 위해서는 '우리가 무엇을 바쳐야 하는가? 어떤 마음가짐과 생활 방식으로 그분을 따라야 하는가?'를 고려한 뒤 전적으로 투신해야 한다는 말씀입니다.

예수님을 따르는 만큼 엄청난 보상이 있을 것이기에 그에 상응하는 투신이 필요하다는 말씀인 것입니다.

예수님께서는 이러한 주문을 누구에게나 하시지는 않습니다. 그것을 소화하고 이해할 수 있는 수준의 사람에게만 하십시오.

우리 주변에는 주님의 수준 높은 부르심에 기꺼이 응답하는 신자들이 꽤 있습니다. 그 가운데 하나가 선교사들입니다. 우리나라의 산간 도서 지역에 있는 공소에서 활동하는 선교사들도 있지만, 중국과 같이 외국으로 나가서 활동하는 선교사들도 있습니다. 그들은 하나같이 열정을 가지고 투신하고 있습니다.

오랫동안 중국에서 선교 활동을 하는 김 카리타스 선교사를 소개해 드립니다.

김 카리타스 선교사는 교리 신학원을 30회로 졸업했습니다. 카리타스 선교사가 교리 신학원에 들어가게 된 동기는 자신이 하느님의 일을 하는 데 조금이라도 도움이 되기를 바라는 마음에서였습니다. 그녀가 처음부터 중국 선교를 목표로 했던 것은 아닙니다. 오히려 그녀는 북한 선교 쪽에 더 마음을 두고 있었습니다. 그런데 1994년 인천 샤미나드 피정의 집에서 일주일에 한 번씩 모이는 피정을 하던 중, 중국으로부터 도움을 청하기 위해 들어온 두 분의 신자들을 만나게 되었습니다.

그들은 중국 천주교회의 어려운 상황을 전하며, 개신교에서는 이미 많은 선교사들이 들어와 활동하고 있다고 했습니다. 그러면서 한국에도 평신도 선교사들이 있다는 것을 알고 선교사 파견을 요청하기 위해서 왔다는 것입니다. 카리타스 선교사는 그 이야기를 듣고 북한 선교를 하기 위해서는 먼저 중국 선교를 해야겠다는 생각을 가지게 되었습니다.

그래서 중국에 일 년에 두 차례 흑룡강성 목단강이라는 곳으로 가서 선교 활동을 하게 되었습니다. 목단강성당에서 관리하는 공소가 30개가 넘는데, 직접 그곳으로 넘어가 조선족 신자들에게 교리를 가르치고,

북한에서 넘어온 탈북자들을 도와주는 등 여러 활동을 하고 있습니다. 그러면서 그녀는 다음과 같은 마음가짐을 가지고 있습니다.

"예수님께서 이 세상에 오셔서 활동하기 위해서 이미 세례자 요한과 같은 사람이 주님의 길을 미리 닦아 놓았던 것처럼, 많은 선교사들이 중국으로 넘어와 일을 잘하기 위해서는 나 자신이 길을 열어 놓아야 한다고 생각합니다."

이러한 카리타스 선교사의 의지는 그대로 실현되어 지금 교리 신학원 출신 선교사들이 중국 선교를 위한 모임을 가지고 있고 이미 길림성 연길 쪽으로 선교를 나갔다 왔다고 합니다.

카리타스 선교사가 중국에서 선교 활동을 하는 것은 결코 쉬운 일이 아닙니다. 많은 어려움이 있는데, 가령 경제적인 문제와 중국 당국이 외부에서 들어온 선교사들의 활동을 인정하지 않는다는 것입니다. 그러나 이러한 어려움보다 더 큰 어려움은 현재 중국에서 불고 있는 자본주의라고 합니다. 목단강성당의 조선족 신자들은 너무 가난하기 때문에 많은 사람들이 돈을 벌기 위하여 도시 지역으로 나가고, 심지어는 우리나라 일본으로 나가고 있습니다. 그러다 보니 가정이 파탄 나는 경우도 있고, 그렇게 밖으로 나간 사람들은 신앙보다는 돈에 더 열성을 가지기 때문에 중국으로 돌아온다고 해도 신앙을 잃어버리는 경우가 많이 있습니다.

카리타스 선교사는 중국 선교 외에도 한국에 들어온 조선족 신자들을 위해 부천 송내동 쪽에 '평화의 쉼터'를 운영하고 있습니다. 이곳에서는 조선족 신자들을 위하여 교리를 가르치기도 하고, 인권 문제나 병으로 고통받는 이들을 도와주고 있습니다. 하지만 한국으로 들어온 조선족 신자들과 연락이 잘 닿지 않아 많은 어려움이 있다고 토로합니다.

카리타스 선교사는 중국 선교도 중요하지만, 한국에 들어온 조선족들을 잘 관리하는 것도 중요하다 말합니다. 돈을 버는 것도 중요하지만 더 중요한 것은 신앙을 벌어 가는 것임을 가르쳐야 한다는 것입니다. 그들이 한국에서 신앙을 잘 배워서 중국으로 돌아간다면 그들을 통해서도 선교가 가능하기 때문입니다. 하지만 아직까지 평신도 선교사, 그것도 여성 신자 혼자 이러한 것들을 모두 운영하기에는 너무도 힘들다고 말합니다. 그러면서도 자신이 하는 일이 발판이 되어 다음에 중국 선교를 지망하는 다른 선교사들에게 도움이 되기를 바라는 마음으로 지금도 열심히 중국 선교를 위해서 노력하고 있습니다.

카리타스 선교사야말로 오늘 복음의 말씀처럼 '탑'을 세우기 전에 무엇이 필요한지 정확하게 계산하는 지혜를 지닌 분입니다. 그녀가 세우고자 하는 탑은 천국의 탑이며, 그녀가 투자해야 할 것으로 계산한 값은 그녀의 삶 전체였던 것입니다.

■ 저희가 아는 유일한 단어

> "너희 가운데 누가 탑을 세우려고 하면, 공사를 마칠 만한 경비가 있는지 먼저 앉아서 계산해 보지 않느냐?" (루카 14,28)

얼마 전 서울 송파 지역에 갈 일이 있었습니다. 일을 보고 때마침 점심때가 되어 식당을 기웃거렸는데 적잖이 놀랐습니다. 간판을 보고 '이

집 괜찮다' 싶어 들어가려면 문을 닫았고, 그러기를 다섯 차례 넘기다 보니 요즈음 폐업 신세에 직면한 자영업자들의 탄식이 들려오는 듯했습니다. '경기가 안 좋아도 무척 안 좋구나.'라는 생각이 들어 많이 안타까웠습니다.

위기 시대에 살아남으려면 손익 계산에 능해야 합니다. 포괄적으로 이를 '견적'이라고 불러도 무방하겠죠. 견적에는 시간, 인건비, 수요, 원가 등등 많은 변수를 고려하는 것이 요구됩니다. 앞에서 예로 든 폐업이라는 결정도 이러한 견적에서 내려진 결단이라 말할 수 있겠지요.

견적은 여러 차원에서 요구됩니다.

한 개인이 자신의 미래를 놓고 지혜로운 견적을 낼 수 있다면 그는 어떤 시련도 이겨 내고 최후에 웃는 자가 될 것입니다.

한 가정이 가계부라는 작은 수단을 이용하여 지혜로운 견적을 낼 수 있다면 어떤 불경기에도 생존할 수 있을 것입니다.

한 국가의 통치권이 최적의 경제적, 외교적, 군사적 견적을 낼 수 있다면 국민 고충은 그만큼 덜하게 될 것입니다.

오늘 복음서에서 주님께서 우리에게 깨우쳐 주고자 하신 것은 '견적을 잘 내라'입니다.

"누구든지 나에게 오면서 자기 아버지와 어머니, 아내와 자녀, 형제와 자매, 심지어 자기 목숨까지 미워하지 않으면, 내 제자가 될 수 없다"(루카 14,26).

이 말씀은 제자들의 귀에 가혹하게 들렸을 것입니다.

'주님의 제자 되기가 이렇게 까다로워서야. 이건 좀 심한 요구 아니신가?'

발설은 안 했지만 마음속에서는 그런 생각이 일었을 것입니다.

예수님께서 이 심정을 아셨기에 두 가지 비유를 드시며 '너희가 견적을 잘 내면 비로소 내가 요구하는 것이 당연하게 여겨질 것이다.'라고 말씀하신 셈입니다.

견적을 잘 내야 합니다. 예수님의 제자가 되기 위해서 우리는 무엇을 포기해야 하는가, 하늘 나라의 시민권을 얻기 위하여 우리는 어떻게 살아야 옳은가 등등, 우리는 사안마다 견적을 잘 낼 줄 알아야 합니다.

풀턴 쉰 대주교Fulton Sheen(1895-1979)가 남긴 묵상 글을 읽다 보면 이분이 얼마나 견적을 일상화하셨는지에 대해 감동받게 됩니다. 그 가운데 두 토막만 소개해 보자면 이렇습니다.

천국행 채비

우리가 살아 있는 동안에는 죄를 좋아하다가, 죽음에 직면해서 덕행을 좋아할 수는 없습니다. 천국의 기쁨은 지상에서 예수님이 보여 주신 행복이 이어지는 것입니다. 우린 마지막 숨을 몰아쉬면서 살아생전에 보여 주지 않은 전혀 새로운 애덕을 드러내진 않습니다. 우린 지상에서 뿌린 것만을 내세에서 수확합니다.

따라서 죄로 점철된 인간들이 하느님께 빌린 그들 인생이 임대 만료할 때까지 그분께 무례히 굴다가, 내세에서 그분의 대저택 가운데 한 채를 영구 임대할 수 있을 것으로 기대한다면 그건 큰 오산입니다. 속죄의 십자가를 지고 천국에 가신 분이, 우리가 죄지은 상태로 그곳에 가도록 하시겠습니까?[58]

이 묵상글은 어떤 관용과 융통도 배제된 냉철한 견적입니다. 때로 견적은 이처럼 에누리 없는 팩트 연산을 요구하기도 합니다.

두 번째 묵상글입니다.

경비가 삼엄한 교도소에서

제가 한번은 경비가 아주 삼엄한 교도소에서 피정을 지도한 적이 있습니다. 그곳엔 이천여 명에 달하는 재소자가 수감되어 있었습니다. 물론 그들은 모두, 저는 선하고 자기들은 악하다고 생각했겠지요. 어떻게 피정을 시작해야 할지 망설이다가, 저는 이렇게 말문을 열었답니다.
"여러분, 저와 여러분 사이엔 커다란 차이점 하나가 있다는 걸 아시면 좋겠습니다. 바로 여러분은 잡혔고 저는 잡히지 않았다는 겁니다."
달리 말하자면, 우리는 모두 죄인입니다.[59]

이는 다소 풍자적인 지혜를 내포하는 견적입니다. 하지만 냉정한 자기 고백이기도 합니다. 사실 사람은 죄인과 의인으로 구별되지 않습니다. 그것은 하느님만이 하실 수 있는 일입니다. 확실한 것은 잡힌 자는 감옥에 가 있고 안 잡힌 자는 감옥 밖에 있다는 사실입니다.

함께 기도하시겠습니다.

주님, 항상 '땅의 백성' 같은 저희, 갈 곳을 모르는 '군중'과 같은 저희에게 위로와 희망, 힘이 되는 말씀을 주심에 감사드립니다. 저희가 영적 아이였을 때는 저희에게 필요한 위로의 말씀을 해 주셨지만, 지금은 당신을 위한 희생을 권하고 계심을 깨닫습니다. 주님, 주님께서 저희를 희생으로 부르시는 것은 당신께서 저희에게 더 큰 은총을 주시기 위함임을 깨닫게 하소서.

　주님, 저희가 다른 모든 것보다 당신을 사랑하고 따름으로써, 저희가 주위 사람들에게 은총의 전달자가 되게 하소서.

　그리고 주님, 저희가 항상 주님만을 바라보며 자신을 기쁘게 투신할 수 있도록 성령을 부어 주소서. 주님의 도움 없이는 저희는 작은 일도 할 수 없기 때문입니다.

　우리 주 예수 그리스도를 통하여 비나이다. 아멘!

연중 제24주일: 루카 15,1-32

쓰레기가 아니라 하느님의 보물

"나와 함께 기뻐해 주십시오. 잃었던 내 양을 찾았습니다"(루카 15,6).

1. 말씀의 숲

오늘 복음은 키에르케고르Søren Aabye Kierkegaard(1813-1855)의 다음과 같은 글을 떠올리게 합니다.

> 죄인에 대한 문제라면 하느님은 그냥 팔을 벌리고 서서 '이리 오라'고 단지 말씀만 하시지 않는다. 줄곧 서서 기다리신다. 탕자의 아버지가 그랬던 것처럼.
> 아니다. 그분은 서서 기다리시지 않는다. 찾아 나서신다. 마치 목자가 잃은 양을, 여인이 잃어버린 동전을 찾아 나선 것처럼 그분은 찾아가신다.
> 아니다. 그분은 이미 가셨다. 그 어떤 목자나 여인보다 무한히 먼 길을, 진정 그분은 하느님 신분에서 인간 신분이 되기까지 무한히 먼 길을 내려오셨다. 그렇게 죄인들을 찾아오신 것이다.[60]

우리가 오늘 들은 복음 내용에서는 하느님의 자비에 대한 세 가지 비유를 전해 주고 있습니다. 곧 길 잃은 양의 비유, 잃었다 찾은 은전의 비유, 그리고 마지막으로 우리가 잘 알고 있는 탕자의 비유입니다.

  이 비유 말씀들이 전해 주는 것처럼 하느님께서는 길 잃은 우리들을 찾아 나서십니다. 하느님께서는 낮이 되고 밤이 되어도 이 노력을 그치지 않으셨습니다. 그리고 끝내 하느님의 외아들 또한 잃어버린 당신의 백성을 찾아 구원하러 오셨습니다. 아버지께서 당신에게 주신 우리를 잃지 않기 위해서 말입니다.

  오늘 복음에서 "나와 함께 기뻐해 주십시오."(루카 15,6) 하는 목소리가 들립니다. 잃었던 양을 찾은 목자의 외침, 잃어버린 은전(드라크마)을 찾은 부인의 외침입니다. 이 비유에서 하느님의 사랑은 분명히 죄인들에게 전해졌습니다.

  "내가 너희에게 말한다. 이와 같이 하늘에서는, 회개할 필요가 없는 의인 아흔아홉보다 회개하는 죄인 한 사람 때문에 더 기뻐할 것이다"(루카 15,7).

  "내가 너희에게 말한다. 이와 같이 회개하는 죄인 한 사람 때문에 하느님의 천사들이 기뻐한다"(루카 15,10).

  죄인들, 종교적인 예식에 참석할 수 없었던 이방인들과 병든 사람들, 곧 오늘 예수님의 말씀을 들으려고 몰려왔던 세리와 죄인들을 두고 하느님의 기쁨이 넘칠 것입니다. 그리고 이들을 위해 잔치가 베풀어질 것입니다. 예수님의 식탁, 곧 말씀의 식탁은 모든 이에게 열려 있기 때문입니다. 여기에는 더러운 것과 깨끗한 것의 차별이 없습니다. 예수님께서는 당신에게 마음을 열고 당신을 찾는 사람들을 격려하시기 때문입니다.

  오늘 비유 말씀은 너무나 밝고 즐거움이 넘치는 이야기였습니다. 하느님께서 죄인들에게 양심의 가책이나 회개를 강요하지 않으셨기 때문입니다. 회개가 당신을 만나는 조건이 아니라 만남의 결과였기 때문입니다. 하느님의 천사들도 기뻐하는 하늘의 기쁨은 오로지 만남, 재회의 기쁨이었습니다.

그런데 잃었던 은전의 비유는 잃었던 양의 비유와 쌍을 이루면서 거의 같은 이야기로 전개됩니다. 얼마나 같은지 비교해 보겠습니다.

"또 어떤 부인이(=너희 가운데 어떤 사람이) 은전 열 닢을 가지고 있었는데(=양 백 마리를 가지고 있었는데) 한 닢을 잃으면(=그 가운데에서 한 마리를 잃으면), 등불을 켜고(=아흔아홉 마리를 광야에 놓아둔 채) 집 안을 쓸며 그것을 찾을 때까지(=잃은 양을 찾을 때까지) 샅샅이 뒤지지 않느냐?(=뒤쫓아 가지 않느냐?) 그러다가 그것을 찾으면(=그러다가 양을 찾으면) 친구들과 이웃들을 불러(=친구들과 이웃들을 불러), '나와 함께 기뻐해 주십시오(=나와 함께 기뻐해 주십시오). 잃었던 은전을 찾았습니다(=잃었던 내 양을 찾았습니다).' 하고 말한다. 내가 너희에게 말한다. 이와 같이 회개하는 죄인 한 사람 때문에(=회개하는 죄인 한 사람 때문에) 하느님의 천사들이(=하늘에서는) 기뻐한다(=더 기뻐할 것이다)"(루카 15,4-10 참조).

이렇게 거의 비슷한 비유를 둘씩이나 거듭한 것은 두 비유의 결어가 말해 주듯이 보잘것없는 한 사람이라도 회개하여 돌아오는 사람을 하늘에서는 무척 반긴다는 교훈을 강조하기 위한 것입니다.

2. 말씀 공감

■ **자비의 마음**

> "그러자 바리사이들과 율법 학자들이,
> '저 사람은 죄인들을 받아들이고 또 그들과 함께 음식을 먹는군.'
> 하고 투덜거렸다"(루카 15,2).

바리사이와 율법 학자들은 도대체 예수님의 무엇이 못마땅했을까요? 그들은 예수님을 따라다니면서 사사건건 트집을 잡고 악의적인 질문 공세를 퍼부었습니다. 그들은 자칭 의인이었습니다. 그리고 '의인은 죄인과는 완연히 구별되는 존재이며 죄인과는 어울리지도 말아야 한다.'며 율법을 빙자한 차별 의식을 공공연하게 개진했습니다.

그러니까 그들이 예수님께 품었던 불만이나 적개심은 죄인들에 대한 예수님의 파격적인 우대 때문이었던 것입니다. 오늘 복음 말씀에서 그들의 분노는 폭발했습니다.

"그러자 바리사이들과 율법 학자들이, '저 사람은 죄인들을 받아들이고 또 그들과 함께 음식을 먹는군.' 하고 투덜거렸다"(루카 15,2).

바리사이와 율법 학자들의 영순위 비판거리였던 예수님의 '죄인들을 위한 우선적 선택'은 오늘 우리 교회에서 사도들의 계승에 힘입어 똑같이 실현됩니다. 그리되어야 마땅합니다. 그런데 과연 실제로 그러한가? 가끔은 회의가 들 때가 있습니다.

이에 대해서는 신자들과 사목자들이 연합하여 예수님께서 기뻐하실 열매를 실하게 맺어야 할 것입니다.

주님께서는 오늘도 특별히 죄인들을 사랑하시고 죄인들과 먹고 마시기를 즐기십니다. 그리하여 당신 자비가 얼마나 큰지를 사람들에게 각인시켜서, 각자가 자격지심에 빠질 때 용기를 내도록 독려하십니다. 여기 드라마 같은 한 남자의 이야기가 있습니다.

미국의 도널드 캘로웨이 신부Fr. Donald Calloway 이야기입니다.
캘로웨이 신부의 10대는 마약과 유흥가 환락이 전부였습니다. 그 때문에 학교에서 퇴학당한 뒤 감옥과 치료 시설을 들락날락거리다가 군인 아버지를 따라 일본으로 건너갔습니다.
일본에서는 마약과 검은돈을 나르는 운반책이었습니다. 그는 백인 소년이었기에 경찰 감시망을 뚫는 데 유리했습니다. 그는 야쿠자 조직원들이 배낭에 마약과 돈을 채워 주면 그걸 메고 혼슈 지방의 카지노로 뛰었습니다. 결국 일본과 미국 경찰의 수사망에 걸려 체포된 뒤 추방됐습니다. 손과 발에 수갑이 채워진 채 미군 헌병의 호송을 받으며 미국으로 돌아왔던 것입니다.
미국에서 치료 감호를 받고 풀려난 뒤에도 정신을 차리지 못했습니다. 또 마약에 손을 댔습니다. 환각 상태에서 깨어나지 않는 게 행복이었습니다. 약 기운이 떨어지면 공황과 자살 충동에 시달렸습니다.
그러던 21살의 어느 날 밤, 우연히 맨 정신으로 조용한 방에 홀로 남았습니다. 음악 소리도, 환락가의 시끌벅적한 소리도 들리지 않았습니다. 자살 충동을 느끼다 안 되겠다 싶어 부모의 책장에서 아무 책이나 한 권 집어 들었습니다. 성모 마리아의 발현에 관한 책이었습니다. 어머니는 독실한 가톨릭 신자였지만 그는 종교와 담을 쌓고 사는 무신론자였습니다. 그는 이 책을 읽은 소회를 이렇게 밝혔습니다.
"아름다운 여인에 관한 이야기였다. 예수의 어머니 마리아였다. 아이들이 갑자기 나타난 여성스럽고 사랑스러운 여인 앞에서 무릎을 꿇고 울부짖으며 기도했다. 그 모습이 나를 사로잡았다. 그 책을 밤새 다 읽었다."

그는 새벽에 어머니를 깨워 간밤의 이상한 체험을 털어놨습니다. 어머니는 종교에 아무런 관심이 없는 아들 입에서 '하느님' '마리아' '경당' 같은 단어가 튀어나오자 깜짝 놀랐습니다.

그는 "그 사건 이후 예수 그리스도에 대한 사랑에 푹 빠졌다."라고 회상합니다. 그는 그날 아침 어머니와 함께 처음 성당에 가서 미사를 '구경'하고 신부를 만났습니다. 그는 그 만남의 순간을 이렇게 기억합니다.

"신부가 건네준 그림(자비의 예수님 상본)을 보고 충격을 받았다. 예수는 손을 들어 강복하는 모습이었지만, 나를 쳐다보지 않은 채 꾸짖는 것 같았다. 그 자리에서 통곡을 했다. 나는 사랑받고 있었고, 하느님께서 나를 원하신다는 것을 깨달았다."

이후 원죄 없이 잉태되신 마리아 사제회에 입회해서 2003년 사제품을 받은 그는 사람들에게 종종 말한다.

"나는 하느님 자비의 증거물 제1호다. 그동안 나쁜 짓을 많이 했고, 많은 사람에게 상처를 줬다. 그럼에도 주님께서는 자비를 베풀어 주셨다. 이 세상은 '하느님 자비의 바다'다."

도널드 캘로웨이 신부는 하느님 자비가 얼마나 큰지를 실감나게 드러내 주는 오늘의 산증인입니다.

■ **마냥 벅찬 흐느낌**

> "너희 가운데 어떤 사람이 양 백 마리를 가지고 있었는데
> 그 가운데에서 한 마리를 잃으면, 아흔아홉 마리를 광야에
> 놓아둔 채 잃은 양을 찾을 때까지 뒤쫓아 가지 않느냐?"(루카 15,4)

예수님께서 들려주시는 잃은 양 한 마리의 비유는 에제키엘 예언서의 유명한 말씀을 상기시켜 줍니다.

"내가 몸소 내 양 떼를 먹이고, 내가 몸소 그들을 누워 쉬게 하겠다. 주 하느님의 말이다. 잃어버린 양은 찾아내고 흩어진 양은 도로 데려오며, 부러진 양은 싸매 주고 아픈 것은 원기를 북돋아 주겠다"(에제 34,15-16).

'몸소'라고 하셨습니다. 스스로 목자처럼 양 떼를 돌보시는 하느님의 섬세한 사랑을 실감 나게 드러내 주는 표현입니다.

예수님께서는 에제키엘 예언자가 전하는 목자의 모습을 자신에게 적용하면서 이렇게 말씀하신 적이 있습니다.

"나는 양들이 생명을 얻고 또 얻어 넘치게 하려고 왔다. 나는 착한 목자다. 착한 목자는 양들을 위하여 자기 목숨을 내놓는다"(요한 10,10-11).

이러한데, 양 떼에게 문제가 생겼습니다. 100마리 가운데 한 마리가 길을 잃고 헤매고 있는 것입니다. 오늘 복음 말씀은 그런 상황이 닥칠 경우 목자의 안타까움을 주제로 하고 있습니다. 안타까움의 정도는 99 대 1이라는 숫자놀이를 통해서 강조되고 있습니다.

예수님께서는 아무리 '아흔아홉 마리'가 안전하게 남아 있다 해도 목자의 마음은 '단 한 마리' 길 잃은 양에게 쏠린다는 말씀을 전해 주시

려는 심산에서 일부러 숫자를 99대 1로 배정하셨습니다. 메시지의 핵심은 이렇습니다.

"하느님께는 그까짓 것 한 마리가 아니다. 하느님께는 한 마리가 절대이고 전부이다. 나머지 아흔아홉 마리도 그렇게 절대요 전부인 한 마리들이 합쳐진 숫자일 따름이다. 그러니 하느님께는 한꺼번에 '아흔아홉' 마리는 없다. 오직 한 번에 한 마리씩만 있을 뿐이다."

이러므로 우리는 나 자신이 주님 앞에 그렇게 소중한 '한 마리' 양임을 결코 잊어서는 안 되겠습니다.

■ **저를 주관하소서**

> "이와 같이 회개하는 죄인 한 사람 때문에
> 하느님의 천사들이 기뻐한다"(루카 15,10).

요즘 세상에서는 사람을 헌신짝 버리듯 쉽게 버리고 단죄하는 것이 유행인 듯 보입니다. 작은 실수 하나로 '천하의 나쁜 놈'이 되기 십상이지요. 이런 세상을 살아가는 우리 모두는 마치 살얼음판을 걷는 듯합니다.

그런데 하느님께서도 우리가 사람을 헌신짝 버리듯 우리를 버리실까요? 한번 생각해 볼 일입니다.

여러분 중 많은 분이 아마 결혼하셔서 슬하에 자녀를 두고 계실 것입니다. 자녀와 함께하는 삶이란 참으로 행복한 여정일 수도 있지만, 때로는 속을 부글부글 끓게 만들기도 합니다. '안 보면 보고 싶고, 보면 이 갈린다'는 속담을 듣고 '그래, 그래.' 하며 웃어 본 기억이 다들 있을 것입니다.

그렇다고 해서 자녀가 잘못을 저질렀을 때 자녀와의 천륜을 망설임 없이 끊어 버릴 수 있습니까? 부모는 자녀가 잘못을 회개하도록 가르치고 그가 하느님의 길로 돌아오기를 간절히 기도하며 기다립니다.

한낱 인간들도 이러한 마음을 가질진대, 하느님께서 인간의 사랑보다 못하실 리가 있겠습니까?

비록 순간적으로 유혹에 빠지는 우리들이라지만, 방금 다짐한 약속도 잘 못 지키는 우리들이라지만, 잘한다 싶으면서도 이내 지쳐 버리는 우리들이라지만, 하느님께서는 단 한순간도 우리에 대한 사랑을 저버리지 않으십니다.

그저 다시 당신 품으로 돌아오기만을 묵묵히 기다리십니다.

그러니 오로지 귀찮음 때문에 그분과 멀어진 이, 아니 차마 용서를 청할 용기가 나지 않는 이, 모두 다 괜찮습니다. 그분의 사랑에 다시 응답해 보는 것입니다. 이 바보 같은 사랑이 오늘도 우리를 기다리고 있으니까요.

"이와 같이 회개하는 죄인 한 사람 때문에 하느님의 천사들이 기뻐한다"(루카 15,10).

함께 기도하시겠습니다.

주님, 주님의 자비에 대해 무수히 많이 들었어도, 죄책감에 짓눌려 감히 당신 앞에 나아가지 못하는 이들이 아직도 많습니다. 그들에게 회개의 기회를 주소서.

주님, 이미 주님의 자비를 듬뿍 누린 저희가 주님께 영광을 드리지 못하고 남들에게 증언하지 못하는 경우가 많습니다. 저희에게 증언의 용기를 주소서.

주님, 자칫하면 저희도 율법 학자와 바리사이처럼 죄인들을 단죄하는 데만 익숙하기 십상입니다. 저희에게 자비의 마음을 주소서.

우리 주 예수 그리스도를 통하여 비나이다. 아멘!

연중 제25주일: 루카 16,1-13

하늘 나라 저축은행

"너희는 하느님과 재물을 함께 섬길 수 없다"(루카 16,13).

1. 말씀의 숲

돈만 보면 어쩔 줄 모르고 좋아하는 구두쇠가 있었다. 그는 돈을 벌 줄은 알았지만 쓰는 기능은 아예 마비된 돌멩이였다.

구두쇠는 돈으로 금을 사서 매일 그것을 만지며 시간을 보냈다. 그는 도난을 염려해 금덩이를 땅에 묻어두었다. 그런데 도둑이 금덩이를 모두 꺼내 도망을 쳤다. 금덩이가 없어진 것을 안 구두쇠가 통곡했다. 그러자 친구가 그를 위로했다.

"친구, 이미 지난 일일세. 잊어버리게."

구두쇠의 하소연.

"모르는 소리 말게. 먹고 싶은 것 안 먹고, 입고 싶은 것 안 입고 모은 것일세. 내가 어찌 잊을 수 있을까."

친구의 충고.

"정 그렇게 억울하면 금덩이 대신 돌멩이를 구덩이에 채워놓게. 어차피 사용하지 않을 물건이지 않은가."[61]

오늘 우리가 읽은 복음 말씀에는 '약은 집사(청지기)의 비유'라는 유명한 이야기가 자리하고 있습니다. 오늘 복음 말씀을 이해하기 위해서는 그 이야기를 알아야 합니다. 그 이야기를 간단히 살펴보면 다음과 같습니다.

한 부자가 집사를 두고 있었는데, 그가 자신의 재산을 낭비한다는 말을 듣고 해고를 통지했습니다. 그러자 집사는 해고를 당한 뒤 자신이 살아갈 방법으로, 부자에게 빚을 진 사람들을 불러 빚을 탕감해 줍니다. 자신이 해고를 당한 다음 자신을 도와줄 사람들을 미리 만들어 두려는 생각에서였습니다.

그런데 부자는 자신의 재산을 탕진한 집사를 칭찬했다는 말로 이야기를 끝냅니다. 그러면서 예수님께서는 이렇게 말씀하십니다.

"사실 이 세상의 자녀들이 저희끼리 거래하는 데에는 빛의 자녀들보다 영리하다"(루카 16,8).

예수님께서 왜 불의한 집사를 칭찬하시는지 이해하기 어렵습니다. 이것은 단순히 보기에는 모순과 같은 이야기입니다. 그러나 주님께서 집사를 칭찬하신 이유는 그의 계획이 영리하고 신속하게 행해졌기 때문이며, 집사가 의도한 목적을 달성했기 때문입니다.

청지기가 행한 일은 주인에게 빚지고 그와 계속 거래를 하는 사람들의 눈에 주인을 선하게 보이도록 했을 것입니다. 뿐만 아니라 그는 현재 순간에 국한하지 않고 멀리 내다보았습니다. 그리고 사람들에게 집사의 덕을 보게 함으로써 그 자신이 도움이 필요할 때 도움을 받을 수 있게 되었던 것입니다. 그래서 예수님께서는 약은 집사의 비유를 마무리하시며 제자들에게 이렇게 말씀하셨던 것입니다.

"내가 너희에게 말한다. 불의한 재물로 친구들을 만들어라. 그래서 재물이 없어질 때에 그들이 너희를 영원한 거처로 맞아들이게 하여라"(루카 16,9).

예수님께서는 위의 비유에 이어 가난한 사람들에게 재물을 나눠 주고 그들을 친구로 만들어 하느님의 왕국으로 들어가는 데 그들의 도움을 받으라고 훈계하셨습니다. 사실 이 세상의 것들은 그 자체로 불의할 수 있습니다. 그러나 그것들은 선을 위해 사용될 수 있는 것입니다. 재물을 관대하게 베풂으로써, 특히 가난한 이, 눈먼 이, 장애인들과 함께 나눔으로써 우리는 하늘에 보물을 쌓을 수 있습니다.

공직자들의 양심적인 삶이 그 어느 때보다도 요구되는 이때에 우리는 다음 말씀에 귀를 기울여야 할 것입니다.

"아주 작은 일에 성실한 사람은 큰일에도 성실하고, 아주 작은 일에 불의한 사람은 큰일에도 불의하다"(루카 16,10).

예수님의 이 말씀은 매일매일의 범사를 충실하게 처리하라는 것입니다. 여기서 재산을 쓰는 일을 작은 일이라고 표현했습니다. 그리스 철학자 에픽테투스Epictetus(55?-135?)는 '세상사에 자기 것이란 없고 모든 것이 남의 것'이라고 했고, 복음 사상에서는 '참된 우리의 것은 영원한 생명의 세계뿐'이라고 가르칩니다. 그러니 참된 재물에 충실하려면 먼저 하찮은 세속 재물을 옳게 쓰는 충실성을 길러야 할 것입니다.

결국 우리가 '마음과 뜻을 다하고 생각과 힘을 다하여'(마르 12,30 참조) 섬겨야 할 대상이 하느님이냐 재물이냐 하는 것은 그 답이 명백합니다. '하느님과 재물을 함께 섬길 수는 없다'(루카 16,13 참조)라고 하신 말씀은 이런 뜻으로 받아들여야 합니다. 결론적으로 재물은 우리의 육신 생활과 이웃 사랑의 방편으로 주어졌고, 생활을 향상시키고 이웃을 사랑하는 것은 곧 하느님을 위하여 재물을 사용하는 것이 된다는 것입니다.

2. 말씀 공감

■ 지혜를 청하나이다

> "어떻게 하지?"(루카 16,3)

이미 우리는 '정보 시대', '지식 산업'의 복판을 살고 있습니다. 불과 20년 전만 해도 정보나 지식의 중요성까지는 동의해도 그것을 자산 목록에 포함시키는 일은 드물었습니다. 하지만 요즘은 정보를 팔고 지식을 거래하면서 생계를 유지하는 직업군의 비율이 이미 선진국을 가름하는 척도가 되어 버렸습니다.

그런데 자산가치로 인정받은 원조 지식에 속하는 것으로 '노하우'가 있습니다.

'know-how', 영어 원뜻에 충실하게 옮기면 '방법에 대한 지식' 또는 '어떻게 해야 할지를 아는 것'이 되겠습니다.

여기서 '방법에 대한 지식'을 '기술의 노하우'라고 부를 수 있다면, '어떻게 해야 할지를 아는 것'을 우리는 '인생의 노하우'라고 부를 수 있겠습니다.

그런데 신앙의 관점에서는 기술의 노하우보다 비교할 수 없을 만큼 소중한 것이 인생의 노하우일 것입니다.

오늘 예수님께서는 결정적인 '인생의 노하우'를 우리에게 가르쳐 주십니다.

"어떻게 하지?"(루카 16,3)

바로 예수님께서 '약은 집사의 비유'를 들려주시면서 약은 집사의 입술을 빌려서 발제하신 묵상 주제입니다.

오늘 복음을 짧게 요약하면 다음과 같습니다.

한 부자가 집사를 두고 있었는데, 그는 주인에게 속한 것을 자기 마음대로 낭비하면서 주인 행세를 하고 있었습니다. 이 사실을 알게 된 주인은 집사에게 해고 통지를 했습니다. 그러자 집사는 이렇게 혼잣말을 합니다.

"주인이 내게서 집사 자리를 빼앗으려고 하니 어떻게 하지?"(루카 16,3)

어떻게 하지? 그는 이 말을 하며 자신에게 닥친 위기를 대처해 나갈 방법을 찾기 시작합니다. 약은 집사는 이 물음에서 출발하여 "옳지, 이렇게 하자."(루카 16,4)라며 살길을 찾았습니다.

이 비유 말씀을 마무리 지으면서 예수님께서는 이렇게 말씀하십니다.

"사실 이 세상의 자녀들이 저희끼리 거래하는 데에는 빛의 자녀들보다 영리하다"(루카 16,8).

예수님께서는 하느님의 자녀들이 그들의 약삭빠름을 본받으라고 권고하십니다(루카 16,9 참조).

이 말씀의 뜻은 세상 협잡꾼들의 잔꾀를 배우라는 것이 결코 아닙니다. 세상 사람들에게서, 위기 상황으로부터 살아남을 방법을 궁리하기 위하여 '머리를 쥐어짜는' 태도를 배우라는 뜻입니다. 곧 하느님 나라의 영원한 생명을 쟁취하기 위해서는 피가 마르는 고뇌와 노력을 쏟아야 한다는 말씀인 것입니다. 이런 뜻을 살려서 알아들을 때 예수님께서는 결국 이렇게 말씀하시는 셈입니다.

"세상의 자녀들이 궁지에서 벗어나 '훗날의 안정'을 얻기 위하여 '별별 생각, 온갖 방법'을 다 동원하지 않느냐. 그렇듯이 너희도 '미래의 영원한 생명'을 쟁취하기 위하여 '별별 생각, 온갖 방법'을 다 동원하려는 사투의 정신이 필요하다. 그 점에 있어서는 세상 사람들의 '약삭빠름'을 배울 줄 알아야 한다. 물론, 너희의 '약삭빠름'은 십계명을 거스르지 않는 방편을 선별하는 '거룩한' 약삭빠름이어야 하느니라."

■ 거짓과 신뢰도

> "아주 작은 일에 성실한 사람은 큰일에도 성실하고,
> 아주 작은 일에 불의한 사람은 큰일에도 불의하다"(루카 16,10).

저 개인적으로는 예수님의 주옥과 같은 말씀들 가운데에 열 손가락 안에 꼽히는 말씀에 이 구절이 포함되어야 마땅하다고 생각합니다.

"아주 작은 일에 성실한 사람은 큰일에도 성실하고, 아주 작은 일에 불의한 사람은 큰일에도 불의하다"(루카 16,10).

큰일을 맡길 사람을 발탁할 때 우리가 필히 점검해 봐야 할 것을 저는 이렇게 요약하고 싶습니다.

'그는 작은 일에 최선을 다하는가?'

'그는 작은 일을 중요히 여길 줄 아는가?'

'그는 작은 일에서 큰 기쁨을 누릴 줄 아는가?'

실제로 저는 제 주변의 사람들 가운데에 이 기준에 비교적 근접한 사람들에게 일을 할 기회를 더 줍니다. 그러다 보면 여기에 능력 발휘가 더해져서 점점 더 큰일을 할 수 있는 인재로 성장하는 것입니다.

사람을 크게 키우려면 작은 일을 적당히 하고 큰일에만 욕심 내게 하는 어떤 교육 절차도 피해야 합니다. 절대로 피해야 합니다. 그리고 작

은 것을 소중하게 여기는 혜안을 열어 주어야 합니다. 어리석은 인간들은 모든 것에서 사이즈만 중요하게 생각하고, 큰 것을 선호하는 경향이 있습니다. 하지만 창조주 하느님께서는 아주 작은 것들, 극미한 것들에 엄청난 의미를 부여하시는 경우가 많습니다.

기쁨도 마찬가지입니다. 사소한 기쁨이 기쁨의 모든 것입니다. 물론 허울 좋은 큰 기쁨도 이름으로는 존재하겠지요. 하지만 본디 기쁨은 그 자체로 온전한 것입니다.

곧 작은 것, 큰 것을 구별하는 것 자체가 무의미하다는 얘기지요.

저는 해군 출신입니다. 해군 함정에서는 부품 하나하나가 굉장한 의미를 지닙니다. 만일 배의 기관실에서 정비 작업을 마친 후 이상한 나사가 하나 남아 있다면 대원들이 어떻게 반응할까요? 다시 원점으로 돌아가서 해체와 조립 작업을 면밀히 해 가면서 결국 그 부품이 들어갈 자리를 찾아내야지만 사안이 종료됩니다. 해군에서는 흔히 말합니다.

"나사 하나 때문에 배가 멈출 수도 있고 침몰할 수도 있다."

실제로 우주 왕복선에서 이런 일이 발생했습니다. 우주선을 띄웠다가 오작동이 일어나서 비상조치를 취하여 착륙시킨 후 원인을 찾아보았더니 나사 하나가 빠져 있었던 것입니다.

결론입니다. 과연 예수님께서는 우리 인간사에서도 작은 것들이 하나 결핍되거나 소홀히 여겨지면 그것은 결코 작은 사안이 아니라는 점을 미리부터 통찰하고 계셨습니다. 그러기에 당신 주변에서 제자들을 뽑으실 때에도 틀림없이 이 기준을 적용하셨을 것입니다. 그리고 이 기준은 성령을 통한 교회 내의 일꾼 선발 기준으로서 톡톡히 역할을 해 오고 있습니다.

■ 애정과 열정을 담아 기쁨으로

> "너희가 남의 것을 다루는 데에 성실하지 못하면,
> 누가 너희에게 너희의 몫을 내주겠느냐?"(루카 16,12)

정성스럽고 참되다는 뜻을 지닌 성실! 바로 이 마음과 실천을 오늘 예수님께서는 우리들에게 원하십니다.

수도자들의 소임에 대해 알고 계십니까? 수도회의 소임 부여 방식은 조금 특이합니다.

저희 연구소 직원이 일전에 어느 대학교에 근무하던 시절, 교수 수녀님으로부터 들은 말이 있다고 합니다. 그 수녀님은 대학교수이고, 차기 학장 후보로까지 일컬어질 정도이지만, 하루 일과가 끝나고 본원에 복귀해서는 설거지를 담당한다고 말입니다. 선배 수녀님들은 그보다 더욱 고된 청소, 빨래, 육체 노동, 밭일, 잡일 담당 등을 한다고 합니다. 그것이 자신들에게 부여된 소임이기 때문에 불평불만 없이 다들 묵묵히 그 일을 합니다.

만약 그 수녀님이 '나는 대학교수요, 교수 중에서도 상급 교수인데 고작 이런 설거지 따위나 하고 있어야 하나?' 하며 설거지 소임에 불만을 갖고 대충대충 해 오셨다면, 그분의 수도 생활은 행복할 수 있을까요? 아마도 수도 생활도, 자신의 대학교수직도, 어떤 것도 행복하지 않을 것입니다. 어쩌면 '교수직', '베일을 쓴 수도자'라는 껍데기에만 집착하는 삶을 살지도 모르지요.

그러나 아주 작은 일일지라도, 무엇을 하든, 무엇을 다루든 오롯한 마음을 담아 행한다면 그 자체로 반짝반짝 빛이 날 것입니다. 그 빛은 상대를 환히 비추어 줄 뿐만 아니라 결국 나에게로도 돌아올 테지요. 바로 그분과의 일치라는 참된 나의 몫으로서 말입니다.

함께 기도하시겠습니다.

주님, 그동안 '별로 중요하지 않은 일이라서'라고 핑계를 댔지만, 사실 '애정'이 부족해서였음을 깨닫습니다.

주님, '시간이 없어서요'라고 발뺌했던 일, 사실 '열정'이 헛군데에 쏠려서였음을 고백합니다.

주님, 이제부터는 저에게 맡겨진 무엇이건, 애정과 열정을 담아 기쁨으로 행하겠습니다.

우리 주 예수 그리스도를 통하여 비나이다. 아멘!

연중 제26주일: 루카 16,19-31

이미 다 알려 주었네

"그들에게는 모세와 예언자들이 있으니 그들의 말을 들어야 한다"(루카 16,29).

1. 말씀의 숲

오늘 우리가 들은 이 비유 말씀은 루카 복음사가만이 전해 주는 특수 사료입니다. 예수님께서는 하느님의 말씀을 믿고 따르지 않으면 회개할 수 있는 어떤 표징도 주어지지 않는다는 것을 가르치십니다. 그러나 위에 제시된 이야기들의 경우에는 그것이 적용되지 않습니다. 위의 비유는 예수님께서 이 세 이야기들을 참조해 만들어 내신 것이라기보다는 직접 창작하신 것으로 보입니다.

루카 복음 16장 19절에서 31절까지의 문학 양식은 비유이며, 그 내용은 다음과 같이 분류할 수 있습니다.

첫째, 이승에서 부자와 라자로의 대조적 삶(루카 16,19-21 참조)

둘째, 죽은 후 부자와 라자로의 전도된 운명(루카 16,22-23 참조)

셋째, 저승에서 아브라함에게 탄원하는 부자(루카 16,24-31 참조)

  1) 물 한 방울을 간청하는 부자(루카 16,24-26 참조)

  2) 라자로를 자기 형제들에게 보내 달라는 부자(루카 16,27-29 참조)

  3) 자기 형제들의 회개를 위해 부활한 사람의 파견을 간청하는 부자(루카 16,30-31 참조)

가난한 이에게 복이 있고 부요한 이는 불행하다는 이야기는 복음서 전체에 줄기차게 흐르고 있습니다. 이제 그 결론이 오늘의 비유에서 생생한 이미지로 부각됩니다. 결론부터 말하자면 부요한 사람이란 그저 부자를 말하는 것이라기보다는 이 세상에서 재산을 쌓아놓고 흥청망청 향연에 취해 있으면서 하느님도 이웃도 나 몰라라 하는 사람을 말합니다.

복을 받을 가난한 사람은 하느님의 손길이 닿아 있는 경건한 사람을 말합니다. 그러니까 복을 받을 가난한 사람은 '마음을 다하고 목숨을 다하고 힘을 다하고 생각을 다하여 주님이신 하느님을 사랑하는' 사람이고, 화를 입을 부자는 마음과 목숨과 힘과 생각이 온통 재물에만 기울어져 있는 사람을 말합니다.

이 비유에서 어떠한 방법과 대가를 치르더라도 현세에서 유복하고 안락한 생활을 하는 것이 최고가 아니라는 교훈을 얻게 됩니다. 오히려 악한 부자와 선한 빈자는 그 운명이 내세에서 완전히 뒤바뀌게 됩니다.

그런데 이 비유 역시 다른 비유와 마찬가지로 그저 가난한 사람을 찬양하고 부자를 지탄하려는 것이 아닙니다. 이 비유에서는 하느님을 무시하고 호화롭게 생활한 자와 하느님의 손길을 받는 가난한 이가 현세의 연장선상이라 할 수 있는 내세 생활에서 그 운명이 바뀐다는 교훈을 주려는 것입니다.

구약성경에 따르면 땅을 가지고 있는 부자는 하느님의 땅을 소작하는 소작인이며(레위 25,23 참조), 굶주린 이에게 나눠 주고 떠돌며 고생하는 사람을 집에 맞아들이고 헐벗은 사람을 입혀 줌으로써(이사 58,7 참조) 하느님께 소작료를 무는 것으로 되어 있습니다. 그러니 하느님 나라에서는 무자비한 부자는 고통을 받고, 세상에서 고통을 받으며 하느님을 쳐다보던 가난한 사람은 위로를 받게 됩니다. 이 운명의 뒤바뀜은 부자도 죽고 빈자도 죽는다는 평등한 사실에서 시작됩니다.

오늘의 비유 말씀에서 우리는 이 부자에 대해서 한 가지 사실만 알 수 있습니다. 이 부자가 아브라함의 후손이라는 것입니다. 그가 아브라함을 할아버지라고 계속해서 부르기 때문입니다.

그러나 이 부자와 같은 이들을 두고 세례자 요한이 외치던 말을 우리는 기억해야 합니다.

"회개에 합당한 열매를 맺어라. 그리고 '우리는 아브라함을 조상으로 모시고 있다.'고 말할 생각일랑 하지 마라. 내가 너희에게 말하는데, 하느님께서는 이 돌들로도 아브라함의 자녀들을 만드실 수 있다"(마태 3,8-9).

이제 부자는 남아 있는 다섯 형제들, 곧 또 다른 아브라함의 후손들을 위해 조상님께 청했습니다. 부자는 자신이 불길 속에서 당하는 심한 고통을 남은 형제들만은 겪지 않기를 원했던 것입니다. 남은 형제들의 삶 역시 생전에 자신이 살았던 삶과 다를 바가 없었기 때문입니다.

그러나 그들에게도 희망은 있었습니다. "그들에게는 모세와 예언자들이 있으니 그들의 말을 들어야 한다"(루카 16,29). 부자는 남은 형제들의 운명이 자신과 같을 것이라고 생각했지만 그들에게 율법과 예언자들이 있었습니다. 그러나 그들의 회개는 그것만으로는 충분하지 않을 것입니다. 그러자 이야기는 아브라함의 마지막 말씀으로 막을 내렸습니다. "그들이 모세와 예언자들의 말을 듣지 않으면, 죽은 이들 가운데에서 누가 다시 살아나도 믿지 않을 것이다"(루카 16,31). 과연 성경에 씌어 있듯이 믿음은 들음에서 비롯하고 들음은 그리스도를 전하는 말씀에서 비롯하기 때문입니다(로마 10,17 참조).

2. 말씀 공감

■ **건강한 시야**

> "부자가 저승에서 고통을 받으며 눈을 드니, 멀리 아브라함과 그의 곁에 있는 라자로가 보였다"(루카 16,23).

언젠가 귀염둥이 아들이 자신의 아빠를 고발했습니다. 제가 직접 재미있게 들은 얘기입니다.

"우리 아빠는요, 귀가 잘 안 들린대요. 그래서 평소에 목소리가 크대요. 그건 맞는 것 같아요. 목소리가 워낙 크거든요.

그런데 좀 수상해요. 제가 봤을 때, 듣고 싶은 것을 들을 땐 잘 들으세요.

한번은 아빠가 벽장 너머 안방 화장실에 계시는데, 저와 누나가 부엌에서 속삭이듯이 말했어요. 그런데 아빠가 어떻게 들으셨는지 말참견을 하시는 거예요. 그게 아빠께서 즐겨 보시던 옛날 TV 드라마 〈야인시대〉에 관한 얘기였거든요.

이런 일이 한두 번이 아니에요. 평소에는 잘 안 들리신다고 말씀하시다가도, 아빠가 재미있어하는 주제에 대해서는 아무리 작은 소리로 얘기해도 다 들으시거든요."

제가 알기로도 이 아빠는 목소리가 기차 화통을 삶아 먹은 듯하고 귀가 어두운 것이 사실입니다.

그런데 어떻게 아들이 폭로한 그런 일이 가능했던 것일까요. 바로 관심과 집중 때문일 것입니다.

이런 현상은 들을 때뿐만이 아니라 볼 때에도 비슷하게 발생합니다. 똑같은 현장에서 똑같은 장면을 보아도 사람은 자신이 보고 싶은 것에 더 시선을 집중하는 것입니다.

오늘 비유 말씀의 주인공 부자가 꼭 그랬습니다.

비유 말씀에 따르면, 어떤 부자가 있었는데 그는 "자주색 옷과 고운 아마포 옷을 입고 날마다 즐겁고 호화롭게 살았"(루카 16,19)던 반면, 라자로는 "부자의 식탁에서 떨어지는 것으로 배를 채우기를 간절히 바랐"(루카 16,21)을 정도로 배를 곯았습니다.

이야기는 급히 진전되어 마침내 가난한 이도 죽고 부자도 죽게 됩니다.

먼저 불쌍한 라자로가 죽었습니다. 그는 죽어서 천사들의 인도를 받아 아브라함의 품에 안기게 되었습니다. 다음으로 부자도 죽었습니다(루카 16,22 참조).

이제 입장은 극적으로 뒤집힙니다.

"부자가 저승에서 고통을 받으며 눈을 드니, 멀리 아브라함과 그의 곁에 있는 라자로가 보였다"(루카 16,23).

부자가 "저승에서 고통을 받으며 눈을 드니" 얄궂게도 그 누구도 아닌 "라자로"가 보였습니다. 비유 말씀은 이를 통해 심오한 깨달음을 전해 줍니다. "라자로"가 바로 부자가 "저승에서 고통을" 받아야 할 이유였음을 비유 말씀은 강조하고 있는 것입니다.

물으나 마나 한 물음이지만 "왜"일까요?

지상에서 살고 있을 때는 부자가 아무리 '눈을 들어도' 라자로가 보이지 않았습니다. 자신이 봐야 할 것을 본 것이 아니라 보고 싶은 것만 보면서 살았던 것입니다. 부자는 자신에게 관심이 있는 것, 곧 세상의 것만 보고 살았지, 라자로가 표상하는 가난한 이나 주님을 바라보지 않았습니다. 그가 저승 저편에서야 비로소 라자로를 보았을 때는 이미 늦은 때였습니다.

우리가 살아가는 동안, 우리 앞에 무엇이 보이는가? 이는 우리 인생에서 결정적으로 중요한 변수입니다. 참고로, 주님께서는 항상 "눈을 들어"(루카 6,20) 제자들을 보셨고, "눈을 드시어"(요한 6,5) 많은 군중이 당신께 오는 것을 보셨고, 하늘을 향하여 "눈을 들어"(요한 17,1) 아버지 하느님을 보고 기도하셨습니다.

이쯤에서 "눈을 들어" 보아야 할 글귀는 이것입니다.
'과연 지금 우리의 눈에는 무엇이 보이는가? 먹고 즐기며 눈요기할 것들인가? 아니면 곤경에 처하여 고통받고 있는 우리의 형제자매들인가?'
무엇이 보이는가에 따라 '아브라함 품'이냐 '저승 어두운 곳'이냐가 결정되는 것입니다.

■ 나누고 바치고 사랑하고 전하고

> "게다가 우리와 너희 사이에는 큰 구렁이 가로놓여 있어,
> 여기에서 너희 쪽으로 건너가려 해도 갈 수 없고
> 거기에서 우리 쪽으로 건너오려 해도 올 수 없다"(루카 16,26).

결국 살아 있는 동안 고급스러운 옷을 입고 날마다 즐겁고 호화롭게 살던 부자에게는 저승의 고통스러운 불길 속에서 제 혀를 식힐 손가락 끝 물 한 방울조차 허용되지 않았습니다.

반면 개들마저 제 몸의 종기를 핥는데도 저항할 수조차 없던 가난한 라자로는 천상 아브라함 할아버지 품 안에서 영원한 안식을 누리는 은총을 받았습니다.

우리는 어느 쪽으로 가게 될까요? 천상 아브라함의 품일까요, 저승 불길 속일까요?

여기서 정말 중요한 사실 하나는, 그것이 나중에 정해질 일이 아니라 지금 이미 정해져 있다는 사실입니다. 바로 이 순간, 우리가 어떠한 선택을 하느냐에 따라 마지막 도달할 그곳도 정해진다는 뜻이지요. 아이러니하게도 그 선택의 장은 일상입니다. 그렇다면 어떻게 해야 우리는 일상에서 바람직한 선택을 내린 것이라고 말할 수 있을까요.

우리는 월간 『참 소중한 당신』에 실린 (주)솔트웍스 부회장 오 베드로 형제의 인터뷰 중에서 그 힌트를 발견합니다.

'해군작전사령부에서 […] 국방 홍보원장 역임.' 한눈에 봐도 엄청난 스펙의 주인공이지만, 자신을 […] 겸손하게 표현하는 […] 오 베드로

부회장. […]

그는 1975년 해군사관학교에 입학해서, 종교 생활로 천주교를 선택해 그해 세례를 받았다. […] 부인은 큰딸이 세 살 때 […] 영세를 했다. […]

"큰아이가 두 돌이 지났을 때 본당 수녀님께서 가정 방문을 오셨어요. 그런데 큰아이가 옆에 앉아서 모든 기도문을 다 외우는 거예요. 그걸 보고 수녀님이 아내에게 '당신은 교리 시험을 면제하겠다. 두 돌밖에 안 된 아이가 기도문을 다 외울 정도면 얼마나 열심히 했을지 짐작이 간다' 그러셨죠. 꼴찌가 일등 된다고 저보다 늦게 세례를 받았지만 지금은 가족들이 훨씬 더 열심히 신앙생활을 해요." […]

그는 국가에서 받은 게 많아 뭔가를 내어놓아야겠다는 생각에 경희대 대학원에서 사회복지학을 공부했다. […] 때가 되면 정말 의미 있는 삶의 뭔가를 찾아 준비하고 실현할 계획이라고 한다. 그리고 순간순간 바로 필요할 때 그가 잘할 수 있는 것, 나눌 수 있는 것(돈, 지식, 힘, 노동력 등)을 끄집어내어 나누려 한다. […]

"경제적으로 가장의 책임을 다했을 때, 가톨릭 대학이나 수도원 등에서 수위도 하고 청소도 하면서 봉사하고 싶어요. 열심히 사는 교회 어르신들 발이 돼 운전을 해도 좋고요."[62]

오 베드로 형제의 고백처럼 지금의 나 자신이 '살아 있는 동안 받은 것'이 많음을 감사하며, '순간순간 바로 필요할 때' 내 모든 것을 나누고 도울 줄 아는 마음과 행동! 그것을 실천하기를 선택하는 우리 모두의 종착지는 아브라함의 품임을 믿어 의심치 않습니다.

■ **한번 마음이 굳어지면 돌이키기 힘들다**

> "그들이 모세와 예언자들의 말을 듣지 않으면, 죽은 이들 가운데에서 누가 다시 살아나도 믿지 않을 것이다"(루카 16,31).

"모세와 예언자들의 말을 듣지 않으면"이라는 말은 '사람들이 성경을 믿지 않으면'이라는 말과 통합니다. 성경을 하느님 말씀으로 받아들이지 않기 때문에 그 말을 실행하지 않는 것입니다.

이 말씀의 요지는 이렇습니다.

"세상에 모세보다 더 강력하고 분명하게 하느님의 권능을 입증한 사람이 있느냐? 모세는 보이지 않는 하느님의 권능을 사람들에게 확연하게 드러내 주었다. 10가지 재앙으로, 갈대 바다의 기적으로, 시나이산에서의 십계명 돌판으로, 불기둥과 구름 기둥으로, 그 밖에도 갖은 기적을 행하면서 하느님의 존재를 세상에 알려 주었다.

또 예언자들도 그들의 예언이 역사 속에서 그대로 이루어지는 것을 통하여 하느님의 존재와 섭리를 드러내 주었다. 엘리야 예언자가 예언했던 3년의 가뭄이 그대로 현실로 이루어졌고, 이사야 예언자가 예언했던 예루살렘 멸망도 그대로 이루어졌고, 예레미야 예언자가 예언했던 바빌론에서의 70년 유배도 그대로 이루어졌다.

이처럼 명명백백하게 이루어진 역사적 진실에 대해서도 사람들은 금세 잊어버리는구나. 그러면서 '하느님은 없다, 신이 다 뭐냐.' 하는구나.

만일 사람들이 이렇듯이 모세와 예언자의 말을 듣지 않는다면, 앞으로 그 어떤 그럴듯한 방법으로 하느님께서 당신의 존재와 뜻을 전한다 하더라도 사람들은 결코 그것을 믿지 않을 것이다."

예로부터 수많은 종류의 무신론자들이 있었습니다. 그들은 온갖 논리를 펼치며 신의 존재를 부정하려 합니다. 그리고 많은 유신론자들이 이들을 논리적으로 설득하려 합니다.

그런데 제 직감과 경험에 의하면 유신론과 무신론의 선택은 논리에 의해서가 아닙니다. 왜냐하면 우리가 지니고 있는 논리와 학문은 완벽하지 않습니다. 어떤 이는 과장해서 말하기를, 우리는 오늘날 우리가 알아야 할 정보의 1%밖에 모른다고 합니다. 수치의 정확성은 의문이 가지만 이 말은 어느 정도 진실을 반영하고 있습니다. 그러니까 우리는 결국 99%를 모르는 채 1%의 정보만 가지고 '신이 존재하는지 아닌지'를 판가름해야 합니다. 결국 객관적인 신 존재 증명은 불가능하다는 것입니다.

그러기에 신의 존재에 대한 자신의 신념은 철저한 이론적인 규명에 의거하기보다는 정서적이며 심정적인 선택에 의거한다고 말할 수 있습니다. 곧 자신이 신의 존재를 감지하거나 신의 필요를 강력하게 느끼는 사람은 유신론적으로 기울고, 내적인 상처에 의해서 무의식적으로 신의 존재를 거부하거나 기피하는 사람은 무신론적으로 기운다는 말입니다.

희한하게 똑같은 과학적인 현상을 놓고 어떤 과학자는 무신론적으로 해석하고, 그것을 어떤 과학자는 유신론적으로 해석합니다. 그것이 철저하게 객관적인 진리라면 하나의 결론이 나와야 하는데도 말입니다. 그래서 사람들은 '과학처럼 고집스러운 미신은 없다.'는 말을 하기도 합니다.

제 결론은 이렇습니다.
유신론자는 결코 무신론자를 논리적으로 회유할 수 없습니다.
무신론자 역시 유신론자를 결코 이론적으로 회유할 수 없습니다.
유신론자가 무신론자로 바뀌는 것도 심정적인 변화이며, 무신론자가 유신론자로 바뀌는 것도 심정적인 변화일 따름인 것입니다.

그래서 일찍이 에제키엘 예언자는 이렇게 말했던 것입니다. "너희 몸에서 돌로 된 마음을 치우고, 살로 된 마음을 넣어 주겠다"(에제 36,26).

그래서 예수님께서는 바리사이나 율법 학자들을 토론과 설득으로 회유하려 하지 않으시고, 그들에게 회개를 촉구하셨던 것입니다. 예수님께서 그들을 향하여 이런 말씀을 하셨던 것도 저 맥락에서 알아들을 수 있는 것입니다.

"저들이 보아도 보지 못하고 들어도 듣지 못하고 깨닫지 못하기 때문이다"(마태 13,13).

그러니 주님을 만나려 하는 사람은 머리로 만나려 하지 말고 마음으로 만나려 해야 합니다. 머리로 하느님을 만나려 하는 사람은 차갑고 무미건조한 신앙, 비판과 단죄를 일삼는 신앙으로 기울기 쉽습니다. 반면에 마음으로 하느님을 만나려 하는 사람은 따뜻한 신앙, 포용과 위로가 충만한 신앙으로 성숙하게 됩니다.

함께 기도하시겠습니다.

주님, 어느 길모퉁이 노숙자로 변장하신 주님의 정체를 알아보는 눈을 저희에게 열어 주소서.

주님, 온갖 부귀 권세를 누리면서 허세를 부리는 이들을 부러워하지 않고 외려 그들 영혼의 초라한 몰골을 보는 안목을 저희에게 틔워 주소서.

주님, 보고 싶은 것만 보는 저희 눈의 '편식'을 청산하고 봐야 할 것도 마저 보는 건강한 시야를 저희에게 펼쳐 주소서.

우리 주 예수 그리스도를 통하여 비나이다. 아멘!

연중 제27주일: 루카 17,5-10

묵묵히 임하면 다 받는 것

"저희는 쓸모없는 종입니다. 해야 할 일을 하였을 뿐입니다"(루카 17,10).

1. 말씀의 숲

한번은 레오날드 우드Leonard Wood 경이 프랑스 왕을 방문했다. 왕은 그가 무척 마음에 들었으므로 다음 날 만찬에 초대한다는 기별을 보냈다.

레오날드 경은 다음 날 궁전으로 갔고, 한 홀에서 왕을 만났다. 프랑스 왕은 약간 의외라는 표정으로 반갑게 그를 맞으며 말했다. "레오날드 경, 나는 이곳에서 당신을 보게 되리라고는 정말 기대도 못했소. 어떻게 된 일이오?" 그러자 레오날드 경은 몹시 당황한 얼굴로 되물었다.

"폐하께서 저를 초대하지 않으셨습니까?"

"그랬었소. 하지만 경은 나의 초대에 아무런 응답도 보내지 않았소."

비로소 사태를 이해한 레오날드 우드 경은 정중히 대답했다.

"왕의 초대에는 결코 가타부타 대답할 수 없는 것입니다. 다만 순종만 있을 뿐이죠."

순종은 모든 축복의 문을 여는 열쇠다.[63]

레오날드 우드 경은 왕의 초대에 대하여 어떠한 기별을 넣을 생각도 하지 않고, 왕의 명령에 온전히 순종해야 한다고 생각했습니다. 이것은 왕에 대한 온전한 믿음과 순종을 의미합니다.

오늘 복음 말씀에서 우리는 주인의 명령에 온전히 순종하는 종을 만나게 됩니다. 그는 자신이 밖에서 일을 마치고 들어왔다고 하여 주인이 시키는 일에 토를 달지 않습니다. 온전히 주인의 명령에 따라 행하며 결국에는 '저희는 쓸모없는 종입니다. 해야 할 일을 하였을 뿐입니다.'라고 대답합니다. 이를 통하여 우리는 온전한 믿음이 무엇인지 다시 한 번 생각할 수 있습니다.

오늘 복음 말씀은 사도들과 주님의 대화로 이루어져 있습니다. 그리고 우리는 이 이야기를 두 부분으로 나눌 수 있습니다.
첫째, 주님께 믿음을 간청하는 제자와 주님의 가르침(루카 17,5-6 참조)
둘째, 종의 비유(루카 17,7-10 참조)

사실 오늘 복음 말씀은 한 묶음으로 보기보다는 5절부터 6절까지, 7절부터 10절까지로 나누어서 보아야 합니다. 6절의 "겨자씨 한 알"의 비유와 7절의 "종"의 비유는 사실상 내용적 연관성을 발견하기 어려우며, 따라서 루카 복음사가가 예수님의 언사들을 병렬적으로 나열하고 있다고 봐야 하기 때문입니다. 그럼에도 불구하고 우리는 여기서 이 구절들의 상관관계에 대하여 살펴보도록 하겠습니다.

사도들은 주님께 "저희에게 믿음을 더하여 주십시오."(루카 17,5)라고 청했습니다. 그러자 주님께서는 믿음에 대하여 가르치십니다. "너희가 겨자씨 한 알만 한 믿음이라도 있으면, 이 돌무화과나무더러 '뽑혀서 바다에 심겨라.' 하더라도, 그것이 너희에게 복종할 것이다"(루카 17,6). 이런 불가능한 일이 겨자씨 한 알만 한 믿음으로 일어날 수 있다니! 주님께서는 예전에도 이것을 말씀하셨습니다. "믿는 이에게는 모든 것이 가능하다"(마르 9,23). 하느님께서는 믿는 사람을 위하여 무엇이든지 하시기 때문입니다.

그리고 이어서 주님께서는 종의 비유를 들려주십니다. 어떤 주인이 종을 하나 데리고 삽니다. 주인의 살림이 넉넉하지 못하여서 밖에서 일하는 종과 안에서 일하는 종을 따로 둘 수 없습니다. 주인도 종과 함께 들에서 일합니다. 주인과 함께 밭에서 일하다 돌아온 종은 주인이 툇마루에 누워 쉬는 동안 그 옆에 함께 드러누울 수 없습니다. 급히 흙 묻은 옷을 갈아입고 행주치마를 두른 채 부엌에 들어가서 저녁 식사를 준비해야 하는 것입니다. 종과 주인의 할 일이 정확하게 정해져 있으니 그것은 당연합니다. 이 모든 일을 해도 주인으로부터 칭찬 한마디 들을 수 없었습니다. 종으로서 당연히 해야 할 일이었기 때문입니다. 종은 주인에게 절대복종하고, 주인은 종의 삶 전체를 책임집니다. 종은 이미 주인집의 한 가족처럼 되었기 때문입니다.

그렇다면 이 종의 비유는 믿음을 더해 달라는 제자들의 청에 어떻게 응답하고 있는 것일까요?

사실 믿음이란 팔짱을 끼고 가만히 앉아서 주님께서 오시기까지 기다리는 것이 아닙니다. 오히려 우리가 종이 되어 오시는 주님께 봉사한다면 상상을 초월하는 일을 거둘 것입니다. 오로지 믿음으로써만 구원받는다는 것은 그릇된 생각입니다. 주님께서 실천하셨던 행동에 직접 참여하지 않는 믿음은 죽은 믿음이기 때문입니다.

하느님 대전에서 겸손하게 쓸모없는 종으로 자처하라는 예수님의 가르침(루카 17,7-10 참조)은 구원이 하느님의 자비로운 선물임을 강조하고 있습니다. 그렇기 때문에 모든 의무를 완수한 제자들은 자기가 당연히 이 선물을 받을 수 있다고 주장할 수 없습니다. 하느님의 은혜는 모든 사명을 다한 다음에도 겸손하게 하느님의 관대한 호의를 간청하는 이들에게만 주어집니다. 모든 인간적 자랑(로마 3,27 참조)이나 자력 구원관을 철저히 배격해야 하느님께 나아갈 수 있습니다.

2. 말씀 공감

■ 은총을 한껏 누리고 싶습니다

> "저희에게 믿음을 더하여 주십시오"(루카 17,5).

사실 사도들은 이미 어느 정도 믿음을 가진 상태였습니다. 하지만 그들은 믿음을 더해 주십사 청합니다. 그 믿음 안에서 더욱 강해지기를 원했던 것입니다.

왜 그랬을까요? 그 이유를 우리는 복음서 속 호칭의 변화에서 찾을 수 있습니다. 복음서는 믿음을 청하는 대목에서 지금까지 사용했던 '제자' 대신에 "사도"(루카 17,5)로 호칭을 바꿔 부릅니다. 이는 사도들이 자신들의 직분상 사명 수행을 위해서는 하느님의 더 큰 은총이 요청된다고 생각했음을 드러내 줍니다. 그것은 다른 것이 아니라 믿음의 보강이었습니다.

제자는 여전히 배우는 학생의 처지에 있기에 부족한 믿음으로도 살아갈 수 있습니다. 하지만 사도는 다릅니다. 사도는 배움을 마치고 졸업하여 파견된 처지에 있습니다. 만사에서 홀로서기를 해야 하는 입장인 것입니다. 그러기에 굳건한 믿음이 필요합니다.

제자들은 자신들이 파견된 목적인 사명을 감당하려면 반드시 믿음의 보강이 필요함을 점점 비장해지는 예수님의 당부를 들으면서 절감했을 터입니다.

물론 이런 생각이 들게 한 배경에는 '믿음의 부족'에 대한 예수님의 거듭된 지적이 자리하고 있었을 것입니다.

주님께서는 세상에서 직면하게 되는 고통과 시련을 상징하는 호수에 이는 풍랑을 가라앉히시면서, 놀라고 두려워하는 제자들에게 "너희의 믿음은 어디에 있느냐?"(루카 8,25)라고 하셨습니다. 더러운 영을 내쫓지 못하는 제자들을 보면서 "믿음이 없고 비뚤어진 세대"(루카 9,41)라고 한탄하셨습니다.

나아가 이 믿음의 청원 이후에도 주님께서는 걱정에 싸인 제자들에게는 "믿음이 약한 자들"(루카 12,28)이라고 걱정하셨습니다. 또한 "사람의 아들이 올 때에 이 세상에서 믿음을 찾아볼 수 있겠느냐?"(루카 18,8)라고 근심하셨고, 주님을 배반한 베드로에게는 "시몬아, 시몬아! 보라, 사탄이 너희를 밀처럼 체질하겠다고 나섰다. 그러나 나는 너의 믿음이 꺼지지 않도록 너를 위하여 기도하였다."(루카 22,31-32)라고 격려하셨습니다.

요컨대, 사명이 엄중해질수록 더욱 굳건한 믿음이 요청됩니다. 또한 시절이 험할수록 더욱 오달진 믿음이 필요합니다. 바로 우리 자신들에게 그러하다는 얘기입니다. 그러니 우리 역시 주님께 더 큰 믿음을 청해야 마땅하겠습니다.

■ 그것을 믿습니다

> "너희가 겨자씨 한 알만 한 믿음이라도 있으면,
> 이 돌무화과나무더러 '뽑혀서 바다에 심겨라.' 하더라도,
> 그것이 너희에게 복종할 것이다"(루카 17,6).

예수님께 죄송스러운 고백이지만, 저는 여태 예수님께서 이 말씀을 하실 때 '과장법'이라는 수사법을 동원하셨다고 말해 왔습니다. 말로써만 아니라 글로도 남긴 적이 있습니다.

하지만 지금은 생각이 다릅니다. 이 말씀은 직설법 표현입니다.

"너희가 겨자씨 한 알만 한 믿음이라도 있으면, 이 돌무화과나무더러 '뽑혀서 바다에 심겨라.' 하더라도, 그것이 너희에게 복종할 것이다"(루카 17,6).

물론, 저 말씀을 들을 때 당시의 제자들은 눈이 휘둥그레졌을지도 모릅니다.

"어떻게 그런 일이? 아무리 믿음의 힘이 크기로서니 어떻게 돌무화과나무가 뽑혀 바다에 심겨진단 말인가? 그냥 믿음을 강조하시느라고 좀 세게 말씀하신 게지."

이렇게 적당히 흘려들었을지도 모릅니다.

하지만 주님께서 저 말씀을 하신 지 2,000년을 채워 가고 있는 오늘, 우리는 새삼 놀라게 됩니다.

"맞네, 맞아! 그러고 보니 예수님 말씀이 우리 시대에는 지극히 사실적인 묘사인 걸. 기술 공법의 발달로 며칠 사이에 산이 없어지고 바다가

메워져 도시나 농지가 조성되고 있음을 우리 눈으로 보고 있으니 말야."

이렇게 역사를 펼쳐 놓고 시간을 압축해서 들으니 저 예수님 말씀은 외려 겸손하게 들리기까지 하는 것입니다.

그러나 이 묵상에도 유혹이 있습니다. 믿기 위하여 이렇게 납득할 만한 증거와 논리를 찾는 데에 익숙하다 보면, 주님의 약속 말씀이기에 무조건 믿는 진짜배기 믿음이 오히려 약해질 수 있기 때문입니다.

그러므로 우리에게는 저런 합리적인 근거가 없어도 고개를 끄덕거리는 절대 믿음이 필요합니다. '하느님께는 불가능한 일이 없기'(루카 1,37 참조) 때문입니다.

우리 역시 사도 바오로와 함께 이렇게 영적 자신감을 고백할 수 있어야 합니다.

"나에게 힘을 주시는 분 안에서 나는 모든 것을 할 수 있습니다"(필리 4,13).

사족입니다만, 이 고백은 자만이나 교만의 표출이 아니라 겸손의 발로입니다. 장담의 대전제가 "나에게 힘을 주시는 분 안에서"이기 때문입니다. 이것이 믿음의 진수인 것입니다.

■ 몸소 들으시오소서

> "이와 같이 너희도 분부를 받은 대로 다 하고 나서,
> '저희는 쓸모없는 종입니다. 해야 할 일을 하였을 뿐입니다.'
> 하고 말하여라"(루카 17,10).

하느님의 뜻을 묻고 그분 뜻에 맞갖게 살려고 노력하는 그리스도인이라면, 오늘 예수님의 저 말씀이 금방 마음에 다가올 듯도 합니다.

혹여 '나는 아직 초짜인가 봐…' 하고 애써 기죽을 필요는 없습니다. 아주 작은 일에서부터 '이건 하느님의 뜻이 아닐까?' 하고 단 한 걸음만 내딛어도 그 뒤부터는 주님께서 알아서 다 이끌어 주시는 기막힌 체험을 하게 될 테니 말입니다.

올 상반기 어느 날, 저는 서울지방경찰청에 강의차 다녀온 적이 있습니다. 그곳에서 놀랍게도 열심한 신자 직원을 여럿 만나는 기쁨도 얻을 수 있었지요. 그 가운데 오늘 저 말씀에 딱 어울리는 자매의 사연이 있어 연구원을 통해 인터뷰를 따 두었습니다. 서울지방경찰청 미카엘성당에서 부회장을 맡고 있는 최 미카엘라 자매의 고백을 여러분과 나눠 봅니다.

부회장 자리에 공석이 났을 때였습니다. 생각지도 않았는데 저에게 부회장을 하라는 것이었어요. 처음엔 고민했죠. 신앙도 깊지 않고 냉담도 했었고, 성경도 몇 줄 읽지 못했는데…. 그래서 처음엔 부족한 게 많다고 거절했어요. 그런데 내심 '해 봤으면 좋겠다'라는 생각도 들었어요. 먼젓번 부회장 하던 선배를 봤을 때 뭔지 모르게 좋더라고요. 그래서 모임에도 더 적극 참석했지요. 그랬더니 사목 위원들이 만장

일치로 부회장을 해 줬으면 한다고 다시 부탁하는 거예요. 그제야 저는 "예, 할게요." 하고 대답했죠.

그런데, 놀랍게도 부회장이 되고 나서 계속 좋은 일들이 일어났어요. 저희 남편이 새로운 직장 준비를 하고 있었는데, 이번에 자격증을 따서 개업하게 됐고요. 작은 애가 중학교 때 농구 선수를 하느라 공부가 중하위권이어서 대학 가기가 힘들었는데, 자기소개서랑 추천서로 이름 있는 좋은 대학교에 들어가게 됐어요. 저도 직장에서 진급하게 됐고요.

제 내면에도 변화가 생겼어요. 우선 화가 잘 안 나요. 물론 화를 낼 때도 있는데, 언어가 순화됐달까, 예전에는 화가 나면 말을 거칠게 했었거든요. 또 친정어머니가 치매에 걸려서 힘들게 할 때면 속상했는데, 그 마음도 많이 정화됐어요. 그뿐 아니에요. 책임감도 생겼어요. 예전엔 직장에서 냉담하는 사람들에게 무관심했는데 이젠 성당에 나오라고 권해요. 그래서 신자들도 늘었어요.

더욱 감사한 것은, 예전에는 사실 좋은 일이 있어도 잘 느끼지 못했어요. 그런데 부회장이 되고 나서 바라보는 관점이 달라졌어요. 매사 감사할 따름이에요.

그동안 저를 비롯한 제 주변에 꽃을 못 피우고 있던 많은 것들이 활짝 꽃을 피웠답니다.

사실 그분께서는 다 알고 계십니다. 우리가 얼마나 잘 해낼지, 우리가 얼마나 성장할지, 그래서 우리가 얼마나 더 큰 은총을 누릴 자격이 있는지….

그러기에 그분 뜻을 따르고 난 후 진정 자신의 변화된 모습을 돌아보는 이의 입에서는 아주 자연스레 "해야 할 일을 하였을 뿐"(루카 17,10)이라는 고백이 나올 수 있는 것이겠지요.

함께 기도하시겠습니다.

주님, 당신의 분부라면 무조건 좋은 것입니다. 그것을 믿습니다.

주님, 당신의 약속이라면 반드시 이루어집니다. 그것을 믿습니다.

주님, 저희에게 주신 '주님의 말씀 밤낮으로 묵상하는 이 하는 일마다 잘되리라.'(시편 1,2-3 참조)는 약속 말씀, 이미 풍성한 결실을 거두었습니다. 그것을 믿습니다.

우리 주 예수 그리스도를 통하여 빕나이다. 아멘!

연중 제28주일: 루카 17,11-19

감사할수록 풍성한 은혜

"이 외국인 말고는 아무도 하느님께 영광을 드리러 돌아오지 않았단 말이냐?"
(루카 17,18)

1. 말씀의 숲

작자 미상의 '낡은 운동화' 이야기로 오늘 복음 묵상을 시작해 봅니다.

그의 집은 세 자녀의 운동화도 사 줄 수 없을 만큼 경제적으로 어려웠다. 하루는 세탁기마저 고장이 나서, 광고를 보고 중고 세탁기를 판다는 집을 찾아갔다. 그 집은 너무나 크고 좋은 집이었고, 그 집에 있는 최신식, 최고급 가구나 주방 시설을 보면서 마음이 무척 울적하였다.

세탁기를 내어 오면서 주인 내외와 이런저런 이야기를 하게 되었는데, 경제적인 여유가 없어 중고 세탁기를 산다는 것, 그리고 두 아들 녀석이 얼마나 개구쟁이인지 신발이 너무 빨리 닳아 걱정이라는 이야기를 했다.

그러자 갑자기 부유한 그 집의 부인이 고개를 숙이면서 방안으로 뛰어 들어가 버리는 것이었다. 순간 그는 자기가 무슨 잘못을 하지 않았나 당황하였다. 잠시 후, 그 부인의 남편이 나와서 말했다.

"우리에게는 딸이 하나 있습니다. 그런데 그 딸은 태어난 후 12년 동안 한 걸음도 걸어 본 적이 없는 장애아랍니다. 제 아내는 당신 아이들에 대한 이야기를 듣고 우리 아이가 불쌍해서…."

그날 집에 돌아온 그는 현관에서 아이들의 낡은 운동화를 보았다. 한참 동안 신발을 바라보던 그는 그 자리에 엎드려 하느님께 기도를 드리기 시작했다. 자기의 불평에 대한 회개와 아이들의 건강함에 대한 감사의 기도를.

이 이야기의 주인공인 가난한 사람은 처음에 자신이 받은 것에 대하여 감사하는 마음을 가지기는커녕 자신이 갖지 못한 것들에 대하여 불평을 늘어놓았습니다. 그러나 물질적으로 부유한 가족에게는 그들 나름대로의 고민이 있었던 것입니다. 그 사실을 깨달았을 때 가난한 사람은 자신이 가지고 있는 것이 얼마나 소중한 것인지 깨닫고 하느님께 감사의 기도를 드리게 됩니다.

오늘 복음 말씀에서 우리는 예수님을 통하여 치유를 받은 사람들 가운데 예수님께 감사를 드리려고 돌아온 사람과 그렇지 않은 사람들을 만나게 됩니다. 이 이야기를 통하여 우리는 감사가 얼마나 중요한지 깨닫게 될 것입니다.

오늘 복음 말씀에서 예수님께서는 예루살렘을 향해 올라가시면서 자비를 간청하는 가련한 나병 환자들을 고쳐 주십니다. 그러나 그들 가운데 사마리아 사람만이 예수님께서 베푸신 하느님의 은혜에 감사드리며 믿음을 가지게 되어 구원을 받았습니다. 이에 예수님께서는 당신이 하느님의 권능으로 불치의 나환자들을 고쳐 주시는 사람이며 치유를 받기 위해서는 믿음뿐 아니라 감사 행위도 필요하다고 가르치셨습니다.

그런데 여기서 우리에게 충격적인 사실은 기적의 치유 은혜에 감사드린 사람이 유다인 아홉 명이 아니라 그들이 경멸하는 사마리아인이었다는 것입니다.

오늘 우리가 들은 복음 말씀은 루카 복음사가의 고유 자료입니다. 문학 양식은 기적 사화와 선언문이 서로 연결된 것입니다. 이 기적 사화는 기적의 혜택만 받고 하느님께 감사하지 않는 유다인 나병 환자들의 모습이, 믿음의 눈을 떠 하느님께 감사를 드리는 사마리아인 나병 환자, 유다인들의 멸시를 받는 사마리아인의 모습과 상반된다고 예수님께서 선언하신 이야기입니다. 위 대문의 내용은 이렇게 구분할 수 있습니다.

첫째, 나병 환자의 치유(루카 17,11-14 참조)
둘째, 사마리아인의 감사 인사와 예수님의 칭찬(루카 17,15-19 참조)

예수님께서는 예루살렘으로 올라가시는 길에 사마리아와 갈릴래아 사이를 지나가시다가 나병 환자 열 사람과 마주치셨습니다. 나병 환자들이 예수님께 청했습니다. "예수님, 스승님! 저희에게 자비를 베풀어 주십시오"(루카 17,13). 당신께 동정과 자비를 호소하는 그들을 예수님께서는 제관들에게 보내셨습니다. "가서 사제들에게 너희 몸을 보여라"(루카 17,14).

왜 당신께서 직접 치유해 주지 않으시고 사제들에게 보내신 것일까요? 사제들은 나병 환자가 부정한 사람이라고 선언할 의무를 가지고 있었기 때문입니다. 또 동시에 나병이 치유되었음을 확인하고 더 이상 부정하지 않다는 것을 선언할 의무도 있었습니다(레위 13장 참조). 그런데 그 열 명의 나병 환자들은 사제들에게 가는 동안에 몸이 깨끗해졌습니다. 그들은 주님에 의해 깨끗하게 치유되었습니다.

열 명의 나병 환자 가운데 한 사람만이 자신이 깨끗하게 된 사실을 알고는 하느님께 찬미를 드리며 발길을 돌려 예수님께 왔습니다. 하느님을 찬양하며 돌아온 그는 사마리아 사람이었습니다. 그러자 예수님께서 말씀하셨습니다. "열 사람이 깨끗해지지 않았느냐? 그런데 아홉은 어디에 있느냐? 이 외국인 말고는 아무도 하느님께 영광을 드리러 돌아오지 않았단 말이냐?"(루카 17,17-18) 돌아온 한 명의 외국인! 하느님의 은총에 감사드리는 사람은 이 사람뿐이었습니다. "일어나 가거라. 네 믿음이 너를 구원하였다"(루카 17,19). 그는 단순히 나병이 정화된 데 그치지 않고 구원을 얻었습니다.

예루살렘으로 올라가시는 길에 일어난 이 일은 예수님의 가르침을 이방인들은 받아들이겠지만 이스라엘은 거부할 것임을 분명하게 보여 주고 있습니다. 한 이방인을 두고 이스라엘 어디서도 이만 한 믿음을 본 적이 없다고 언젠가 예수님께서 말씀하셨고, 또 솔로몬의 지혜를 들으러 땅 끝에서 왔던 남방 여왕이 심판 때 함께 일어나 이 세대를 단죄할 것이라고 하셨습니다. 또 그때 요나의 선포로 회개했던 니네베 사람들이 함께 부활하여 이 세대를 단죄할 것이라고 하셨습니다. 그들은 하느님 왕국의 부르심을 들었기 때문입니다. 하느님의 구원이 자신들에게까지 넘어왔다는 것을 말입니다.

2. 말씀 공감

■ **배냇신음**

> "그들은 멀찍이 서서 소리를 높여 말하였다"(루카 17,12-13).

"나병 환자 열 사람"(루카 17,12)은 예수님을 만났지만 그분께 가까이 가지는 않았습니다. 아니 그들은 예수님께 가까이 갈 수 없었습니다. 그들이 건강한 사람들에게 가까이 가는 것은 율법으로 금지되어 있었기 때문입니다. "그는 부정한 사람이므로, 진영 밖에 자리를 잡고 혼자 살아야 한다."(레위 13,46) 등, 나병 환자의 격리를 명하는 율법 조문은 구약성경 곳곳에서 만날 수 있습니다.

사실 그들은 예수님께 얼마나 다가가고 싶었을까요. 어찌 보면 그들이야말로 예수님의 은혜가 가장 필요했던 사람들이었습니다. 하지만 그들은 사회적 격리의 규정을 위반할 수가 없었습니다.

그래서 그들은 멀리 떨어져서 예수님께 큰 소리로 치유를 간청했던 것입니다.

여기서 우리의 주의를 끄는 것은 "멀찍이 서서"(루카 17,12)라는 표현입니다. 오늘의 복음 말씀은 예수님께 가까이 갈 수 없었던 나병 환자들이 그냥 소리쳤다고 말하는 데 그치지 않고 굳이 "멀찍이 서서"라는 문구를 덧붙이고 있습니다. 이는 다가갈 수 없는 안타까움을 극적으로 드러내 줍니다.

"멀찍이 서서"는 달리 말하면 간격을 가리킵니다. 간격! 욕구와 장애의 간격, 바람과 성취의 간격, 이윽고 생명과 죽음 사이의 간격, 이런 간격이 이 문구에 내포되어 있는 것입니다.

이는 불행이요 비극이요 안타까움입니다. 바로 그런 현실을 타개할 방도로 그들은 "소리를 높여"(루카 17,13) 말했습니다.

"예수님, 스승님! 저희에게 자비를 베풀어 주십시오"(루카 17,13).

이렇게 가련한 나병 환자 열 사람이 질러댄 "소리"는 주님께서 그들을 '보시게'(루카 17,14 참조) 하는 기도가 됩니다. 그들의 간절한 절규 기도는 나병이라는 치유 불가능한 병을 치유 가능하게 하는 계기가 됩니다.

요컨대, 소리는 기도에서 결정적으로 중요합니다.

이를 강조하기 위하여 오늘 복음의 결론부에는 "그들 가운데 한 사람은 병이 나은 것을 보고 큰 소리로 하느님을 찬양하며"(루카 17,15) 돌아왔다는 대목이 부각되고 있습니다.

자비를 청할 때와 같은 "큰 소리로" 하느님을 찬양한 사람은 사마리아 이방인 한 사람이었음을 적시하면서, 오늘 복음은 우리가 얼마나 큰 소리로 우리가 이미 받은 구원에 대하여 감사드려야 하는지를 슬그머니 깨우쳐 주고 있는 것입니다.

■ 은혜에 은혜

> "열 사람이 깨끗해지지 않았느냐?
> 그런데 아홉은 어디에 있느냐?"(루카 17,17)

안타깝게도, 불치의 나병을 치유받은 열 사람 중에 한 사람만 "병이 나은 것을 보고 큰 소리로 하느님을 찬양하며 돌아와, 예수님의 발 앞에 엎드려 감사를 드렸"(루카 17,15-16)습니다. 더구나 그는 유다인이 아니라 사마리아 사람이었다고 복음은 전합니다. 예수님께서는 당시의 인종적 차별을 반영하여 아예 그를 "외국인"(루카 17,18)이라고 호칭하십니다.

이처럼 괄시받던 사마리아인만이 자신이 치유된 구원을 "보고", 구원자이신 주님께 "돌아와", 하느님을 "찬양하며", 주님의 발 앞에 "엎드려", "감사를" 드린 것입니다. 예수님께서는 그의 감사 표현을 무척 반기시면서도, 나머지 아홉에 대한 아쉬움을 토로하십니다.

"열 사람이 깨끗해지지 않았느냐? 그런데 아홉은 어디에 있느냐?"(루카 17,17)

예수님께서 안타까워하셨던 것은 감사를 모르는 그들의 행태 그 자체만이 아니었습니다. 그로 인해 더 큰 은혜의 기회가 단절되어 버린 사실을 더욱 가슴 아파하셨던 것입니다. 이는 그다음에 이어지는 예수님의 행위에서 여실히 드러납니다.

돌아와서 하느님께 영광을 올리며 당신께 감사를 드린 사마리아인에게 예수님께서는 이렇게 축복의 선언을 하셨습니다.

"일어나 가거라. 네 믿음이 너를 구원하였다"(루카 17,19).

이로써 예수님께서는 사마리아인 나병 환자가 신체적인 건강을 되찾았을 뿐 아니라, 믿음에 힘입어 영육으로 곧 전인적으로 구원받았음을 선언하셨습니다. 이 사마리아 나병 환자는 다른 아홉 명이 아직 받지 못한 구원의 은총까지 마저 받은 것입니다.

이처럼 "감사"는 '은혜에 은혜'를 더하여 줍니다.

요지는 이것입니다.

감사할 줄 모르면 더 이상 감사할 기회가 생기지 않습니다. 은혜가 거기서 멈추는 것입니다.

하지만 감사할 줄 아는 사람에게는 더 감사할 은혜가 연이어 주어집니다. 감사가 새로운 은혜를 누릴 신용이 되는 것입니다.

■ 가슴으로 알게 하시니

> "그러자 예수님께서 말씀하셨다. '열 사람이 깨끗해지지 않았느냐? 그런데 아홉은 어디에 있느냐? 이 외국인 말고는 아무도 하느님께 영광을 드리러 돌아오지 않았단 말이냐?'"(루카 17,17-18)

어느 자매로부터 들은 이야기입니다. 이 자매는 말씀의 은혜로 힘을 받아 3년 전쯤 성당에 발을 끊은 지 오래인 여동생을 냉담으로부터 회두시켰습니다. 그리고 꾸준히 신앙 지도를 해 주었습니다.

그 여동생은 남편의 직장 때문에 자신이 운영하던 미용실을 정리하고 한참 동안 남편 뒷바라지를 했습니다. 그러다가 근래에 원래 살던 지역으로 돌아오게 되어, 인근에 다시 미용실을 열었답니다. 아직 시작 단계라 홍보도 안 되었고 또 미용실들의 경쟁이 심하여, 초기에는 고전을 했답니다.

언니가 걱정이 되어서 전화로 운영 현황에 대하여 물었답니다.

"요즘 문 닫는 미용실들이 눈에 많이 뜨이던데, 너는 괜찮아?"

여동생은 부진한 상황에서도 명랑하게 답변하더랍니다.

"언니, 나는 괜찮아. 손님 없는 시간에는 성경을 읽어. 그러면 여러 가지로 그동안 살아왔던 일들이 주님 은총이라 생각되어 위로도 받고 시간도 잘 가.

저녁에 퇴근할 때는 언니가 나한테 가르쳐 준 대로 항상 감사 기도를 바치지.

그저께인가는 손님 한 명도 못 받아 완전 공쳤는데, '주님, 오늘 공치게 해 주셔서 감사합니다. 덕분에 성경 많이 읽었습니다. 정말로 감사합니다.'라고 기도했지.

들쭉날쭉해. 어제는 손님이 많았거든. 하여간 나는 손님이 많으면 많은 대로, 없으면 없는 대로 꼬박꼬박 감사 기도를 바쳐. 그러면 항상 마음이 편안하고 흥겹게 되지. 언니, 나에게 감사 기도를 가르쳐 주어서 고마워!"

이런 대화가 있고서 시간이 흐를수록 동생의 상황은 안정세에 진입하고 있다는 것이 제가 들은 마지막 소식이었습니다.

감사의 은혜에 대해서는 아무리 강조해도 지나치지 않습니다.

감사를 떼어먹은 사람에게는 감사할 일이 줄어듭니다.

반면에 감사를 꼬박꼬박 바치는 사람에게는 감사할 일이 자꾸 늘어납니다.

오늘 복음에서도 아홉 명의 한센병 환자는 감사를 떼어먹어 은혜가 육신의 치유에만 멈췄습니다. 하지만 즉각 감사를 드렸던 사마리아인은 육신의 치유에 더하여 영원한 생명까지 얻었습니다.

사실 감사는 의무를 넘어 은총입니다. 감사보다 더 강력한 기도는 없습니다. 우리가 감사 기도를 드릴 때 주님의 마음이 움직여지는 것입니다.

물론, 우리는 지금까지 받은 것에 대하여 감사할 줄 알아야 합니다. 주님으로부터 받은 것을 헤아릴 줄 알아야 합니다. 아니, 모든 것이 사실은 받은 것임을 깨닫고 이 영광을 주님께 드려야 합니다.

그리고 믿음이 있는 이라면, 앞으로 받을 것에 대하여 감사할 줄 알아야 합니다. 확고한 믿음이 있다면, 지금 망했어도, 일이 내 뜻대로 되지 않았어도 감사할 수 있습니다. 주님께서 미래에 우리에게 베푸실 은혜에 대하여 확신이 있다면 당연히 감사할 수 있는 것입니다.

이런 감사처럼 주님께 부담이 되는 말은 없을 것입니다. 이것은 어떤 의미에서는 압력이기도 합니다.

그냥 무조건 감사하는 것입니다. 그러다 보면 반드시 감사할 일이 생깁니다.

함께 기도하시겠습니다.

주님, 저희에게 감사의 축복을 가슴으로 알게 하시니 감사드립니다.

주님, 저희가 오늘의 저희가 된 것도 다 감사의 은혜 덕입니다.

주님, 저희 생각과 마음과 행위로 감사 받으시고, 또 찬미로 영광 받으소서.

우리 주 예수 그리스도를 통하여 비나이다. 아멘!

연중 제29주일: 루카 18,1-8

고통받는 너는 내 사랑

"하느님께서는 그들에게 지체 없이 올바른 판결을 내려 주실 것이다"(루카 18,8).

1. 말씀의 숲

오늘 복음 말씀에서 우리는 한 과부를 만나게 됩니다. 그녀는 자신이 당한 억울한 사정을 재판관에게 끊임없이 하소연합니다. 그런데 그 재판관은 몰인정하고 돈과 재산만 밝히는 불의한 사람이었습니다. 그럼에도 불구하고 과부의 끊임없는 하소연에 결국 그녀의 간청을 들어준다는 이야기입니다.

루카 복음사가는 '사람의 아들'의 날에 대한 예수님의 가르침 다음에 이 이야기를 제시했습니다. 이 과부의 끈질긴 기도는 사람의 아들이 재림할 때까지 예수님 때문에 박해를 받는 상황에서 그분의 왕국이 임하도록 항상 기도하고 싫증을 내지 않으며 하느님의 관여를 간청하는 제자들의 상황을 묘사하는 것입니다.

루카 복음 18장 1절부터 8절까지의 문학 양식은 비유이며, 그 내용은 다음과 같이 구분할 수 있습니다.

첫째, 도입(루카 18,1 참조)

둘째, 의롭지 못한 재판관과 과부의 비유(루카 18,2-5 참조)

셋째, 비유에 대한 예수님의 평가(루카 18,6-8 참조)

사실 2절부터 5절까지의 과부와 재판관의 비유 이야기는 매우 세속적인 이야기입니다. 이 이야기만 따로 떼어놓고 본다면 여기서 신앙적 메시지를 이끌어 낼 수 없을 것입니다. 그러나 이 이야기의 틀은 이 세속의 이야기를 탈바꿈시켜 하느님 백성의 윤리를 비유적으로 제시하는 근거로 이용하고 있습니다. 여기서 등장하는, 의로우신 하느님의 모습과는 상반되는 불의한 재판관은 하느님께서 제자들의 간청에 따라 신속하고 확실하게 변호하실 분임을 강조하는 구실을 합니다. 위의 논리 전개는 기도를 들어주시는 자애로운 아버지의 모습을 서술하기 위해서도 사용되었습니다.

예수님께서는 집요하게 정의를 간청하는 과부와 어쩔 수 없이 그녀의 간청을 들어주는 재판관의 비유를 통해 당신을 믿고 따르기 때문에 박해를 받는 제자들을 위로하십니다. 그러므로 사람의 아들이 의로운 판결을 내리러 다시 오시리라는 희망을 포기하지 말고 그분의 오심을 위해 끊임없이 기도해야 한다는 것입니다. 예수님께서는 의롭지 못한 재판관도 자기의 옳음을 판결해 주도록 끈질기게 간청하는 과부의 요구는 들어준다고 말씀하시며, 의로운 하느님께서야 당연히 선택된 제자들의 부르짖음을 들어주시고도 남는다고 가르치셨습니다. 제자들의 기도는 구원의 역사가 하루빨리 완성되도록 촉진하는 힘을 냅니다. 하느님의 마음을 움직일 수 있는 것은 그분의 구원에 대한 강한 믿음에서 우러나오는 끊임없는 기도이며 예수님의 오심에 대한 불굴의 믿음과 희망입니다.

2. 말씀 공감

■ 저는 오직

> "예수님께서는 낙심하지 말고 끊임없이 기도해야 한다는 뜻으로 제자들에게 비유를 말씀하셨다"(루카 18,1).

기도함에 있어 지나친 욕심으로 너무 무리하게 청하는 것도 문제지만, 전혀 청하지 않는 것도 문제입니다. 얼마 전까지만 해도 '기복 기도는 안 된다.'며 너무 과하게 청하는 것을 만류하는 분위기였지만, 요즈음 젊은 세대들 사이에서는 아예 청하지 않는 것이 대세인 듯합니다. 모르긴 모르되 대체로 신앙의 해이와 그 틈을 비집고 들어온 현대판 점술 문화 탓일 것입니다. 나아가 절망 시대의 냉소적 문화가 그 원인일 성싶습니다.

예수님 시대에도 그랬습니다. 400년간 이민족의 지배를 받으면서 견뎌야 했던 하느님의 부재가 너무도 익숙하여 유다인들의 기도는 점점 형식으로 기울었고, 실용적인 기도는 도무지 바칠 줄 몰랐던 것입니다. 그러기에 예수님께서는 당신을 따르는 군중들에게 기회만 있으면 기도할 것을 마치 잔소리처럼 권면하셨습니다.

"너희가 원하는 것은 무엇이든지 청하여라. 너희에게 그대로 이루어질 것이다"(요한 15,7).

"너희가 기도하며 청하는 것이 무엇이든 그것을 이미 받은 줄로 믿어라. 그러면 너희에게 그대로 이루어질 것이다"(마르 11,24).

이런 식으로 말입니다.

하지만 실제로 무엇이든 청할 수 있다고 해서 청하는 것이 대번에 주어지는 일은 드뭅니다. 그랬다가는 기도가 무슨 주술이나 주문처럼 치부되거나, 기도자가 너무 쉽게 받아서 아예 고마움을 모르고 배은망덕해질 위험이 도사리고 있기 때문입니다.

이런 깊은 뜻도 모르고 처음에 적당히 기도했다가, 생각이 바뀌어 쉽사리 체념하는 일이 다반사입니다. 이런 심리를 꿰뚫어 보신 예수님께서는 오늘 복음에서처럼 '과부와 재판관의 비유'를 들어 우리의 기도를 독려하십니다.

복음서는 예수님께서 과부의 청을 들어주는 불의한 재판관의 비유를 들려주신 이유를 서두부터 밝힙니다.

"예수님께서는 낙심하지 말고 끊임없이 기도해야 한다는 뜻으로 제자들에게 비유를 말씀하셨다"(루카 18,1).

비유의 목적은 "낙심하지 말고 끊임없이 기도해야 한다."는 사실을 깨닫게 하기 위함이었습니다.

여기서 관건이 되는 것은 낙심의 때입니다. 낙심에도 여러 양상이 있습니다.

우선, 오늘 복음의 맥락이 시사하듯이 신앙적 박해로 인한 낙심을 생각할 수 있습니다.

다음으로, 세상살이 전반과 관련해서 생존이 녹록지 않아 절망에 떨어질 수 있습니다.

그리고 아무리 기도해도 응답이 더딘 듯이 느껴져 낙심할 수 있습니다.

어느 경우의 낙심이든 그 유일한 해결책은 기도를 멈추지 않고 끈질기게 강행하는 것입니다. 이것이 오늘 예수님께서 우리에게 권면하시는 바입니다. 성경 속에는 이런 예수님의 권면을 지지하는 숱한 인물들의 체험이 있습니다.

그중 하나로 저는 오늘 히즈키야의 기도를 꼽고 싶습니다. 그는 국가 통치자로서 개인과 나라의 명운이 위태롭게 되자 식음을 전폐하고 사생결단의 기도를 바쳤습니다. 그리하여 하느님의 마음을 움직여 다음과 같은 응답의 소리를 들었습니다.

"나는 네 기도를 들었고 네 눈물을 보았다"(2열왕 20,5).

이에 대하여 저는 이렇게 묵상시를 적어 둔 적이 있습니다.

너는 내 사랑

네가 무릎을 꿇기 전에
나 너를 반긴다.

네가 입술을 떼기 전에
나 너를 듣는다.

네가 눈물을 흘리기 전에
나 함께 흐느낀다.

네가 너무 늦었다고 단념하기 전에
나 네게 응답한다.

나는 네 하느님
네 오장육부를 만드신 이다.[64]

저는 우리를 기도로 초대하시는 하느님의 애절한 음성이 들리는 듯 하여 그대로 글로 옮겼을 따름입니다. 그러니 언제고 낙심치 말고 고집스럽게 기도할 일입니다.

■ 과부의 억울한 심정

> "또 그 고을에는 과부가 한 사람 있었는데
> 그는 줄곧 그 재판관에게 가서, '저와 저의 적대자 사이에
> 올바른 판결을 내려 주십시오.' 하고 졸랐다"(루카 18,3).

우리 주변에는 부당한 취급을 받고도, 그 억울함을 하소연할 수 없는 사람들이 너무도 많이 있습니다. 바로 외국인 노동자들이 그런 사람들입니다. '코리안 드림'이라는 꿈을 안고 돈을 벌기 위하여 한국에 왔지만 노예 계약과 같은 계약서에 얽매이고 게다가 한국말을 잘 못해서 어려움을 겪는 이들의 내용이 신문 기사에 나올 때면 저는 제가 오스트리아에서 유학 시절에 당했던 일이 생각나곤 합니다.

제가 오스트리아 유학 시절에 겪은 이야기 하나를 소개하겠습니다.
저는 오스트리아의 어느 본당에서 보좌 신부로 있으면서 공부를 하고 있었습니다. 그 시절 저는 어느 선배 신부님으로부터 차를 한 대 물려받게 되었습니다. 그 당시 초보운전자였던 저는 좁은 골목길에 주차되어 있던 차를 끌고 나오다가 옆에서 질주하던 차를 못 보고 접촉 사고를 냈습니다. 그런데 제가 받은 차가 옆으로 밀리면서 주차되어 있던 포르쉐 스포츠카를 받아 버린 것이었습니다.

저는 차에서 내려 상대방 오스트리아 운전자와 서로 명함을 주고받으며 보험 처리에 대하여 합의를 했습니다. 그런데 문제는 주차되어 있던 스포츠카에는 운전자가 없었다는 데 있었습니다. 저는 어떻게 해야 할지 의논한 끝에 피해를 입은 그 오스트리아인 운전자와 함께 연락처를 적어서 스포츠카 앞 유리창에 꽂아 두기로 하고 갔습니다.

그 사건이 있은 지 일주일도 채 가기 전에 저는 경찰서에서 고지서를 받게 되었습니다. 그런데 그 고지서에는 제가 뺑소니 운전자로 고발되었다는 내용이 있었습니다. 그 당시 근처 집 안에서 그 사건을 보고 있던 할머니께서 신고했던 것입니다. 저는 경찰서에 가서 이 사건에 대한 자초지종을 낱낱이 설명하고 나서, 그때 같이 사고를 낸 사람은 어떻게 됐냐고 물었습니다. 그랬더니 오스트리아 법에서는 사고를 낸 사람이 직접 경찰서에 가서 신고해야 하며, 연쇄 충돌인 경우에는 첫 번째 사고를 낸 사람이 책임을 져야 한다는 것이었습니다. 결국 그 오스트리아 운전자는 고발도 당하지 않은 상태에서 저만 즉결 처분을 받아서, 우리나라 돈으로 50만 원에 해당하는 벌금을 내야 했습니다. 그때 저는 오스트리아 사람이었던 상대방 운전자의 말을 믿고 그대로 했을 뿐인데, 뺑소니 운전자라니….

설령 경찰에 신고하지 못했던 점은 제 과실이라고 인정한다고 하더라도, 분명히 증인이 있었고 그 증인으로 인해서 제가 결코 '뺑소니'를 칠 수 없는 상황이라는 것이 명명백백한데, 의도적인 뺑소니로 몰렸다는 사실이 납득하기 어려웠습니다. 이러한 사실이 억울했습니다. 말을 주고받는 과정에서 저는 그 모든 것이 제가 외국인이기 때문에 당하는 괄시라고 느껴졌습니다.

긴 논쟁 끝에 저는 그때 경찰서에서 저를 취조(?)했던 경찰이 신新나치주의자라는 사실을 알아냈습니다. 신나치주의자들은 법적으로 어떤 문제가 생겼을 때, 자국민들은 보호하면서 외국인들은 학대하던 자들이었습니다. 너무도 억울하고 참을 수 없었습니다.

지금도 몇 년이 흘렀지만, 그때 일을 생각하면 아직도 억울한 생각이 불쑥 떠오릅니다. 그러면서 그때 외국인으로서 제가 그러한 대접을 받은 것을 생각하면, 지금 우리나라에 들어와서 일하는 외국인 노동자들이 부당한 취급을 받는 것이 가슴 아프게 다가옵니다. 한국어도 제대로 못하는 데다, 한국의 법을 잘 알지 못해서 어려운 일을 당하는 외국인 노동자들이 얼마나 많이 있겠습니까? 계약서에 어떤 내용이 있는지 정확히 알고 계약하는 이들이 얼마나 되겠습니까? 결국 그들은 부당한 대우를 당하면서도 마음 편하게 누구에게도 하소연할 수 없는 상황에 놓여 있는 것입니다.

오늘 복음에 나오는 과부의 심정이 바로 이런 심정이었을 것입니다.

■ 뭔 수가 있겠지요

> "저 과부가 나를 이토록 귀찮게 하니
> 그에게는 올바른 판결을 내려 주어야겠다"(루카 18,5).

'주님의 기도'를 실용적으로 해설한 제 저술 『통하는 기도』에서 독자들로부터 가장 큰 호응을 얻은 저의 신조어가 '생떼 기도'입니다. 이 용어의 취지는 마치 어린아이가 아빠에게 떼를 써서 원하는 것을 얻어 내듯이 우리도 그렇게 기도할 수 있어야 한다는 것입니다.

실제로 이 용어로부터 기도를 바치고 싶은 영감과 격려를 받아 정말 생떼를 쓰는 심정으로 기도했더니 기도 응답이 왔다는 얘기를 저는 교우들로부터 적지 않게 들었습니다.

그런데 이 생떼 기도의 전형을 오늘 복음에 나오는 과부가 보여 주고 있습니다. 불의한 재판관은 마침내 과부의 생떼에 항복하고 맙니다.

"저 과부가 나를 이토록 귀찮게 하니 그에게는 올바른 판결을 내려 주어야겠다"(루카 18,5).

고약한 재판관의 이 심경 토로는 그대로 하느님의 심정을 반영해 줍니다.

비유 말씀 속 과부는 가난하고 무력한 존재의 상징입니다. 그녀는 돈도 배경도 없었기 때문에 공정한 재판을 기대할 수 없었을 것입니다.

그러나 과부에게는 '집념'이라는 무기가 있었음을 복음서는 이렇게 기록합니다.

"줄곧 그 재판관에게 가서, '저와 저의 적대자 사이에 올바른 판결을 내려 주십시오.' 하고 졸랐다"(루카 18,3).

과부는 재판관에게 '줄곧 가서 졸랐'습니다. 비유의 핵심은 이 집요한 행위가 고약한 재판관의 마음을 움직였다는 데 있습니다. 마침내 재판관은 굴복하면서 "그렇게 하지 않으면 끝까지 찾아와서 나를 괴롭힐 것이다."(루카 18,5)라고 진저리를 칩니다.

이제 이 비유 이야기를 마치시면서 예수님께서는 기도의 요령과 확신을 이렇게 설파하십니다.

"이 불의한 재판관이 하는 말을 새겨들어라. 하느님께서 당신께 선택된 이들이 밤낮으로 부르짖는데 그들에게 올바른 판결을 내려 주지 않

으신 채, 그들을 두고 미적거리시겠느냐?"(루카 18,6-7)

그렇습니다. 기왕에 기도를 바칠 요량이면, 하느님을 '귀찮게' 하며 '괴롭힌다' 싶을 정도로 집요하게 '부르짖는' 기도를 바칠 줄 알아야 합니다.

함께 기도하시겠습니다.

주님, 오늘 저는 주님의 영감으로 쓴 책 『성경인물들의 기도』에서 과부의 입술을 빌려 바친 기도로 제 기도를 대신하겠습니다. 한마디 한마디가 제 마음이오니 그대로 들어주소서.

> 억울한 일을 당했습니다.
> 좀 도와주셔야 되겠습니다.
> 꼭 좀, 부탁합니다.
>
> 저는 달리 매달릴 곳도 빽도 없습니다.
> 좀 해결해 주셔야 하겠습니다.
> 꼭 좀, 도와주십시오.
>
> 못 할 것 없으신 분이시니, 뭔 수가 있겠지요?
> 없으면, 나는 낭팹니다.
> 그냥 다 끝장입니다.[65]

우리 주 예수 그리스도를 통하여 비나이다. 아멘!

민족들의 복음화를 위한 미사 - 전교 주일: 마태 28,16-20

네 손으로 내가 일하노라

"보라, 내가 세상 끝 날까지 언제나 너희와 함께 있겠다"(마태 28,20).

1. 말씀의 숲

오늘은 전교 주일이며, 별도의 연중 미사 복음이 없기 때문에, '민족들의 복음화를 위한 미사'(교황 비오 11세, 1922년 5월 3일, 인류복음화성 총회 결정) 복음을 묵상합니다.

오늘 제2독서는 사도 바오로의 로마서 말씀입니다.
"그러므로 믿음은 들음에서 오고 들음은 그리스도의 말씀으로 이루어집니다"(로마 10,17).

오늘 우리가 읽은 복음은 짧지만 그 안에 담고 있는 내용들은 우리로 하여금 큰 꿈을 갖게 하는 동시에 위로를 줍니다.
우선, 예수님께서는 제자들에게 '가서 모든 민족들을 제자로 삼을 것'(마태 28,19 참조)을 명령하셨습니다. 이를 통하여 그리스도인인 우리는 예수님으로부터 선교 사명을 부여받은 것입니다. 그것도 "모든 민족"(마태 28,19)을 대상으로 하는 거대한 선교 계획입니다.
하지만 그러한 일을 우리 스스로가 감당하기에는 너무도 버겁다는 생각을 떨쳐 버릴 수 없습니다. 예수님께서는 그러한 점을 이미 알고 계셨던 것처럼 그와 함께 한 가지 큰 위로와 격려의 말씀을 남기셨습니다.

"내가 세상 끝 날까지 언제나 너희와 함께 있겠다"(마태 28,20).

마태오 복음은 이 말씀으로 복음서를 끝마칩니다. 이는 바로 마태오 복음사가의 사상이라 할 수 있습니다. 그는 복음서를 시작하면서 예수님을 '임마누엘', 곧 "하느님께서 우리와 함께 계시다."(마태 1,23)라는 이름으로 소개했습니다. 이제 그 이름은 바로 오늘 복음 말씀을 통하여 완전히 이루어지는 것입니다.

"내가 너와 함께하겠다."

2. 말씀 공감

■ 이러이러한 소망을

> "나는 하늘과 땅의 모든 권한을 받았다"(마태 28,18).

예수님께서는 제자들을 모든 민족들에게 복음을 전할 사명으로 파견하시기에 앞서, 모든 것의 기본이 되는 말씀을 주십니다.

"나는 하늘과 땅의 모든 권한을 받았다"(마태 28,18).

이 말씀으로 주님께서는 제자들을 안심시킴과 동시에 격려해 주고자 하십니다.

"하늘과 땅의 모든 권한"은 전 우주적인 통치 권한을 부여받으셨음을 가리킵니다. 그러니 주님을 굳게 믿고, 이제 곧 맡기게 될 사명에 목숨을 걸어 마땅하다는 얘기인 것입니다.

정황적으로 이 말씀은 미구에 제자들 및 교회 공동체에 닥칠 시련을 염두에 두고 있기도 합니다. 열한 제자뿐만 아니라 교회 공동체도, 시련과 역경에 처하면 믿음이 흔들려 의심이 생기기 마련이기 때문입니다. 그래서 오늘 복음 말씀은 예수님을 눈앞에 보면서도 의심했던 제자들에 대하여 특별히 언급해 두고 있습니다.

"그들은 예수님을 뵙고 엎드려 경배하였다. 그러나 더러는 의심하였다"(마태 28,17).

두 눈으로 보면서도 예수님의 존재를 의심할 판인데, 보지 못하고 믿어야 하는 다음 세대의 그리스도인들이야 오죽하겠습니까.

이를 모르실 리 없으신 예수님이셨습니다. 그러기에 예수님께서는 그 제자들에게 더욱 가까이 "다가가"(마태 28,18) 저 말씀에 이어 한층 더 힘이 되는 말씀을 주십니다.

"보라, 내가 세상 끝 날까지 언제나 너희와 함께 있겠다"(마태 28,20).

주님께서 함께 계셔 주신다면야, 더 이상 의심할 필요도 두려워할 필요도 없습니다. 더구나 "세상 끝 날까지 언제나" 그러시겠다고 약속하셨으니, 제자들에게는 얼마나 큰 용기가 되었겠습니까. 결과적으로 제자들이 복음을 전하는 사명을 완수하기 위해 박해와 순교도 불사한 것은 바로 이 약속 말씀을 그들이 믿었기 때문이며, 또한 주님께서 이 약속 말씀을 액면 그대로 이행해 주셨기 때문일 것입니다.

또한 '하늘과 땅의 권세'(마태 28,18 참조)를 지니신 분이 제자들과 함께해 주시기에 박해와 순교는 무의미한 패배가 아니라 영원한 생명에 대한 가장 웅변적인 증거가 될 수 있었던 것입니다.

굳이 박해와 순교를 상정하지 않더라도 예수님께서 "하늘과 땅의 모든 권한"(마태 28,18)을 지니셨다는 사실을 믿는 것은 엄청난 특권입니다. 이는 시쳇말로 예수님께서 우리에게 가장 큰 빽이 되어 주시는 분이라는 사실을 의미하기에 그렇습니다.

우리의 주님께서는 우리가 속해 있는 조직의 장을 움직이는 권한을 지니셨습니다. 사장, 기관장, 대통령을 임명하고 교체하는 권한을 지니셨습니다. 그리고 그 권한을 움직이도록 하고 가동시키는 것은 바로 우리의 기도인 것입니다.

■ 조금만 더

> "너희는 가서 모든 민족들을 제자로 삼아, 아버지와 아들과 성령의 이름으로 세례를 주고, 내가 너희에게 명령한 모든 것을 가르쳐 지키게 하여라"(마태 28,19-20ㄱ).

'마지막 이별의 순간' 하면 여러분은 어떤 이미지가 떠오르시나요. 돌아서는 뒷모습, 환한 미소와 함께 흔드는 손, 힘껏 끌어안은 포옹, 꼭 맞잡은 두 손…. 많은 모습들이 생각나겠지만 그 가운데 쉽사리 잊혀지지 않는 것이 바로 상대방이 남긴 마지막 말 한마디가 아닐까 싶습니다. 그것은 유언이 될 수도, 기약이 될 수도, 당부가 될 수도, 또는 축복이 될 수도 있겠지요.

오늘 복음은 마태오 복음의 마지막 대목입니다. 바로 예수님께서 하늘로 오르시기 전, 제자들에게 지상 사명을 부여하시는 장면이지요. 저 명령이 단순히 제자들에게만 국한된 말씀이 아니라는 것을 우리는 잘 압니다. 그럼에도 우리는 왜 예수님의 마지막 말씀을, 그토록 쉽게 잊고 대충 넘겨 버리기만 하는 것일까요.

전교 주일을 맞은 오늘, 애써 무리하는 수고로움이 아니라도 충분히 '내가 할 수 있는 선교'가 있음을 알고 찾아서 실천하는 한 이웃의 이야기를 통해 우리의 모습을 돌아보고자 합니다. 79세라는 고령에도 여전히 선교에 앞장서는 김 베드로 단장의 사연입니다.

그가 주님의 인도하심으로 그리스도의 자녀로 태어나게 된 것은 아내(이 소화 데레사) 덕분이었다. […] 그가 A 본당과 인연을 맺게 된 것은 1986년부터다. […] 그는 A 본당 설립 4년 만에 6개의 쁘레시디움을 분단하는 성과를 거두었다. 당시 본당을 방문한 김수환(스테파노) 추기경도 "4년 만에 남성 꾸리아를 창단한 것은 대단한 일"이라며 극찬을 아끼지 않았다고 한다. […]

그가 선교 방법으로 주로 애용하는 것은 우편물이다. 우체국 단골손님으로 불릴 정도로 그는 매년 170여 명의 신자와 대자, 입교 대상자에게 꾸준히 카드를 보내고 있다. […] 또 사비를 들여 '하는 일마다 잘 되리라'는 문구가 새겨진 선교 스티커를 만들어 늘 갖고 다니며, 버스나 택시, 마트 등에서 덕담이라며 사람들에게 건네주는 것을 잊지 않는다. […]

"사람들이 대자가 전화도 안 하고 찾아오지도 않는다고 그러는데, 대부모가 먼저 손을 내밀고 관리해야 한다고 생각합니다. 손바닥이 마주쳐야 소리가 나는 법이죠. […] 관심을 줘야 대자들도 대부모에게 안부 전화를 하고 찾아오고 할 텐데, 받는 것만 바라고 있어요. 대자 관리나 교우들과의 친교, 선교와 새 신자 관리도 행동으로 보여 줘야 합니다." […]

같은 쁘레시디움 단원으로 있다가 지방으로 이사 간 사람들이 레지오 활동을 하면서 그가 쓰는 방법을 선교에 반영한다는 이야기를 들을 때, 뿌린 씨앗이 열매를 맺는 것 같아 보람을 느낀다는 김 단장. 79세 고령임에도 지치지 않고 선교에 앞장서는 그를 보면서 새삼 노익장의 저력을 느꼈다.[66]

베드로 단장이 선택한 방법은 '먼저 보내는 안부 카드 한 장'. 이처럼 특별하거나 어려운 것이 아니었습니다. 소박하지만 그 안에 진심을 담고자 했던 그 정성이 '나'와 '너'를 넘어 '우리'라는 열매를 거둔 것입니다.

우리는 어떠한 마음과 행동으로 오늘 예수님의 저 마지막 말씀을 이행할 수 있을까요.

■ **용솟음치는 생의 욕구로**

> "보라, 내가 세상 끝 날까지 언제나 너희와 함께 있겠다"
> (마태 28,20ㄴ).

다른 누구도 아닌 예수님께서 오늘 우리에게 약속하셨습니다. 영원하신 그분께서 우리에게 마지막을, 영원을 약속하셨습니다. 이 이상 우리에게 절박한 약속이 무엇이겠으며, 또 이 이상 힘이 되는 말씀이 어디 있겠습니까.

인생의 어느 시기를 지나고 있든, 오늘 예수님께서 우리에게 주신 이 말씀을 붙들고 사는 이라면, 그는 결코 혼자가 아닙니다. 함께 웃고, 함께 울어 줄 예수님께서 곁에 계시니까요.

어린아이들은 혼자 있으면 무서워합니다. 특히 잠을 잘 때는 더하지요. 밤이 되면 부모는 아이를 방에 눕히고 안방으로 돌아와 잠을 청합니다. 그런데 아이가 잠을 깨서는 제 주변에 보이는 것이 없는 짙은 암흑인데다, 부모 살갗이 주는 따스함을 느끼지 못하면, 아이는 곧잘 울어 버립니다. 부모를 찾는 것이지요. 그러면 부모는 곧 달려와 아이를 안아 달래주고, 아이는 다시 안정을 찾고 부모를 신뢰하며 잠에 듭니다.

이렇게 부모는 아이의 암흑과 두려움을 밝혀 주는 빛입니다. 아무리 어둡고 무서워도 부모가 옆에 있다는 확신만 있다면 그 연약한 아이는 담대하게 두려움 없이 잠을 청할 수 있습니다.

이 이야기에서 '두려워하는 아이'는 바로 우리 자신의 모습이요, '어둠 속에서 안아 주는 부모'는 하느님의 모습입니다. 우리는 조금 머리가 굵어졌다고 부모의 존재가 필요 없다는 듯 낮에 뛰어노는 아이처럼 이 세상을 살고 있습니다. 그런데 인생에 역경이 닥치면 그제서야 '내 부모는 어디서 무엇 하고 있는 거냐.'며 오히려 부모를 원망합니다.

그러나 부모인 하느님께서는 우리를 떠난 적이 없으십니다. 오히려 우리가 하느님을 찾고 돌아오기를 언제나 바라고 계시며, 하느님을 찾든, 찾지 않든 언제나 우리 모두와 함께 계십니다. 그러한 하느님을 찾고 만나는 것은 자녀인 우리의 몫입니다.

"보라, 내가 세상 끝 날까지 언제나 너희와 함께 있겠다"(마태 28,20ㄴ).

이 말씀을 붙들고 우리도 주님께 고백을 올려 봄이 어떨까요.

"하느님, 제 주변이 아무리 어두워도 변함없는 하느님의 사랑이 있으므로 실망치 않습니다. 당신을 통해 힘을 얻습니다!"

함께 기도하시겠습니다.

주님, 제가 저러저러한 억울함을 당하고 있사오니 '하늘과 땅의 권한'으로 평정하여 주소서.

주님, 제가 불가능의 벽에 갇혀 꼼짝달싹 못하오니 '하늘과 땅의 권한'으로 가능의 문을 열어 주소서.

주님, 제가 이러이러한 소망을 갖고 있사오니 '하늘과 땅의 권한'으로 이뤄 주소서.

우리 주 예수 그리스도를 통하여 비나이다. 아멘!

연중 제30주일: 루카 18,9-14

고개 떨군 세리

"오, 하느님! 이 죄인을 불쌍히 여겨 주십시오"(루카 18,13).

1. 말씀의 숲

J. 모러스의 『행복 만들기 Pretty as you please』(성바오로 2003)라는 책에 "타인의 눈으로 자신을 보라"라는 재미있는 이야기가 있습니다. 오늘 복음 묵상을 시작하기 전에 먼저 그 내용을 읽고 시작하도록 하겠습니다.

몇 해 전, 큰 회사의 중역으로 승진한 한 젊은 사업가가 인기 있고 명성 높은 어떤 여배우와 사랑에 빠졌다. 그는 몇 달 동안 꾸준히 그녀와 공공장소에서 교제를 했고, 마침내 결혼하기로 결심했다.
그러나 결혼하기 전에 우선 그는 사립 탐정을 고용해서 그 여배우에 대한 뒷조사를 하기로 했다. 그래서 그는 의뢰인이 누구인지 알지 못하도록 자신을 철저히 숨긴 채 그 일을 어떤 탐정에게 맡겼다.
마침내 그는 그 탐정으로부터 보고서를 받았는데 이렇게 씌어 있었다.

"그 여배우는 평판이 정말로 좋습니다. 과거도 아주 깨끗하고, 사귀는 사람들도 모두 나무랄 데가 없습니다. 다만 문제의 소지가 있다면 그가 최근 몇 달 동안 다소 평판이 좋지 않은 어떤 사업가와 자주 만나고 있다는 것뿐입니다."

우리들 대부분에게는 자신이 남들보다 조금이라도 낫다고 여기는 경향이 있다.
그러나 우리가 다른 사람들이 우리를 보듯 자기 자신을 본다면, 특히 하느님께서 우리를 보시는 것처럼 자기 자신을 본다면 아마도 우리는 자신에 대해서 의기양양했던 마음을 버리게 될 것이다.[67]

지난주에 우리는 불의한 재판관의 비유를 통하여 환난 중에서도 끈질기게 기도해야 한다는 가르침을 들었습니다. 그리고 오늘 복음 말씀을 통해서는 기도에 대한 두 번째 가르침을 듣게 됩니다.

오늘 복음에서 우리는 성전에서 기도하는 두 사람을 만나게 됩니다. 한 사람은 바리사이로 머리를 높이 치켜들고 성전이 자신에게 속한 것인 양 건방을 떨었습니다. 다른 한 사람은 세리로 바리사이와는 대조적으로 멀찍이 서서 마치 남의 집에 들어온 것마냥 송구스러워하며 어쩔 줄 몰라 합니다.

루카 복음 18장 9절에서 14절까지의 바리사이와 세리의 기도에 대한 이야기는 루카 복음사가의 특수 자료로, 그 문학 양식은 하느님께서 받아들이시는 겸손한 사람과 배척하시는 교만한 사람의 본보기를 비유로 제시한 이야기입니다. 이 이야기의 구성은 다음과 같습니다.

첫째, 도입(루카 18,9 참조)
둘째, 교만한 바리사이와 겸손한 세리의 기도(루카 18,10-13 참조)

셋째, 예수님의 평가 (루카 18,14 참조)

바리사이는 자기의 인간적 성취에 의지해 하느님 앞에서 의인으로 자처합니다. 그리고 자신이 다른 사람들보다 우월하다고 자부했습니다. 하지만 바리사이가 한 것은 기도가 아니었습니다. 그는 자기만족의 독백을 내뱉었을 따름입니다.

반면 세리는 자기가 하느님 대전에 나아갈 자격이 없으며 자기의 의로움은 하느님의 자비에 달렸다고 고백합니다. 곧 그는 자신 안에서 오로지 내놓을 것은 죄밖에 없음을 고백합니다. 죄란 그에게 하느님께서 계시지 않는 텅 빈 공간이었습니다. 그러나 이 공간은 자비를 베풀어 달라는 그의 간절한 기도를 통해 하느님만이 채워 주실 수 있는 텅 빈 공간이 되었습니다. 하느님께서 그 빈 공간 속으로 들어오실 것이기 때문입니다.

예수님께서는 이 두 사람의 기도를 대조해 하느님의 자비에 전적으로 의지해야 구원받을 수 있다고 가르치셨습니다. 결국 기도란 하느님을 생각하는 것이고, 하느님 앞에 나아가는 것이고, 하느님께 자기 잘못을 말씀드리는 것입니다. 기도는 자기 잘난 것을 하느님께 보고드리는 것이 아닙니다. 하느님께 기도하면서 "나는 이러저러한 좋은 일을 했습니다."라고 구태여 말씀드릴 필요가 없습니다.

2. 말씀 공감

■ 남을 성찰하지 말고 자신을 성찰하라

> "오, 하느님! 이 죄인을 불쌍히 여겨 주십시오"(루카 18,13).

오늘 말씀의 핵심을 잘 알아들어야 합니다. 자칫하면 본질을 빗나갈 수 있습니다.

오늘 말씀에서 세리가 의롭다고 인정을 받게 된 것은 철저하게 자기 성찰을 하고 자신의 허물에 대하여 주님의 자비를 청했기 때문이었습니다. 분명 오늘 복음의 세리는 실질적으로 죄를 지었을지 모릅니다. 적어도 그의 표현을 액면 그대로 받아들인다면 그는 주관적인 의미의 죄인이 아니라 무슨 양심에 걸릴 만한 잘못을 범했을 수 있습니다. 그는 그 죄를 뉘우치고 자백했습니다. 그리고 용서를 청했습니다. 이에 주님께서는 그의 죄를 용서해 주시고 그를 의롭다고 선언해 주셨습니다.

반면에 바리사이는 이와는 전혀 딴판으로 기도했습니다. 그는 실질적으로 의로운 사람이었을지도 모릅니다. 적어도 율법을 지키고 십일조를 내고 단식을 하는 데 있어서는 모든 것을 철저히 준수했을 수 있습니다. 하지만 영성생활에서 누구에게도 만족이란 있을 수 없습니다. 부족한 것이 있게 마련입니다. 그런데 이 바리사이는 이런 부족을 사실적으로 성찰하지 않고 오히려 다른 사람들의 부족이나 허물만을 보았습니다. 이를테면 자신을 성찰하지 않고 남을 성찰했던 것입니다. '아, 저 사람은 저게 부족하구나. 아, 저 사람은 저것이 문제구나. 아, 저 사람은 저렇게 살면 안 되는데…' 하고 말입니다. 그 결과 그는 이런 성찰을 바탕으로 남을 단죄하고 깎아내리는 죄를 범했습니다. 이것이 그에게 문제였습니다. 요컨대 바리사이는 실천의 면에서는 세리보다 훨씬 더 노력했음에도 불구하고 남을 판단하고 깔보는 삶의 태도 때문에 '의롭다'는 선언을 받지 못했던 것입니다.

자신을 성찰하면 회개가 됩니다.

다른 사람을 성찰하면 단죄가 되고 심판이 되고 마침내 죄가 됩니다.

가끔 신자들에게 고해성사를 주다 보면 재미있는 상황을 만나게 됩니다. 사실 고해성사라는 것은 하느님께 내 죄를 고백하고 용서를 청하는 것입니다. 그런데 어떤 분들은 고해실에 들어와서 자신의 죄를 고백하기보다는 며느리의 잘못, 자녀들의 잘못, 남편의 잘못, 시부모님의 잘못 등등 다른 사람의 잘못을 고백합니다.

그러한 분들을 만날 때마다 드는 생각이, '자신은 잘못한 것이 없는데 왜 고해성사를 하러 왔을까?'입니다. 그분들은 자신의 죄는 모두 주변에 있는 사람들이 잘못해서 생긴 것이라는 생각을 가지고 있는 모양입니다. 하지만 그러한 고해성사는 하느님 앞에서 결코 올바른 고해성사로 인정받지 못할 것입니다. 이러한 방식의 성찰과 고해는 오늘 복음에 나오는 바리사이의 경우와 다르지 않은 것입니다.

우리는 남의 잘못을 들추기 전에 먼저 우리의 잘못들을 성찰할 줄 알아야 합니다. 그럴 때 우리는 비로소 세리처럼 의인으로 인정받을 수 있게 되는 것입니다.

■ 저는 더 부족한 사람입니다

> "내가 너희에게 말한다. 그 바리사이가 아니라
> 이 세리가 의롭게 되어 집으로 돌아갔다"(루카 18,14ㄱㄴ).

한 젊은 수사가 장상에게 물었습니다.

"죄인과 성자의 차이란 무엇입니까?"

장상이 대답했습니다.

"죄인은 '주님, 저는 죄인이 아니옵니다. 저는 이미 성자입니다' 하고 기도하는 사람이고, 성자는 '주님, 저는 큰 죄인이긴 하지만 성자가 되기를 원합니다' 하고 기도하는 사람이네."[68]

이 짧은 이야기는 오늘 복음 말씀의 핵심 메시지를 정곡으로 관통하고 있습니다.

오늘 말씀에서 세리가 의롭다고 인정을 받게 된 것은 철저하게 자기 성찰을 하고 자신의 허물에 대하여 주님의 자비를 청했기 때문이었습니다. 그는 건강한 양심으로 자신의 죄를 뉘우치고 자백했습니다. 그리고 용서를 청했습니다. 이에 주님께서는 그의 죄를 용서해 주시고 그를 의롭다고 선언해 주셨습니다.

하느님의 관점에서 봤을 때 세리의 자세는 스스로를 낮추는 겸손으로 보였을 것입니다. 그러기에 예수님께서는 결론적으로 이렇게 말씀하십니다.

"누구든지 자신을 높이는 이는 낮아지고 자신을 낮추는 이는 높아질 것이다"(루카 18,14).

이 말씀은 조금만 자기 성찰을 할 줄 아는 사람이라면 나이를 먹을수록 '맞아, 맞아.' 하며 공감할 것입니다.

언젠가 제가 사제 연수를 받았을 때의 일입니다. 서품 25주년 된 한 선배 신부가 해 준 강론 말씀 중에 잊히지 않는 이야기 하나가 있습니다.

이야기의 시작은 이렇습니다. 당신이 한 본당에 부임하게 되었는데 부임하자마자 신자 한 사람이 와서는 전임 신부 욕을 냅다 하더랍니다. 그래서 신부 속으로는 '이런 무례한 신자가 있나!' 하면서도, '어떤 말로 대답하면 좋을까?'를 고민하게 되더라는 것입니다. '형제님, 그러시면 안 됩니다.' 하고 부드럽게 타이르는 것이 좋을지, '당신이 틀렸소!' 하고 혼쭐을 내 주어야 할지 등, 고심하던 차에 불쑥 입에서 나온 말이 "형제님, 나는 그 신부님보다 더 부족한 사람입니다."였다는 것입니다.

그 순간 주위가 쥐 죽은 듯이 고요해졌을 것은 뻔하겠지요.

이처럼 자신의 부족함, 자신의 허물, 자신의 죄인 됨을 고백하며 기꺼이 자신을 낮추면 어떤 딜레마도 물리칠 수 있으며, 어떤 유혹도 이겨 낼 수 있습니다. 나아가 주님께서는 이를 좋게 보아 주시고 우리를 축복해 주실 것입니다.

■ 있는 그대로

> "누구든지 자신을 높이는 이는 낮아지고
> 자신을 낮추는 이는 높아질 것이다"(루카 18,14ㄷ).

　엄격하게 볼 때, 주님께서 사람을 낮추고 높이시는 것은 어떤 조작적인 개입을 말하는 것이 아니라 본래의 자리로 되돌려 보내는 것을 말합니다. 그러니까 '자신을 높이는 이는 낮아진다'는 말씀은 본래 자신의 위치보다 자기 자신을 더 높여 놓은 사람을 본래 자신의 위치로 되돌린다는 말이고, '자신을 낮추는 이는 높아진다'는 것은 본래 자신의 위치보다 자신을 더 낮춰 놓은 사람을 본래의 위치로 되돌린다는 말인 것입니다.

　그러므로 여기서 중요한 것은 있는 그대로의 모습을 볼 줄 알아야 한다는 것입니다. 이것만 된다면 사실 누구나 자신을 높일 필요도 없고, 낮출 필요도 없습니다.

　있는 그대로 자기 자신을 바라보기 위해서는 '기준'을 잘 잡아야 합니다. 상대적인 기준을 잡으면 그 차이가 크게 보입니다. 하지만 절대적인 기준을 잡으면 모두가 도토리 키 재기가 됩니다. 그러므로 절대 앞에서는 연습을 하면 할수록 겸손해집니다. 그러면 높이지도 않고 낮추지도 않습니다. 그럴 필요도 없습니다.

　진정한 겸손의 태도가 어떠한 것인지를 아인슈타인의 일화가 잘 설명해 줍니다. 세계 최고의 과학자라고 일컬어지는 아인슈타인이 어느 날 학생들로부터 질문을 받았습니다.

　"선생님은 이미 그렇게 해박한 지식을 가지고 계신데 어째서 배움을 멈추지 않으십니까?"

이에 아인슈타인이 재치 있고도 뼈 있는 대답을 했습니다.

"이미 알고 있는 지식이 차지하는 부분을 원이라고 하면 원 밖은 모르는 부분이 됩니다. 원이 커지면 원의 둘레도 점점 늘어나 접촉할 수 있는 미지의 부분이 더 많아지게 됩니다. 지금 저의 원은 여러분들 것보다 커서 제가 접촉한 미지의 부분이 여러분보다 더 많습니다. 모르는 게 더 많다고 할 수 있지요. 이런데 어찌 게으름을 피울 수 있겠습니까?"

여기서 아인슈타인은 진실에 바탕을 둔 겸손을 말하고 있습니다. 그는 학문에 있어서 많이 알게 될수록 미지의 영역 또한 커진다는 발견을 통하여 자만하지도 게으름을 피우지도 않았습니다. 그러므로 누구든지 자신의 처지를 있는 그대로 볼 줄 아는 사람은 교만해질 수 없습니다.

강물이 바다 앞에서 교만할 수 없듯이, 하느님 앞에서 어떤 인간도 자신을 높일 수 없습니다.

겸손은 테크닉이 아니라 정확한 인식입니다.

테크닉을 통한 겸손은 오히려 위선에 빠질 수 있음을 깨달아야 합니다.

그렇다고 인간이 스스로를 마냥 천하게 멸시하는 것도 바람직하지 않습니다.

비록 피조물이기는 하지만 '하느님의 모상'을 지니고 있는 소중한 존재이기 때문입니다.

사도 바오로는 이를 적절하게 다음과 같이 표현한 바 있습니다.

"우리는 이 보물을 질그릇 속에 지니고 있습니다"(2코린 4,7).

인간은 성령의 궁전(1코린 6,19 참조)이라 불릴 만큼 귀한 존재입니다. 다만 그 보물이 질그릇 같은 나약함 속에 담겨 있다는 것이 현실입니다.

우리는 하느님께서 창조하신 피조물 중에서 절정임을 깨달아야 합니다.

함께 기도하시겠습니다.

주님, 겸손은 교만을 이기고, 이간질을 몰아내고, 유혹을 물리칠 뿐 아니라, 주님의 마음까지 허문다는 사실을 배웠습니다.

주님, 저희가 주님께서 내신 소중한 생명임을 늘 잊지 않되, 언제나 주님의 은총이 필요한 나약하고 부족한 존재임을 고백하게 하소서.

주님, 저희는 죄인이오니 저희에게 자비를 베푸소서.

우리 주 예수 그리스도를 통하여 비나이다. 아멘!

연중 제31주일: 루카 19,1-10

구원을 꽉 붙든 자

"자캐오야, 얼른 내려오너라. 오늘은 내가 네 집에 머물러야 하겠다"(루카 19,5).

1. 말씀의 숲

오늘 복음 말씀에는 잃어버렸다가 되찾은 양 한 마리, 잃었다가 되찾은 드라크마 한 닢, 잃었다가 되찾은 한 아들이 있습니다. 그는 죽었다가 살아난 아들이었습니다. 그의 이름은 자캐오. 세관장이고 부자였던 그는 사람들로부터 죄인 소리를 들어야 했습니다. 바로 그가 오늘 주님으로부터 아브라함의 아들로 불리게 됩니다.

세관장 자캐오 이야기는 루카 복음서에만 나오는 루카의 특수 사료입니다. 이 사료의 순서를 살펴보면, 지난주 우리가 들은 바 있는 바리사이와 세리의 예화(루카 18,9-14 참조) 바로 다음에 자캐오의 이야기가 나옵니다. 그렇다면 루카가 채집한 특수 사료가 구전이었든 문헌이었든 간에 자캐오 이야기는 앞에 나오는 세리의 회개(루카 18,13 참조)를 구체적으로 보여 주는 사례라 할 수 있습니다.

또한 루카 복음서에서 오늘 복음 말씀 직전에는 예수님께서 예리코로 들어가는 길목에서 눈먼 거지를 치유해 주신 이야기가 나옵니다. 그리고 오늘 복음에서는 예리코에서 베푸신 구원의 위업을 이야기합니다. 그것은 팔레스티나 사회에서 눈먼 거지와는 또 다른 소외 계층에 속하는 세관장 자캐오를 구원하신 사건, 곧 '소외된 이들을 위한 복음'에 대한 것입니다.

자캐오에 대한 이야기는 일종의 선언문 양식으로, 이 이야기의 구성은 다음과 같습니다.

첫째, 예수님과 자캐오의 만남(루카 19,1-6 참조)

1) 예수님을 뵈려는 자캐오(루카 19,1-4 참조)

2) 자캐오의 집에 머물기를 원하신 예수님(루카 19,5-6 참조)

둘째, 군중의 불평(루카 19,7 참조)

셋째, 자캐오의 결심과 예수님의 변호(루카 19,8-10 참조)

1) 자캐오의 결심(루카 19,8 참조)

2) 예수님의 변호(루카 19,9-10 참조)

유다 사회에서 부정 축재자로 악명이 높아 지탄의 대상이 된 세관장 자캐오는 대중의 관심을 한 몸에 받는 예수님께서 예리코에 행차하시는 것을 보러 왔습니다. 하지만 키가 작은 데다가, 군중들에 가려 예수님을 볼 수 없었습니다. 결국 그는 예수님을 뵙기 위해 돌무화과나무 위로 올라갈 정도로 대단한 관심과 정성을 보였습니다.

자캐오의 이런 애타는 노력을 예수님께서는 아셨던 것인지, 흥미롭게도 나무 위에 있는 그를 보는 사람이 예수님임을 밝힙니다. "예수님께서 거기에 이르러 위를 쳐다보시며 그에게 이르셨다. '자캐오야, 얼른 내려오너라. 오늘은 내가 네 집에 머물러야 하겠다'"(루카 19,5).

목자이신 예수님께서는 잃어버린 양이자 구원을 받아야 할 죄인인 자캐오의 집에 들어가시어 그를 도로 찾으셨던 것입니다. 예수님께서는 그의 집을 방문하시어 그를 회개시키시고 자기 재산을 선용해 구원을 받도록 그의 마음을 변화시키셨습니다. 그는 자기를 받아 주신 예수님의 사랑에 보답하기 위해 자기 재산의 절반을 가난한 이들에게 희사하려 했으며 과거에 잘못한 것이 있다면 고칠 자세를 보였습니다. 이는 그가 예수님을 통하여 자기 재물에 대한 집착에서 해방되어 사랑과 공정을 위해 재물을 선용해야 함을 배웠기 때문입니다. 그리고 이를 통하여 죄인이라는 낙인이 찍혔던 그가 오히려 부자들에게 모범으로 제시되었습니다.

바로 이 순간 예수님께서는 자캐오가 당신이 잃어버렸던 양임을 확인하셨습니다. "이 사람도 아브라함의 자손이기 때문이다. 사람의 아들은 잃은 이들을 찾아 구원하러 왔다"(루카 19,9-10).

그런데도 군중들의 눈에는 그가 여전히 죄인으로 남아 있었습니다. "저이가 죄인의 집에 들어가 묵는군"(루카 19,7). 군중은 예수님께서 주님이시며 사람의 아들이라는 사실을 보지 못했을뿐더러, 자캐오가 아브라함의 아들이라는 사실 역시 머나먼 이야기로 여겼습니다. 예수님과 예수님의 가르침을 받아들이는 모든 이들에게는 구원의 문이 열린다는 사실을 말입니다.

2. 말씀 공감

■ 호들갑을 떨겠습니다

> "그래서 앞질러 달려가 돌무화과나무로 올라갔다. 그곳을 지나시는 예수님을 보려는 것이었다"(루카 19,4).

어느 날 한 제자가 스승에게 지혜를 얻는 방법을 물었답니다. 그러자 스승은 아무런 대답도 없이 제자를 강으로 데려가 얼굴을 강물 속으로 집어넣었습니다. 제자는 죽을 것만 같아서 스승의 손에서 빠져나오려고 버둥거렸습니다. 그러나 스승은 두 손에 더욱 힘을 주었고 제자는 더욱 심하게 발버둥 쳤습니다. 마침내 스승은 손에 힘을 풀고 제자를 물속에서 건져 주며 물었습니다.

"얼굴이 물속에 있을 때, 네가 가장 간절히 원했던 것이 무엇이냐?"

"숨을 쉬는 것이었습니다."

"바로 그거다. 똑같은 이치니라. 네가 오로지 지혜를 얻기만을 간절히 원하면, 지혜를 얻을 수 있느니라."

지혜뿐이 아닙니다. 무엇이 되었건 그것을 꼭 얻고자 하면, 그것에 집중, 골몰, 전념하는 것이 상책입니다.

오늘 복음에서 자캐오가 바로 그랬습니다. 그는 오로지 예수님을 직접 대면하는 것이 소원이었습니다. 왜냐하면 예수님의 소문을 들었기 때문입니다. 그리고 예수님께서 죄인들도 회개하고 당신을 믿으면 영원한 생명을 얻을 수 있다는 '복음'을 선포하시며 이루신 업적에 대해서도 익히 들어 알고 있었습니다. "내가 진실로 너희에게 말한다. 세리와 창녀들이 너희보다 먼저 하느님의 나라에 들어간다."(마태 21,31)라고 하신 말씀도 풍문으로 들었습니다.

그러기에 그도 예수님을 만나 예수님의 사랑을 확인하고 싶어 했지만, 그게 쉽지 않았습니다.

"그는 예수님께서 어떠한 분이신지 보려고 애썼지만 군중에 가려 볼 수가 없었다. 키가 작았기 때문이다"(루카 19,3).

하지만 이런 악조건들도 그에게는 문제가 되지 않았습니다. 그에게는 오직 예수님을 만나고자 하는 단 하나의 열망이 있었기 때문입니다. 이에 대해 복음서는 극적으로 묘사합니다.

"그래서 앞질러 달려가 돌무화과나무로 올라갔다. 그곳을 지나시는 예수님을 보려는 것이었다"(루카 19,4).

"앞질러 달려가"는 전력 질주하는 것을 뜻합니다. 이는 직업이 세관장인 그에게 있어서는 적지 않은 용기가 요구되는 일이었습니다. 게다가 그는 돌무화과나무 위로 올라갑니다. 올라가기 위해 안간힘을 쓰는 자캐오의 위를 향한 움직임은 그의 마음에 내재되어 있는 절박함과 결연함을 드러내 줍니다.

그만큼 그는 인정과 사랑 그리고 구원에 목말라 있었습니다. 그리고 예수님을 만나면 이들 세 가지를 얻을 수 있다고 내심 기대하고 있었던 것입니다.

자캐오의 우스꽝스러운 모습은 당장 주님의 눈에 띕니다. 이제 주님께서 자캐오를 쳐다보시며 "자캐오야, 얼른 내려오너라. 오늘은 내가 네 집에 머물러야 하겠다."(루카 19,5)라고 말씀하십니다. 주님께서는 자캐오가 열망하는 구원의 갈증과 그것을 얻으려는 자캐오의 의지를 보신 것입니다.

"자캐오야,"라고 직접 이름을 부르신 것 또한 주님께서 이미 자캐오가 무엇을 바라는지를 알고 계신다는 사실을 드러냅니다. 이에 자캐오는 주님을 기쁘게 맞아들입니다. 이 기쁨은 바로 인정과 사랑의 기쁨인 동시에 구원의 기쁨인 것입니다.

■ 주님의 레이더

> "예수님께서 거기에 이르러 위를 쳐다보시며 그에게 이르셨다. '자캐오야, 얼른 내려오너라. 오늘은 내가 네 집에 머물러야 하겠다'"(루카 19,5).

이 한마디 말씀으로 자캐오는 소위 팔자가 바뀌었습니다. 저주의 운명에서 축복의 운명으로 바뀐 것입니다. 입때껏 그를 옭아맸던 모든 유전적, 직업적, 환경적 핸디캡이 이로써 무효화된 것입니다.

이것이 예수님을 만나는 이들이 누리는 은총의 전형입니다. 예수님을 만나고 복음, 즉 기쁜 소식, good news를 듣고 믿으면, 누구든지 불안과 걱정의 운명에서 평화와 기쁨의 운명으로 인생 기조가 바뀌게 됩니다.

흔히 사람들은 묻습니다.

"당신의 인생에 가장 영향력을 끼친 인물이 누구입니까? 말하자면 당신의 운명을 바꾼 단 한 사람을 고르라면 누구를 꼽겠습니까?"

이런 류의 질문을 저도 곧잘 받았습니다. 이런 질문에 저 역시 순진하게 몇몇 무명, 유명의 이름들을 거론합니다. 사실 이는 질문하는 이의 궁금증을 고려한 답변일 뿐입니다. 한 사람의 믿는 이인 저의 진정한 답변은 당연히 주 예수 그리스도입니다.

실로 주 예수 그리스도께서는 사춘기 때 제 친구가 되어 주셨습니다. 그러기에 몸은 끓는 청춘이었지만, 정서는 심히 안정되어 있었습니다.

또한 주 예수 그리스도는 대학 시절과 군복무 시절 때, 제 멘토셨습니다. 멘토 그리스도!

배워야 할 것, 고민할 것, 선택해야 할 것, 결정해야 할 것 등이 꼬리에 꼬리를 물었던 이 시절에 제가 고견과 지혜를 청했던 분이 바로 주 예수님이셨습니다. 멘토 예수님께서는 때론 곧바로, 때론 충분한 인내의 시간이 지나서 답변을 주셨습니다. 저는 제 시간표보다 주님의 시간표가 항상 지혜로웠음을 증언합니다. 주님께서는 영광받으소서!

이후 주님께서는 저를 성직으로 부르시어, 저는 세상에서 가장 행복한 삶을 살게 되었습니다. 제가 받은 은혜가 얼마나 컸는지는 교우 여러분들이 두루 알고 계십니다.

한마디로 저는 주님을 만난 이후 인생이 송두리째 바뀌었습니다.

"예수님께서 거기에 이르러 위를 쳐다보시며 그에게 이르셨다. '자캐오야, 얼른 내려오너라. 오늘은 내가 네 집에 머물러야 하겠다'"(루카 19,5).

이 한 말씀으로 주님께서는 또 하나의 운명적인 만남을 만들고 계십니다.

"오늘은 내가 네 집에 머물러야 하겠다. 머물면서 네 살아온 인생 이야기 좀 듣고 싶구나. 그리고 지난날 네가 짊어졌던 수고스럽고 무거운 짐 내 옷자락에 내려놓고, 너로 하여금 진정한 평화와 기쁨을 누리게 하고 싶구나!"

명민한 자캐오는 이 한마디의 의미를 단박에 알아챘습니다. 그리고 실로 인생 여정이 확 바뀌었습니다.

"오늘 이 집에 구원이 내렸다. 이 사람도 아브라함의 자손이기 때문이다"(루카 19,9).

아브라함의 자손이라는 말은 한마디로 영원한 축복의 상속자라는 뜻입니다. 자캐오는 이 말씀을 예수님으로부터 직접 들음으로써 그야말로 횡재한 격이 되었습니다.

하지만 이 이야기에는 허투루 지나칠 수 없는 조건이 있습니다.

그것은 자캐오가 예수님을 더 잘 보기 위해 누구의 눈도 의식하지 않고 돌무화과나무 위를 올라가는 적극성, 누가 봐도 오버한 열성을 드러냈다는 사실입니다. 그것을 보시고 주님께서 감동을 받으시어 그에게 저런 엄청난 말씀을 내리셨던 것입니다. 중요한 것은 우리의 생각과 마음과 행동거지가 주님의 레이더에 포착될 수 있을 만큼 열정적이어야 한다는 사실입니다.

■ 덩실덩실 춤추겠나이다

> "오늘 이 집에 구원이 내렸다.
> 이 사람도 아브라함의 자손이기 때문이다"(루카 19,9).

자캐오는 예수님의 얼굴만이라도 뵐 수 있기를 바랐는데, 뜻밖에도 며칠 동안인지는 알 수 없지만 그분을 자기 집에 모시는 영광을 얻었습니다. 주님께서 유다 사회에서 죄인이자 기피 인물이며 멸시의 대상인 작달막한 체구의 세관장의 집에 머무셔야 한다고 말씀하신 것은 하느님의 뜻에 따라 의인을 부르러 오지 않고 죄인들을 부르러 오신 당신의 사명을 거듭 밝히시며 구현하시기 위함이었습니다.

이에 자캐오는 주님을 기쁘게 맞이하지만, 사람들은 모두 "저이가 죄인의 집에 들어가 묵는군."(루카 19,7) 하고 투덜거립니다. 반면에 자캐오는 이제 자신이 무엇을 하며 살아야 할지를 비로소 깨닫습니다.

"보십시오, 주님! 제 재산의 반을 가난한 이들에게 주겠습니다. 그리고 제가 다른 사람 것을 횡령하였다면 네 곱절로 갚겠습니다"(루카 19,8).

자캐오는 이처럼 통 크게 재산을 희사함으로써 회개와 구원의 기쁨을 드러내는 동시에 새 삶을 시작하고자 합니다.

이런 자캐오의 즉각적인 응답을 보시고 주님께서는 그에게 궁극적인 선언을 해 주십니다.

"오늘 이 집에 구원이 내렸다. 이 사람도 아브라함의 자손이기 때문이다"(루카 19,9).

자캐오는 유다인이었기에 육적으로 아브라함의 자손이었습니다. 그러나 예수님께서는 이를 육적으로 말씀하신 것이 아니라 영적인 뜻으로 말씀하신 것입니다. 여기서 "아브라함의 자손"은 아브라함의 믿음을 이어받은 믿음의 사람들을 뜻합니다. 그런데 자캐오는 유독 이 말씀을 듣고 싶어 했습니다.

"이 사람도 아브라함의 자손이다!"

이 말씀이 자캐오에게 그리도 기쁜 소식이 되었던 것은 그가 한평생을 자격지심에 시달려 왔기 때문입니다. '내가 육적으로는 아브라함의 자손인데 과연 그러한가? 과연 나는 아브라함의 자손이라 내세울 자격이 있는가?' 이 회의에 예수님께서는 오늘 호쾌하게 선언하셨습니다.

"이 사람도 아브라함의 자손이다!"

우리가 듣고 싶어 하는 그 이름들! 예수님께서 때가 되면 불러 주십니다.

함께 기도하시겠습니다.

주님, 저로 하여금 열정의 사람이 되게 하소서. 그리하여 저희가 열정으로 인하여 지치지 않고, 저희 이웃이 이 열정에 감동받고, 저희의 열정이 주님께는 기쁨이 되게 하소서.

주님, 기왕이면 저희의 이 열정이 오롯이 주님과 주님의 일을 향하게 하소서.

우리 주 예수 그리스도를 통하여 비나이다. 아멘!

연중 제32주일: 루카 20,27-38

그날을 믿고 기다리며

"그분은 죽은 이들의 하느님이 아니라 산 이들의 하느님이시다. 사실 하느님께는 모든 사람이 살아 있는 것이다"(루카 20,38).

1. 말씀의 숲

예수님의 적대자들로, 바리사이파 사람들과 그들 편에 있던 율법 학자들, 그리고 그 위에 백성의 원로들과 사제들, 산헤드린 의회가 있었습니다. 그들은 예수님에 대한 적개심이 극에 달했을 때 예수님을 체포할 법적 증거를 확보하려고 반대파인 헤로데 당원들과도 손을 잡았습니다. 그들의 온갖 음계가 모두 쓸모없게 되었을 때 또 하나의 적대 세력인 사두가이파가 등장하여 예수님과 교리상의 토론을 벌입니다.

예수님께서는 예루살렘으로 입성하신 다음 당신의 적대자들과 세 번의 논쟁을 합니다. 첫 번째는 예수님의 권한에 대한 논쟁, 두 번째는 황제에게 세금을 바치는 일이 옳은지에 대한 논쟁, 그리고 세 번째가 바로 오늘 복음 말씀에 나오는 부활에 대한 논쟁입니다.

루카 복음 20장 27절부터 38절까지의 문학 양식은 논쟁적 대화를 담은 선언문입니다. 그 내용은 다음과 같습니다.

첫째, 도입(루카 20,27 참조).

둘째, 문제 제기: 부활과 수혼법(루카 20,28-33 참조)

셋째, 예수님의 대답(루카 20,34-38 참조)

오늘 이야기의 줄거리를 살펴보면 다음과 같습니다.

이야기는 부활을 우습게 여기는 사두가이들의 그럴듯한 질문, 제법 심각해 보이는 질문으로 시작되었습니다. 그러나 죽은 이들에 관해 전혀 모르고 아무런 희망도 없는 이들의 질문은 어리석고 어처구니없는 시비에 불과했습니다. 그것도 모세를 들먹여 가면서 말입니다. 일곱 형제와 결혼한 아내, 그러면 부활 때 그는 누구의 아내가 되겠습니까?

그러나 부활은 인간끼리의 문제가 아닙니다. 부활은 하느님과 인간의 문제입니다. 하느님 없이 부활은 있을 수 없기 때문입니다. 그러므로 부활이 없다고 주장하는 것은 하느님이 없다고 주장하는 것과 다를 바가 없습니다.

사두가이들이 하는 말 속에는 온통 죽음뿐이었습니다. 일곱 형제가 모두 차례대로 죽었고 그 아내도 마침내 죽었습니다. 그러나 예수님의 가르침 속에는 새로운 시간이 시작되고 있었습니다. "저세상에 참여하고 또 죽은 이들의 부활에 참여할 자격이 있다고 판단받는 이들"(루카 20,35), 그때는 하느님의 시간이기 때문입니다.

살아 계신 하느님, 그러나 당신만이 살아 계신 것이 아니라 당신에게 속한 사람들도 모두 살아 있습니다. 그리고 예수님께서는 사두가이들이 인정하고 있는 모세오경을 다시 읽어 주시면서 그들을 반박하십니다. "죽은 이들이 되살아난다는 사실은, 모세도 떨기나무 대목에서 […] 이미 밝혀 주었다"(루카 20,37). 여기에 나오는 "아브라함의 하느님, 이사악의 하느님, 야곱의 하느님"(루카 20,37)이라는 말은 하느님께서는 살아 있는 이들의 하느님이라는 뜻입니다. 하느님께서 원하시는 것은 죽음이 아니라 생명이기 때문입니다. 하느님의 영광은 살아 있는 인간이기 때문입니다.

2. 말씀 공감

■ 불같은 그리움을

> "부활이 없다고 주장하는 사두가이 몇 사람이 예수님께 다가와 물었다"(루카 20,27).

태평양 한가운데 있는 조그만 섬에는, 오래전부터 전해 내려오는 한 풍습이 있었습니다.

누군가 항해를 하다가 풍랑을 만나서 그 섬으로 표류해 오면, 그 섬 원주민들은 바깥세상의 정보를 알기 위해서 표류자를 일 년 동안 왕으로 대접해 주는 것이었습니다. 그런데 일 년이 지난 후에는 왔던 그대로 떠나야 했습니다. 널빤지를 타고 왔으면 널빤지를 태워 보내고 조각배를 타고 왔으면 조각배를 태워 보내는 것입니다.

한 사람이 풍랑을 만나 간신히 스티로폼을 타고 섬에 도착하였습니다. 그러자 원주민들은 그에게 규칙을 설명해 주었습니다. 표류자가 물었습니다.

"그러면 나보다 먼저 이 섬에 왔던 사람이 있었소?"

"두 명이 있었습니다."

"그자들은 어떻게 살다 갔소?"

"그 사람들 참 이상합니다. 첫 번째 사람은 오더니 집을 짓고 우리 섬에 있는 보물이란 보물은 다 끌어 모았지요. 그러고 나서 일 년 후에 원래 타고 왔던 널빤지를 타고 가다가 그만 저만치 얼마 못 가 빠져 죽었습니다."

"두 번째는?"

"두 번째 사람은 와서 그 집하고 보물들을 보더니 '이런 미련한 사람 같으니… 하나도 못 가져갈 걸 왜 저렇게 쌓아 놓았을까. 나는 실컷 먹기나 해야겠다'라고 하더니 몸에 좋다고 하는 것은 무엇이나 열심히 먹었습니다. 떠날 때가 되자 살이 많이 붙었더군요. 그런데 이 사람은 헤엄쳐서 우리 섬에 도착했었는데 그 몸으로 어떻게 헤엄을 쳐 갑니까? 절반도 못 가서 빠져 죽고 말았습니다."

얘기를 다 듣고 난 표류자는 섬 주위에 있는 바다를 둘러보기 시작했습니다. 멀리 동쪽 끝을 보니 조그마한 점이 보였습니다.

"저건 무엇이오?"

"조그만 섬인데 사람이 살 수 없는 무인도입니다."

그는 속으로 '이제 내가 할 일을 깨달았다'라며 명령을 내리기 시작했습니다.

"저 섬에 우물을 파시오. 섬에 집을 짓고 밭을 갈고 먹을 것을 잔뜩 가져다 놓으시오. 나무를 심고 꽃을 심으시오…."

그는 일 년 동안 그 일만을 했습니다.

일 년이 지난 후, 그도 처음에 타고 왔던 스티로폼을 타고 떠나야 하는 날이 왔습니다. 그는 자신이 준비해 놓은 섬으로 떠나 안전하게 도착하였습니다. 그는 자신이 떠날 수밖에 없는 그 섬에 투자하지 않았습니다. 대신 자신이 장차 갈 곳에 모든 것을 투자했습니다.[69]

유한한 삶의 마지막은 죽음입니다. 시간에 의해 지배받는 그 삶은 아무리 부와 쾌락을 쫓는다 한들 결국 그것들과 함께 소멸될 뿐입니다. 마치 이야기 속의 첫 번째와 두 번째 사람의 경우처럼 말이지요.

그러나 미래가 있는 삶은 희망입니다. 이야기 속의 세 번째 사람의 경우처럼, 그 삶에서는 꿈꾸고 바라는 모든 것이 기쁨 아래 차곡차곡 쌓여 갑니다. 마침내 그 미래는 현실이 됩니다.

그런데 우리 신앙인의 삶은 이마저도 뛰어넘습니다. 그 궁극의 미래가 영원까지 약속되어 있기 때문입니다. 시간의 주인이신 그분께서 당신 부활을 통하여 우리 부활의 증인이 되어 주셨고, 그분께 속하는 우리들의 삶 또한 영원을 꿈꾸며 영원을 누릴 수 있기 때문입니다.

"부활이 없다고 주장하는 사두가이 몇 사람이 예수님께 다가와 물었다"(루카 20,27).

아직도 이 시대 사두가이 같은 마음을 지닌 많은 이들을 위해 우리는 예수님의 어떤 말씀을 전할 수 있을까요. 어떤 그리스도인으로서 그들에게 모범이 될 수 있을까요.

■ 파격적인 발상 전환

> "그러나 저세상에 참여하고 또 죽은 이들의 부활에 참여할 자격이 있다고 판단받는 이들은 더 이상 장가드는 일도 시집가는 일도 없을 것이다"(루카 20,35).

부활이 없다고 주장하는 사두가이파 사람들은 예수님께 모세의 수혼법을 들어 부활이 없다고 주장했습니다. 하지만 그들의 주장은 단지 이 세상의 관점에서 하느님 나라를 보려 하는 어리석음에 지나지 않습니다.

하느님 나라는 우리가 이 세상에서 생활하듯이 결혼을 하여 가정을 이루고 민족을 이루고 국가를 이루는 것이 아닙니다. 하느님 나라에서는 모든 사람이 하느님 안에서 사랑의 친교를 이룹니다. 그렇기 때문에 하느님 나라에서는 모든 사람이 하느님의 자녀이고, 모두가 한 가족을 이루는 것입니다. 예수님께서 "장가드는 일도 시집가는 일도 없을 것이다."라고 말씀하신 것은 바로 모두가 가족이기 때문입니다.

얼핏 들으면 당연한 듯이 들리지만, 이 말씀은 오늘 이 사회에서의 인간관계를 다시 성찰하게 해 줍니다. 이 세상에서의 부류, 편가름, 모든 인간관계, 인척 관계가 저세상에서는 파격적으로 무시된다는 발상인 것입니다.

이 세상에서의 부부가 저세상에서는 별스러운 구별이 없다는 것입니다.

이 세상에서의 부모와 자녀 관계도 저세상에서는 큰 의미가 없다는 것입니다.

개신교 신자와 천주교 신자의 차이도 저세상에서는 없어진다는 것입니다.

저세상에서는 언어의 차이, 민족의 차이, 학벌의 차이, 빈부의 차이, 신분의 차이 등이 아무 의미가 없어집니다.

평신도, 수도자, 성직자의 차이도 저세상에서는 아무 의미가 없어집니다.

심지어 종교의 차이도 저세상에서는 의미를 지니지 못합니다. 이 말을 우리는 잘 알아들어야 합니다. 여기서는 "죽은 이들의 부활에 참여할 자격이 있다고 판단받는 이들"이라는 조건문을 분명히 알아들어야 합니다. 이 말의 의미는 '모든 종교는 결국 똑같다'는 말이 아닙니다. 그것을 판단하는 이는 주님이십니다. 그러니 주님의 뜻, 주님의 기준을 올바로 깨달아서 그 기준을 통과하려는 노력을 취하는 것이 중요한 것입니다.

부활의 세상, 그곳은 모두가 하나인 세상입니다. 각자의 주체성을 인정하는 구별은 있으되, 어떤 차별도 없는 세상입니다.

■ 격의 없이

> "그분은 죽은 이들의 하느님이 아니라 산 이들의 하느님이시다"
> (루카 20,38).

주님의 이 말씀은 오늘 우리들에게 여간 힘이 되지 않습니다.

하늘의 성인 성녀들, 나아가 천국의 교우들을 우리를 위한 기도 부대로 소개하고 있기 때문입니다.

주님께서는 부활을 믿지 않는 사두가이들에게 부활의 진실을 깨닫게 하시기 위하여 당시 유다인들에게 익숙한 구약성경의 말씀을 인용하십니다.

"나는 네 아버지의 하느님, 곧 아브라함의 하느님, 이사악의 하느님, 야곱의 하느님이다"(탈출 3,6).

사실 이 말씀은 하느님께서 모세에게 처음으로 당신 자신을 소개하실 때 주셨던 말씀입니다. 모세는 얼떨결에 무슨 뜻인지도 모르고 이 말씀을 들었겠습니다마는, 구약의 지도자들은 자신의 기도만으로 힘에 부칠 때 '아브라함의 하느님, 이사악의 하느님, 야곱의 하느님' 하며 조상들의 이름을 부르면서 청을 아뢰었습니다.

왜 유다인들은 자신들의 조상 이름을 부르며 기도했을까요. 그 이유를 주님께서는 한마디로 요약해 주십니다.

"그분은 죽은 이들의 하느님이 아니라 산 이들의 하느님이시다"(루카 20,38).

핵심은 명료합니다.

"너희들이 죽었다고 생각하는 너희 조상들도 사실은 하늘 나라에서 버젓이 살아 있다."

우선 이런 의미가 담겨 있는 것입니다.

그런데 주님께서는 이 말씀으로 엄청난 것을 선언하신 셈입니다.

곧 통공의 기도를 귀 기울여 들어 주시고, 자상하고 공정하게 응답해 주시겠다는 약속을 이 말씀 속에 포함시켜 주신 것입니다.

"너희의 죽은 조상들은 지금 하늘 나라에 살아 있다. 어떤 이들은 천국에, 어떤 이들은 연옥에, 불행하지만 어떤 이들은 지옥에 있다. 그러니 너희의 영적 직관을 따라 연옥에 있다고 여겨지는 조상들을 위해서는 연미사와 연도를 바치거라. 그리고 이미 천국에 있다는 확신이 들거들랑, 그들의 이름으로 전구를 청하거라. 그들의 기도가 세다. 더욱 지혜로운 것은 천국 성인 성녀들의 전구를 청하는 것이다. 그 가운데 성모 마리아에게 청하는 전구의 기도는 가히 불가능을 모를 정도다. 알겠느냐"

바로 이런 격려도 저 말씀 안에 담겨 있다 할 것입니다.

함께 기도하시겠습니다.

주님, 사실 주님께는 지금 이 시간 지상과 천국의 경계가 없습니다.

주님, 그러기에 지금 이 순간 지상의 저희들이나 천국의 성인 성녀들이 모두 똑같은 당신의 백성입니다.

주님, 저희 지상의 교우들과 천국의 교우들이 통공 기도를 통하여 격의 없이 소통하게 하소서.

우리 주 예수 그리스도를 통하여 비나이다. 아멘!

연중 제33주일: 루카 21,5-19

두려워 말라

"너희는 인내로써 생명을 얻어라"(루카 21,19).

1. 말씀의 숲

여기 '이미' 하느님의 나라를 맛본 고통 속의 한 병사를 소개합니다.

스코틀랜드의 한 병사가 전쟁에서 심한 부상을 입었습니다. 수술을 해야 하는데 군의관은 안타까운 말을 합니다.

"유감입니다. 수술의 성공 가능성은 1%입니다. 마지막으로 꼭 하고 싶은 말은 없는지요?"

그 믿음 강한 병사는 "선생님, 괜찮습니다. 어떤 결과가 나오든 제 영혼은 만족할 것입니다. 수술이 성공하면 어머니께서 저를 맞아 주실 것이고, 수술이 실패하면 예수 그리스도께서 저를 맞아 주실 것이기 때문입니다."[70]

오늘 우리가 전해 들은 복음은 예수님께서 예루살렘 성전 파괴 예언에서 시작해서 장차 닥쳐올 재난에 대하여 말씀하시는 부분입니다. 실로 그 내용은 혼란스럽고 두렵기까지 합니다. 하지만 그 안에는 위에서 희망을 주는 내용도 함께 전해집니다.

루카 복음서는 21장 5절에서 36절까지 여러 가지 사건들을 열거하는 가운데 세상 종말에 대하여 이야기합니다. 그중에서 우리는 전반부에 해당하는 내용을 들은 것입니다.

  이야기는 아름다운 돌과 자원, 예물로 화려하게 꾸며져 있는 예루살렘 성전을 두고 시작되었습니다. 이 성전은 아버지의 집이고 기도의 집으로 깨끗이 보존되어야 할 것입니다. 그러나 예수님께서는 돌로 지어진 이 대성전에 어떤 애착이나 미련도 가지지 않으셨습니다. "너희가 보고 있는 저것들이, 돌 하나도 다른 돌 위에 남아 있지 않고 다 허물어질 때가 올 것이다"(루카 21,6). 이 성전의 파괴는 이제 시작될 거대한 인류 역사의 전주곡이 될 것입니다. 예수님께서 열정적으로 기다리시는 성전은 새로운 성전, 곧 당신의 몸인 교회이기 때문입니다. 예수님께서는 이 교회의 운명을 두고 예고하셨습니다.
  우선, 피할 수 없는 교회의 분열을 말씀하셨습니다. 분열은 반드시 있을 것입니다. 이 분열은 그 어려움 속에서도 시련을 견디어 내는 이들을 밝히 드러나게 할 것입니다. 마치 생베 조각을 헌 옷에 대고 깁지 않는 것처럼 말입니다. 그러니 속지 않도록 조심해야 할 것입니다.
  그리고 예수님께서는 예루살렘 성전의 파괴와 세상 종말이 오기 전에 당신 제자들이 유다인들과 이방인들의 박해를 받을 것을 묵시문학적 필치로 가르치셨습니다. 하지만 그 박해가 모든 것의 끝은 아닙니다. 제자들은 박해를 통하여 예수님을 다른 민족과 나라에 전할 기회를 얻게 되었기 때문입니다. 뿐만 아니라 예수님께서는 그 박해 중에도 당신 제자들과 함께하시겠다는 희망을 전해 주십니다. 그리고 박해 가운데 인내심을 가지고 끝까지 충실한 제자에게는 죽음을 넘어선 구원을 약속하시며 그것을 희망하라고 위로하십니다.

여기서 우리가 생각해 볼 문제가 있습니다. 가짜 그리스도의 출현, 위선자들의 난무, 전쟁과 분쟁, 지진과 기근, 전염병과 죽음 등 이러한 현상은 일상적인 것입니다. 역사의 현장에서 늘 이러한 일들이 있어 왔습니다. 따라서 우리는 종말을 세상의 끝이라는 시간적 의미로 해석하기보다는 매 순간, 우리의 삶의 현장 안에 이미 종말의 의미가 담겨 있음을 알아야 합니다. 이는 매 순간이 자신의 삶의 마지막이며 최후라는 생각으로 모든 일에 최선을 다해 행하라는 교훈과 상통합니다. 우리가 일상의 모든 것을 최후로 알고 성의를 다하는 삶을 살 때, 종말과 공심판은 우리들에게 두려움으로 다가오지 않을 것입니다.

2. 말씀 공감

■ 지금껏 멀쩡히

> "어떠한 적대자도 맞서거나 반박할 수 없는 언변과 지혜를 내가 너희에게 주겠다"(루카 21,15).

'혼자서는 살 수 없는 인간'이라는 말도 있지만, 아이러니하게도 우리에게 두려움을 불러일으키는 것 중 하나가 사람과 사람 사이의 '만남'인 경우가 있습니다.

낯선 이와의 만남은 물론이거니와, 많은 사람 앞에 서야 할 때, 또 왠지 어렵고 꺼려지는 상대를 할 수 없이 만나야 할 경우, 살짝쿵 긴장감이 밀려오지요. 가장 큰 이유는 '무슨 말을 어떻게 해야 할지 모르겠어서'일 터입니다.

오늘 예수님께서는 우리에게, 그리스도인으로서 당할 수 있는 사람들의 멸시와 적대, 반박에 앞서 이런 말씀으로 굳건한 용기를 주십니다.

"어떠한 적대자도 맞서거나 반박할 수 없는 언변과 지혜를 내가 너희에게 주겠다"(루카 21,15).

2,000년 교회의 역사에서 이 말씀은 참으로 다양하고 풍요롭게 체험되었습니다.

월간 『사목정보』에 소개된 서울대교구 북방선교회 회장 양○○ 형제가 고백하는 생생한 체험 역시 그 하나의 사례입니다.

새벽마다 들려오는 성당의 삼종 소리에 이끌려 저는 가족 몰래 하느님 자녀가 되었습니다. […] 그때가 고등학교 2학년 때인 1957년! […]

그러나 저의 신앙생활은 평탄할 수만은 없었습니다. 1981년 아내가 운영하고 있는 패션 의상실이 옆집의 실수로 화재로 전소되었습니다. […] 설상가상으로 1985년에는 아내와 아이들 세 명이 택시를 타고 가다 버스에 들이받히는 엄청난 사고를 당하였습니다. 8개월 동안 병원 생활을 하는 아내와 큰아이의 모습을 볼 때, 저는 […] 하느님께 한없는 원망뿐이었[…]습니다.

그러던 어느 날, 성당에서 기도하던 중 '나는 항상 네 곁에 있는 자다' 하신 말씀이 들려오는 것 같았습니다. 그 한 말씀으로 저는 정신이 퍼뜩 들었습니다. 그리고 우리 가족 모두는 새로운 출발을 위하여 신앙생활을 더욱 열심히 하기 시작했습니다.

시간이 흘러 35년간의 공직생활을 마치고 […] 교리신학원에서 신앙의 새로운 시작을 […] 준비하며 […] 평신도인 제가 하느님께서 주신 달란트로 […] 어떤 도구가 될 수 있을지 기도했습니다. […] 그리고 해외 선교의 문을 두드리게 되었습니다.

2001년 7월 […] 하얼빈행 […] 항공기에 우리 선교사 일행 5명이 몸을 실었습니다. […] 공항에는 잘 도착했는데, 이게 웬일입니까? 저보다 앞서 검색대를 통과한 […] 4명의 선교사들 수하물이 모두 열려져 있고 그 안에 있던 종교 서적을 전부 압수당한 것이었습니다. […] 복무원이 저에게 성호를 그어 보이면서 "당신도 천주교 신자냐?"고 물었습니다. '그렇다'고 대답을 하자 제 가방 속도 검열해야겠다고 하였습니다. 제 가방 속에도 성경, 성가 책, 매일 미사 책 등 50여 권이 옷 사이에 있었기 때문에 무척 당황스러웠습니다.

이런 난감한 상황에 순간적으로 '아무것도 두려워하지 마라. 당당하게 맞서라!'는 소리가 들려왔습니다. 그래서 저는 오히려 더 당당하게 "네. 그러세요. 이 옷 속에는 옷들뿐인데, 제가 가방을 열까요?" 하며 가방을 열려고 하였더니 여자 복무원이 '됐다' 하면서 통과를 시켜 주었습니다.

순간의 기지와 용기로 중국 신자들이 갈망하던 […] 말씀의 책들을 보호하여 […] 전할 수 있게 된 것이었습니다.[71]

낯선 땅, 위압적인 분위기 속에서도 발휘할 수 있었던 순간의 기지와 용기!

그가 이것들을 발휘할 수 있었던 것은 매사 주님의 도구를 자처한 이 형제의 행동하는 믿음을 어여삐 여기신 그분의 이끄심 덕입니다.

그렇습니다. 온전한 마음으로 주님을 섬기는 모든 이들, 또 곳곳에서 먼저 다가가 주님을 알리고자 노력하는 모든 이들을, 주님께서는 이처럼 특별한 무적의 방패로 지켜 주십니다.

■ 고난도 힘차게

> "너희는 내 이름 때문에 모든 사람에게 미움을 받을 것이다.
> 그러나 너희는 머리카락 하나도 잃지 않을 것이다"(루카 21,17-18).

독일이 통일되기 전, 실제로 독일에서 있었던 일이라 합니다. 동독의 공산당 정부는 학생들이 그리스도교 신앙을 버리고 정부만을 따르기를 강요했습니다. 그 방법은 다음과 같은 식이었습니다.

교사는 학생들에게 책상에 엎드려 하느님께 '사탕을 달라'고 기도하게끔 합니다. 그런 뒤 조금 있다가 웃으면서 이렇게 말합니다.

"여러분, 이제 아시겠죠? 하느님은 없습니다. 그러면 이제 우리 정부에게 사탕을 달라고 말해 봅시다." 하고는 교사가 정부를 대신해서 학생들에게 사탕을 나누어 주며 "하느님이 주지 못하는 사탕을 정부가 줄 수 있습니다."라고 말하는 것이었습니다. 그런 다음 '하느님은 없다'라는 말을 학생들이 다 따라 하도록 지시했습니다.

그런데 하루는 한 여학생이 일어나 교사에게 반문했습니다.

"아닙니다. 하느님이 계신 것을 저는 확실히 믿습니다."

교사는 매우 화가 나 '이 여학생에게 본때를 보여 주겠다'고 생각하고는 이렇게 명령했습니다.

"너는 오늘 집에 가서 종이에 '하느님은 없다'고 50번 써 오도록 해라."

여학생은 집에 돌아가서 부모와 의논하고 기도한 뒤에 '하느님은 있다'라고 50번을 써 갔습니다. 다음 날 교사는 화가 나서 그 여학생에게 욕설을 퍼부으며 말했습니다.

"용서할 수 없구나. 이번엔 '하느님은 없다'고 70번 써 오도록 해. 그렇지 않으면 너와 네 부모는 심각한 일을 당할 거다."

하지만 여학생은 이번에도 부모와 기도하고 난 뒤에 '하느님은 분명히 있다'라고 70번을 써 가지고 학교에 갔습니다. 교사는 마지막 경고를 했습니다.

"내일까지 '하느님은 절대 없다'라고 100번을 써 와라. 그렇지 않으면 경찰서에 가서 너와 네 부모를 신고할 거야. 그렇게 되면 너와 네 부모가 무슨 일을 당할지 알게 되겠지."

이 소문은 온 마을에 퍼져 다들 이 일이 어떻게 전개될지 숨을 죽이고 지켜보고 있었습니다. 여학생의 부모는 자신들에게 무슨 일이 닥칠지 알고 있었지만 전혀 마음에 흔들림이 없었습니다. 여학생도 마찬가지였습니다. 이번에도 여학생은 '하느님은 있다'라고 100번을 써서 학교에 가져갔습니다. 교사는 분에 못 이겨 소리쳤습니다.

"좋다. 경찰에 가서 너를 고발하겠다. 하느님이 너를 돕는지 어디 두고 보자!"

교사는 자전거를 타고 경찰서로 달렸습니다. 그런데 얼마 가지 않아 교사가 갑자기 자전거에서 떨어졌습니다. 심장마비를 일으킨 것이었습니다. 교실 창문을 통해서 이를 지켜보던 아이들이 이미 숨이 끊어진 교사 주변으로 모여들었습니다. 한 아이가 크게 소리쳤습니다.

"하느님은 계시다!"

그러자 누가 먼저라고 할 것 없이 모두가 이 아이를 따라 외쳤습니다.

"하느님은 계시다."[72]

무서우리만치 하느님께서는 당신 약속 말씀을 그대로 지키셨습니다. "너희는 내 이름 때문에 모든 사람에게 미움을 받을 것이다. 그러나 너희는 머리카락 하나도 잃지 않을 것이다"(루카 21,17-18).

여러분도 이 약속 말씀을 붙들고 신앙 때문에 받는 어떤 모함이나 고난도 힘차게 감당하시기 바랍니다.

■ 기쁨의 영으로 저희를 휘감으소서

> "너희는 인내로써 생명을 얻어라"(루카 21,19).

종말에 관한 두려움의 뿌리에는 죽음이 자리 잡고 있습니다. 그러나 주님을 향한 굳은 믿음은 죽음을 포함한 삶의 모든 장애물을 건너가게 합니다. 그래서 주님께서는 이런 환난과 역경 속에서도 담대하게 신앙을 증거할 것을 요구하십니다.

"이러한 일이 너희에게는 증언할 기회가 될 것이다"(루카 21,13).

여기서 "증언"이라는 그리스어 용어는 '순교'를 뜻함을 상기할 필요가 있습니다. 이렇게 주님께서는 죽음조차 두려워하지 말고 복음을 증거해야 한다는 당위를 일러 주십니다.

자신의 삶에만 애착을 갖고 자신을 위해서만 살아온 삶은 두려움의 근거가 됩니다. 또한 자신의 힘에만 의지하는 삶은 두려움을 넘어서지 못합니다.

박해를 감당할 수 있는 최상의 길은 신앙입니다. 주님의 공의로운 돌보심에 의탁하고 성령의 도우심을 청하는 것이죠. 그러기에 주님께서는 든든한 약속을 주십니다.

"어떠한 적대자도 맞서거나 반박할 수 없는 언변과 지혜를 내가 너희에게 주겠다"(루카 21,15).

주님과 성령께서 세상 끝 날까지 함께해 주시는 한 우리는 어떤 환난도 견뎌 낼 수 있습니다. 주님의 마지막 격려는 최악의 경우에 우리가 붙잡아야 할 담보입니다.

"너희는 머리카락 하나도 잃지 않을 것이다. 너희는 인내로써 생명을 얻어라"(루카 21,18-19).

이는 생명을 보존하기 위해서는 하느님의 절대적인 보호도 필요하지만, 인간의 인내도 따라야 함을 말하고 있습니다. 하지만 인내할 수 있는 힘도 성령께서 주십니다.

이에 대한 격한 감동의 증인이 있습니다. 바로 성 유대철 베드로입니다.

유대철 베드로는 비록 역관의 가문이지만 당대 최고의 지식인이요 논객인 유진길의 아들입니다. 그런데 그의 어머니는 남편과 자식들의 천주교 신앙에 반대하며 자식들을 이렇게 회유했다고 합니다.

"엄마의 눈을 똑바로 봐라. 엄마 말을 듣느냐, 안 듣느냐. 아버지가 믿고 있는 천주학을 믿다가 누구도 죽었고, 누구도 죽었고, 누구도 죽었다. 지금도 아버지가 천주학을 믿는다는 사실이 밝혀지면 잡혀간다. 잡혀가면 죽는다. 너도 잡혀가면 죽는다. 너마저 죽으면 후손이 있느냐? 없느냐. 사서삼경을 읽어 봐라. 자손을 번창하게 하는 것이 가문의 할 일이니, 너희는 그래서는 안 된다."

이때 열세 살밖에 안된 소년 대철 베드로는 어머니의 그와 같은 논리 정연한 설득에 딱 한마디로 답합니다.

"어머니 말씀 다 맞고 어머니 말씀을 들어야 한다는 것도 알겠습니다.

그러나 순서가 있습니다. 아버지 말씀보다는 할아버지 말씀을 먼저 들어야 하고 할아버지 말씀보다는 하느님 말씀부터 먼저 들어야 합니다."

이런 일이 있고서 얼마 후, 아버지가 잡혀가자 이 열세 살 소년은 "나도 천주교 신자요." 하고 신앙 고백을 하고 자수합니다. 그는 감옥에서 심문을 받으며 엄포와 고문 등 무자비한 혹형을 당합니다. […] 뼈가 부러지고 살이 헤어져 온몸이 성한 데라곤 없었지만 늘 기쁜 얼굴이었다는 어린 유대철이 갖은 혹형에도 죽지 않자, 여론이 나빠질 것을 두려워한 관아에서 1839년 10월 31일 옥 안으로 들어가 그 가련한 소년의 목을 졸라 죽입니다.

이렇게 하여 유대철 베드로는 우리나라 최연소 성인이 되고 주일학교 주보성인이 됩니다.[73]

열세 살 소년의 이 장한 순교담은 인내의 때에 주님의 성령께서 어떻게 동행해 주시는지를 여실히 드러내고 있다 할 것입니다.

함께 기도하시겠습니다.

주님, 신앙으로 인하여 치러야 하는 불이익, 불편, 나아가 고충들을 당당히 감수할 수 있게끔, 성령께서 굳셈의 은사로 저희를 동행하게 하소서.

주님, 신앙에 대하여 물어 오는 어떤 고약한 질문에도 명쾌하게 답변할 수 있게끔, 성령께서 지혜의 은사로 저희를 돕게 하소서.

주님, 신앙생활을 하면서 혹여 무미건조, 무력감, 나아가 우울에 빠지지 않게끔, 기쁨의 영으로 저희를 휘감으소서.

우리 주 예수 그리스도를 통하여 비나이다. 아멘!

온 누리의 임금이신 우리 주 예수 그리스도왕 대축일: 루카 23,35ㄴ-43

십자가 대관식

"내가 진실로 너에게 말한다. 너는 오늘 나와 함께 낙원에 있을 것이다"(루카 23,43).

1. 말씀의 숲

오늘은 온 누리의 임금이신 우리 주 예수 그리스도왕 대축일입니다. 예수님께서는 참으로 구원자요 왕으로서 이 세상에 오셨습니다. 그러나 많은 사람들이 그분을 알아보지 못하고 그분을 십자가에 못 박고 조롱했습니다. 이 모욕은 역설적으로 예수님께서 구세주로서 돌아가셨음을 암시합니다. 더욱이 예수님께서는 당신과 함께 십자가에 못 박힌 죄수 하나를 구원으로 초대하셨습니다. 예수님께서 십자가에 못 박히신 날이 바로 주님의 날이고, 심판의 날입니다.

"그날 밤에 두 사람이 한 침상에 있으면, 하나는 데려가고 하나는 버려둘 것이다."(루카 17,34)라고 하신 말씀이 오늘을 두고 하신 말씀인지도 모릅니다. 오늘 복음 말씀을 통해 우리는 선과 악이 갈려서 선한 쪽이 구원을 받고, 악한 쪽은 끝내 멸망의 길로 치달음을 알게 됩니다.

오늘 복음 말씀은 네 부분으로 나누어 볼 수 있습니다.

첫째, 지도자들과 군인들의 조롱(루카 23,35-38 참조)

둘째, 예수님을 모욕하는 첫째 범인(루카 23,39 참조)

셋째, 첫째 범인에 대한 둘째 범인의 질책과 자기 죄의 고백(루카 23,40-41 참조)

넷째, 둘째 범인의 간청과 예수님의 응답(루카 23,42-43 참조)

얼핏 들으면 오늘 복음 말씀은 '그리스도왕 대축일'과는 어울리지 않는다는 느낌을 받을 수 있습니다. 어떻게 십자가 위에서 처형되는 예수님을 왕이라 부를 수 있겠습니까? 하지만 여기서 우리는 역설적인 표현을 볼 수 있습니다.

故 서인석 바오로 신부님께서는 오늘 복음을 두고 '대관식'이라고 표현하신 바 있습니다.

한 나라의 왕이 즉위하는 대관식은 화려한 왕관을 쓰고 손에는 왕권을 상징하는 지팡이를 쥔 채 위엄 있는 왕좌에 앉아 수많은 문무백관의 충성 서약을 받는 자리입니다. 그러나 그리스도의 대관식은 이와 달랐습니다. 무지막지한 로마 병사들의 조롱과 침 뱉음, 주먹질과 채찍질, 가시관 뒤에 이어진 십자가형이 바로 그리스도의 대관식이었습니다.

십자가는 바로 예수님께서 대관식에 앉으실 의자였고, 가시관은 왕관이었으며, 손에는 지팡이 대신 살을 뚫은 못이 있을 뿐이었습니다. 이 모든 모습이 사람들의 눈에는 천덕꾸러기요, 조롱거리일 뿐입니다. 그리고 보는 이의 업신여김과 삐죽거림을 받고 있지만, 사실은 우리의 죄를 당신 몸에 친히 지시고 고통을 당하셨던 것입니다. 여기서 우리는 이사야 예언자의 말씀을 기억해야 합니다.

"보라, 나의 종은 성공을 거두리라. 그는 높이 올라 숭고해지고 더없이 존귀해지리라. 그의 모습이 사람 같지 않게 망가지고 그의 자태가 인간 같지 않게 망가져 많은 이들이 그를 보고 질겁하였다. 그러나 이제 그는 수많은 민족들을 놀라게 하고 임금들도 그 앞에서 입을 다물리니 이제까지 알려지지 않은 것을 그들이 보고 들어 보지 못한 것을 깨닫기 때문이다"(이사 52,13-15).

이렇게 십자가에 못 박히신 예수님께서는 최후까지 당신을 의지하고 믿은 이에게 구원을 선포하십니다. 바로 예수님과 함께 못 박힌 죄수 가운데 한 명이었습니다. 다른 죄수가 예수님을 조롱하고 모독하고 있을 때 그는 자신의 동료를 꾸짖었습니다.

"같이 처형을 받는 주제에 너는 하느님이 두렵지도 않으냐? 우리야 당연히 우리가 저지른 짓에 합당한 벌을 받지만, 이분은 아무런 잘못도 하지 않으셨다"(루카 23,40-41).

그는 십자가에 달려 예수님을 가까이에서 뵙고는 단번에 그분을 알아뵈었던 것입니다. 그의 영혼은 예수님과 하느님을 우러러 뵙고 있었습니다. 그분 앞에서 그는 자신의 허물과 죄를 환히 들여다볼 수 있었습니다. 자신을 구원해 주실 분이 예수님뿐임을 깨닫고 그는 주님께 간청을 드렸습니다.

"예수님, 선생님의 나라에 들어가실 때 저를 기억해 주십시오"(루카 23,42).

이 간청을 통하여 그는 그토록 원하던 것을 확실히 보증받았습니다.

"내가 진실로 너에게 말한다. 너는 오늘 나와 함께 낙원에 있을 것이다"(루카 23,43).

이처럼 예수님께서는 비록 십자가 위에서 초라한 모습을 하고 계셨지만, 우리들의 모든 생사화복을 주관하시는 진정한 왕이셨던 것입니다.

2. 말씀 공감

■ 선택된 이라면

> "정말 하느님의 메시아, 선택된 이라면 자신도 구원해 보라지"
> (루카 23,35).

예수님께서는 십자가 위에서 많은 이들의 조롱을 받으십니다.

"정말 하느님의 메시아, 선택된 이라면 자신도 구원해 보라지"(루카 23,35).

마태오 복음에서는 이와 같은 말을 좀 더 자세히 전해 주고 있습니다. "다른 이들은 구원하였으면서 자신은 구원하지 못하는군. 이스라엘의 임금님이시면 지금 십자가에서 내려와 보시지. 그러면 우리가 믿을 터인데. 하느님을 신뢰한다고 하니, 하느님께서 저자가 마음에 드시면 지금 구해 내 보시라지. '나는 하느님의 아들이다.' 하였으니 말이야"(마태 27,42-43).

이 말은 '자기 자신을 구원하고 과시해 봐라, 그럼 우리가 믿어 주겠다'라는 말입니다. 어쩌면 이 말이야말로 최후의 유혹이었을지도 모릅니다. 예수님께서는 실로 그러실 수 있는 분이셨습니다. '짠!' 하고 전세를 역전시키실 수 있는 분이셨습니다.

하지만 예수님께서는 이 통쾌한 방법을 쓰지 않으셨습니다. 왜냐하면 당장 그럴듯한 것은 시간이 지나고 나면 아무 의미도 없기 때문이었습니다.

주님께서는 인간의 죄를 친히 짊어지시고 대속하기 위하여 오신 '하느님의 어린양'이며 '고난받는 주님의 종'(이사 52,14 참조)이셨기에 모든 과

시욕을 물리치시고 묵묵히 당신의 길을 가셨습니다. 예수님께서는 분명히 왕으로 오셨습니다. 그러나 그 모습은 우리가 생각하던 왕의 모습과는 전혀 딴판입니다. 왕은 왕이지만, 자신을 과시하고 드러내는 왕이 아니라 오히려 다른 이들에게 봉사하는 왕이셨던 것입니다.

과시의 유혹! 이는 오늘날 우리도 받습니다. 대단하게 보이고 싶고, 멋있게 보이고 싶고, 대접받고 싶은 유혹은 오늘날 우리 교회들이 경계해야 할 유혹임에 틀림없습니다.

자신을 드러내고 과시하는 것은 이 세상의 관점입니다. 그리스도를 따르는 우리들은 언젠가 예수님께서 말씀하셨듯이 "누구든지 첫째가 되려면, 모든 이의 꼴찌가 되고 모든 이의 종이"(마르 9,35) 되어야 합니다.

필자가 어느 지역에 가서 강의를 했을 때 한 자매가 와서, "이런 경우 어떻게 해야 합니까?"라며 질문했습니다. '이런 경우'란 다음과 같은 내용이었습니다.

그 자매에게 한 친구가 있는데, 지금은 냉담 중이었습니다. 그 친구는 아이도 좋은 대학에 들어가고, 남편도 좋은 직장을 잡고, 아파트도 사는 족족 가격이 올라 모든 일이 잘됐습니다. 그에 비해 그 자매는 성당을 열심히 다니는데 애도 속을 썩이고, 남편도 회사에서 잘 안 풀리고, 하는 일마다 잘 안 된다는 것이었습니다.

상황이 이렇다 보니 그 친구를 보면 성당에 나오라고 얘기하고 싶어도 주눅이 들어서 얘기할 수 없다는 것이었습니다. 만일 성당에 나오라고 이야기하면, '너는 성당 가서 잘된 게 뭐냐?'라는 이야기를 들을까 봐 가슴을 졸인다는 것이었습니다.

이런 경우는 이 자매뿐 아니라 많은 신자분들이 경험한 일일 수 있습니다. 그런데 필자는 여기서 낙담하지 말고 역발상으로 생각해야 한다고 봅니다.

곧 그 자매의 친구가 잘되는 것은 소위 '냉담'을 했기 때문이 아니라 그런 조건 속에 있었기 때문이라는 것입니다. 곧 아이가 좋은 대학에 간 것은 공부를 잘해서이고, 남편이 좋은 직장을 다니는 것과 아파트 가격이 오르는 것은 때가 좋았던 것입니다. 하지만 이 친구에게 언제 어떤 일이 닥칠지 모릅니다. 어쩌면 언젠가는 그러한 운이 다할 날이 올지도 모릅니다. 그때가 오지 않도록 성당을 다녀야 한다는 것입니다. 조금이라도 어려운 일이 닥치게 된다면 그 친구는 의지할 데가 없어 곧 무너지게 될지도 모른다는 사실을 내다보는 지혜가 필요한 것입니다.

반면 필자에게 물어왔던 그 자매는 성당을 다녀서 일이 안 풀린 것이 아닙니다. 일이 잘 안 풀리는 중에 성당을 다니고 있는 것입니다. 하지만 이 자매는 안 좋은 상황에서도 절망하거나 낙담하지 않고 성당을 열심히 다녔으니 곧 더 좋은 열매를 맺으리라는 희망을 가질 수 있습니다. 이 자매에게는 분명히 좋은 일이 기다리고 있습니다. 우리는 이것을 믿어야 합니다.

우리 주변에 '네가 성당 나가서 잘된 일이 뭐가 있냐?'라고 말하는 사람이 있다면 그것은 속전속결주의의 관점에서만 이야기하는 것입니다. 너무나 짧은 안목으로만 얘기하는 것입니다. 세상에 과시할 만큼 잘되는 것은 결코 바람직한 일이 아닙니다. 그것으로 인해 하느님 섬기는 것을 멀리하면 그것이야말로 비극입니다.

그리스도께 충실히 머물러 있는 사람은 반드시 승리합니다. 이 세상에서도 승리하지만 저세상에서도 승리합니다. 그렇기에 사도 바오로는 이렇게 말하고 있습니다.

"나는 훌륭히 싸웠고 달릴 길을 다 달렸으며 믿음을 지켰습니다. 이제는 의로움의 화관이 나를 위하여 마련되어 있습니다. 의로운 심판관이신 주님께서 그날에 그것을 나에게 주실 것입니다. 나만이 아니라, 그분께서 나타나시기를 애타게 기다린 모든 사람에게도 주실 것입니다"(2티모 4,7-8).

■ 최후의 결재권자

> "예수님의 머리 위에는 '이자는 유다인들의 임금이다.'라는 죄명 패가 붙어 있었다"(루카 23,38).

십자가에 못 박히신 주님을 말없이 서서 바라보고 있는 백성들(루카 23,35 참조)과는 달리, 유다 지도자들은 이렇게 빈정거립니다.

"이자가 다른 이들을 구원하였으니, 정말 하느님의 메시아, 선택된 이라면 자신도 구원해 보라지"(루카 23,35).

유다 지도자들은, 예수님께서는 결코 메시아로 "선택된 이"가 아니라는 확신을 품고 있었던 것입니다. 이에 합세하여 군사들도 주님께 신 포도주를 들이대며 조롱했습니다.

결과적으로, 유다 지도자들은 예수님께서 메시아임을 부정했고, 군인들도 예수님께서 유다인의 왕임을 부정했습니다.

하지만 저들에게는 예수님을 합법적으로 처형할 명분이 필요했습니다. 그래서 예수님의 머리 위에 그럴듯한 죄명 패를 붙였던 것입니다.

"이자는 유다인들의 임금이다"(루카 23,38).

요한 복음에는 이보다 상세하게 "유다인들의 임금 나자렛 사람 예수"(요한 19,19)라고 적혔다고 기록되어 있습니다.

이와 관련하여 예수님께서는 강변의 어조를 피하고 슬쩍 해명하는 수준에서만 언급하십니다.

"내 나라는 이 세상에 속하지 않는다. 내 나라가 이 세상에 속한다면, 내 신하들이 싸워 내가 유다인들에게 넘어가지 않게 하였을 것이다. 그러나 내 나라는 여기에 속하지 않는다"(요한 18,36).

그렇다고 예수님께서 이 세상 통치에 전혀 관여하지 않으시는 것은 아닙니다. 어떤 형식으로든 위정자들의 운명에 결정적인 키를 쥐고 계시기 때문입니다.

나폴레옹Napoléon Bonaparte(1769-1832)의 최후가 바로 그랬습니다.

나폴레옹이 패망하게 된 워털루 전투에 대하여 빅토르 위고Victor Hugo(1802-1885)는 다음과 같은 기록을 남겼습니다. 격전이 있던 날 아침, 작달막한 키의 나폴레옹 황제는 싸움이 벌어질 벌판을 바라보며 사령관에게 그날의 작전을 설명하였습니다.

"여기에 보병을 배치하고 저쪽에는 기병을, 그리고 이쪽에는 포병을 배치할 것이오. 날이 저물 때쯤 영국은 프랑스에게 굴복돼 있을 것이며 웰링턴은 나폴레옹의 포로가 될 것이오."

이 말을 듣던 사령관이 조심스럽게 대답합니다.

"각하, 계획은 사람이 세우지만 성패는 하늘에 달렸다는 걸 잊어서는 안 될 것입니다."

이 말을 들은 나폴레옹은 몸을 쭉 펴서 키를 늘이며 자신만만하게 말합니다.

"상군은 나폴레옹이 친히 계획을 세웠다는 것과 나폴레옹이 성패를 주장한다는 사실을 명심하기 바라오."

빅토르 위고는 이어서 다음과 같이 기록하고 있습니다.

"그 순간부터 이미 워털루 전투는 패배한 것이나 다름없었다. 하느님께서 비와 우박을 퍼부었으므로 나폴레옹의 군대는 계획한 작전을 하나도 펼 수가 없었다. 그리하여 전투가 벌어진 그날 밤에 나폴레옹은 웰링턴 장군의 포로가 되었고 프랑스는 영국에 굴복하고 말았다."[74]

가장 작은 것에서 가장 큰 것에 이르기까지 이 세상 주요 결정의 최후 결재권자는 그리스도왕이심을 믿어야 할 것입니다.

■ 들었노라

"너는 오늘 나와 함께 낙원에 있을 것이다"(루카 23,43).

주님과 함께 십자가에 매달린 두 죄수들 가운데 한 사람이 주님과 나눈 대화는 루카 복음에만 유일하게 언급되어 있습니다.

발단이 된 것은 두 죄수들 중에 하나가 주님을 향해 "당신은 메시아가 아니시오? 당신 자신과 우리를 구원해 보시오."(루카 23,39)라고 모독한 사실이었습니다. 이에 다른 죄수 하나가 그를 비난하고 나섭니다.

"같이 처형을 받는 주제에 너는 하느님이 두렵지도 않으냐? 우리야 당연히 우리가 저지른 짓에 합당한 벌을 받지만, 이분은 아무런 잘못도 하지 않으셨다"(루카 23,40-41).

그의 발언은 즉시 예수님을 향합니다.

"예수님, 선생님의 나라에 들어가실 때 저를 기억해 주십시오"(루카 23,42).

두 번째 죄수는 예수님께서 하느님 나라에 대하여 가르치시면서, 죄인이라도 회개하면 그 나라에 들어갈 수 있다고 말씀하신 내용을 들었을지도 모릅니다. 그러기에 "예수님" 하고 그분의 이름을 부르고 그분 자비에 대한 신뢰심과 친밀감을 나타내며 자기를 기억해 달라고 호소했습니다.

그러자 그에게 주님께서는 파격적인 선언을 하십니다.

"내가 진실로 너에게 말한다. 너는 오늘 나와 함께 낙원에 있을 것이다"(루카 23,43).

이리하여 놀랍게도 예수님의 십자가 돌아가심을 통한 구원 사업의 첫 열매는 강도의 죄명으로 함께 십자가에 매달린 죄수가 되었습니다. 십자가에 못 박히신 예수님을 왕으로 고백한 믿음에 대한 파격적인 은총의 보상! 사실은 이것이 그리스도교 복음의 정수인 것입니다.

인간이라면 누구든지, 죄인이건 의인이건, 악인이건 선인이건, 적어도 무의식에서는 천당에 가기를 원합니다. 낙원, 천국, 천당, 어떻게 부르건 그곳은 우리의 마지막 희망입니다.

이 희망에 대하여 미국의 국민 사제 풀턴 쉰 주교가 소박한 이야기를 전합니다. 그의 육성입니다.

JMJ는 무엇을 의미하나요?

초등학교 1학년 때, 어느 훌륭한 수녀님이 공책의 페이지마다 위쪽에 알파벳 머리글자 'JMJ'를 쓰도록 우리에게 제안했습니다. JMJ는 예수님Jesus과 마리아Mary와 요셉Joseph에게 헌정한다는 의미입니다.

제 인생 여정에서 저는 수없이 많은 원고를 집필했습니다. 저는 제 글을 헌정하는 날인으로 JMJ를 맨 먼저 적지 않고서는, 만년필이나 연필을 잡은 적이 단 한 번도 없었습니다.

이 모든 건 제게 분명한 확신을 줍니다. 곧 '그리스도의 심판석' 앞에 나아갈 때 그분은 제게 자비로이 말씀하실 것입니다.

"내 어머니가 너에 관해 이야기하는 걸 들었노라."[75]

풀턴 쉰 주교는 오늘 강도가 우리에게 새삼 소중하게 상기시켜 준 이름 '주 예수 그리스도'에 더하여 '성모 마리아'와 '요셉'이라는 새 이름에도 희망을 걸었습니다. 성모 마리아와 성 요셉의 전구가 우리에게 주 예수 그리스도의 은총을 얼마나 확실하게 빌어 주는지 믿고 있었기 때문입니다.

함께 기도하시겠습니다.

주님, 저희를 위한 낙원의 입주 선언은 내일 이루어지는 것이 아님을 믿습니다.

주님, "오늘 너희가 낙원에 들게 될 것이다."라는 말도 저희에게는 적합하지 않음을 압니다.

주님, 저희가 주님께 대한 믿음을 버리지 않는 한, 저희에게 유효한 선언은 오직 "너희는 이미 천국의 시민, 내 아들 내 딸이다."임을 감사로써 기뻐합니다.

우리 주 예수 그리스도를 통하여 비나이다. 아멘!

주석

01　차동엽, 『무지개 원리 리바이벌 버전』, 위즈앤비즈 2012, 230-231.
02　차동엽, "성경 안에서 만나는 기도의 달인(54) - 긍정의 제자, 안드레아", 『가톨릭신문』, 2015.10.18.
03　김창수, "가슴에 안은 추억으로 오늘도 이발하러 나섭니다!", 『참 소중한 당신』(2015/11), 10-11.
04　참조: 까를로 까레또, 『도시의 광야』, 김윤주(역), 분도출판사 2011.
05　이상배, "[나의 묵주 이야기] ⟨2⟩ 일곱 살에 받은 평생 선물", 『가톨릭평화신문』, 2012.6.10.
06　차동엽, 『성경인물들의 기도 하』, 위즈앤비즈 2016, 21-22.
07　이신강, "숨어서 피는 꽃", 『참 소중한 당신』(2006/6), 62-63.
08　차동엽, "성경 안에서 만나는 기도의 달인(53) - 구세주의 양부, 요셉", 『가톨릭신문』, 2015.10.6.
09　참조: 차동엽, 『가톨릭 신자는 무엇을 믿는가 1』, 에우안겔리온 ^{2}2003, 307.
10　참조: 『가톨릭 교회 교리서』, 531항.
11　참조: 『가톨릭 교회 교리서』, 583항.
12　차동엽(편), 『김수환 추기경의 친전』, 위즈앤비즈 2012, 73-76.
13　김동문, 『야, 그것도 감사해라』, 쿰란출판사 2007, 273-275.
14　차동엽, "'무지개 원리' 중간 결산", 『참 소중한 당신』(2007/1), 37-39.
15　김정자, "세상에 단 하나뿐인 세례명을 갖고 있으니 성녀가 되거라", 『참 소중한 당신』(2015/11), 52-53.
16　이미언, "정신적 비타민이신 '하느님'", 『참 소중한 당신』(2004/5), 54-58.
17　J. 모러스, 『오늘은 우리의 것』, 박소민(역), 성바오로 1999, 210.

18	차동엽, 『백배의 열매를 맺으리』, 미래사목연구소 2007, 37-38.
19	아빌라의 데레사, 『천주 자비의 글』, 서울가르멜여자수도원(역), 분도출판사 1983, 47-48.
20	은희 헬레나, "나해 - 사순 제2주일", 인터넷 다음카페 '묵주기도의 복되신 동정 마리아 구미 옥계성당', 2009.3.6.
21	곽외심, "기도의 씨가 열매 맺기까지", 『참 소중한 당신』(2005/8), 22-24.
22	미래사목연구소, 『허리를 펴고 머리를 들어라』, 천주교 군종교구 2006, 42.
23	도현주, "사진과의 인연이 독특한 재소자의 친구 김경희 다리아", 『참 소중한 당신』(2006/3), 116-119.
24	김주현, "감사, 희망, 사랑으로 병원의 나침반이 되어 주는 삼성서울병원 임상병리사 문선경(젬마)", 『참 소중한 당신』(2016/2), 57-58; 60-61.
25	차동엽, 『행복선언』, 위즈앤비즈 2009, 42-44.
26	Augustinus, *In Johannis Evangelium Tractatus*, 33,6.
27	차동엽, "신나고 힘나는 신앙 - 차동엽 신부의 『가톨릭 교회 교리서』 해설 (43) 준성사를 아시나요", 『가톨릭신문』, 2013.11.10.
28	차동엽, 『희망의 귀환』, 위즈앤비즈 2013, 304-305.
29	김주현, "어머니께 물려받은 복음의 흥 남궁찬(바오로) MBC PD", 『참 소중한 당신』(2016/3), 57; 59-60; 63.
30	이은희, "내가 흘리는 눈물…", 인터넷 홈페이지 '가톨릭굿뉴스', 2006.12.2.
31	참조: St. Augustinus, *Hom. xx; Sermo cocxcii*.
32	김주완, "무임승차로 어르신들을 모시는 택시 운전기사 박영희", 『참 소중한 당신』(2013/3), 47; 49-52.
33	차동엽, 『맥으로 읽는 성경 3』, 위즈앤비즈 2008, 130-132.
34	요세파 멘데즈, 『성심의 메시지』, 이재현(역), 가톨릭출판사 1999,

109-110.

35 차동엽, 『희망의 귀환』, 41-43.
36 차동엽, 『맥으로 읽는 성경 3』, 182-184.
37 그대사랑, "사명을 다한 교환수", 인터넷 홈페이지 '기독교 멀티미디어 사역자 커뮤니티', 2013.05.07.
38 그대사랑, "일본식당 '아베'의 기적", 인터넷 홈페이지 '기독교 멀티미디어 사역자 커뮤니티', 2013.05.07.
39 St. Hilarius de Poitier, *De Trinitate,* Lib. 2,35.
40 Lawrence G. Lovasik, 『(예화로 쉽게 엮은) 가톨릭 교리 3』, 김정진(역), 가톨릭출판사 2000, 25.
41 Boris Pasternak, *Doctor Zhivago,* The New American Library 1958, 17.
42 권명자, "나의 기도", 『청주주보』, 천주교 청주교구, 2012.2.5.
43 "한센인들 위해 33년 무료 치과 진료해 준 '사랑의 벗'", 『가톨릭평화신문』, 2013.5.7.
44 원용일, 『에녹과 함께한 동행』, 브니엘 2004, 43-44.
45 "교육주간에 만난 사람/ 박계화(서울 천일초등학교) 교장", 『가톨릭평화신문』, 2013.5.14.
46 차동엽, 『통하는 기도』, 위즈앤비즈 2008, 12.
47 참조: Teresa de Jesús, "Séptimas moradas", 4,12, *El Castillo Interior,* 1577.
48 윤석만, "해야 할 일을 하였을 뿐입니다", 『사목정보』(2013/6), 115-116.
49 차동엽, 『성경인물들의 기도 상』, 위즈앤비즈 2016, 4-5.
50 참조: R.A. 토레이, 『이렇게 기도하자』, 김진회(역), 생명의말씀사 2002, 84-99.
51 서순덕, "주님 품이 바로 천국", 『참 소중한 당신』(2013/7), 85-87.
52 "기도문", 『천주교요리문답』, 경성천주교회성서활판소 1934.

53 "담장 꼭대기의 거북이", 인터넷 홈페이지 '기독교 멀티미디어 사역자 커뮤니티', 2010.05.29.

54 참조: 프란치스코 교황, 줄리아노 비지니(편), 『신앙생활의 핵심』, 김정훈(역), 바오로딸 2015, 230-232.

55 남강, "세상에서 가장 아름다운 이야기", 인터넷 홈페이지 '고문옥[덤으로 사는 세월]', 2010.10.7.

56 참조: "교황, 람페두사 섬 방문", 『가톨릭신문』, 2013.7.21.

57 St. Irenaeus, *Adversus Haereses* Lib 4, 13,4-14,1: SCh 100,534-540.

58 풀턴 쉰, 『풀턴 쉰의 묵상 스케치』, 가톨릭출판사 2016, 40.

59 풀턴 쉰, 『풀턴 쉰의 묵상 스케치』, 208.

60 Søren Kierkegaard, *Indøvelse i Christendom*, 1848, 1,3,2.

61 그대사랑, "구두쇠와 돌멩이", 인터넷 홈페이지 '기독교 멀티미디어 사역자 커뮤니티', 2013.05.09.

62 김선여, "변화와 도전을 즐기며 사람을 최고의 자산으로 여기는 오철식 ㈜솔트웍스 부회장", 『참 소중한 당신』(2013/8), 57-58; 61-62.

63 "레오날드 우드의 순종", 인터넷 홈페이지 '기독교 멀티미디어 사역자 커뮤니티', 2011.5.26.

64 차동엽, "너는 내 사랑", 『참 소중한 당신』(2016/10), 7.

65 참조: 차동엽, 『성경인물들의 기도 하』, 46-47.

66 조혜원, "노익장을 과시하며 선교에 힘쓰는 김기문 단장", 『참 소중한 당신』(2013/9), 44-47.

67 J. 모러스, 『행복 만들기』, 김제선(역), 성바오로 2003, 32-33.

68 앤드류 마리아, 『지혜의 발자취』, 박웅희(역), 성바오로 1996, 48.

69 "섬 이야기", 인터넷 홈페이지 '그날의 양식', 2004.7.12.

70 구유, "하느님 나라의 삶", 인터넷 다음카페 '빠다킹 신부와 새벽을 열며', 2019.6.20.

71 양현홍, "'아무것도 두려워하지 마라'", 『사목정보』(2013/10), 118-120.

72 전원준, "우리의 삶에 역사하시는 하나님", 인터넷 홈페이지 '한국컴퓨터선교회', 2006.7.29.

73 김길수, 『하늘로 가는 나그네 하』, 흰물결 2007, 88-90.

74 운영자, "마음의 소원을 이루라", 인터넷 홈페이지 '기독교 멀티미디어 사역자 커뮤니티', 2011.5.24.

75 풀턴 쉰, 『풀턴 쉰의 묵상 스케치』, 236.

Nihil Obstat :
Presbyter Raphael Jung
Censor Librorum

Imprimatur :
Ioannes Baptista JUNG Shin-chul, S.T.D., D.D.
Episcopus Incheonensis
die XXVII mensis Septembris, anno Domini MMXXIV

차동엽 신부의 주일 복음 묵상 다해

우리가 고백하는 희망 (히브 10,23)

2024년 9월 27일 교회인가
2024년 10월 21일 초판 1쇄 발행

엮은이 김상인

펴낸이 (사)미래사목연구소 | **펴낸곳** 위즈앤비즈
편집 김은미
디자인 김지수
주소 경기도 김포시 고촌읍 신곡로 134 | **전화** 031)986-7141
출판등록 제409-3130000251002007000142호 2007년 7월 2일
홈페이지 miraesm.modoo.at

ISBN 979-11-980394-5-3 03230

값 25,000원

성경 · 전례문 · 교회 문헌 ⓒ 한국천주교중앙협의회, 2024.

· 이 책 내용의 일부를 재사용하려면 반드시 저작권자와 위즈앤비즈 양측의 서면에 의한 동의를 받아야 합니다.
· 잘못 만들어진 책은 바꾸어 드립니다.